南昌统计年鉴

NANCHANG STATISTICAL YEARBOOK

2021

（总第 27 期）

南昌市统计局　国家统计局南昌调查队　编

中国统计出版社
China Statistics Press

图书在版编目（CIP）数据

南昌统计年鉴. 2021 = Nanchang Statistical Yearbook 2021 / 南昌市统计局, 国家统计局南昌调查队编. -- 北京 : 中国统计出版社, 2021.10
ISBN 978-7-5037-9602-9

Ⅰ. ①南… Ⅱ. ①南… ②国… Ⅲ. ①统计资料－南昌－2021－年鉴 Ⅳ. ①C832.561-54

中国版本图书馆 CIP 数据核字(2021)第 158389 号

南昌统计年鉴—2021

作　　者/ 南昌市统计局　国家统计局南昌调查队
责任编辑/ 钟钰
校　　对/ 刘涛
出版发行/ 中国统计出版社有限公司
地　　址/ 北京市丰台区西三环南路甲 6 号
邮政编码/ 100073
电　　话/ 邮购（010）63376909　书店（010）68783171
网　　址/ http://www.zgtjcbs.com
印　　刷/ 江西昌和特种票证有限公司
经　　销/ 新华书店
开　　本/ 890mm × 1240mm　1/16
字　　数/ 940 千字
印　　张/ 29.5
印　　数/ 1-400 册
版　　别/ 2021 年 10 月第 1 版
版　　次/ 2021 年 10 月第 1 次印刷
定　　价/ 400.00 元

如有印装差错，由本社发行部调换。

《南昌统计年鉴—2021》

编 辑 委 员 会

主　　任：万广明

常务副主任：胡晓海

副 主 任：夏小兰　蔡　飚

编　　委：肖玉芳　许卫群　胡　强　胡林发　张志萍
　　　　　李金科　罗来辉　吕惠珍　罗　勇

编 辑 部

主　　编：夏小兰

副 主 编：胡　强

校　　对：刘　涛

编　　审：（按姓氏笔画为序）

王　娟　方圆园　朱文璟　刘　健　刘　程　纪伟斌
李晓峰　李晓斌　吴　蕊　陈　锋　胡素强　钟晓强
黄　赟　彭艳红　熊全琳　熊泽荣　樊　钰　黎友娟

资料整理：（按姓氏笔画为序）

丁　璎　邓福林　付仰岗　吁　涛　朱伟彦　危梦思
刘　上　刘　艳　刘荣佳　孙宏飞　李　佳　李怀强
李艳蕾　吴　灿　吴菲华　张　萍　张越峤　林　艳
罗婉琛　胡　俊　胡增良　钟　莎　姜同文　袁　方
黄　菲　黄璐瑶　梁新磊　彭滕飞　储尚志　谢　琦
熊　丽　霍　哲

编 者 说 明

一、《南昌统计年鉴—2021》是一部按年连续出版的大型统计资料书。真实记录了2020年南昌的经济和社会各方面的发展变化，以及历史重要年份和改革开放以来的主要统计数据。

二、全书内容分为19个篇目：1.综合；2.人口•劳动力；3.就业人员和职工工资；4.人民生活；5.物价；6.固定资产投资；7.城市公用事业；8.财政•金融；9.农业；10.工业；11.能源；12.建筑业；13.交通运输、邮电通信和规上服务业；14.国内贸易；15.外贸和旅游；16.房地产；17.科技•教育•文化；18.卫生•体育•其他；19.附录，在附录部分收集了2020年国家和江西省统计公报，全国各省（市、区）、省会城市和江西省各设区市主要经济指标。为便于读者正确使用资料，每个篇章后面附有主要统计指标解释。

三、本年鉴总量指标计算所采用的价格除注明外均为当年价格。

四、本年鉴资料主要来自年度统计报表，一部分来自抽样调查。

五、本年鉴部分数据合计数或相对数由于单位取舍不同产生的计算误差均未作机械调整。

六、本年鉴表中的符号使用说明：“空格”表示该项统计数据不详或无该项数据；“#”表示其中项。

七、读者在使用历史资料时，凡与本年鉴有出入的，均以本年鉴为准。

八、年鉴公开出版以来，受到了广大读者的关心和支持，对此我们深表谢意。欢迎读者对年鉴内容、编排等方面提出宝贵意见，帮助我们进一步提高编辑水平，更好地为读者服务。

篇 目 索 引

篇　　目

目　　录

一、综　　合

二、人口 · 劳动力

三、就业人员和职工工资

四、人民生活

五、物　价

六、固定资产投资

七、城市公用事业

八、财政 · 金融

九、农　业

十、工　业

十一、能　源

十二、建筑业

十三、交通运输、邮电通信和规上服务业

十四、国内贸易

十五、外贸和旅游

十六、房 地 产

十七、科技·教育·文化

十八、卫生·体育·其他

十九、附 录

一、综　　合

GENERAL SURVEY

本篇内容包括：

1. 南昌市 2020 年国民经济和社会发展统计公报
2. 《南昌市 2020 年统计公报》解读
3. 一套表新增法人单位数
4. 主要年份国民经济主要指标

地区生产总值

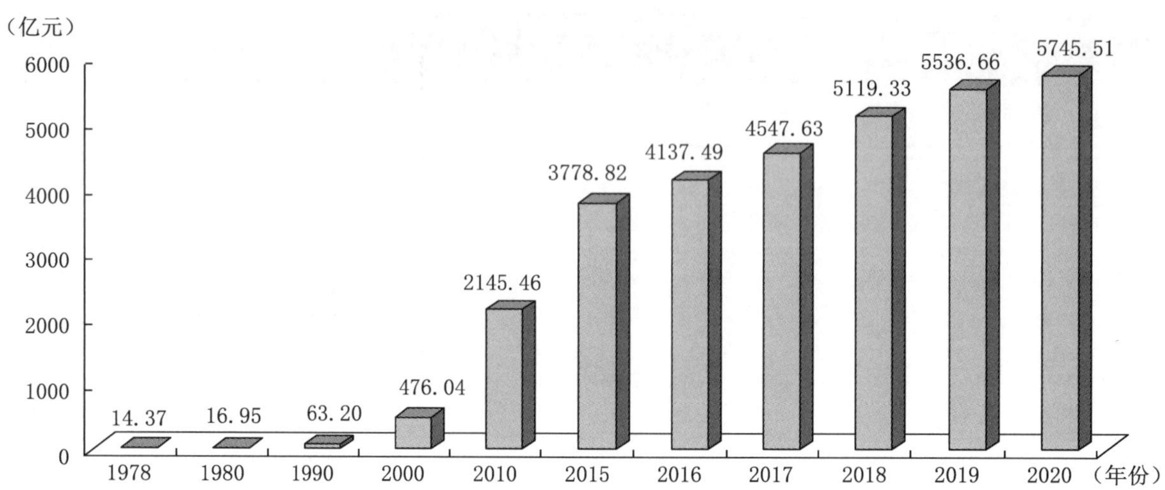

2020年地区生产总值构成

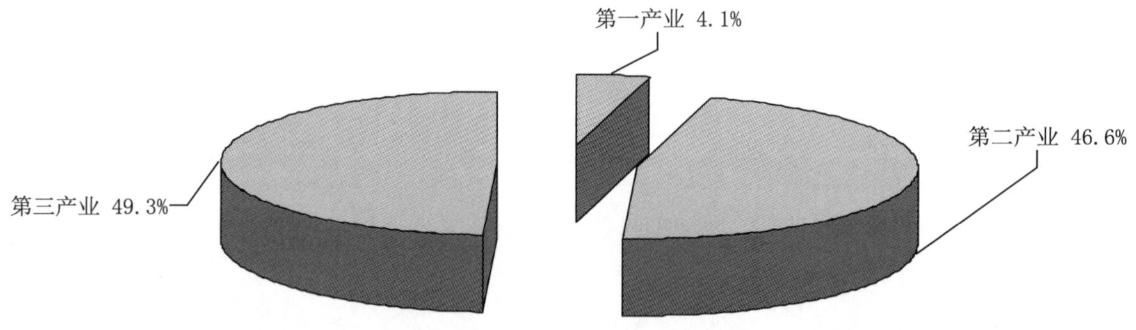

南昌市2020年国民经济和社会发展统计公报

南昌市统计局　　国家统计局南昌调查队

2020 年，面对新冠肺炎疫情对经济社会发展的严重冲击，在市委、市政府的正确领导下，全市上下坚持以习近平新时代中国特色社会主义思想为指导，全面贯彻党的十九大和十九届二中、三中、四中、五中全会精神，坚持稳中求进工作总基调，沉着冷静应对风险挑战，统筹疫情防控和经济社会发展，扎实做好“六稳”工作，全面落实“六保”任务，全市经济社会保持了健康平稳发展，实现了“十三五”规划顺利收官，为“十四五”时期开好局、起好步打下坚实基础。

一、综合

初步核算，全年实现地区生产总值（GDP）5745.51 亿元，按可比价格计算，比上年增长 3.6%。其中，第一产业增加值 235.28 亿元，增长 2.2%；第二产业增加值 2676.89 亿元，增长 3.8%；第三产业增加值 2833.35 亿元，增长 3.4%。在全市地区生产总值中，非公有制经济实现增加值 3349.70 亿元，按可比价格计算，增长 3.5%。

图1:2020年三次产业增加值占地区生产总值比重

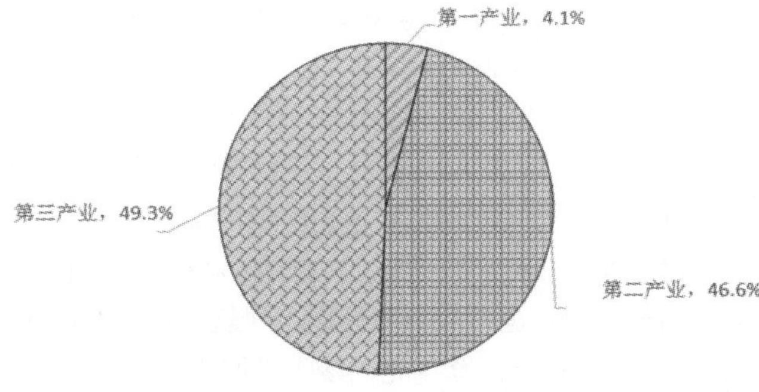

全年城镇新增就业 6.15 万人，城镇登记失业率 2.93%；安置“4050”等困难群体 0.68 万人；新增转移农村劳动力 4.18 万人。

全年实现财政总收入 912.01 亿元，比上年增长 1.0%。其中，地方一般公共预算收入 483.86 亿元，增长 1.4%。地方一般公共预算收入中，增值税 135.67 亿元，下降 11.8%；企业所得税 61.95 亿元，下降 1.4%；个人所得税 14.71 亿元，增长 9.9%。全年地方一般公共预算支出 838.07 亿元，增长 0.5%。其中，城乡社区支出 155.21 亿元，下降 32.5%；教育支出 135.52 亿元，增长 7.2%；卫生健康支出 93.32 亿元，增长 16.3%；一般公共服务支出 76.82 亿元，下降 3.5%；农林水事务支出 62.22 亿元，增长 31.9%；社会保障和就业支出 62.20 亿元，下降 7.5%；公共安全支出 50.33 亿元，下降 1.0%。

图2:2016-2020年财政总收入及其增长速度

全年居民消费价格总指数（CPI）比上年上涨 2.5%。其中，消费品价格上涨 3.2%，服务价格上涨 1.1%，商品零售价格上涨 1.5%。

表 1：2020 年居民消费价格情况

指标	比上年上涨(%)
居民消费价格总指数	2.5
#食品烟酒	7.5
衣着	0.9
居住	-0.1
生活用品及服务	0.2
交通和通信	-3.1
教育文化和娱乐	2.2
医疗保健	-0.3
其他用品和服务	5.9

二、农业

农业生产： 全年完成农林牧渔及服务业现价总产值 401.62 亿元，比上年增长 2.7%；农林牧渔及服务业现价增加值 241.76 亿元，增长 2.3%。

农牧产品产量： 全年谷物种植面积 33.12 万公顷，谷物总产量 207.11 万吨；油料种植面积 7.18 万公顷，油料总产量 11.70 万吨；蔬菜及食用菌种植面积 4.19 万公顷，蔬菜及食用菌总产量 132.35 万吨；水果种植面积 1.10 万公顷，水果总产量 14.03 万吨；茶叶种植面积 0.14 万公顷，茶叶总产量 0.19 万吨；猪肉产量 11.78 万吨，牛存栏 15.43 万头，家禽出笼 6085.81 万只。

渔业： 全年完成水产品总产量 41.87 万吨，比上年增长2.1%。其中特种水产品产量14.51万吨，增长4.4%。

林业： 全年造林 2461 公顷，全市森林覆盖率达到 21.3%。

表 2：2020 年主要农产品产量及其增长速度

产品名称	单位	产量	比上年增长(%)
谷物	万吨	207.11	4.0
油料	万吨	11.70	4.0
蔬菜及食	万吨	132.35	1.6
水果总产	万吨	14.03	-0.1
茶叶产量	万吨	0.19	1.4
家禽出笼	万只	6085.81	7.6
水产品	万吨	41.87	2.1

生产条件： 全市已建成中小型水库 462 座，年末农田有效灌溉面积 18.99 万公顷；年末农业机械总动力 279.52 万千瓦。年内机耕面积 391149 公顷，机播面积 172878 公顷，机械收获面积 357650 公顷。

三、工业和建筑业

工业生产： 全年规模以上工业增加值比上年增长 4.7%。分轻重工业看，轻工业增加值与上年持平，重工业增加值增长 8.0%。分经济类型看，国有企业增加值下降 23.5%，集体企业增加值下降 18.7%，股份制企业增加值增长 4.6%，股份合作企业增加值增长 33.0%，私营企业增加值下降 0.7%，外商及港澳台商投资企业增加值增长 5.9%。全市规模以上工业 36 个行业大类中，计算机、通信和其他电子设备制造业，电气机械和器材制造业，电力、热力生产和供应业等 18 个行业增速高于全市平均水平。高技术产业增加值增长 10.0%，高于全市规上工业 5.3 个百分点；战略性新兴产业增加值下降 0.2%；装备制造业增加值增长 3.8%。

图3：2016-2020年规模以上工业增加值增长速度

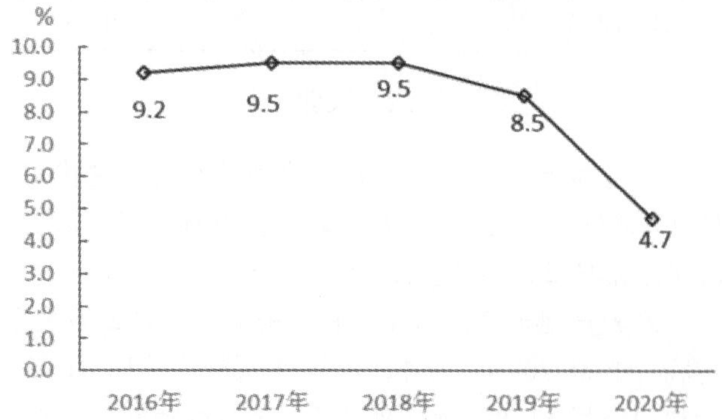

工业经济效益： 全年规模以上工业产品销售率为 98.4%；实现利润总额 444.94 亿元，比上年增长 26.3%。

全年规模以上工业营业收入 7346.91 亿元，比上年增长 5.5%，营业收入过百亿元的行业达到 17 个。其中，计算机、通信和其他电子设备制造业，汽车制造业，农副食品加工业，电力、热力生产和供应业突破 500 亿元，营业收入分别为 1315.43、1197.51、866.80 和 841.77 亿元。

表 3：2020 年主要工业产品产量及其增长速度

产品名称	单位	绝对量	比上年增长(%)
饲料	万吨	1340.0	15.3
智能手机	万台	2155.1	16.0
沥青和改性沥青防水卷材	万平方米	214.8	-60.0
卷烟	亿支	630.7	-1.1
光缆	万芯千米	33.1	-59.3
光电子器件	亿只(片)	325.4	32.8
钢化玻璃	万平方米	84.1	4.5
彩色电视机	万台	21.3	1.7
水泥	万吨	848.1	1.9
商品混凝土	万立方米	1864.4	7.3
生铁	万吨	358.9	18.0
粗钢	万吨	421.7	15.0
钢材	万吨	490.3	16.3
交流电动机	万千瓦	102.8	22.3
汽车	万辆	38.8	13.8
房间空调器	万台	334.0	-38.4

工业开发区： 全市七个省及省以上开发区工业企业累计营业收入 6772.09 亿元，比上年增长 10.2%；实现利润总额 489.15 亿元，增长 30.4%。南昌高新技术产业开发区工业营业收入突破三千亿元，成为全省首个营业收入过三千亿元的开发区，继续排名全省工业开发区第一。南昌经济技术开发区和小蓝经济技术开发区工业营业收入均超过千亿元，分别排名全省第二和第四位。

建筑业： 全年完成建筑业总产值 4495.14 亿元，比上年增长 8.0%。全市共有资质以上建筑业企业 933 家，比上年增加 76 家。全年完成竣工产值 1639.28 亿元，下降 23.8%；施工面积 17927.21 万平方米，下降 0.7%；竣工面积 5384.58 万平方米，下降 8.1%。

四、固定资产投资

投资总量： 全市 500 万元及以上固定资产投资比上年增长 8.8%。其中，工业投资增长 3.7%，房地产开发投资增长 6.4%。全年投资施工项目 3747 个，其中新开工项目 2619 个。

投资结构： 全市 500 万元及以上固定资产投资中，第一产业投资比上年增长 46.0%，第二产业投资增长 3.8%，第三产业投资增长 10.8%。三次产业在固定资产投资中所占比重为 1.3:31.3:67.4。

图4:2020年三次产业投资比例

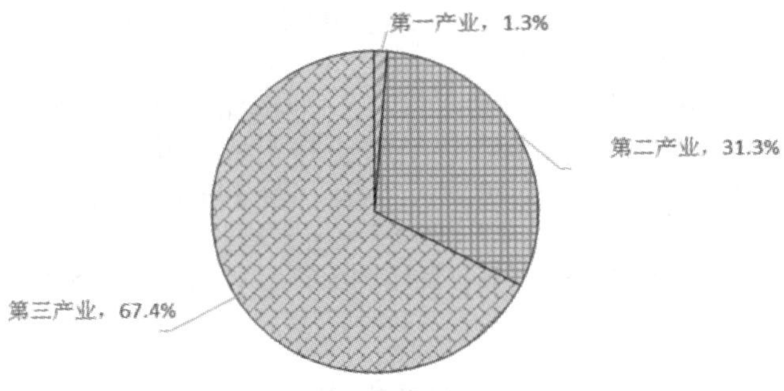

表 4：2020 年分行业固定资产投资（不含农户）增长速度

行业	比上年增长(%)
合计	8.8
第一产业	46.0
第二产业	3.8
采矿业	-100
制造业	0.1
#化学原料及化学制品制造业	-40.2
非金属矿物制品业	-19.7
黑色金属冶炼及压延加工业	-21.5
有色金属冶炼及压延加工业	41.5
电气机械及器材制造业	-0.5
计算机、通信和其他电子设备制造业	32.2
电力、燃气及水的生产和供应业	126.0
建筑业	14.3
第三产业	10.8
批发和零售业	-46.8
交通运输、仓储和邮政业	55.9
住宿和餐饮业	21.2
信息传输、软件和信息技术服务业	67.4
金融业	-28.8
房地产业	16.1
租赁和商务服务业	0.5
科学研究和技术服务业	-34.5
水利、环境和公共设施管理业	2.1
居民服务、修理和其他服务业	-47.0
教育	36.9
卫生和社会工作	106.2
文化、体育和娱乐业	45.8
公共管理和社会组织	21.8

从投资主体看，全市 500 万元及以上固定资产投资中，国有经济投资比上年增长 27.6%；非国有经济投资增长 3.1%，其中，民间投资下降 5.8%。

全市房地产开发投资比上年增长 6.4%。其中，住宅投资增长 4.1%，办公楼和商业营业用房投资增长 16.2%。商品房销售面积 1770.83 万平方米，下降 7.1%。

城市建设： 地铁 1 号、2 号线全线运行，3 号线开通试运行，4 号线加快建设中。“十纵十横”城市干线路网日臻完善，城市一环闭环通行、二环三环加速推进。昌南大道快速路、昌东大道、昌九大道二期竣工通车，洪都大道改造、昌西大道、桃新大道、莲西大道、进贤合作园区路网、安义城市西外环、儒乐湖区域基础设施等项目建设有序推进。全年基础设施投资比上年增长 12.4%。

五、国内贸易

消费品市场： 全市实现社会消费品零售总额 2452.74 亿元，比上年增长 3.0%。按城乡分，城镇零售额 2229.65 亿元，增长 2.2%；农村零售额 223.09 亿元，增长 11.2%。分行业看，批发和零售业零售额 2340.44 亿元，增长 4.6%；住宿和餐饮业零售额 112.30 亿元，下降 23.0%。

在限额以上批发零售业商品类别零售额中，粮油、食品、饮料、烟酒类比上年增长 13.9%；金银珠宝及化妆品类增长 1.4%；日用品类增长 15.1%；家用电器及音像器材类下降 17.7%；中西药品类增长 51.3%；家具类下降 40%；建筑及装潢材料类增长 11.4%；石油及制品类下降 11.2%；汽车类增长 2.5%。汽车类商品消费实现零售额 371.38 亿元，是我市规模最大的商品类别，占限额以上批零住餐零售额比重为 29.5%。

图5：2016-2020年社会消费品零售总额及其增长速度

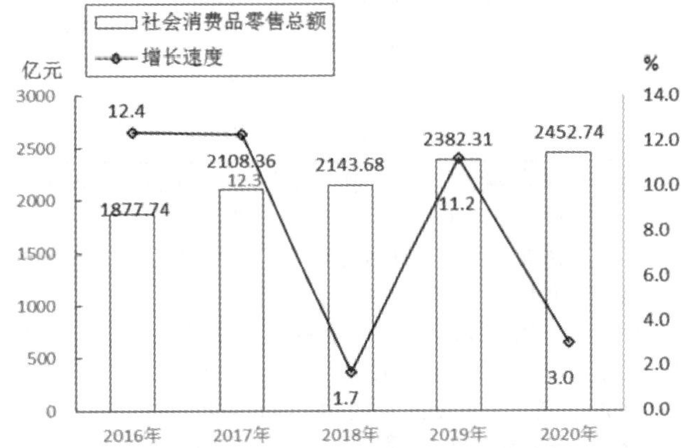

商品交易市场： 全市年成交额亿元以上的商品交易市场有 24 个，成交总额 539.63 亿元，比上年下降 31.3%。其中，洪城大市场年交易额 3.12 亿元，下降 99.0%；南昌（深圳）农产品批发市场年交易额 203.34 亿元，增长 2.5%。

六、对外经济

对外贸易： 据海关统计，2020 年南昌实现进出口总值 1151.46 亿元，比上年增长 8.4%。其中，出口值 713.11 亿元，增长 10.3%；进口值 438.35 亿元，增长 5.4%。

图6:2016-2020年进出口情况

利用外资： 全市实际利用外资40.60亿美元，比上年增长7.7%。合同外资金额12.82亿美元，下降8.9%。全年批准外商投资企业60家，其中中外合资企业占46.7%，外商独资企业占53.3%。全年实际利用内资2576.45亿元，增长22.4%。其中，利用省外资金项目进资1676.66亿元，增长22.9%。

七、交通、邮电和旅游

交通运输： 全年铁路、公路完成旅客运输量4551万人，比上年下降30.3%；铁路、公路、水路完成货物运输量17681万吨，增长4.6%。昌北机场旅客吞吐量942.7万人次，下降30.9%；货邮吞吐量18.2万吨，增长48.7%。

表5：2020年铁路、公路、水路完成客货运输量及增长速度

指标	单位	绝对数	比上年增长(%)
旅客运输量	万人	4551	-30.3
铁路	万人	2659	-32.6
公路	万人	1892	-26.8
货物运输量	万吨	17681	4.6
铁路	万吨	363	13.9
公路	万吨	16068	4.7
水路	万吨	1250	1.5

汽车保有量： 年末民用汽车保有量126万辆，比上年增长7.7%。年末民用轿车保有量76万辆，增长7.0%，其中私人轿车保有量70万辆，增长7.7%。

邮电通信： 全市邮电业务总量814.98亿元，比上年增长19.0%。其中，邮政业务总量112.28亿元，增长37.6%；电信业务总量702.7亿元，增长16.5%。快递业务收入55.50亿元，发送快递46642万件，其中国内同城快递5446万件、国内异地快递40614万件、国际及港澳台快递581万件。订销报刊累计数8718万份。年末全市固定电话用户91.5万户，增长5.1%；移动电话用户727.3万户，增长2.5%；互联网宽带接入用户数275.2万户，增长3.9%。

旅游： 全年旅游总人次15122.30万人次，比上年下降15.7%。旅游综合收入1475.24亿元，下降21.1%。截至2020年末，全市拥有星级宾馆（饭店）52家；拥有旅行社290家，其中出境组团社47家。

八、金融、证券和保险业

金融业： 年末全市金融机构本外币各项存款余额为13676.82亿元，比上年增长13.1%。其中，非金融企业存款5791.82亿元，增长12.2%；住户存款4319.67亿元，增长18.1%。金融机构本外币各项贷款余额为16005.62亿元，增长13.9%。其中，短期贷款4152.24亿元，增长17.8%；中长期贷款10844.69亿元，增长12.7%。全市金融机构人民币各项存款余额为13526.76亿元，增长12.9%；金融机构人民币各项贷款余额为15814.55亿元，增长14.1%。

证券业： 全市拥有证券分支机构133家，全年证券机构股民资金账户数317.64万户，比上年增长9.7%。全年客户交易结算资金113.23亿元，增长19.2%；A股交易额29225.16亿元，增长47.4%；B股交易额4.64亿元，增长18.1%。

保险业： 全市共有保险公司48家。全年实现保费收入267.89亿元，比上年增长19.1%。其中，财产保险70.43亿元，增长10.2%；人寿保险149.77亿元，增长22.8%。全年赔款支出83.85亿元，增长20.2%。其中，财产保险41.03亿元，增长15.6%；人寿保险25.34亿元，增长30.6%。

九、教育和科学技术

教育： 全市拥有各级各类学校1915所（不含技工学校），教职工12.93万人，其中专任教师10.13万人。全年招收研究生1.60万人，在校研究生4.12万人，毕业研究生1.09万人。全市共有普通高等学校52所，招生22.95万人，在校生68.79万人，毕业生16.82万人。普通中等学校27所，招生2.73万人，在校生7.56万人，毕业生2.08万人。职业高中16所，招生0.71万人，在校生1.55万人，毕业生0.48万人。普通高中80所，招生4.01万人，在校生11.22万人，毕业生3.57万人。普通初中224所，招生6.73万人，在校生20.96万人，毕业生6.61万人，初中阶段适龄少年入学率100%。小学445所，招生7.27万人，在校生43.54万人，毕业生6.73万人，小学适龄儿童入学率100%。特殊学校8所，特殊教育招生263人，在校生1190人，毕业生231人。幼儿园1052所，在园幼儿20.21万人。

表6：2020年各类学校基本情况

项目	学校数（个）	招生数（人）	在校生（人）	毕业生（人）	专职教师（人）
普通高等学校	52	229516	687852	168172	35762
普通中等学校	27	27322	75569	20768	2115
职业高中	16	7114	15492	4818	596
普通中学	304	107378	321771	101770	30252
小学	445	72655	435424	67321	17573
特教学校	8	263	1190	231	241
幼儿园	1052	82812	202144	60304	14086
成人高等学校	7	80763	185080	30843	567

科技： 全市新认定高新技术企业911家，累计拥有高新技术企业2052家。累计拥有国家级工程技术研究中心4家、重点实验室4家；累计拥有省级工程技术研究中心127家、重点实验室158家；登记省级技术成果73项。全年专利申请量30006件，专利授权量17910件。全年登记技术合同1892项，实现技术合同成交金额72.92亿元，增长28.36%。全市新增省级产业技术创新联盟1家，累计拥有省级产业技术创新联盟31家。

十、文化、卫生和体育

文化： 全市文艺创作获省级以上奖项22个，其中国家级奖项3个。年末全市拥有各类专业艺术表演团体4个，公共图书馆10个，文化馆10个，博物馆、纪念馆22个，全国重点文物保护单位10处。

卫生：全市拥有各类医疗卫生机构2686个，其中医院136个；拥有床位4.42万张，其中医院床位3.88万张。拥有各类专业卫生技术人员5.08万人，其中执业(助理)医师1.79万人。全市婴儿死亡率为2.38‰，5岁以下儿童死亡率为3.49‰，每十万孕产妇死亡人数为4.44人。

体育：全市运动员参加比赛人数1.5万人次，共获得金牌205枚，银牌140枚，铜牌113枚。全年举办单项比赛81次，举办全民健身活动180次，其中千人以上的活动7次，参加活动的人数总计25.8万人。全年完成全民健身工程154个，总投资420万元。全年发行体育彩票9.89亿元，比上年下降19.65%。

十一、人民生活和社会保障

人民生活：据抽样调查，城镇居民实现人均可支配收入46796元，比上年增长6.0%，城镇居民人均消费性支出27955元，下降2.0%。城镇居民家庭恩格尔系数为32.6%。年末城镇居民人均住房建筑面积38.68平方米，比上年下降0.69%。农村居民实现人均可支配收入20921元，增长7.3%。农村居民人均生活消费支出14323元，增长9.4%。农村居民家庭恩格尔系数为33.5%。

图7:2016-2020年城乡居民收入水平

社会治安：全年共立案各类刑事案件2.28万起，破获经济案件144起，挽回经济损失88.40万元。

住房公积金：全市（市本级）归集公积金103.27亿元（含年度结息3.44亿元），比上年增长11%；发放住房公积金贷款27.28亿元，增长14%；发放户数6339户，下降7%；提取住房公积金67.56亿元，增长6%。

社会保障：全市城镇职工参加基本医疗保险人数138.12万人，比上年增加6.16万人。参加失业保险人数65.19万人，增加0.76万人。城镇参加基本养老保险人数为222.48万人，其中参保职工158.39万人，参保离退休人员64.09万人；企业养老金社会化发放率达100%。2020年发放公租房租赁补贴25920户，全市棚户区改造开工30322套，基本建成1600套。

社会福利：全市拥有各类社会福利单位115个，床位1.61万张；收养各类人员0.50万人。城镇社区服务站（中心）864个；城市居民最低生活保障家庭1.83万户，保障人数3.21万人；农村居民最低生活保障家庭4.38万户，保障人数7.70万人；城乡医疗救助人数12.71万人。

十二、资源、环境与安全生产

环境质量：全市拥有国家生态文明建设示范市县1个、国家生态县（市、区）1个、国家级生态乡镇18个、省级生态县（区）4个、省级生态乡（镇）59个，省级生态村91个，“绿水青山就是金山银山”省级实践创新基地2个，市级生态村821个。各级自然保护区9个，总面积13.65万公顷。全年空气质量优良天数335天，优良率91.5%，列中部六省会城市第1。赣江、抚河南昌段国考、省控监测断面共14个，水质优良率100%，县级及以上集中式饮用水质达标率100%。区域环境噪声昼间等效声级53.8分贝，道路交通噪声等效声级加权平均值66.2分贝。城市生活污水集中处理率达到95%。

城市园林绿化：初步核算，全市拥有园林绿地面积14388公顷，绿化覆盖面积15117公顷，公园绿地3814公顷，城市绿化覆盖率达到41.3%，人均公共绿地面积达到12.04平方米。

节能减排：初步核算，全年万元生产总值综合能耗下降4.38%；全市二氧化硫排放量23233吨，氮氧化物排放量42169吨，化学需氧量排放量77412吨，氨氮排放量8657吨，较2015年分别下降24.0%、8.2%、7.48%、9.76%。

安全生产：全市共发生各类生产安全事故167起，死亡129人，与上年相比，事故减少20起，下降10.7%，死亡人数少21人，下降14.0%。生产经营性道路交通事故122起，死亡83人。全年发生火灾事故1705起，比上年上升37.9%；死亡7人，下降12.5%。

注：

1.本公报中统计数据均为初步统计数，正式数据以《南昌统计年鉴-2021》为准。部分数据因四舍五入的原因，存在分项与合计不等的情况。

2.2020年开展第七次全国人口普查，公报中不再发布人口和就业人员相关数据，将另行发布。

3.规模以上工业统计范围为年主营业务收入2000万元及以上的法人工业企业；固定资产投资（不含农户）统计范围为计划总投资500万元及以上项目和房地产开发项目；限额以上企业是指年主营业务收入2000万元及以上的批发业企业、500万元及以上的零售业企业、200万元及以上的住宿和餐饮业企业。

4.地区生产总值和各产业增加值绝对数按现价计算，增长速度按不变价格计算。

5.根据《国民经济行业分类》（GB/T4754-2017），第一产业指农、林、牧、渔业（不含农、林、牧、渔专业及辅助性活动），第二产业指采矿业（不含开采专业及辅助性活动），制造业（不含金属制品、机械和设备修理业），电力、热力、燃气及水生产和供应业，建筑业，第三产业即服务业，是指除第一产业、第二产业以外的其他行业。

奋楫笃行促发展　破浪扬帆书华章

——《南昌市2020年国民经济和社会发展统计公报》解读

南昌市统计局党组书记、局长　夏小兰

2020 年是南昌市发展进程中极不平凡的一年。面对新冠肺炎疫情带来的严重冲击和复杂多变的国内外环境，市委、市政府坚持以习近平新时代中国特色社会主义思想为指导，深入贯彻习近平总书记视察江西重要讲话精神，统筹疫情防控与经济社会发展，全市上下凝心聚力、攻坚克难，扎实做好“六稳”工作，全面落实“六保”任务，全市经济运行在逆势中奋力突围、迎风破浪，延续了稳中有进、稳中向好的发展态势，以奋进之笔书写了高质量发展新篇章。2021 年春暖之时，《南昌市 2020 年国民经济和社会发展统计公报》（以下简称《公报》）如期发布，用一笔笔数据、一张张图表，翔实记录了过去一年全市人民拼搏奋进的累累硕果，客观展现了南昌经济社会发展取得的辉煌成就。

一、发展基础厚实，“四稳”彰显定力

2020 年我市统筹疫情防控与经济社会发展，出台一系列有效应对疫情稳定经济增长政策措施，在困境中保稳定谋发展，经济恢复跑出加速度。《公报》显示，2020 年全市经济运行稳健复苏，主要行业稳定向好，就业物价平稳有序，基础建设稳步推进。

一是经济运行稳健复苏。受疫情影响，一季度全市工业、服务业、投资、消费等领域受到不同程度的冲击，GDP 同比下降 3.8%；面对严峻复杂的形势，市委、市政府采取一系列纾困惠企措施，全力抓好复工复产复商复市，着力畅通经济循环，努力扩大有效需求，将疫情影响降到最低，经济增速逐季回升、稳步提高。上半年 GDP 增速由负转正，增长 0.5%；前三季度增长 2.3%；全年实现地区生产总值 5745.51 亿元，比上年增长 3.6%。

二是主要行业稳定向好。农产品稳产保供，全市农林牧渔及服务业现价增加值 241.76 亿元，比上年增长 2.3%。谷物产量增长 4.0%，家禽出笼量增长 7.6%。工业生产支撑有力，规模以上工业增加值增长 4.7%。投资增速稳步上行，500 万元及以上固定资产投资增长 8.8%。消费市场活力恢复，社会消费品零售总额 2452.74 亿元，增长 3.0%。

三是就业物价平稳有序。全市落实援企稳岗政策，就业人数稳定增加。截至年末，全年城镇新增就业人员 6.15 万人，城镇登记失业率为 2.93%。物价涨幅整体可控，受疫情影响，2020 年 1-2 月全市居民消费价格指数同比上涨 5.0%，达到 2012 年以来最高水平，随着重要民生商品保供稳价政策措施的落地见效，生产供应逐步恢复，物价涨幅逐步回落，全年上涨 2.5%。

四是基础建设稳步推进。交通、通信等基础设施和基础产业的投入不断加大，全年基础设施投资较上年增长 12.4%。交通基础建设成效明显，地铁 1 号、2 号线全线运行，3 号线开通试运行，“十纵十横”城市干线路网日臻完善，城市一环闭环通行、二环三环加速推进，人流、物流实现高效便捷流通，内联外通一小时交通圈加速构建。邮电通信业规模不断扩大，全年邮电业务总量 814.98 亿元，增长 19.0%；快递服务企业业务量 46641.51 万件，增长 42.5%。“城市大脑”建设不断加快，推动城市数据共享，打破“信息孤岛”，合理配置公共资源，城市治理效能得到新提升。

二、量增更重质优，“四进”释放活力

2020 年我市坚持以高质量发展为总方向，以供给侧结构性改革为主线，着力构建多点支撑、多业并举、多元发展的发展新格局，确保经济发展换挡不失速、量增质更优。《公报》显示，2020 年全市经济结构调整持续推进，开放型经济稳步前进，城乡发展协调迈进，发展效益明显增进。

一是结构调整持续推进。全市三次产业结构由上年的 3.8:47.1:49.1 调整为 4.1:46.6:49.3。第三产业占比持续提升，高于上年 0.2 个百分点，对全市经济增长的贡献率达 42.2%，拉动 GDP 增长 1.5 个百分点。投资结构调优趋强，第三产业投资力度加大，占全部投资比重达 67.4%，较上年提高 1.2 个百分点，信息传输、软件和信息技术服务业，文化、体育和娱乐业，教育业投资分别增长 67.4%、45.8%、36.9%；高技术投资增速加快，增长 52.2%，占全市投资比重 16.3%，高于上年 4.6 个百分点，其中高技术制造业投资增长 61.0%，高技术服务业投资增长 28.5%。消费结构升级趋势明显，品质改善类商品销售增长较快，限额以上单位通讯器材类、书报杂志类和化妆品类商品零售额分别增长 62.0%、20.2%和 8.8%。

二是开放型经济稳步前进。千方百计稳住外贸外资基本盘，开放型经济发展好于预期。昌北国际机场“一货站三中心”和跨境电商“9610”业务全面开通运营，货邮吞吐量超18万吨。中远海、马士基“南昌－宁波舟山港”全程提单专列发运，中欧班列、铁海联运班列常态化运行，不仅有效缓解了生产制造企业因运力缩减导致出口受阻的困境，还为“江西制造”本土产品走向欧洲市场提供了一条稳定的外贸供应通道。据海关统计，全年进出口总值1151.46亿元，比上年增长8.4%。其中，出口值713.11亿元，增长10.3%。全年实际利用外资40.60亿美元，比上年增长7.7%；利用省外资金项目进资1676.66亿元，增长22.9%。

三是城乡发展协调迈进。全市扎实推动乡村振兴、提升城市品质，二元化结构日益改善，协调发展态势良好。城镇化进程稳步推进，截至10月末，户籍人口城镇化率达56.04%，比上年同期提高0.27个百分点。城乡差距继续缩小，全市城乡人均消费支出比为1.95:1，比上年缩小0.23。农村消费环境不断改善，移动支付和农村电商蓬勃发展，全市乡村消费限额以上消费品零售额全年增长126.6%，高于城镇123.7个百分点，城乡消费一体发展不断推进。

四是发展效益明显增进。企业盈利能力保持较好水平，全年规上工业企业营业收入7346.91亿元，比上年增长5.5%，营业收入过百亿元的行业达到17个；利润总额444.94亿元，增长26.3%，自8月份以来始终保持20%以上增速；营业收入利润率6.06%，较上年提高1.00个百分点。财政收入稳步增长，全年地方一般公共预算收入483.86亿元，增长1.4%。其中，税收收入370.23亿元，占比达76.5%。金融市场规模不断扩大，年末全市金融机构本外币存款余额和贷款余额分别增长13.1%和13.9%。

三、创新转型提速，“四新”激发动力

2020年我市主动以危中寻机的积极意识，寻找疫情中出现的新发展机遇，下好改革创新先手棋、打好转型升级主动仗，推动经济复苏新动能加速培育和形成。《公报》显示，2020年全市新市场主体不断壮大，新动能持续发力，新业态逆势增长，新科技步履坚实。

一是新市场主体不断壮大。随着“放管服”改革深入推进，营商环境进一步优化，市场主体保持快速增长，创新创业蓬勃发展。全年非公经济增加值占GDP比重达58.3%，较上年提高0.3个百分点。市场主体的数量和实力得到进一步提升，全市市场主体达47.74万家，注册资本达1.94万亿元。

二是新动能持续发力。在疫情倒逼下，新技术、新业态和新模式加速发展，催生新兴动能适应新需求加快壮大。从产业看，以高技术产业为代表的先进制造业快速发展，全年规模以上工业高技术产业增加值比上年增长10.0%，拉动规模以上工业增加值增长1.7个百分点。战略性新兴产业中，新能源产业、高端装备制造业和新能源汽车产业分别增长28.4%、13.1%和6.9%。从产品看，市场主体积极适应消费需求升级，代表工业发展新方向、技术附加值高、符合消费升级方向的产品生产形势良好，光电子器件、智能手机等高技术领域产品产量分别增长32.8%和16.0%。

三是新业态逆势增长。在疫情常态化防控背景下，线上消费持续火爆，线下服务逐步向线上转移，且与传统线下商业模式和消费模式融合之势日渐深入，成为疫情期间消费增长的新动力。限额以上单位通过公共网络实现商品销售196.97亿元，比上年增长36.7%，占限上消费品零售额的15.7%，比上年提高3.7个百分点。金融业，信息传输、软件和信息技术服务业，科学研究和技术服务业等现代服务业增加值占GDP比重合计为14.5%，比上年提高1.3个百分点，对GDP增长的贡献率达27.4%。

四是新科技步履坚实。全市深入推进国家创新型城市建设、赣江两岸科创大走廊建设，加快航空科创城、中医药科创城、VR科创城等建设步伐，创新支撑能力持续提升。截至年末，全市共拥有省级以上工程技术研究中心131家、省级以上重点实验室162家，省级产业技术创新联盟31家。创新成果高效转化，全年专利申请量30006件，比上年增长38.4%，专利授权量17910件，增长37.2%。

四、民生福祉改善，“四提升”凝聚合力

2020年我市不断加大民生领域投入力度，强化对困难群体的救助措施，完善基本民生保障兜底机制，筑牢民生保障底线，多举措保障民生福祉。《公报》显示，2020年全市群众获得感不断提升，公共事业、社会保障、人居环境等方面工作成效显著。

一是群众获得感不断提升。在稳定就业及个税改革等一系列惠民举措带动下，城乡居民收入水平切实提高，百姓“钱袋子”越来越鼓。全年城镇居民人均可支配收入46796元，比上年增长6.0%，农村居民人均可支配收入20921元，增长7.3%，农村居民收入增速连续12年快于城镇居民。

二是公共事业发展全面提升。教育优质均衡发展，教育质量不断提高，全年普通高等学校招生数、在校生数分别比上年增长9.0%和9.1%；普通中等学校招生数、在校生数分别增长9.2%和7.2%。初中阶段适龄少年入学率和小学适龄儿童入学率均达到100%。文化事业繁荣发展，全市共有公共图书馆10个，文化馆10个，博物馆、纪念馆22个。卫生健康事业取得长足进步，全市拥有各类医疗卫生机构2686个，床位4.42万张，各类专业卫生技术人员5.08万人，分别增长7.4%、21.8%和8.8%。

三是社会保障能力有效提升。社会保险覆盖面持续扩大，年末全市城镇职工参加基本医疗保险人数138.12 万人，比上年增加 6.16 万人；参加失业保险人数 65.19 万人，增加 0.76 万人。城镇参加基本养老保险人数为 222.48 万人，增加 10.72 万人，其中参保职工158.39 万人，参保离退休人员 64.09 万人；企业养老金社会化发放率达 100%。年末全市共有城镇社区服务站（中心）864 个，比上年增加 65 个。

四是人居环境建设明显提升。全市持续加大生态环保投入力度，生态环境质量总体改善。年末全市拥有园林绿地面积 14388 公顷，绿化覆盖面积 15116.6 公顷，公园绿地 3814 公顷，城市绿化覆盖率达到 41.3%，人均公共绿地面积达到 12.04 平方米。全年空气质量优良率 91.5%，水质优良率 100%，县级及以上集中式饮用水质达标率 100%，城市生活污水集中处理率 95%。节能降耗成效明显，全年万元生产总值综合能耗下降4.38%，二氧化硫、氮氧化物、化学需氧量、氨氮排放量分别较 2015 年下降 24.0%、8.20%、7.48%、9.76%，完成了“十三五”各项减排目标。

百舸争流千帆竞，借海扬帆奋者先。2020 年全市经济在异常艰难的困境中实现稳中向好，成绩来之不易，这是市委、市政府积极应对、主动作为、勇于担当的结果，也是全市上下攻坚克难、锐意进取、埋头苦干的结果。2021 年是“十四五”开局之年，也是新时代奋力追赶超越的关键之年，迈步新征程，全市上下要始终坚持以习近平新时代中国特色社会主义思想为指导，准确把握新发展阶段，深入贯彻新发展理念，服务构建新发展格局，大力发扬“三牛”精神，乘势而上、接续奋斗，切实打好全面建设社会主义现代化起步战、开局战，以优异成绩庆祝建党 100 周年。

自然、地理、资源

位　　置

南昌市位于东经115° 27′-116° 11′北纬28° 09′-29° 11′。地处江西省中部偏北，赣江、抚河下游，东北方濒临我国最大的淡水湖鄱阳湖。

地势、面积

全市以平原为主，东南地势平坦，西北丘陵起伏。全市土地面积7194.98平方公里。南北长约112.1公里，东西宽为 107.6公里。

山脉、河流、湖泊

位于西北部的西山山脉，呈东北向逶迤绵延，山脉中段的梅岭为市区最高点，其主峰洗药峰海拔841.4米。

全市境内江河纵横，湖泊池塘星罗棋布。主要河流有赣江、抚河、锦江和潦河等。湖泊主要有军山湖、青岚湖、金溪湖、瑶湖等，市区有青山湖、贤士湖，市中心错落着东湖、西湖、南湖、北湖等四个人工湖。

气　　候

南昌气候湿润温和，属亚热带季风区，雨量充沛，四季分明，春秋季短，冬夏季长。2020 年平均气温19.1℃，极端最高气温 37.0℃，极端最低气温-2.8℃。年降水量2139.4毫米，降水日为159天，年平均相对湿度为75.9%。年日照时间 1399.2 小时。年平均风速1.8米／秒。年无霜期315天。冬季多偏北风，夏季多偏南风。适合植物、花卉生长，是营造“花园城市”的理想地区。

土地资源

全市土地面积 7194.98 平方公里，其中耕地面积27.44万公顷。在耕地面积中，有效灌溉面积18.99万公顷，占69.2%。

水力资源

2020年，地表水资源量90.73亿立方米，比多年均值多47.5%；地下水资源量17.44亿立方米（其中与地表水资源量不重复计算量3.90亿立方米），比多年均值多20.7%；水资源总量94.63亿立方米，比多年均值多43.4%。

森林资源

全市林地面积14.39万公顷，森林覆盖率21.27%；活立木蓄积量922.39万立方米。野生动、植物资源品种繁多。

1-1 土地面积

单位：平方公里

地 区	土地面积
全 市	**7194.98**
区	
东湖区	57.88
西湖区	35.28
青云谱区	36.86
湾里区	247.07
青山湖区	240.63
新建区	2159.64
县	
南昌县	1810.92
安义县	660.23
进贤县	1946.46

注：1.本表数据由市自然资源局提供。

2.因自然资源部还未下发南昌市2020年国土变更调查数据，经对照国务院三调办下发的南昌市第三次全国国土调查数据汇总表格数据(该数据以2019年12月31日为时间节点)，全市三县六区行政区国土调查控制面积详见上表。

1-2 行政区划(2020年末)

单位：个

地　　区	街道办事处	居委会	镇	乡	村委会
全　市	**34**	**891**	**52**	**28**	**1163**
区	**33**	**668**	**25**	**6**	**491**
东湖区	9	98	1	0	21
西湖区	11	139	1	0	13
青云谱区	5	75	1	0	12
青山湖区	4	176	5	0	84
新建区	2	96	16	6	328
红谷滩区	2	84	1	0	33
县	**1**	**223**	**27**	**22**	**672**
南昌县	1	126	11	7	304
安义县	0	28	7	3	104
进贤县	0	69	9	12	264

注：本表数据由市民政局提供。

1-3 水文、气象

项　　　　目	2019	2020
最高水位(八一桥水面，米)	23.23	24.58
最低水位(八一桥水面，米)	10.97	11.03
全年平均水位(八一桥水面，米)	15.53	16.12
全年降雨天数(天)	175	159
全年降雪天数(天)	1	1
全年降水量(毫米)	1613.3	2139.4
全年无霜期总天数(天)	312	315
全年日照时数(小时)	1629.9	1399.2
全年蒸发量(毫米)	1081.7	1023.3
全年平均气温(度)	19.1	19.1
极端最高气温(度)	37.5	37.0
极端最低气温(度)	0.0	-2.8
全年相对湿度(%)	73	75.9
全年平均风速(米/秒)	1.6	1.8

注：本表数据由市水文局和市气象局提供。

1-4　各县区按专业分组一套表新增法人单位数（2020年）

单位：个

地　区	合　计	工　业	建筑业	批发和零售业	住宿和餐饮业	房地产开发经营业	服务业
全　市	**815**	**217**	**96**	**239**	**36**	**69**	**158**
东 湖 区	42		7	21	3	1	10
西 湖 区	81		9	52	7	3	10
青云谱区	53	2	14	20		4	13
青山湖区	69	33	2	15	2	3	14
新 建 区	70	17	5	19	4	10	15
红谷滩区	52		10	13	8	8	13
南 昌 县	127	41	23	25	5	14	19
安 义 县	50	33	1	3	1	5	7
进 贤 县	67	35	7	15		6	4
经济开发区	90	25	7	30	2	6	20
高新开发区	91	25	9	22	1	4	30
湾里管理局	23	6	2	4	3	5	3

1-5 主要年份国民经济

指标	1978	1980	1990	2000
人口				
年末常住人口(万人)	306.82	317.23	378.39	433.17
#男性人口			196.28	226.18
女性人口			182.11	206.99
#城镇人口				211.54
乡村人口				221.62
年末户籍人口(万人)	233.97	241.50	372.59	432.55
就业				
年末社会就业人数(万人)	131.13	136.03	199.00	214.96
#职工人数	53.14	58.51	82.04	58.77
国民经济核算				
地区生产总值(亿元)	14.37	16.95	63.20	476.04
第一产业	4.21	4.54	13.85	51.29
第二产业	7.07	8.20	25.07	192.95
第三产业	3.09	4.21	24.29	231.80
人均地区生产总值(元)	474	538	1705	11027
农业				
农业总产值(亿元)(按当年价)	4.50	5.56	23.65	69.44
主要农产品产量				
粮食(万吨)	117.43	120.16	170.81	156.12
棉花(万吨)	0.22	0.29	0.11	0.33
油料(万吨)	1.16	1.43	4.04	9.78
园林水果(万吨)			0.94	0.92
蔬菜(万吨)			60.02	109.09
水产品(万吨)	0.83	1.16	5.52	22.00
肉类总产量(万吨)			10.23	20.80
生猪年末存栏(万头)	78.45	77.43	121.32	166.13
生猪当年出栏(万头)			140.98	208.18
工业				
规模以上工业增加值(亿元)				79.26
轻工业				42.76
重工业				36.50
主要工业产品产量				
纱(万吨)			2.33	2.61
布(万米)	7976	12294	9923	13285
机制纸及纸板(万吨)	3.26	4.35	6.16	8.16
发电量(亿千瓦小时)	7.54	7.91	15.46	31.13
钢材(万吨)	7.75	20.67	22.33	80.85
水泥(万吨)	6.65	8.64	20.85	33.00
效益指标				
资产总计(亿元)				
负债合计(亿元)				
营业收入(亿元)				

注：1.规模以上工业营业收入2018年及以前为规模以上工业主营业务收入数据。

2.表中2015-2019年常住人口数据为第七次全国人口普查后修订数。

和社会发展主要指标

2010	2015	2016	2017	2018	2019	2020	2020年比上年增长%
505.33	559.66	574.62	592.08	601.62	614.05	625.58	1.9
263.95	292.23	300.21	309.52	314.63	321.33	327.47	1.9
241.38	267.43	274.41	282.55	286.99	292.71	298.11	1.8
332.05	405.77	422.34	443.04	457.77	475.98	488.44	2.6
173.28	153.89	152.27	149.04	143.85	138.06	137.14	-0.7
502.25	520.38	522.79	524.66	531.88	536.00	538.29	0.4
281.20	308.20	313.30	319.20	322.90	327.40	330.00	0.8
63.21	105.81	106.37	105.66	102.30	102.72	104.54	1.8
2145.46	3778.82	4137.49	4547.63	5119.33	5536.66	5745.51	3.6
121.00	177.51	180.30	180.79	190.68	212.92	235.28	2.2
1206.84	1984.59	2122.70	2291.78	2432.81	2608.05	2676.89	3.8
817.63	1616.72	1834.49	2075.06	2495.84	2715.69	2833.35	3.4
42734	68185	72954	77957	85772	91088	92697	1.6
204.66	296.92	298.37	310.04	321.01	360.53	401.62	2.7
181.06	221.74	221.75	217.41	214.48	211.50	211.77	0.1
0.38	0.22	0.18	0.17	0.16	0.15	0.14	-8.7
10.80	12.81	12.06	11.11	11.54	11.26	11.70	4.0
2.36	3.54	3.74	4.03	4.17	4.19	4.24	1.1
93.91	128.98	127.77	129.32	129.89	130.34	132.35	1.6
34.57	36.44	37.64	39.19	40.44	41.00	41.87	2.1
32.97	33.38	31.95	29.70	31.43	28.65	24.45	-14.7
195.99	184.34	171.67	144.43	156.06	19.36	134.33	593.9
317.77	320.82	300.47	284.11	279.07	111.22	145.52	30.8
650.92	1451.84	1611.50					4.7
329.19	718.76	749.70					0.0
321.73	733.09	861.81					8.0
3.00	4.75	3.67	4.34	6.64	12.29	14.83	8.8
12691	7384	6033	4923	2553	905		
37.09	38.08	65.92	64.39	64.41	65.26	66.80	2.4
77.81	90.01	86.99	111.65	111.50	100.08	110.75	3.3
307.13	375.76	371.29	381.93	464.29	421.55	490.28	16.3
319.17	766.15	747.52	762.03	693.06	832.13	848.10	1.9
1961.54	4170.48	5081.86	5785.25	6106.99	6757.24	7158.20	6.6
1138.93	2192.38	2615.19	3144.91	3519.59	3941.81	4152.19	6.7
2768.52	5534.87	6161.52	6223.85	6395.38	6997.07	7346.91	5.5

指　　标	1978	1980	1990	2000
建筑业(资级企业)				
建筑业企业人数(万人)				10.12
建筑业总产值(亿元)	3.13	3.77	9.07	38.11
施工房屋面积(万平方米)	111.62	173.28	318.00	695.00
竣工房屋面积(万平方米)	37.25	96.56	126.00	298.00
交通运输业				
公路通车里程(公里)	1286	1148	1831	1958
#等级公路				
货物运输量(万吨)			2820	3171
#民航				
铁路			221	224
公路	261	257	2298	2784
水运	150	77	301	163
旅客运输量(万人)			3289	3904
#民航				
铁路			517	906
公路	352	634	2720	2978
水运	87	96	52	20
邮电通信业				
邮电业务总量(亿元)	0.04	0.05	0.83	21.85
函件(万件)	6472	9739	4781	3016
移动电话用户(万户)				43
固定电话用户(万户)	0.58	0.65	3.15	74
城市	0.49	0.56	2.99	60
农村	0.09	0.09	0.16	14
互联网宽带用户数(万户)				
固定资产投资				
全社会固定资产投资(亿元)	1.22	2.11	10.32	79.87
#工业投资	0.53	0.49	1.46	17.29
房地产开发投资				13.20
新增固定资产(亿元)	0.71	1.31	8.62	36.72
市政建设				
道路总长度(公里)				
排水管长度(公里)				
液化气供应总量(吨)				
天然气供应总量(万立方米)				
供水总量(万立方米)				
#生活用水				
全社会用电量(亿千瓦时)	12.50	15.42	22.36	36.08
#工业用电量	5.50	7.47	15.53	23.23
营运公共汽车(辆)				

注：市政建设数据不包括南昌县、安义县和进贤县。

表1

2010	2015	2016	2017	2018	2019	2020	2020年比上年增长%
22.81	59.97	64.47	72.64	71.57	65.03	74.12	12.3
791.86	2415.00	2632.28	3183.86	3643.06	4160.18	4495.14	8.0
6226.84	14867.77	15259.40	16308.60	18048.57	18054.69	17927.21	-0.7
2167.65	5693.29	6003.29	6343.53	6368.67	5862.89	5384.58	-8.9
9707	11199	11386	11388	11258	11966	11890	-0.6
7802	9586	9698	9700	9672	10654	11519	8.1
8327	11645	12377	13836	15656	16912	17699	4.7
3	5	5	5	8	12	18.2	51.7
412	193	247	273	327	318	362.6	14.0
7244	10397	11067	12436	14198	15350	16068	4.7
668	1050	1058	1122	1123	1232	1250.2	1.5
10971	6709	6913	7562	7893	7894	5497.4	-30.4
475	749	786	1094	1352	1364	942.7	-30.9
1977	2941	3126	3515	3769	3946	2658.8	-32.6
8519	3019	3001	2953	2772	2584	1892	-26.8
						3.9	
46.72	90.33	124.30	211.23	449.59	684.63	814.98	19.0
17971	1065	1097	1055	1384	891	645.6	-27.5
473	609	555	613	697	709	727.3	2.6
162	107	102	93	91	87	91.5	5.2
85	68	65	61	53	75	80.4	7.2
23	13	12	11	9	9	8.3	-7.8
62	128	154	185	238	265	275.2	3.8
1939.35	4021.47	4576.73	5157.29				8.8
646.86	1552.73	1625.86	1843.99				3.7
110.22	485.37	674.60	790.69				6.4
1412.92	2692.88	2771.81	3143.84				72.3
	1659.37	1612.50	1631.96	1550.68	1764.80	1621.15	-8.1
	2304.72	2816.33	3421.41	3759.06	2961.00	3476.70	17.4
	46283	49607	38869	20265	19658	19530	-0.6
	23932.07	30734.57	44651.96	42522.85	43994.87	49132.80	11.7
	39829.23	42753.35	40895.26	43678.34	45735.11	43673.00	-4.5
	14230.57	15284.64	15332.08	16082.98	16163.80	17846.03	10.4
112.84	164.34	185.18	205.97	230.00	247.20	253.99	2.8
64.24	85.21	92.62	105.46	116.85	123.37	132.30	7.2
	3305	3423	3691	4112	3916	4381	11.9

指　标	1978	1980	1990	2000
建成区绿化覆盖率(%)				
污水处理率(%)				
内外贸易和旅游				
社会消费品零售总额(亿元)	5.26	7.49	29.49	161.94
海关进出口总额(亿美元)				11.15
出口额				8.86
进口额				2.28
实际利用外资额(亿美元)				0.29
旅游总收入(亿元)				
接待入境旅游者人数(万人次)				3.70
旅游外汇收入(万美元)				2578
财政				
财政总收入(亿元)	2.51	3.33	10.00	41.54
地方一般公共预算收入(亿元)				18.30
地方一般公共预算支出(亿元)	0.90	1.14	5.51	23.77
金融业				
金融机构本外币存款余额(亿元)				700.96
#金融机构人民币存款余额	2.75	7.91	54.71	627.48
金融机构本外币贷款余额(亿元)				458.25
#金融机构人民币贷款余额	9.92	12.45	82.20	400.74
保险公司保费收入(亿元)			0.61	8.05
保险公司赔付支出(亿元)			0.27	2.15
价格指数(上年=100)				
商品零售价格指数	99.7	107.4	101.8	97.8
居民消费价格指数	99.7	106.6	103.3	102.6
工业生产者出厂价格指数				
工业生产者购进价格指数				
教育、文化、卫生				
高等学校在校学生数(人)	11989	18359	30939	78252
中等专业学校在校学生数(人)	7841	11970	20437	80622
普通中学在校学生数(万人)	15.19	12.94	20.97	26.15
小学在校学生数(万人)	32.35	33.21	37.86	40.94
图书馆藏书量(万册)	208	228	338	332
卫生机构数(个)	598	612	832	932
卫生技术人员数(人)	12275	13470	21658	22477
#医　生	5582	6693	9632	9527
医疗卫生机构病床数(张)	11749	12704	16205	15130
人民生活				
城镇非私营单位在岗职工平均工资(元)	577	732	1798	8756
城镇居民人均可支配收入(元)		339	1349	5734
农村居民人均可支配收入(元)		184	721	2390

注：2016年以后图书馆藏书不含省图书馆藏书。

表2

2010	2015	2016	2017	2018	2019	2020	2020年比上年增长%
38.09	40.85	38.63	43.94	43.25	41.25	41.30	
73.23	90.96	92.53	99.80	71.60	91.00	95.00	
767.93	1671.18	1877.74	2108.36	2143.68	2382.31	2452.74	3.0
53.07	113.72	93.80	98.41	119.56	153.73	166.15	8.0
36.76	85.01	57.90	62.80	68.63	93.47	102.97	10.1
16.30	28.71	35.90	35.61	50.93	60.26	63.17	4.9
14.77	26.17	28.90	31.81	34.89	37.72	40.60	7.7
100.80	537.90	816.80	1204.60	1520.00	1869.16	1475.24	-21.1
12.05	22.20	25.10	27.86	29.12	32.69	2.84	-91.3
3069	7415	8603	9971	12681	14236	6035	-57.6
259.31	628.91	684.68	782.82	869.36	902.98	912.01	1.0
146.47	389.34	402.18	417.08	461.75	477.00	483.86	1.4
232.03	543.18	583.26	653.12	752.41	834.11	838.17	0.5
4199.08	8534.34	9627.56	10137.34	10733.08	12096.80	13676.82	13.1
4167.67	8342.63	9503.00	10011.39	10605.78	11980.04	13526.76	12.9
3506.30	7556.91	8707.23	10364.58	12124.64	14047.32	16005.62	13.9
3461.52	7376.05	8604.57	10209.28	11950.32	13864.69	15814.55	14.1
61.36	124.85	152.71	191.27	201.48	224.90	267.89	19.1
12.79	43.78	49.47	50.38	61.52	69.75	83.85	20.2
103.0	100.5	100.4	101.0	100.8	101.3	101.5	1.5
103.2	101.6	102.1	102.1	102.3	102.8	102.5	2.5
102.9	97.3	99.1	104.4	103.2	100.1	100.8	0.8
108.1	95.0	98.3	105.7	102.2	100.9	101.0	1.0
490241	587368	611819	609801	610624	630485	687852	9.1
99202	99589	85377	76417	69282	70491	75569	7.2
30.21	29.35	29.09	29.67	30.58	31.52	32.18	2.1
43.66	40.67	41.24	41.96	42.98	42.77	43.54	1.8
440	523	169	213	222	224	351	56.7
798	2118	2099	2222	2245	2502	2686	7.4
27980	35779	36550	39418	41532	46675	50757	8.7
10330	12875	13139	14143	14797	16778	17857	6.4
20025	30169	30739	32467	33517	36333	38797	6.8
35038	57730	65812	72686	82672	88470	93774	6.0
18276	31942	34619	37675	40844	44136	46796	6.0
7193	13693	14952	16364	17866	19498	20921	7.3

1-6 主要年份国民经济主要比例关系

单位：%

指　　标	1978	1980	1990	2000	2010	2015	2016	2017	2018	2019	2020
地区生产总值											
第一产业	29.3	26.8	21.9	10.8	5.6	4.7	4.4	4.0	3.7	3.8	4.1
第二产业	49.2	48.4	39.7	40.5	56.3	52.5	51.3	50.4	47.5	47.1	46.6
工　业			37.7	30.9	42.8	39.1	38.0	37.1	34.1	33.2	32.8
建筑业			2.0	9.7	13.4	13.5	13.3	13.3	13.5	14.0	13.9
第三产业	21.5	24.8	38.4	48.7	38.1	42.8	44.3	45.6	48.8	49.1	49.3
#交通运输、仓储和邮政业			5.0	6.0	4.6	4.2	4.0	4.1	3.9	3.9	3.6
批发零售和住宿餐饮业			10.8	13.5	8.9	8.9	8.8	9.0	8.7	8.8	8.6
金融业			10.7	5.2	5.3	7.7	8.2	7.8	9.5	9.8	10.9
全市总人口											
城镇人口					65.71	72.50	73.50	74.83	76.09	77.52	78.08
乡村人口					34.29	27.50	26.50	25.17	25.77	24.84	21.92
社会就业人员											
第一产业	58.6	55.8	47.5	39.5	24.2	19.0	18.2	17.7	17.1	16.5	16.1
第二产业	26.9	29.1	30.7	26.2	32.0	34.8	34.8	34.7	34.5	34.4	34.2
第三产业	14.5	15.1	21.8	34.3	43.8	46.2	47.0	47.6	48.4	49.1	49.7
农业总产值											
农　　业	85.4	84.1	55.6	41.9	37.1	38.9	42.8	43.7	44.1	41.0	38.5
林　　业	0.9	0.9	1.1	1.5	1.1	1.3	1.5	1.5	1.5	1.5	1.5
畜 牧 业	11.8	12.6	31.2	35.2	39.2	34.4	30.5	28.4	27.2	32.3	36.9
渔　　业	1.4	1.3	6.4	21.4	20.7	23.3	21.2	22.3	22.8	20.7	18.5
农林牧渔专业及辅助性活动	0.5	1.1	5.7		1.9	2.1	4.0	4.1	4.4	4.5	4.5
规模以上工业增加值											
轻工业				53.9	50.6	49.5	46.5	41.6	38.7	39.9	40.6
重工业				46.1	49.4	50.5	53.5	58.4	61.3	60.1	59.4
全社会固定资产投资											
第一产业	8.3	6.1	1.1	1.5	1.3	1.5	1.6	1.5	1.1	0.9	1.3
第二产业	43.1	23.1	14.2	54.2	40.8	39.8	36.2	36.4	31.8	32.9	31.3
第三产业	48.6	70.8	84.7	44.3	57.9	58.7	62.1	62.1	67.1	66.2	67.4
财政收入占地区生产总值的比例	**17.5**	**19.6**	**15.8**	**8.7**	**12.1**	**16.6**	**16.5**	**17.2**	**17.0**	**16.3**	**15.9**
税收收入占财政总收入比例	**76.6**	**70.6**	**97.2**	**91.9**	**91.4**	**87.1**	**86.5**	**88.4**	**89.6**	**89.1**	**87.0**
研究与试验经费(R&D经费)占GDP比重				**1.37**	**1.94**	**1.59**	**1.62**	**1.68**	**1.70**	**1.81**	**1.95**
科教文卫事业费占财政支出的比例	**29.9**	**31.2**	**24.6**	**22.8**	**26.7**	**28.6**	**28.4**	**30.4**	**29.9**	**30.0**	**33.1**

注：2000年之前“交通运输、仓储和邮政业”的统计口径为“交通运输仓储邮电业”。

1-7　主要年份主要指标每人年平均水平

指　　标	1978	1980	1990	2000	2010	2015	2016	2017	2018	2019	2020
地区生产总值(元)	**474**	**538**	**1705**	**11027**	**42734**	**68185**	**72954**	**77957**	**85772**	**91088**	**92697**
农业总产值(元)	**148**	**176**	**638**	**1623**	**4076**	**5358**	**5261**	**5315**	**5378**	**5931**	**6480**
财政总收入(元)	**84**	**106**	**270**	**971**	**5165**	**11348**	**12073**	**13419**	**14566**	**14856**	**14714**
主要农产品产量(千克)											
粮食	386.96	381.37	460.80	364.84	360.63	400.11	391.00	372.69	359.35	347.96	341.67
棉花	0.73	0.92	0.30	0.77	0.76	0.40	0.32	0.29	0.27	0.25	0.23
园林水果			2.54	2.15	4.70	6.39	6.59	6.91	6.99	6.89	6.84
水产品	2.74	3.68	14.89	51.41	68.86	65.75	66.37	67.18	67.76	67.45	67.55
肉类总产量			27.60	48.61	65.67	60.24	56.34	50.92	52.66	47.13	39.45
主要工业产品产量											
纱(千克)			6.29	6.10	5.98	8.57	6.47	7.43	11.12	20.21	23.93
布(米)	26.28	39.02	26.77	31.05	25.28	13.32	10.64	8.44	4.28	1.49	
发电量(千瓦小时)	248.42	251.05	417.07	727.48	1549.81	1624.14	1533.84	1913.95	1868.14	1646.51	1786.84
钢材(千克)	25.53	65.60	60.23	188.94	611.74	678.03	654.66	654.72	777.91	693.54	791.02
水泥(千克)		27.42	56.25	77.12	635.72	1382.44	1318.05	1306.30	1161.20	1369.02	1368.32
人民生活											
城镇非私营单位在岗职工平均工资(元)	577	732	1798	8756	35038	57730	65812	72686	82672	88470	93774
城镇居民人均可支配收入(元)		339	1349	5734	18276	31942	34619	37675	40844	44136	46796
农村居民人均可支配收入(元)		184	721	2390	7193	13693	14952	16364	17866	19498	20921

1-8　主要年份平均每天主要社会经济活动

指　标	1978	1980	1990	2000	2010	2015	2016	2017	2018	2019	2020
地区生产总值(万元)	394	464	1732	13042	58780	103529	113356	124593	140256	153320	156981
农业总产值(万元)	123	152	648	1897	5607	8135	8152	8494	8795	9878	10973
财政总收入(万元)	69	91	274	1135	7104	17230	18707	21447	23818	24739	24918
主要工业产品产量											
纱(吨)			63.84	71.31	82.19	130.14	100.27	118.77	181.82	336.58	405.19
布(万米)	21.85	33.59	27.19	36.30	34.77	20.23	16.48	13.49	6.99	2.48	
发电量(万千瓦时)	207	216	424	851	2132	2466	2377	3059	3055	2742	3026
水泥(吨)	182	236	571	902	8744	20990	20424	20878	18988	22798	23172
社会消费品零售总额(万元)	144	205	808	4437	21039	45786	51445	57763	58731	65269	67015
其他经济活动											
货物运输量(万吨)			7.73	8.66	22.81	31.90	33.82	37.91	42.89	46.33	48.36
旅客运输量(万人次)			9.01	10.67	30.06	18.38	18.89	20.72	21.62	21.63	15.02
函件(万件)	17.73	26.61	13.10	8.24	49.24	2.92	3.00	2.89	3.79	2.44	1.76

1-9 南昌市主要经济指标占全省的比重（2020年）

项　　目	江　　西	南　　昌	南昌所占比重(%)
土 地 面 积(平方公里)	16.69万	7194.98	4.3
年末总人口(抽样调查数据，万人)	4519.45	625.58	13.8
地区生产总值(亿元)	25691.50	5745.51	22.4
农业总产值(亿元)	3820.74	401.62	10.5
主要工业产品产量			
机制纸及纸板(万吨)	291.06	66.80	23.0
发电量(亿千瓦小时)	1320.58	110.75	8.4
钢材(万吨)	3093.92	490.28	15.8
水泥(万吨)	9769.74	848.10	8.7
主要农产品产量			
粮食(万吨)	2163.88	211.77	9.8
棉花(万吨)	5.29	0.14	2.6
油料(万吨)	122.70	11.70	9.5
园林水果(万吨)	493.21	4.24	0.9
蔬菜(万吨)	1642.65	132.35	8.1
水产品(万吨)	262.69	41.87	15.9
肉类总产量(万吨)	285.17	24.45	8.6
社会消费品零售总额(亿元)	10371.77	2452.74	23.6
进出口总额(亿美元)	580.26	166.15	28.6
#出口额	420.56	102.97	24.5
实际利用外资额(亿美元)	146.02	40.60	27.8
接待入境旅游者人数(万人次)	12.97	2.84	21.9
财政总收入(亿元)	4048.36	912.01	22.5
普通高等学校在校学生(万人)	129.32	68.79	53.2
中等专业学校在校学生(万人)	29.28	7.56	25.8
普通中学在校学生(万人)	330.87	32.18	9.7
小学在校学生(万人)	406.31	43.54	10.7
卫生技术人员(万人)	28.61	5.08	17.7
#医生	10.49	1.79	17.0
卫生机构病床数(万张)	28.58	3.88	13.6

1-10　主要年份地区生产总值

年　　份	地　区 生产总值 (万元)	第一产业	第二产业	第三产业	人均地区 生产总值 (元)
1949	14278	8804	1152	4322	107
1952	21667	13045	2943	5679	154
1957	37287	18053	10601	8633	223
1962	42877	12109	15716	15052	222
1965	65435	21413	28837	15185	315
1970	93305	22785	51086	19434	389
1975	107291	34267	47251	25773	382
1978	143727	42065	70744	30918	474
1979	158303	42494	74784	41025	511
1980	169513	45361	82026	42126	538
1981	189093	53874	91014	44205	593
1982	204423	61052	97054	46317	632
1983	212229	62386	100002	49841	649
1984	257925	79281	116105	62539	781
1985	325718	78735	171408	75575	977
1986	369492	82109	185935	101448	1093
1987	435864	90367	193554	151943	1266
1988	518161	96081	231734	190346	1474
1989	591567	120079	252286	219202	1647
1990	632034	138479	250705	242850	1705
1991	728886	143295	285370	300221	1910
1992	946665	178041	395972	372652	2436
1993	1293955	225343	584546	484066	3279
1994	1818436	334901	801503	682032	4550
1995	2454072	398415	1115241	940416	6074
1996	3105911	496539	1394535	1214837	7610
1997	3752067	536822	1702856	1512389	9100
1998	3992606	440170	1853634	1698802	9584
1999	4237630	500233	1940558	1796839	10074
2000	4760425	512922	1929540	2317963	11027
2001	5242006	541131	2159890	2540985	12024
2002	5980910	582947	2615354	2782609	13591
2003	6885021	596810	3272931	3015280	15516
2004	8420214	710263	4276699	3433252	18839
2005	9796983	759382	5211578	3826023	20932
2006	11649389	829203	6466998	4353188	24566
2007	14120436	942028	7702944	5475464	29386
2008	16521905	1097078	8931235	6493592	33905
2009	17827139	1144246	9613633	7069260	36020
2010	21454633	1209970	12068367	8176296	42734
2011	26358983	1379140	14840994	10138849	51569
2012	28768982	1500169	15913544	11355269	55073
2013	32073474	1595067	17626380	12852027	60245
2014	34984514	1685837	19098100	14200577	64446
2015	37788182	1775060	19845947	16167175	68185
2016	41374868	1803042	21226968	18344858	72954
2017	45476292	1807875	22917817	20750600	77957
2018	51193279	1906820	24328060	24958399	85772
2019	55366568	2129226	26080479	27156863	91088
2020	57455131	2352762	26768890	28333479	92697

1-11 主要年份地区生产总值指数

(按可比价计算)

单位：%

年份	地区生产总值 (以1978年为100)	第一产业	第二产业	第三产业	地区生产总值 (以上年为100)	第一产业	第二产业	第三产业	人均地区生产总值
1978	100.0	100.0	100.0	100.0	114.2	101.3	116.4	128.3	111.8
1979	115.5	101.0	105.7	148.4	115.5	101.0	105.7	148.4	113.1
1980	121.9	100.6	117.9	149.4	105.5	99.6	111.5	100.7	103.7
1981	130.4	107.0	135.9	141.1	107.0	106.4	115.3	94.4	105.7
1982	142.2	122.6	140.8	162.1	109.1	114.5	103.6	114.9	107.6
1983	154.8	135.3	162.3	174.4	108.8	110.4	115.3	107.6	107.6
1984	185.7	147.1	196.2	222.4	120.0	108.7	120.9	127.5	118.8
1985	216.2	157.1	239.8	251.7	116.4	106.8	122.2	113.2	115.3
1986	241.5	164.5	254.4	326.5	111.7	104.7	106.1	129.7	110.2
1987	256.9	185.5	233.8	416.6	106.4	112.8	91.9	127.6	104.5
1988	288.8	186.4	264.7	493.7	112.4	100.5	113.2	118.5	110.1
1989	306.7	216.8	268.1	529.2	106.2	116.3	101.3	107.2	103.9
1990	323.9	250.0	266.5	568.4	105.6	115.3	99.4	107.4	103.2
1991	366.6	260.0	315.3	647.9	113.2	104.0	118.3	114.0	109.6
1992	425.6	268.6	379.9	773.6	116.1	103.3	120.5	119.4	114.1
1993	497.1	281.2	470.7	902.8	116.8	104.7	123.9	116.7	115.3
1994	588.1	304.0	588.0	1051.8	118.3	108.1	124.9	116.5	116.8
1995	682.8	316.1	699.1	1251.7	116.1	104.0	118.9	119.0	114.8
1996	788.0	347.4	799.7	1490.7	115.4	109.9	114.4	119.1	114.2
1997	891.2	371.1	901.3	1732.2	113.1	106.8	112.7	116.2	112.0
1998	960.7	320.6	1008.6	1929.7	107.8	86.4	111.9	111.4	106.7
1999	1046.2	353.3	1094.3	2105.3	108.9	110.2	108.5	109.1	107.8
2000	1142.4	363.9	1195.0	2336.9	109.2	103.0	109.2	111.0	107.3
2001	1280.7	378.8	1349.1	2647.7	112.1	104.1	112.9	113.3	111.0
2002	1457.4	395.1	1586.6	2978.6	113.8	104.3	117.6	112.5	112.7
2003	1683.3	406.2	1886.4	3425.4	115.5	102.8	118.9	115.0	114.6
2004	1961.0	435.8	2273.2	3918.7	116.5	107.3	120.5	114.4	115.6
2005	2290.5	457.6	2755.1	4486.9	116.8	105.0	121.2	114.5	111.5
2006	2636.4	479.6	3259.2	5056.8	115.1	104.8	118.3	112.7	113.6
2007	3042.4	495.9	3803.5	5845.6	115.4	103.4	116.7	115.6	113.8
2008	3498.7	524.6	4514.8	6500.3	115.0	105.8	118.7	111.2	113.4
2009	3957.1	565.0	5174.0	7260.9	113.1	107.7	114.6	111.7	111.4
2010	4511.0	596.1	6001.8	8146.7	114.0	105.5	116.0	112.2	112.4
2011	5097.5	624.1	6842.0	9181.3	113.0	104.7	114.0	112.7	110.9
2012	5734.7	653.5	7772.6	10273.9	112.5	104.7	113.6	111.9	110.0
2013	6348.3	694.6	8697.5	11239.6	110.7	106.3	111.9	109.4	108.6
2014	6970.4	726.6	9697.7	12116.3	109.8	104.6	111.5	107.8	107.7
2015	7639.6	754.9	10657.8	13303.7	109.6	103.9	109.9	109.8	107.4
2016	8327.1	784.4	11553.0	14660.7	109.0	103.9	108.4	110.2	106.5
2017	9076.6	815.7	12523.5	16141.4	109.0	104.0	108.4	110.1	105.9
2018	9884.4	841.8	13588.0	17771.7	108.9	103.2	108.5	110.1	106.5
2019	10655.4	866.2	14675.0	19175.7	107.8	102.9	108.0	107.9	105.8
2020	11038.9	885.3	15232.7	19827.6	103.6	102.2	103.8	103.4	101.6

1-12 主要年份地区生产总值构成

(以地区生产总值为100)　　单位：%

年份	第一产业	第二产业	工业	建筑业	第三产业	#交通运输仓储和邮政业	批发零售住宿餐饮业	金融保险业
1978	29.3	49.2			21.5			
1979	26.8	47.2			26.0			
1980	26.8	48.4			24.8			
1981	28.5	48.1			23.4			
1982	29.9	47.5			22.6			
1983	29.4	47.1			23.5			
1984	30.7	45.0			24.3			
1985	24.2	52.6			23.2			
1986	22.2	50.3			27.5			
1987	20.7	44.4			34.9			
1988	18.5	44.7			36.8			
1989	20.3	42.6	40.7	1.9	37.1	6.6	11.7	10.5
1990	21.9	39.7	37.7	2.0	38.4	5.0	10.8	10.7
1991	19.6	39.2	35.1	4.1	41.2	4.0	10.6	10.4
1992	18.8	41.8	37.7	4.1	39.4	3.5	10.3	10.3
1993	17.4	45.2	41.0	4.2	37.4	5.0	7.9	5.3
1994	18.4	44.1	39.8	4.3	37.5	5.0	10.3	5.1
1995	16.2	45.4	39.0	6.4	38.4	5.4	11.9	5.1
1996	16.0	44.9	37.0	7.9	39.1	5.8	11.3	5.0
1997	14.3	45.4	34.8	10.6	40.3	6.1	11.5	4.9
1998	11.0	46.4	35.7	10.7	42.6	6.6	11.9	5.0
1999	11.8	45.8	35.1	10.7	42.4	6.7	11.7	4.8
2000	10.8	40.5	30.9	9.7	48.7	6.0	13.5	5.2
2001	10.3	41.2	31.4	9.8	48.5	6.1	12.7	4.8
2002	9.7	43.7	32.8	11.0	46.5	6.0	11.5	4.6
2003	8.7	47.5	35.2	12.3	43.8	5.9	9.9	4.0
2004	8.4	50.8	36.6	14.2	40.8	5.7	9.1	4.4
2005	7.8	53.2	37.5	15.7	39.1	5.3	8.9	4.4
2006	7.1	55.5	38.7	16.8	37.4	6.7	8.0	4.1
2007	6.7	54.6	38.5	16.0	38.8	5.9	8.1	5.1
2008	6.6	54.1	39.8	14.3	39.3	5.4	8.4	5.1
2009	6.4	53.9	40.0	14.0	39.7	5.0	9.0	5.7
2010	5.6	56.3	42.8	13.4	38.1	4.6	8.9	5.3
2011	5.2	56.3	43.8	12.5	38.5	4.1	9.2	5.4
2012	5.2	55.3	42.4	13.0	39.5	4.6	9.1	5.3
2013	5.0	55.0	41.4	13.6	40.1	4.3	8.7	6.1
2014	4.8	54.6	40.7	13.9	40.6	4.2	8.7	6.7
2015	4.7	52.5	39.1	13.5	42.8	4.2	8.9	7.7
2016	4.4	51.3	38.0	13.3	44.3	4.0	8.8	8.2
2017	4.0	50.4	37.1	13.3	45.6	4.1	9.0	7.8
2018	3.7	47.5	34.1	13.5	48.8	3.9	8.7	9.5
2019	3.8	47.1	33.2	14.0	49.1	3.9	8.8	9.8
2020	4.1	46.6	32.8	13.9	49.3	3.6	8.6	10.9

注：2000年之前“交通运输、仓储和邮政业”的统计口径为“交通运输仓储邮电业”。

1-13 地区生产总值增长

单位：万元

项　　　目	2019	2020	2020年比上年增长 %
地区生产总值	**55366568**	**57455131**	**3.6**
第一产业	2129226	2352762	2.2
第二产业	26080479	26768890	3.8
工　业	18362996	18818103	4.0
建筑业	7729706	7963236	3.0
第三产业	27156863	28333479	3.4

注：工业中金属制品、机械和设备修理业属于第三产业。

1-14 县区地区生产总值

地　　区	地区生产总值(万元)		地区生产总值指数(%)	
	2019	2020	2019	2020
东 湖 区	3927567	4075331	7.4	2.5
西 湖 区	5920939	5924223	4.8	0.1
青云谱区	3269615	3398189	6.3	4.0
青山湖区	5263456	5370602	7.2	3.1
新 建 区	3751881	3805601	8.3	2.1
红谷滩区	6210926	6650956	9.2	5.0
南 昌 县	10017971	10480235	7.8	4.7
安 义 县	1058989	1092728	8.3	3.6
进 贤 县	2806442	2901331	8.0	2.5
经济开发区	5391775	5637642	9.6	5.2
高新开发区	7103976	7451102	9.8	5.5
湾里管理局	643031	667191	8.6	3.6

主要统计指标解释

地区生产总值 即GDP，是一个国家（地区）所有常住单位在一定时间内按市场价格计算的生产活动的最终成果。国内生产总值有三种表现形态，即价值形态、收入形态和产品形态。从价值形态看，它是所有常住单位在一定时间内所生产的全部货物和服务价值超过同期投入的全部非固定资产货物和服务的差额，即所有常住单位的增加值之和；从收入形态看，它是所有常住单位在一定时间内所创造并分配给常住单位和非常住单位的初次分配收入之和；从产品形态看，它是最终使用的货物和服务减去进口货物和服务。在实际核算中，生产总值的三种表现形态为三种计算方式，即生产法、收入法和支出法。三种方法分别从不同的方面反映生产总值及其构成。这项指标名称全国为国内生产总值，各省、市、县都称地区生产总值。

增加值 指各部门（单位）在一定时期内从事经济、社会活动获得最终成果的货币表现。反映生产单位和部门对国内生产总值的贡献。增加值包括固定资产折旧、劳动者报酬、生产税净额、营业盈余。

三次产业 根据社会生产活动历史发展的顺序对产业结构的划分，产品直接取自自然界的部门称为第一产业，对初级产品进行再加工的部门称为第二产业，为生产和消费提供各种服务的部门称为第三产业。

根据《国民经济行业分类》（GB/T 4754-2017），我国的三次产业划分是：

第一产业是指农、林、牧、渔业（不含农、林、牧、渔专业及辅助性活动）。

第二产业是指采矿业（不含开采专业及辅助活动），制造业（不含金属制品、机械和设备修理业），电力、热力、燃气及水生产和供应业，建筑业。

第三产业即服务业，是指除第一产业、第二产业以外的其他行业。

当年价格 指报告期的实际价格，如工厂的出厂价格、农产品的收购价格、商业的零售价格等。按当年价格计算，是指一些以货币表现的物量指标如工农业总产值、国内生产总值等，按照当年的实际价格来计算总量。使用当年价格计算的数字，是为了使国民经济各项指标相互衔接，便于考察当年经济效益，便于对生产和流通、生产和分配、生产和消费进行经济核算的综合平衡。

按当年价格计算的价值指标，在不同年份之间进行对比时，因为包含有各年间价格变动因素，不能确切反映实物量的增减变动。必须消除价格变动因素后，才能真实反映经济发展动态。因此，在计算增长速度时都使用按可比价格计算的数字。

可比价格 指在不同时期的价值指标对比时，扣除了价格变动的因素，以确切表示物量的变化。按可比价格计算有两种方法：一种是直接按产品产量乘其不变价格计算；一种是用物价指数换算。

不变价格 指用同类产品的年平均价格作为固定价格，来计算各年产品价值。按不变价格计算的产品价值除了价格变动因素，不同时期对比可以反映生产的发展速度。新中国成立后，随着工农业产品价格水平的变化，国家统计局先后五次制定了全国统一的工业产品不变价格和农业产品不变价格。从1949年至1957年使用1952年工（农）业产品不变价格，从1957年到1971年使用1957年不变价格，从1971年到1981年使用1970年不变价格，从1981年到1990年使用1980年不变价格，从1990年开始使用1990年不变价格，从1995年开始使用1995年不变价格，从2000年开始使用2000年不变价格，从2005年开始使用2005年不变价格，从2010年开始使用2010年不变价格，从2015年开始使用2015年不变价格。

平均每年增长速度 在我国计算平均增长速度有两种方法，一种是习惯上经常使用的"水平法"又称几何平均法，是以间隔期最后一年的水平同基期水平对比来计算平均每年增长（或下降）速度。

另一种是"累计法"，又称代数平均法或方程法，是以间隔期内各年水平的总和同基期水平对比来计算平均每年增长（或下降）速度。

在一般情况下，两种方法计算的平均每年增长速度比较接近，但在经济发展不平衡，出现大起大落时，两种方法计算的结果差别较大。

本年鉴内所列的从某年到某年平均增长速度的年份，均不包括基期年在内。如改革开放以来的平均增长速度是以 1978 年为基期计算的，则写为 1979 一年平均增长速度，其余类推。

国民经济行业分类 在统计工作中为取得分行业的数据资料并统一分类和编码，正确反映国民经济各行业的结构和发展状况，便于研究国民经济的各项比例关系，而制定的国民经济行业划分标准。按现行统计制度规定，我国行业划分为 20 大类，排列顺序如下:

(1)农、林、牧、渔业(2)采矿业(3)制造业(4)电力、热力、燃气及水生产和供应业(5)建筑业(6)批发和零售业(7)交通运输、仓储和邮政业(8)住宿和餐饮业(9)信息传输、软件和信息技术服务业(10)金融业(11)房地产业(12)租赁和商务服务业(13)科学研究和技术服务业(14)水利、环境和公共设施管理业(15)居民服务、修理和其他服务业(16)教育(17)卫生和社会工作(18)文化、体育和娱乐业(19)公共管理、社会保障和社会组织(20)国际组织。

二、人口·劳动力

POPULATION AND LABOUR FORCE

本篇内容包括:

1. 主要年份户数和人口
2. 人口构成情况
3. 人口变动情况
4. 计划生育情况

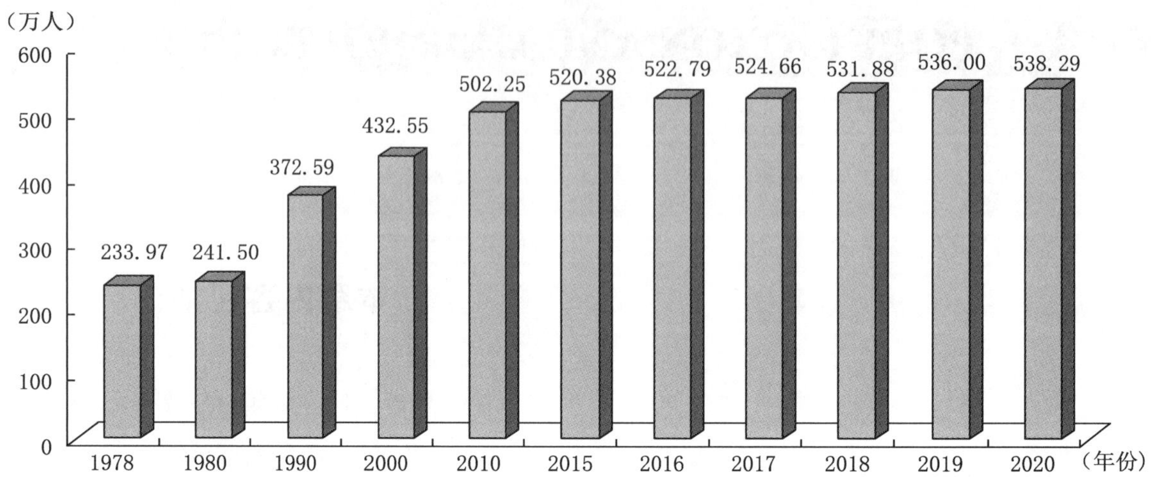
年末户籍总人口
（万人）
600
500
400
300
200
100
0
233.97
241.50
372.59
432.55
502.25
520.38
522.79
524.66
531.88
536.00
538.29
1978
1980
1990
2000
2010
2015
2016
2017
2018
2019
2020
（年份）

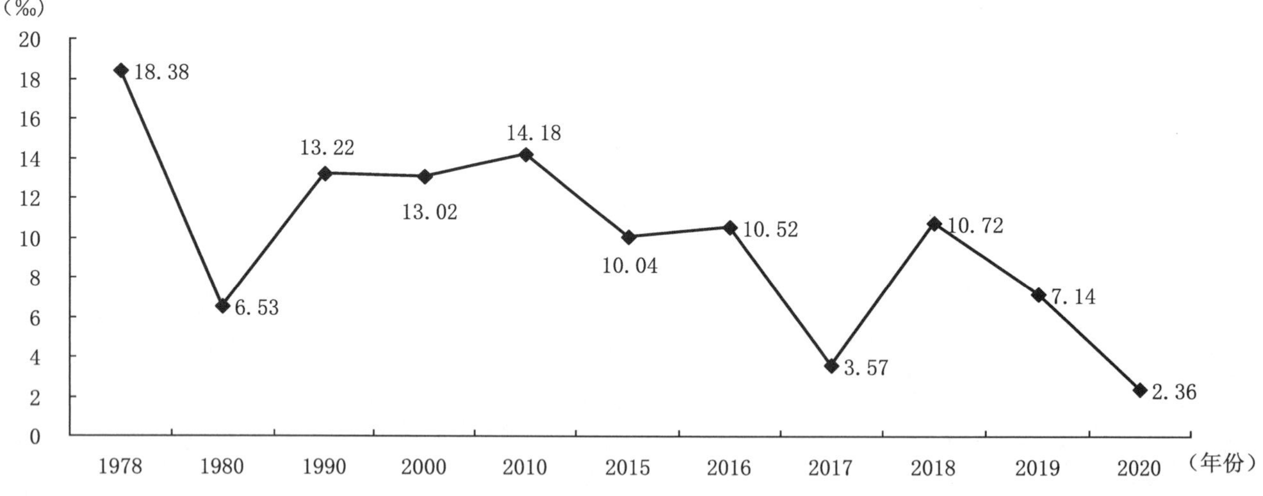
户籍人口自然增长率
（‰）
20
18
16
14
12
10
8
6
4
2
0
18.38
6.53
13.22
13.02
14.18
10.04
10.52
3.57
10.72
7.14
2.36
1978
1980
1990
2000
2010
2015
2016
2017
2018
2019
2020
（年份）

2-1 主要年份户数和人口数

单位：万人

年　份	总户数（万户）	总人口	按性别分	
			男	女
1980	49.42	241.50	126.32	115.18
1990	86.70	372.59	193.70	178.89
2000	111.85	432.55	225.42	207.13
2010	145.20	502.25	262.55	239.70
2011	148.86	504.95	263.30	241.65
2012	152.56	507.87	264.41	243.46
2013	156.28	510.08	265.30	244.78
2014	159.42	517.73	268.60	249.13
2015	160.42	520.38	269.98	250.40
2016	162.54	522.79	271.45	251.34
2017	166.13	524.66	271.57	253.09
2018	167.94	531.88	274.92	256.96
2019	169.89	536.00	276.94	259.06
2020	172.09	538.29	277.72	260.57

注：2-1至2-6表均为公安户籍数据。

2-2 主要年份农业、非农业人口数和人口结构

年 份	农业、非农业人口(万人)		人 口 结 构 (%)			
	农业人口	非农业人口	男	女	农业人口	非农业人口
1980	148.13	93.37	52.3	47.7	61.3	38.7
1990	235.79	136.80	52.0	48.0	63.3	36.7
2000	256.66	175.89	52.1	47.9	59.3	40.7
2010	268.22	234.02	52.3	47.7	53.4	46.6
2011	271.23	233.72	52.1	47.9	53.7	46.3
2012	273.59	234.28	52.1	47.9	53.9	46.1
2013	274.12	235.96	52.0	48.0	53.8	46.2
2014	279.35	238.38	51.9	48.1	54.0	46.0
2015			51.9	48.1		
2016			51.9	48.1		
2017			51.8	48.2		
2018			51.7	48.3		
2019			51.7	48.3		
2020			51.6	48.4		

2-3 主要年份人口自然变动

年份	年平均人口(万人)	人口出生率(‰)	人口死亡率(‰)	人口自然增长率(‰)	人口密度(人/平方公里)
1980	240.29	11.73	5.20	6.53	504
1990	367.78	18.24	5.02	13.22	503
2010	499.79	21.97	7.79	14.18	678
2011	503.60	12.46	3.14	9.32	680
2012	506.41	15.03	8.39	6.64	684
2013	508.97	14.42	5.41	9.01	688
2014	513.90	26.89	4.74	22.15	694
2015	519.06	13.56	3.52	10.04	701
2016	521.59	13.41	2.89	10.52	704
2017	527.73	15.67	12.10	3.57	734
2018	528.27	13.90	3.18	10.72	734
2019	533.94	11.52	4.37	7.14	742
2020	537.14	12.16	9.80	2.36	747

2-4 县区户数和人口数

(2020年1月至11月)

地区	户数(户)	总人口(人)				
		合计	男	女	城镇人口	乡村人口
总计	**1720853**	**5382873**	**2777194**	**2605679**	**3016613**	**2366260**
东湖区	143600	433377	214620	218757	403386	29991
西湖区	157795	456973	226392	230581	456973	
青云谱区	86556	260704	132338	128366	260704	
青山湖区	148914	440691	223182	217509	378099	62592
新建区	213328	712928	374344	338584	215562	497366
红谷滩区	108072	311032	155335	155697	250605	60427
南昌县	315511	1064551	558395	506156	335985	728566
安义县	101554	307321	163870	143451	94631	212690
进贤县	257966	843499	443147	400352	272507	570992
经济开发区	54237	156008	80159	75849	151373	4635
高新开发区	102149	313182	161939	151243	155298	157884
湾里管理局	31171	82607	43473	39134	41490	41117

2-5 各县区人口变动情况（2020年）

地区	年平均人口(人)	机械变动(人)		自然变动(人)		人口出生率(‰)	人口死亡率(‰)	人口自然增长率(‰)	人口机械增长率(‰)
		迁入	迁出	出生	死亡				
总计	**5371446**	**92412**	**82240**	**65325**	**52646**	**12.16**	**9.80**	**2.36**	**1.89**
东湖区	439244	7545	16375	3642	6548	8.29	14.91	-6.62	-20.10
西湖区	457711	12429	13115	4313	5101	9.42	11.14	-1.72	-1.50
青云谱区	262512	5281	7052	2170	4017	8.27	15.30	-7.04	-6.75
青山湖区	440975	9558	7746	4771	5441	10.82	12.34	-1.52	4.11
新建区	711249	6084	6382	10353	6771	14.56	9.52	5.04	-0.42
红谷滩区	300696	22466	6074	5494	1248	18.27	4.15	14.12	54.51
南昌县	1061423	9306	8207	13152	7874	12.39	7.42	4.97	1.04
安义县	307679	713	2651	4113	2892	13.37	9.40	3.97	-6.30
进贤县	846461	1683	8116	8835	8325	10.44	9.84	0.60	-7.60
经济开发区	153523	6457	2243	2356	1494	15.35	9.73	5.61	27.45
高新开发区	308152	8747	3177	4881	2221	15.84	7.21	8.63	18.08
湾里管理局	81821	2143	1102	1245	714	15.22	8.73	6.49	12.72

2-6 县辖镇户数和人口数（2020年）

地　区	户数(户)	总人口(人)				
		合计	男	女	城镇人口	乡村人口
合　　计	**440263**	**1409731**	**740625**	**669106**	**565528**	**844203**
南昌县	**199116**	**664305**	**348340**	**315965**	**245674**	**418631**
莲塘镇	49544	158001	81028	76973	154670	3331
向塘镇	31788	97089	50013	47076	34840	62249
冈上镇	13588	48783	25771	23012	6003	42780
幽兰镇	24101	77987	41706	36281	7982	70005
武阳镇	17244	55180	29578	25602	7052	48128
三江镇	8522	31950	16656	15294	8888	23062
塘南镇	15974	60422	32345	28077	8250	52172
蒋巷镇	27120	94955	50387	44568	11226	83729
广福镇	11235	39938	20856	19082	6763	33175
安义县	**86214**	**257431**	**136983**	**120448**	**93773**	**163658**
龙津镇	26664	70177	36843	33334	59890	10287
鼎湖镇	13375	39570	20990	18580	9303	30267
东阳镇	9080	27537	14622	12915	6709	20828
长埠镇	7348	23814	12683	11131	4129	19685
万埠镇	9777	31618	17003	14615	4939	26679
石鼻镇	14101	45450	24347	21103	3992	41458
黄洲镇	5869	19265	10495	8770	4811	14454
进贤县	**154933**	**487995**	**255302**	**232693**	**226081**	**261914**
民和镇	54436	167767	85850	81917	115823	51944
梅庄镇	12383	38907	20452	18455	10635	28272
前坊镇	10384	33392	17586	15806	11496	21896
温圳镇	13998	47501	25199	22302	27047	20454
李渡镇	14292	44082	23255	20827	21261	22821
文港镇	19060	54114	28723	25391	17041	37073
架桥镇	9599	31904	16997	14907	13126	18778
罗溪镇	10820	33500	17683	15817	5693	27807
张公镇	9961	36828	19557	17271	3959	32869

2-7 常住人口及变动情况

指　　标	2019	2020
年末常住人口(万人)	614.05	625.50
#城区人口	410.08	419.54
#城镇人口	475.98	488.38
乡村人口	138.06	137.12
#男性	321.33	327.42
女性	292.71	298.08
年初常住人口	601.62	614.05
城镇化率(%)	77.52	78.08

2-8 各县区常住人口数

单位：人

地　区	2011年	2012年	2013年	2014年	2015年	2016年	2017年	2018年	2019年	2020年
总　计	**5169586**	**5278077**	**5369614**	**5487421**	**5596603**	**5746168**	**5920796**	**6016213**	**6140465**	**6255007**
东湖区	476027	475806	476273	499968	499011	497998	475090	465819	440899	421690
西湖区	510510	514796	519854	525112	529388	533666	520317	516892	508517	485161
青云谱区	322525	327613	332749	338479	344669	344597	345429	346076	348719	349074
青山湖区	597366	603925	611017	603025	604329	616467	635986	645009	654351	662582
新建区	656876	626999	630496	634188	638957	644151	653934	658576	663965	676026
红谷滩区	242123	290835	305651	322135	340476	368056	411748	443488	493436	555755
南昌县	864867	894843	924336	957297	991489	1041378	1084445	1121016	1152431	1186809
安义县	189080	196487	201935	208913	216215	226128	232614	240234	244397	252591
进贤县	684220	678813	675884	672973	670185	667186	664527	660958	642826	620254
经济开发区	305707	324363	337324	353489	370710	392582	412120	423027	465565	486625
高新开发区	245562	260968	268641	280445	293329	312381	381167	386165	415291	447146
湾里管理局	74723	82629	85454	91397	97845	101578	103419	108953	110068	111294

注：1.表中2011－2019年数据为第七次全国人口普查后常住人口修订数。
2.2020年常住人口数为第七次全国人口普查数据，普查时点为2020年11月1日零时，当前数据为初步汇总数。
3.2020年赣江新区南昌辖区常住人口35071人，划分至新建区和经济开发区。

2-9 人 口 和

(2019年10月—

项 目	合计	东湖区	西湖区	青云谱区	青山湖区
一、期末已婚育龄妇女数	977485	86445	80094	42440	87664
#无孩	52754	5934	6980	3030	6094
一孩	362970	50965	44417	25480	40694
二孩	442540	26632	25894	12918	35276
二、期末落实节育措施数	760486	73001	62798	26171	67553
结扎	225615	5436	3912	1881	14671
上环	247990	21190	12795	10672	25198
皮埋	115	10	1	3	5
药具	282646	46245	46057	13513	24715
其他	4120	120	33	102	2964
三、期内领取生育证、服务卡人数	37601	2590	3685	1482	3664
四、期内出生人数	50158	3460	4072	1498	4331
#一孩	21397	1656	1889	711	2040
二孩	21293	1619	1920	733	1850
五、国家免费孕前优生健康检查数	30636	2020	2665	1267	4192

注：本表数据由市卫健委提供。

计划生育

2020年9月)　　单位：人

新建区	红谷滩区	南昌县	安义县	进贤县	经济开发区	高新开发区	湾里管理局
126166	49251	193490	59787	166730	21335	48938	15145
4978	2577	9832	2554	6234	1659	2296	586
36948	18992	58956	12174	48825	7361	13041	5117
55717	21280	100048	33485	90753	9076	25014	6447
101395	38686	141119	47750	134778	16801	38083	12351
41610	8433	58553	17573	49811	5063	14583	4089
36246	9672	56248	13852	48212	3166	6773	3966
10	14	6	19	16	5	2	24
23178	20510	26156	16246	36608	8561	16609	4248
351	57	156	60	131	6	116	21
4754	3129	7015	1969	4428	1308	2938	639
7153	3630	10052	3159	6966	1523	3475	839
2786	1471	4306	1201	2857	693	1470	317
2726	1714	4145	1191	2936	631	1485	343
5680	457	5936	1586	5232	333	602	666

主要统计指标解释

人口数 指一定时点，一定地区范围内有生命的个人总和。

城镇人口和乡村人口 城镇人口是指居住在城镇范围内的全部常住人口，乡村人口是除上述人口以外的全部人口。

出生率（又称粗出生率） 指在一定时期内（通常为一年）一定地区的出生人数与同期内平均人数（或期中人数）之比， 用千分率表示。本资料中的出生率指年出生率，其计算公式为:

$$出生率=\frac{年出生人数}{年平均人数}\times 1000‰$$

式中：出生人数指活产婴儿，即胎儿脱离母体时（不管怀孕月数），有过呼吸或其他生命现象。年平均人数指年初、年底人口数的平均数，也可用年中人口数代替。

死亡率（又称粗死亡率） 指在一定时期内（通常为一年）一定地区的死亡人数与同期平均人数（或期中人数）之比，用千分率表示。本资料中的死亡率指年死亡率，其计算公式为:

$$死亡率=\frac{年死亡人数}{年平均人数}\times 1000‰$$

人口自然增长率 指在一定时期内（通常为一年）人口自然增加数（出生人数减死亡人数）与该时期内平均人数（或期中人数）之比，用千分率表示。计算公式为:

$$人口自然增长率=\frac{本年出生人数-本年死亡人数}{年平均人数}\times 1000‰$$
$$=人口出生率-人口死亡率$$

三、就业人员和职工工资

EMPLOYMENT AND WAGE

本篇内容包括:

1. 劳动力资源
2. 从业人员的社会分布状况
3. 单位从业人员劳动报酬、人数、平均工资

社会从业人员

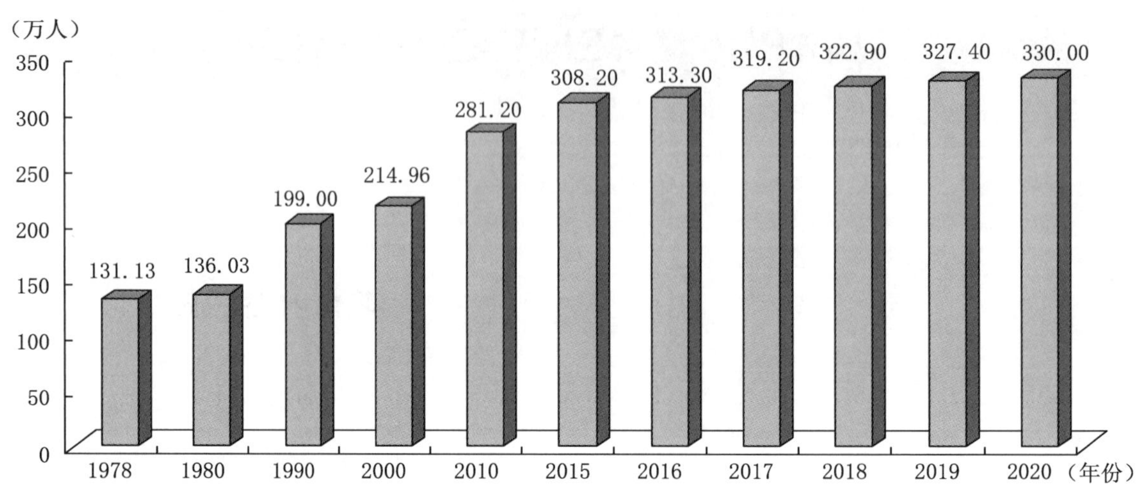

在岗职工平均工资

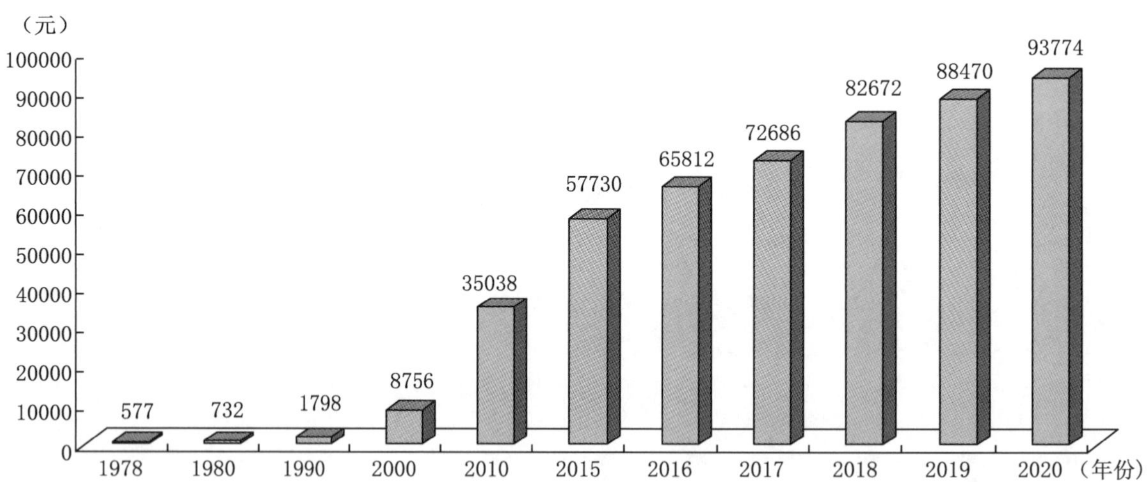

3-1 劳动力资源

(1978–2020)

单位：万人

年 份	劳动力资源总数	社会就业人数	#职工人数	国有经济单位	城镇集体经济单位	其他各种经济单位
1978	149.69	131.13	53.14	41.44	11.70	
1979		134.58	56.73			
1980	152.67	136.03	58.51	43.73	14.78	
1981		137.25	61.86			
1982		141.27	64.33			
1983		143.02	65.26			
1984		153.19	68.69			
1985	193.75	165.46	72.22	51.32	20.85	0.05
1986	195.01	166.54	73.92	52.88	20.96	0.08
1987	199.16	172.28	77.16	55.53	21.55	0.08
1988	211.77	182.55	81.28	58.71	22.48	0.09
1989	218.33	186.67	81.13	59.64	21.34	0.15
1990	233.57	199.00	82.04	60.52	21.35	0.18
1991	239.51	204.30	84.87	62.38	22.01	0.48
1992	241.51	205.96	86.79	64.23	21.87	0.69
1993	246.17	195.87	87.11	64.35	20.55	2.21
1994	251.42	205.28	88.03	64.51	20.59	2.93
1995	258.86	211.79	89.04	65.80	20.37	2.87
1996	261.08	210.96	81.04	61.83	16.18	3.04
1997	263.43	215.45	73.34	55.74	14.20	3.40
1998	277.94	215.39	66.88	46.52	11.30	9.06
1999	286.93	218.15	63.58	44.43	10.19	8.97
2000	296.74	214.96	58.77	40.25	9.22	9.31
2001	299.59	216.87	54.66	38.19	6.74	9.72
2002	300.42	214.54	51.27	35.60	5.72	9.94
2003	311.49	234.69	49.90	33.95	5.15	10.80
2004	319.09	239.60	51.34	33.90	4.89	12.56
2005	339.38	244.28	53.56	34.91	4.97	13.68
2006	345.22	267.78	56.06	36.71	4.57	14.77
2007	342.51	271.99	59.04	38.55	5.53	14.96
2008	352.82	277.59	58.98	38.49	4.95	15.54
2009	358.15	282.80	62.06	41.09	3.96	17.02
2010	360.49	281.20	63.21	40.89	3.93	18.38
2011	370.42	287.10	75.66	35.95	5.84	33.87
2012	379.65	292.30	86.99	39.20	2.47	45.32
2013	390.39	298.40	106.01	38.13	2.46	65.42
2014	392.24	303.90	106.16	31.61	2.03	72.52
2015	395.04	308.20	105.81	33.67	1.76	70.38
2016	397.05	313.30	106.37	33.13	1.69	71.54
2017	395.36	319.20	105.66	31.36	1.38	72.92
2018	395.29	322.90	102.30	25.61	1.50	75.20
2019	395.20	327.40	102.72	27.15	1.73	73.84
2020		330.00	104.54			

注：1.自1998年起，职工人数为在岗职工人数。2012年起，在岗职工人数含劳务派遣人员。

2.由于2020年劳动工资统计制度改革，年度数据推算方法有所调整，省统计局不再反馈地市国有单位、城镇集体单位、其他单位从业人员及工资数据。

3-2 三次产业社会就业人员数（年末数）

(1978-2020)

年 份	合 计（万人）	#城镇就业人员数	第一产业	第二产业	第三产业	构 成（以合计数为100）		
						第一产业	第二产业	第三产业
1978	131.13		76.89	35.33	18.91	58.6	26.9	14.5
1979	134.58		76.38	38.47	19.73	56.8	28.6	14.6
1980	136.03		75.84	39.60	20.59	55.8	29.1	15.1
1981	137.25		73.31	40.03	23.91	53.4	29.2	17.4
1982	141.27		73.41	40.47	27.39	52.0	28.6	19.4
1983	143.02		74.31	40.98	27.73	52.0	28.7	19.3
1984	153.19		62.27	47.12	43.80	40.6	30.8	28.6
1985	165.46		72.58	54.88	38.00	43.9	33.2	22.9
1986	166.54		72.23	56.13	38.18	43.4	33.7	22.9
1987	172.28		72.68	60.89	38.71	42.2	35.3	22.5
1988	182.55		80.65	62.38	39.52	44.2	34.2	21.6
1989	186.67		86.74	59.04	40.89	46.5	31.6	21.9
1990	199.00		94.57	60.98	43.45	47.5	30.7	21.8
1991	204.30		92.53	67.03	44.74	45.3	32.8	21.9
1992	205.96		90.08	67.45	48.43	43.7	32.8	23.5
1993	195.87		82.47	61.96	51.44	42.1	31.6	26.3
1994	205.28	97.33	86.27	63.87	55.14	42.0	31.1	26.9
1995	211.79	100.54	89.65	66.55	55.59	42.3	31.4	26.3
1996	210.96		86.24	61.77	62.95	40.9	29.3	29.8
1997	215.45		89.12	63.50	62.83	41.4	29.5	29.1
1998	215.39	101.92	88.88	59.46	67.05	41.3	27.6	31.1
1999	218.15	103.39	87.84	59.07	71.24	40.3	27.1	32.6
2000	214.96	98.67	84.84	56.34	73.78	39.5	26.2	34.3
2001	216.87	98.05	84.52	56.49	75.86	39.0	26.0	35.0
2002	214.54	94.64	84.71	57.43	72.40	39.5	26.8	33.7
2003	234.69	113.35	82.73	66.61	85.35	35.2	28.4	36.4
2004	239.60	117.86	81.49	64.43	93.68	34.0	26.9	39.1
2005	244.28	120.77	80.00	63.29	100.99	32.7	25.9	41.4
2006	267.78	143.46	80.04	56.75	130.99	29.9	21.2	48.9
2007	271.99	149.24	77.42	60.44	134.13	28.5	22.2	49.3
2008	277.59	153.36	74.72	67.31	135.56	26.9	24.3	48.8
2009	282.80	157.50	71.93	67.02	143.85	25.4	23.7	50.9
2010	281.20	167.60	68.05	89.98	123.17	24.2	32.0	43.8
2011	287.10	175.13	65.75	93.88	127.47	22.9	32.7	44.4
2012	292.30	182.40	63.72	97.34	131.24	21.8	33.3	44.9
2013	298.40	190.98	61.77	101.46	135.18	20.7	34.0	45.3
2014	303.90	198.45	60.48	104.24	139.19	19.9	34.3	45.8
2015	308.20	206.49	58.56	107.25	142.39	19.0	34.8	46.2
2016	313.30	214.92	57.02	109.03	147.25	18.2	34.8	47.0
2017	319.20	224.40	56.50	110.76	151.94	17.7	34.7	47.6
2018	322.90	232.49	55.22	111.40	156.28	17.1	34.5	48.4
2019	327.40	240.97	54.02	112.63	160.75	16.5	34.4	49.1
2020	330.00	247.50	53.13	112.86	164.01	16.1	34.2	49.7

注：就业人员总计是根据人口变动抽样调查资料推算，因此，分地区、分经济类型、分行业资料相加不等于总计，下表同。

3-3 城镇非私营单位就业人员年末人数、工资（2020年）

类　　别	就业人员人　数（人）	就业人员平均工资（元）
总　计	**1239463**	**89797**
按国民经济行业分		
农、林、牧、渔业	4265	51430
采矿业	36	142925
制造业	251899	80238
电力、热力、燃气及水生产和供应业	11828	102462
建筑业	378071	70420
批发和零售业	73502	74283
交通运输、仓储和邮政业	49266	89817
住宿和餐饮业	11236	44740
信息传输、软件和信息技术服务业	26992	89481
金融业	55062	113374
房地产业	41091	83486
租赁和商务服务业	28266	71674
科学研究和技术服务业	35897	118823
水利、环境和公共设施管理业	7037	82401
居民服务、修理和其他服务业	4258	49055
教育	107757	116017
卫生和社会工作	52840	168677
文化、体育和娱乐业	11886	108315
公共管理、社会保障和社会组织	88277	121475

3-4 城镇非私营单位在岗职工年末人数、工资（2020年）

类　　别	在岗职工人　数（人）	在岗职工平均工资（元）
总　计	**1045395**	**93774**
按国民经济行业分		
农、林、牧、渔业	2960	59650
采矿业	36	142925
制造业	247097	80520
电力、热力、燃气及水生产和供应业	11569	102952
建筑业	240542	66976
批发和零售业	70552	75995
交通运输、仓储和邮政业	47637	91562
住宿和餐饮业	9334	50247
信息传输、软件和信息技术服务业	24932	91376
金融业	34781	152872
房地产业	39147	85176
租赁和商务服务业	25340	73935
科学研究和技术服务业	34681	120818
水利、环境和公共设施管理业	5450	94280
居民服务、修理和其他服务业	4081	50474
教育	102100	119354
卫生和社会工作	49028	178089
文化、体育和娱乐业	11311	112436
公共管理、社会保障和社会组织	84817	125040

3-5 城镇非私营单位工资总额（2020年）

单位：万元

类　　　　别	就业人员 工资总额	在岗职工 工资总额
总　　计	**10981319**	**9704265**
按国民经济行业分		
农、林、牧、渔业	19951	15436
采矿业	540	540
制造业	2033217	2009663
电力、热力、燃气及水生产和供应业	117182	115068
建筑业	2587693	1575959
批发和零售业	547600	537879
交通运输、仓储和邮政业	443838	435791
住宿和餐饮业	49811	46722
信息传输、软件和信息技术服务业	238987	220335
金融业	625775	523968
房地产业	340951	331259
租赁和商务服务业	189333	173067
科学研究和技术服务业	423914	416364
水利、环境和公共设施管理业	57371	50978
居民服务、修理和其他服务业	20489	20110
教育	1226323	1207410
卫生和社会工作	867291	847544
文化、体育和娱乐业	127955	126397
公共管理、社会保障和社会组织	1063099	1049775

3-6 主要年份城镇非私营单位在岗职工工资总额

单位：万元

年份	合计	国有单位	城镇集体单位	其他单位
1980	42024	33304	8720	
1990	145581	117900	27319	362
2000	511784	375482	45363	90939
2010	2205641	1553694	71540	580407
2011	2962726	1570047	141242	1251437
2012	3693667	1905581	88492	1699594
2013	4876812	2213845	93016	2569951
2014	5408797	1791237	93011	3524549
2015	6132271	2219316	77517	3835438
2016	6940303	2710331	78269	4151703
2017	7416789	3011664	62929	4342196
2018	8267766	2935952	77851	5253963
2019	9021284	3292052	96731	5632501
2020	9704265			

注：由于2020年劳动工资统计制度改革，年度数据推算方法有所调整，省统计局不再反馈地市国有单位、城镇集体单位、其他单位从业人员及工资数据。

3-7 主要年份城镇非私营单位在岗职工平均工资

单位：元

年份	合计	国有单位	城镇集体单位	其他单位
1980	732	779	597	
1990	1798	1972	1300	2122
2000	8756	9335	5123	9708
2010	35038	37938	18422	32042
2011	39816	43606	24262	38406
2012	43771	49987	38255	38670
2013	46744	58166	40548	40171
2014	51851	57322	46540	49594
2015	57730	67039	48768	53620
2016	65812	84069	49629	57952
2017	72686	96839	46432	62404
2018	82672	114526	52347	72087
2019	88470	121751	55817	76949
2020	93774			

注：由于2020年劳动工资统计制度改革，年度数据推算方法有所调整，省统计局不再反馈地市国有单位、城镇集体单位、其他单位从业人员及工资数据。

3-8 城镇私营单位就业人员年末人数、工资（2020年）

类　　别	就业人员 人　数 （人）	就业人员 平均工资 （元）
总　计	**477732**	**54986**
按国民经济行业分		
农、林、牧、渔业	1202	32221
采矿业	1	17827
制造业	135374	53351
电力、热力、燃气及水生产和供应业	204	93841
建筑业	149272	57107
批发和零售业	31685	50577
交通运输、仓储和邮政业	21440	57492
住宿和餐饮业	9526	43619
信息传输、软件和信息技术服务业	15014	66219
金融业	4622	53428
房地产业	26488	55898
租赁和商务服务业	33493	52612
科学研究和技术服务业	15919	62426
水利、环境和公共设施管理业	2268	51559
居民服务、修理和其他服务业	6543	40175
教育	17047	57454
卫生和社会工作	4249	54000
文化、体育和娱乐业	3383	44757
公共管理、社会保障和社会组织		

注：本表根据城镇私营抽样调查资料整理。

主要统计指标解释

劳动力 指在 16 周岁及以上，有劳动能力，参加或要求参加社会经济活动的人口。包括就业人员和失业人员。

就业人员 指在一定年龄以上，有劳动能力，为取得劳动报酬或经营收入而从事一定社会劳动的人员。具体指年满 16 周岁，为取得报酬或经营利润，在调查周内从事了 1 小时（含 1 小时）以上劳动的人员；或由于学习、休假等原因在调查周内暂时处于未工作状态，但有工作单位或场所的人员；或由于临时停工放假、单位不景气放假等原因在调查周内暂时处于未工作状态，但不满三个月的人员。

单位就业人员 指报告期末最后一日在本单位工作，并取得工资或其他形式劳动报酬的人员数。该指标为时点指标，不包括最后一日当天及以前已经与单位解除劳动合同关系的人员，是在岗职工、劳务派遣人员及其他就业人员之和。就业人员不包括:

(1)离开本单位仍保留劳动关系，并定期领取生活费的人员;

(2)在本单位实习的各类在校学生;

(3)本单位以劳务外包形式使用的人员，如：建筑业整建制使用的人员。

城镇私营和个体就业人员 城镇私营就业人员指在工商管理部门注册登记，其经营地址设在县城关镇(含县城关镇)以上的私营企业就业人员，包括私营企业投资者和雇工。城镇个体就业人员指在工商管理部门注册登记，并持有城镇户口或在城镇长期居住，经批准从事个体工商经营的就业人员，包括个体经营者和在个体工商户劳动的家庭帮工和雇工。

在岗职工 指在本单位工作且与本单位签订劳动合同，并由单位支付各项工资和社会保险、住房公积金的人员，以及上述人员中由于学习、病伤、产假等原因暂未工作仍由单位支付工资的人员。在岗职工还包括:

(1)应订立劳动合同而未订立劳动合同人员(如使用的农村户籍人员);

(2)处于试用期人员;

(3)编制外招用的人员，如临时人员;

(4)派往外单位工作，但工资仍由本单位发放的人员(如挂职锻炼、外派工作等情况)。

工资总额 指根据《关于工资总额组成的规定》(1990 年 1 月 1 日国家统计局发布的一号令)进行修订，本单位在报告期内（季度或年度）直接支付给本单位全部从业人员的劳动报酬总额。包括计时工资、计件工资、奖金、津贴和补贴、加班加点工资、特殊情况下支付的工资，是在岗职工工资总额、劳务派遣人员工资总额和其他从业人员工资总额之和。不论是计入成本的还是不计入成本的，不论是以货币形式支付的还是以实物形式支付的，均应列入工资总额的计算范围。但工资总额不包括从单位工会经费或工会账户中发放的现金或实物。

工资总额是税前工资，包括单位从个人工资中直接为其代扣或代缴的个人所得税、社会保险基金和住房公积金等个人缴纳部分，以及房费、水电费等。工资总额应包含:

1.基本工资，也可称为标准工资、合同工资、谈判工资。指本单位在报告期内（年度）支付给本单位从业人员的按照法定工作时间提供正常工作的劳动报酬。各单位给个人确定的底薪可作为基本工资。包括工龄工资。基本工资不含定时、定额发放的各种奖金、各种津贴和补贴、加班工资，也不包括补发的上一年度的基本工资。

2.绩效工资，也可称为效益工资、业绩工资。指根据本单位利润增长和工作业绩定期支付给本单位从业人员的奖金；支付给本单位从业人员的超额劳动报酬和增收节支的劳动报酬。具体包括：值加班工资、绩效奖金、全勤奖、生产奖、节约奖、劳动竞赛奖和其他名目的奖金；以及某工作事项完成后的提成工资、年底双薪等。但不包括入股分红、股权激励兑现的收益和各种资本性收益。

3.工资性津贴和补贴，指本单位制定的员工相关工资政策中，为补偿本单位从业人员特殊或额外的劳动消耗和因其他特殊原因支付的津贴，以及为保证其工资水平不受物价影响而支付的物价补贴。具体包括：补偿特殊或额外劳动消耗的津贴及岗位性津贴、保健性津贴、技术性津贴、地区津贴和其他津贴。如：过节费、通讯补贴、交通补贴、公车改革补贴、不休假补贴、无食堂补贴、单位发的可自行支配的住房补贴以及为员工缴纳的各种商业性保险等。上述各种项目包括货币性质和实物性质的津补贴以及各种形式的充值卡、购物卡（券）等。

4.其他工资，指上述基本工资、绩效工资、工资性津贴和补贴三类工资均不能包括的发放给从业人员的工资，如补发上一年度的工资等。

平均工资 指单位就业人员在一定时期内平均每人所得的工资额。它表明一定时期工资收入的高低程度，是反映就业人员工资水平的主要指标。计算公式为：

$$平均工资=\frac{报告期就业人员工资总额}{报告期就业人员平均人数}$$

四、人民生活

PEOPLE'S LIVELIHOOD

本篇内容包括：

1. 居民家庭基本情况
2. 居民生活收入情况
3. 居民拥有耐用消费品数量

城乡居民收入水平

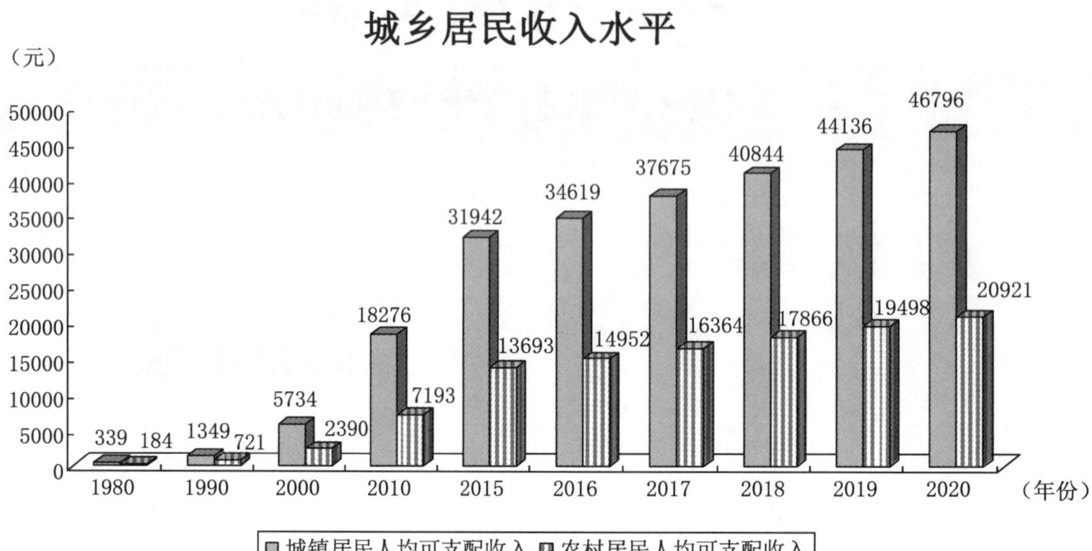

2020年平均每百户家庭耐用消费品拥有量

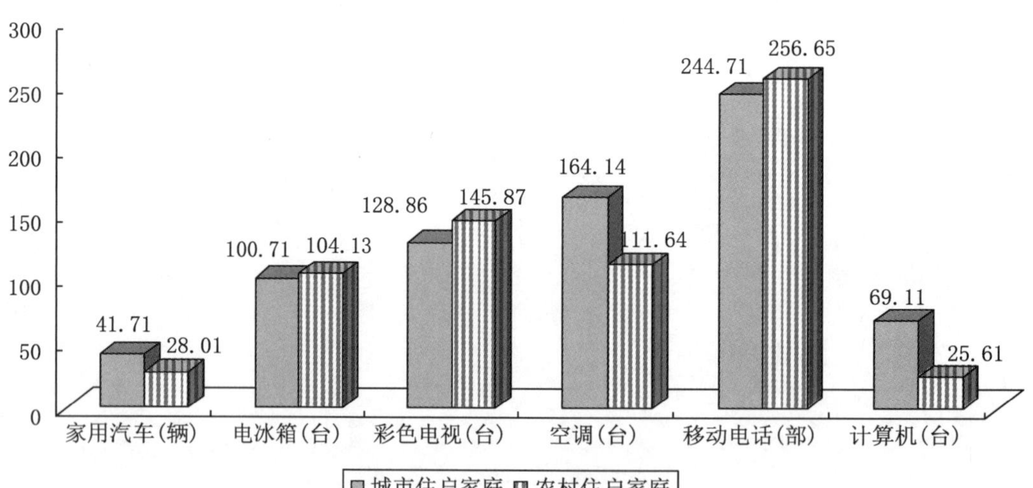

4-1 全市居民家庭生活基本情况

指　　　　　　标	1980	1990	2000	2010	2014	2015	2016	2017	2018	2019	2020
就　　业(人)											
城镇居民每一劳动力负担人口	1.98	1.77	1.92	1.82	1.71	1.87	1.93	1.91	1.48	1.43	2.09
农村居民每一劳动力负担人口		1.78	1.45	1.40	1.42	1.43	1.43	1.43	1.64	1.65	1.70
收　　入(元)											
城镇居民人均可支配收入		1349	5734	18276	29091	31942	34619	37675	40844	44136	46796
农村居民人均可支配收入		721	2390	7193	12414	13693	14952	16364	17866	19498	20921
消　　费(元)											
城镇居民人均消费支出		1086	3925	13899	19628	21396	22536	24275	26081	28532	27955
农村居民人均消费支出		588	1613	3992	7896	8788	9460	10240	11352	13088	14323
居　　住(平方米)											
城镇居民人均建筑面积		29.37	33.42	28.20	32.11	35.08	35.42	35.53	38.27	38.97	38.68
农村居民人均建筑面积			26.10	46.64	54.70	58.38	58.18	58.23	68.14	68.40	66.27
交通、通讯(辆/部)											
城镇居民每百户汽车拥有量				5.06	17.31	15.22	22.56	23.45	46.45	41.56	41.71
城镇居民每百户摩托车拥有量				8.71	17.95	13.34	11.52	11.30	9.39	9.82	6.90
城镇居民每百户拥有移动电话				16.70	215.87	204.03	204.09	211.51	237.32	245.19	244.71
农村居民每百户汽车拥有量					12.64	15.82	19.53	20.81	27.74	22.25	28.01
农村居民每百户摩托车拥有量			14.00	48.00	64.98	62.29	63.30	61.74	46.78	30.22	29.97
农村居民每百户拥有移动电话				148.00	222.70	227.27	235.44	244.30	250.32	254.08	256.65
文　　化(台/套)											
城镇居民每百户拥有彩色电视机		45.00	113.00	148.60	141.88	137.92	133.81	134.81	128.77	129.30	128.86
城镇居民每百户拥有照相机		18.00	35.70	48.31	39.53	30.93	23.94	24.52	16.49	15.79	15.89
城镇居民每百户拥有计算机				71.35	87.16	76.22	76.49	75.96	66.67	66.27	69.11
农村居民每百户拥有彩色电视机		6.00	48.75	121.00	140.40	140.07	145.12	149.33	139.03	137.70	145.87
农村居民每百户拥有照相机		1.00	3.50	7.00	3.25	0.01	0.60	0.67	2.58	2.60	2.32
农村居民每百户拥有计算机				8.00	16.25	21.89	19.19	20.47	22.26	24.20	25.61

注：2013年之前农民居民人均可支配收入为农村居民人均纯收入指标，2013年起所有调查指标为新口径调查数据，统一为可支配收入指标，后同。

4-2 城镇居民基本情况

年　份	调　查 户　数 (户)	平均每户 家庭人口数 (人)	平均每户 就业人口数 (人)	平均每个 就业者负担 人口数(人)	平均每人 每年可支配收入(元)	平均每人 每年消费 支出(元)
1980	120	4.28	2.16	1.98	339	
1981	120	4.21	2.15	1.96	407	370
1982	120	4.21	2.17	1.94	431	377
1983	120	4.23	2.19	1.93	436	387
1984	120	4.09	2.18	1.88	522	466
1985	150	3.64	2.06	1.77	639	559
1986	150	3.66	2.05	1.79	768	642
1987	150	3.64	2.01	1.81	845	750
1988	200	3.54	1.94	1.82	999	907
1989	200	3.48	1.98	1.76	1324	1012
1990	200	3.34	1.88	1.77	1349	1085
1991	200	3.41	1.85	1.85	1358	1126
1992	200	3.35	1.81	1.85	1541	1327
1993	200	3.16	1.74	1.81	2065	1846
1994	200	3.11	1.74	1.79	3064	2586
1995	200	3.07	1.76	1.75	3591	2975
1996	200	3.03	1.67	1.82	4002	3211
1997	200	3.03	1.68	1.81	4501	3743
1998	200	3.09	1.76	1.75	4871	3840
1999	334	3.05	1.68	1.82	5288	4077
2000	300	3.21	1.67	1.92	5734	3925
2001	300	3.12	1.62	1.93	6207	4294
2002	300	2.99	1.55	1.93	7021	4789
2003	300	2.93	1.48	1.98	7793	5079
2004	300	2.78	1.53	1.82	8744	5864
2005	300	2.59	1.37	1.89	10301	7064
2006	300	2.61	1.43	1.83	11243	7548
2007	300	2.66	1.62	1.64	13076	10064
2008	300	2.81	1.63	1.72	15112	11551
2009	300	2.81	1.62	1.73	15932	12406
2010	300	2.77	1.52	1.82	18276	13899
2011	300	2.79	1.50	1.86	20741	15234
2012	300	2.83	1.58	1.79	23602	16450
2013	321	3.03	1.68	1.80	26446	17925
2014	468	3.14	1.84	1.71	29091	19628
2015	465	2.95	1.58	1.87	31944	21396
2016	471	2.92	1.51	1.93	34620	22536
2017	469	2.87	1.49	1.91	37680	24276
2018	570	3.29	1.66	1.98	40848	26076
2019	570	3.11	1.69	1.84	44136	28536
2020	570	3.11	1.49	2.09	46796	27955

4-3 城市住户基本情况（2020年）

(按收入分组)

项　　目	全体	低收入户	中低收入户	中等收入户	中高收入户	高收入户
占调查总户数比重(%)	100	20	20	20	20	20
平均每户家庭人口(人)	3.20	4.41	3.22	3.07	2.73	2.56
平均每户家庭常住人口(人)	3.10	4.34	3.15	2.94	2.61	2.45
平均每户就业人口(人)	1.50	1.69	1.40	1.46	1.28	1.65
平均每户家庭劳动力人口比重(%)	48.29	38.97	44.48	49.77	48.89	67.04
就业者负担人口(人)	2.14	2.61	2.30	2.10	2.13	1.56
人均可支配收入(元)	46796	20079	33192	43188	55039	106297
人均消费支出(元)	27955	15827	23972	27847	34420	47521

4-4 城市居民平均每人每年收支构成

单位：元

项　　目	2019	2020
可支配收入	**44136**	**46796**
工资性收入	25858	27895
#工资	25237	27197
经营净收入	4072	3073
财产净收入	6147	7621
转移净收入	7429	8208
#养老金或离退休金	7468	8372
家庭总支出	**39122**	**36316**
#消费支出	28532	27955
生产经营费用支出	3552	2214
财产性支出	142	142
转移性支出	1556	1669
个人所得税	108	100
部分商业保险支出	100	122
购置资产及非经常性转移支出	3773	2169
借贷性支出	1467	2045
#存入储蓄款	58	36
借出款	5	14
归还借款	15	99
归还住房贷款	1134	1796

4-5 城市居民平均每人每年收支（2020年）

（按收入分组）

单位:元

项　　目	总平均	低收入户	中低收入户	中等收入户	中高收入户	高收入户
可支配收入	**46796**	**20079**	**33192**	**43188**	**55039**	**106297**
工资性收入	27895	14512	20105	24382	33080	59838
#工资	27197	14447	19893	24082	31929	57427
经营净收入	3073	614	805	3025	2369	11026
财产净收入	7621	2255	4249	4685	6158	26283
转移净收入	8208	2697	8031	11095	13431	9150
#养老金或离退休金	8372	2817	8019	11468	13805	9149
家庭总支出	**36316**	**20571**	**29675**	**32943**	**44230**	**67913**
#消费支出	27955	15827	23972	27847	34420	47521
生产经营费用支出	2214	1607	110	735	979	8981
财产性支出	142	9	117	70	289	340
转移性支出	1669	930	1061	1625	2003	3428
个人所得税	100	56	21	25	80	386
部分商业保险支出	122	3	252	28	255	136
购置资产及非经常性转移支出	2169	711	3142	1182	3291	3490
借贷性支出	2045	1483	1022	1456	2994	4017
#存入储蓄款	36	16	70	49		50
借出款	14				81	
归还借款	99	25			124	447
归还住房贷款	1796	1338	878	1349	2777	3253

4-6　城市住户平均每人每年消费支出及构成

项　目	消费支出(元)		构成(%)	
	2019	2020	2019	2020
消费支出	**28532**	**27955**	**100**	**100**
食品烟酒	**9067**	**9112**	**31.8**	**32.6**
#食　品	6285	7004	22.0	25.1
烟　酒	849	770	3.0	2.8
饮　料	122	114	0.4	0.4
饮食服务	1812	1225	6.4	4.4
衣　　着	**1779**	**1551**	**6.2**	**5.5**
#衣　　类	1463	1252	5.1	4.5
鞋　　类	316	298	1.1	1.1
居　住	**7525**	**7395**	**26.4**	**26.5**
生活用品及服务	**1614**	**1422**	**5.7**	**5.1**
交通和通信	**3436**	**3483**	**12.0**	**12.5**
#交　通	2699	2682	9.5	9.6
通　信	738	801	2.6	2.9
教育文化娱乐	**2795**	**2182**	**9.8**	**7.8**
#教　育	1645	1563	5.8	5.6
文化娱乐	1149	619	4.0	2.2
医疗保健	**1602**	**2300**	**5.6**	**8.2**
#医疗器具及药品	424	375	1.5	1.3
医疗服务	1177	1925	4.1	6.9
其它用品与服务	**713**	**509**	**2.5**	**1.8**
#其他用品	459	343	1.6	1.2
其他服务	254	167	0.9	0.6

4-7 城市住户平均每人每年消费支出及构成（五等分，2020年）

单位：元

项　　目	总平均	低收入户	中低收入户	中等收入户	中高收入户	高收入户
消费支出	**27955**	**15827**	**23972**	**27847**	**34420**	**47521**
食品烟酒	**9112**	**5825**	**9044**	**9353**	**11311**	**12354**
#食　品	7004	4775	7273	7578	8594	8212
烟　酒	770	348	638	643	902	1686
饮　料	114	57	83	113	141	224
饮食服务	1225	644	1049	1020	1674	2232
衣　　着	**1551**	**781**	**1283**	**1511**	**1751**	**3070**
#衣　　类	1252	617	1035	1215	1433	2492
鞋　　类	298	164	248	296	318	578
居　　住	**7395**	**3289**	**6392**	**7322**	**10785**	**12366**
生活用品及服务	**1422**	**941**	**1033**	**1232**	**1520**	**2877**
交通和通信	**3483**	**1443**	**2555**	**4960**	**3816**	**6119**
#交　通	2682	1006	1825	4143	2840	4793
通　信	801	437	730	817	976	1325
教育文化娱乐	**2182**	**1393**	**1959**	**1845**	**2353**	**4064**
#教　育	1563	1129	1292	1325	1671	2834
文化娱乐	619	264	667	521	682	1230
医疗保健	**2300**	**1688**	**1420**	**1411**	**2324**	**5511**
#医疗器具及药品	375	264	271	333	678	432
医疗服务	1925	1424	1149	1078	1646	5078
其它用品与服务	**509**	**467**	**287**	**213**	**561**	**1160**
#其他用品	343	371	165	110	352	784
其他服务	167	96	121	103	209	376

4-8　城市住户平均每百户主要消费品年末拥有量

品　名	2019	2020
家用汽车(辆)	41.56	41.71
摩 托 车(辆)	9.82	6.90
助 力 车(辆)	90.16	87.03
洗 衣 机(台)	97.15	98.75
电 冰 箱(台)	100.48	100.71
微 波 炉(台)	70.15	74.66
彩色电视(台)	129.25	128.86
空　调(台)	160.12	164.14
热 水 器(台)	103.13	103.84
移动电话(部)	245.19	244.71
计 算 机(台)	66.27	69.11
照 相 机(架)	15.79	15.89

4-9　农村居民家庭基本情况

年　　份	平均每户家庭人口（人）	平均每户整半劳动力（人）	平均每个劳动力负担人口(人)	平均每人可支配收入（元/人）	平均每人住房面积（平方米）
1985	5.64	3.04	1.85	412	15.98
1986	5.61	3.02	1.86	452	16.77
1987	5.41	2.82	1.91	501	18.36
1988	5.41	2.96	1.83	586	19.52
1989	5.36	3.52	1.52	660	20.69
1990	5.25	2.95	1.78	721	19.50
1991	5.02	2.79	1.80	768	19.78
1992	4.99	2.81	1.76	855	21.30
1993	4.91	2.86	1.72	969	19.69
1994	4.79	2.89	1.66	1311	22.53
1995	4.75	2.91	1.63	1626	23.71
1996	4.67	2.91	1.61	2031	23.44
1997	4.55	2.84	1.60	2359	25.12
1998	4.46	2.80	1.59	2164	26.26
1999	4.30	2.89	1.49	2307	26.77
2000	4.29	2.96	1.45	2390	26.10
2001	4.28	2.93	1.46	2517	27.92
2002	4.21	2.93	1.44	2664	28.21
2003	4.16	2.92	1.42	2808	29.46
2004	4.13	2.90	1.42	3414	35.48
2005	4.14	2.92	1.42	3879	38.66
2006	4.12	2.92	1.41	4392	41.03
2007	4.10	2.92	1.40	5034	42.32
2008	4.08	2.90	1.40	5774	44.14
2009	4.04	2.89	1.40	6296	45.04
2010	3.98	2.85	1.40	7193	46.64
2011	4.10	2.96	1.39	8484	49.21
2012	4.07	2.91	1.40	9730	48.86
2013	3.98	2.72	1.46	11184	52.22
2014	3.63	2.56	1.42	12414	54.70
2015	3.54	2.47	1.43	13693	58.38
2016	3.52	2.46	1.43	14952	58.18
2017	3.52	2.46	1.43	16364	58.23
2018	3.84	2.35	1.64	17866	68.14
2019	3.9	2.33	1.43	19498	68.40
2020	3.83	2.25	1.70	20921	66.27

注：2013年之后平均每户家庭人口为常住人口。

4-10 农村居民家庭基本情况（2020年）

（分县区）

地　区	平均每户家庭人口（人）	平均每户整半劳动力（人）	人均经营耕　地（亩）	人均经营林地、园地、牧草地、养殖水面(亩)	平均每人年末住房（平方米）	人均可支配收入（元）
南 昌 市	**3.83**	**2.33**	**1.73**	**0.06**	**70.76**	**20921**
湾里管理局	4.00	1.80	0.03	0.18	86.29	16185
青山湖区	3.95	2.93			80.47	23742
新 建 区	4.19	2.08	3.78	0.08	56.80	21167
南 昌 县	3.74	2.44	0.57	0.08	76.31	23112
安 义 县	3.96	2.36	2.10		54.97	18924
进 贤 县	3.62	2.34	2.96	0.01	77.35	21438

4-11 农村居民家庭总收入及构成

项目	平均每人(元)		构成(%)	
	2019	2020	2019	2020
全年总收入(未扣除生产费用)	**22948**	**24154**	**100**	**100**
工资性收入	10684	12216	46.6	50.6
经营净收入	7145	7691	31.1	31.8
第一产业	2156	2981	9.4	12.3
农业	1805	2527	7.9	10.5
林业	128	108	0.6	0.4
牧业	193	289	0.8	1.2
渔业	29	56	0.1	0.2
第二产业	1014	590	4.4	2.4
第三产业	3975	4119	17.3	17.1
财产净收入	2213	1182	9.6	4.9
转移净收入	2905	3065	12.7	12.7

4-12 农村居民家庭总支出及构成

项 目	平均每人(元)		构成(%)	
	2019	2020	2019	2020
总 支 出	**19521**	**20284**	**100**	**100**
消费支出	**13088**	**14323**	**67.0**	**70.6**
食品烟酒	5003	4802	25.6	23.7
衣着	637	615	3.3	3.0
居住	3224	3064	16.5	15.1
生活用品及服务	563	542	2.9	2.7
交通通信	1572	2469	8.1	12.2
教育文化娱乐	1011	1671	5.2	8.2
医疗保健	907	940	4.6	4.6
其他用品和服务	171	220	0.9	1.1
生产经营费用支出	**2985**	**2572**	**15.3**	**12.7**
第一产业	879	1245	4.5	6.1
第二产业	413	136	2.1	0.7
第三产业	1692	1191	8.7	5.9
财产性支出	**67**	**39**	**0.3**	**0.2**
转移性支出	**578**	**289**	**3.0**	**1.4**
购置资产及非经常性转移支出	**1686**	**1634**	**8.6**	**8.1**
#购置资产支出	710	602	3.6	3.0
非经常转移支出	976	1032	5.0	5.1
借贷性支出	**1117**	**1425**	**5.7**	**7.0**

4-13　主要年份农村居民人均可支配收入

单位：元

项　　目	1990	2000	2010	2011	2012	2013	2014	2015	2016	2017	2018	2019	2020
人均可支配收入	**731**	**2390**	**7193**	**8484**	**9730**	**11184**	**12414**	**13693**	**14952**	**16364**	**17866**	**19498**	**20921**
工资性收入	**50**	**1013**	**2687**	**4056**	**4581**	**4646**	**5229**	**5668**	**6645**	**7810**	**10382**	**10679**	**12216**
经营净收入	**632**	**1283**	**3624**	**3975**	**4617**	**4475**	**4935**	**5665**	**5948**	**6183**	**4946**	**4284**	**4806**
第 一 产 业	527	1077	2979	3472	3930	3284	3614	3736	3630	3131	1964	1329	1590
第 二 产 业	24	96	179	113	84	101	114	323	313	681	682	601	406
第 三 产 业	81	110	466	390	604	1090	1207	1606	2005	2371	2299	2354	2810
财产净收入	**8**	**31**	**393**	**212**	**255**	**84**	**107**	**107**	**85**	**114**	**164**	**2152**	**1140**
转移净收入	**41**	**63**	**489**	**240**	**277**	**1979**	**2143**	**2253**	**2275**	**2256**	**2375**	**2382**	**2759**

4-14 农村居民生活消费支出及构成

项　目	平均每人(元)		构成(%)	
	2019	2020	2019	2020
生活消费支出	**13088**	**14323**	**100**	**100**
食品烟酒	5003	4802	38.2	33.5
衣着	637	615	4.9	4.3
居住	3224	3064	24.6	21.4
生活用品及服务	563	542	4.3	3.8
交通通信	1572	2469	12.0	17.2
教育文化娱乐	1011	1671	7.7	11.7
医疗保健	907	940	6.9	6.6
其他用品和服务	171	220	1.3	1.5

4-15 农村居民家庭现金收入及构成

项　　目	平均每人(元)		构成(%)	
	2019	2020	2019	2020
现金收入(未扣除生产费用)	**22634**	**23647**	**100**	**100**
工资性收入	**10674**	**12208**	**47.2**	**51.6**
工资	10667	12184	47.1	51.5
其他工资性收入	7	25	0.0	0.1
现金经营性收入	**6935**	**7291**	**30.6**	**30.8**
第一产业	1946	2581	8.6	10.9
农业	1621	2202	7.2	9.3
林业	119	78	0.5	0.3
牧业	178	249	0.8	1.1
渔业	28	52	0.1	0.2
第二产业	1014	590	4.5	2.5
采矿业				
制造业	313	278	1.4	1.2
建筑业	701	313	3.1	1.3
第三产业	3975	4119	17.6	17.4
批发和零售业	1527	2025	6.7	8.6
交通运输、仓储和邮政业	553	293	2.4	1.2
住宿和餐饮业	1494	920	6.6	3.9
居民服务、修理和其他服务业	400	829	1.8	3.5
其他行业		8		0.0
现金财产性收入	**2213**	**1182**	**9.8**	**5.0**
现金转移性收入	**2811**	**2966**	**12.4**	**12.5**

4-16 农村居民家庭现金支出及构成

项　　目	平均每人(元)		构成(%)	
	2019	2020	2019	2020
现金支出	**16793**	**17890**	**100**	**100**
现金生活消费支出	**10396**	**11937**	**61.9**	**66.7**
#生产经营现金费用支出	**2949**	**2564**	**17.6**	**14.3**
农业	763	1131	4.5	6.3
林业	12	13	0.1	0.1
牧业	57	80	0.3	0.4
渔业	13	12	0.1	0.1
采矿业				
制造业	85	42	0.5	0.2
电力、热力、燃气及水生产和供应业				
建筑业	328	95	2.0	0.5
批发和零售贸易	546	566	3.3	3.2
交通、运输和邮电业	168	109	1.0	0.6
住宿和餐饮业	869	330	5.2	1.8
租赁和商务服务业				
居民服务、修理和其他服务业	92	173	0.5	1.0
其他		2		0.0
农林牧渔服务业	16	11	0.1	0.1
现金财产性支出	**67**	**39**	**0.4**	**0.2**
现金转移性支出	**578**	**289**	**3.4**	**1.6**
部分商业保险支出	**1**	**2**		
购置资产及非经常性转移支出	**1686**	**1634**	**10.0**	**9.1**
#购置生产性固定资产支出	710	602	4.2	3.4
借贷性支出	**1117**	**1425**	**6.7**	**8.0**

4-17　主要年份农村住户平均每人每年主要食品消费量

单位：千克

品　名	1990	2000	2010	2011	2012	2013	2014	2015	2016	2017	2018	2019	2020
粮　食	**351.35**	**295.10**	**215.88**	**169.4**	**156.19**	**191.06**	**185.16**	**183.11**	**165.49**	**173.4**	**147.18**	**158.88**	**150.93**
油脂类													
植物油	6.66	8.30	9.02	9.55	10.24	12.1	15.58	14.33	12.89	14.58	16.12	15.58	17.09
动物油	1.64	1.55	0.26	0.49	0.49	0.66	0.11	0.04	0.10	0.06	0.09	0.26	0.34
蔬菜及菜制品	**172.72**	**97.82**	**86.68**	**83.69**	**82.73**	**97.35**	**92.54**	**106.05**	**103.81**	**91.15**	**86.95**	**114.72**	**110.43**
肉　类													
猪　肉	10.18	10.76	11.46	11.98	12.02	15.39	14.67	14.26	14.62	14.82	23.89	29.90	28.71
牛羊肉	0.33	0.35	0.39	1.13	0.93	1.35	1.26	1.45	1.63	2.05	3.55	4.62	3.95
禽　类	**1.49**	**2.48**	**3.7**	**4.13**	**4.23**	**5.6**	**6.25**	**4.83**	**4.72**	**4.55**	**6.98**	**14.12**	**14.82**
水产品	**3.07**	**5.11**	**7.26**	**7.35**	**8.12**	**9.41**	**9.14**	**9.93**	**9.76**	**9.82**	**16.41**	**24.46**	**21.74**
蛋类及蛋制品	**2.96**	**4.57**	**6.36**	**5.82**	**5.96**	**6.50**	**7.29**	**8.28**	**5.22**	**6.18**	**7.03**	**9.89**	**11.62**
奶和奶制品	**0.21**	**0.44**	**4.06**	**5.71**	**5.55**	**5.55**	**5.7**	**5.54**	**6.36**	**6.63**	**7.41**	**9.15**	**8.40**
干鲜瓜果类	**3.13**	**25.56**	**10.41**	**10.72**	**12.53**	**14.51**	**16.42**	**20.09**	**25.63**	**26.43**	**26.51**	**49.54**	**47.32**
糖果糕点类													
食糖	1.36	1.05	0.4	0.4	0.37	0.41	2.05	0.53	0.42	0.39	0.49	0.76	0.72
糖果和糕点	1.52	1.87				2.58	2.73	2.83	2.29	2.40	2.53	3.84	3.75
茶叶	**0.07**		**0.07**	**0.05**	**0.02**	**0.02**	**0.03**	**0.04**	**0.03**	**0.05**	**0.08**	**0.08**	**0.11**
酒	**3.52**	**6.97**	**13.19**	**12.52**	**13.43**	**17.31**	**19.71**	**18.62**	**18.80**	**18.92**	**16.99**	**20.09**	**16.87**

注：2013年(含)后数据为新口径数据。

4-18 主要年份农村住户耐用物品拥有量

(按每百户年末平均拥有量计算)

品　　名	1990	2000	2010	2011	2012	2013	2014	2015	2016	2017	2018	2019	2020
家用汽车(辆)			4.00	7.00	7.00	12.42	12.64	15.82	19.53	20.81	27.66	24.52	28.01
摩托车(辆)		14.00	48.00	46.00	48.00	56.06	64.98	62.29	63.30	61.74	46.69	35.16	29.97
洗衣机(台)	1.00	9.25	30.00	42.00	45.00	46.55	43.32	46.13	52.19	57.05	72.98	75.16	81.59
电冰箱(台)	3.00	19.50	67.00	82.00	87.00	79.39	81.95	84.18	86.53	87.92	101.13	100.65	104.13
微波炉(台)			13.00	14.00	20.00	15.15	12.10	15.15	17.17	20.13	35.97	39.03	47.68
彩色电视机(台)	6.00	48.75	121.00	127.00	130.00	129.09	140.40	140.07	145.12	149.33	139.03	137.74	145.87
空调(台)			36.00	54.00	56.00	60.61	62.09	66.67	74.75	82.89	101.77	106.77	111.64
热水器(台)			36.00	49.00	55.00	49.70	56.68	56.23	66.33	70.81	86.29	89.35	90.26
固定电话(线)			58.00	37.00	35.00	37.88	49.10	48.15	42.42	45.64	11.85	7.74	2.83
移动电话(部)			148.00	187.00	200.00	204.24	222.70	227.27	235.44	244.30	250.40	255.16	256.65
家用计算机(台)			8.00	12.00	15.00	21.82	16.25	21.89	19.19	20.47	22.26	24.19	25.61
照相机(台)	1.00	3.50	7.00	4.00	4.00	4.42	3.25	0.01	0.60	0.67	2.58	2.58	2.32

注：自行车、电风扇、黑白电视机、收录机、影碟机已无汇总数据。

4-19　农村住户劳动力文化程度（2020年）

单位：百劳率(%)

地　　区	南昌市	湾里管理局	青山湖区	新建区	南昌县	安义县	进贤县
未上过学	1.63	10.00	5.51		3.17	3.34	
小学程度	40.23	8.74	55.51	34.12	42.44	20.97	51.49
初中程度	48.69	75.63	38.97	49.81	42.52	67.80	46.91
高中程度	6.60			12.43	6.81	5.79	1.61
大专及以上	2.85	5.63		3.65	5.05	2.10	

主要统计指标解释

可支配收入 指调查户在调查期内获得的、可用于最终消费支出和储蓄的总和，即调查户可以用来自由支配的收入。可支配收入既包括现金，也包括实物收入。按照收入的来源，可支配收入包含四项，分别为：工资性收入、经营净收入、财产净收入和转移净收入。计算公式为:

可支配收入=工资性收入+经营净收入+财产净收入+转移净收入

其中：经营净收入=经营收入-经营费用-生产性固定资产折旧-生产税

财产净收入=财产性收入-财产性支出

转移净收入=转移性收入-转移性支出

工资性收入 指就业人员通过各种途径得到的全部劳动报酬和各种福利，包括受雇于单位或个人、从事各种自由职业、兼职和零星劳动得到的全部劳动报酬和福利。

经营净收入 指住户或住户成员从事生产经营活动所获得的净收入，是全部经营收入中扣除经营费用、生产性固定资产折旧和生产税之后得到的净收入。计算公式具体为:

经营净收入=经营收入-经营费用-生产性固定资产折旧-生产税

财产净收入 指住户或住户成员将其所拥有的金融资产、住房等非金融资产和自然资源交由其他机构单位、住户或个人支配而获得的回报并扣除相关的费用之后得到的净收入。财产净收入包括利息净收入、红利收入、储蓄性保险净收益、转让承包土地经营权租金净收入、出租房屋净收入、出租其他资产净收入和自有住房折算净租金等。

转移性收入 指国家、单位、社会团体对住户的各种经常性转移支付和住户之间的经常性收入转移。包括养老金或退休金、社会救济和补助、政策性生产补贴、政策性生活补贴、经常性捐赠和赔偿以及报销医疗费等；住户之间的赡养收入以及本住户非常住成员寄回带回的收入等转移性收入不包括住户之间的实物馈赠。

转移净收入计算公式为：转移净收入=转移性收入-转移性支出

消费支出 指住户用于满足家庭日常生活消费需要的全部支出，包括用于消费品的支出和用于服务性消费的支出。根据用途不同，消费支出可划分为食品烟酒、衣着、居住、生活用品及服务、交通通信、教育文化娱乐、医疗保健、其他用品及服务八大类。根据来源不同，消费支出可划分为现金消费支出、实物消费支出（含自产自用、来自单位、来自政府和其他社会组织）。

五、物　　价

PRICE

本篇内容包括:

1. 居民消费价格指数
2. 商品零售价格指数
3. 工业生产者出厂价格指数
4. 工业生产者购进价格指数

居民消费价格指数

（以上年价格为100）

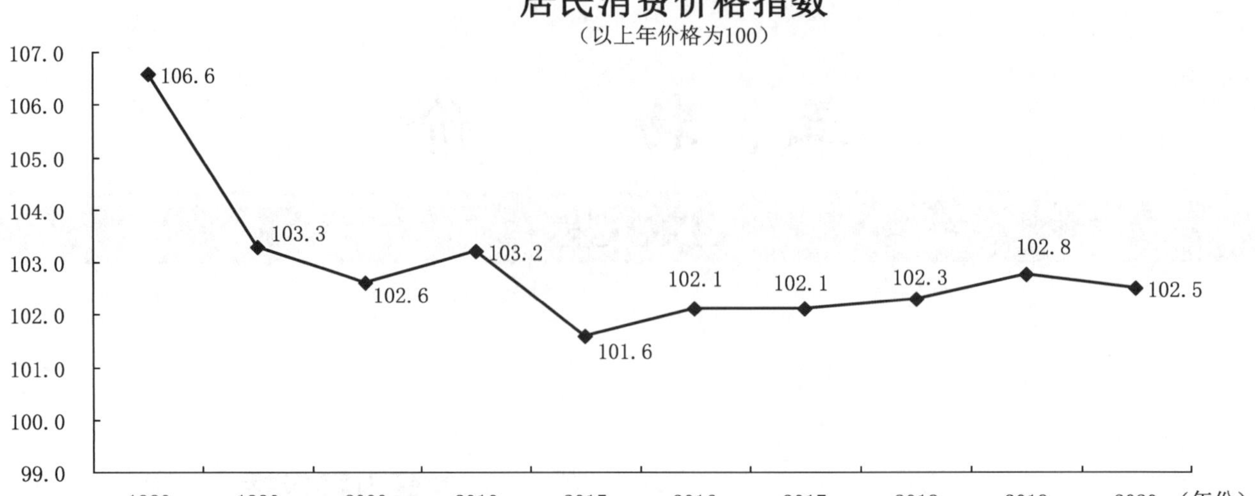

服务项目价格指数

（以上年价格为100）

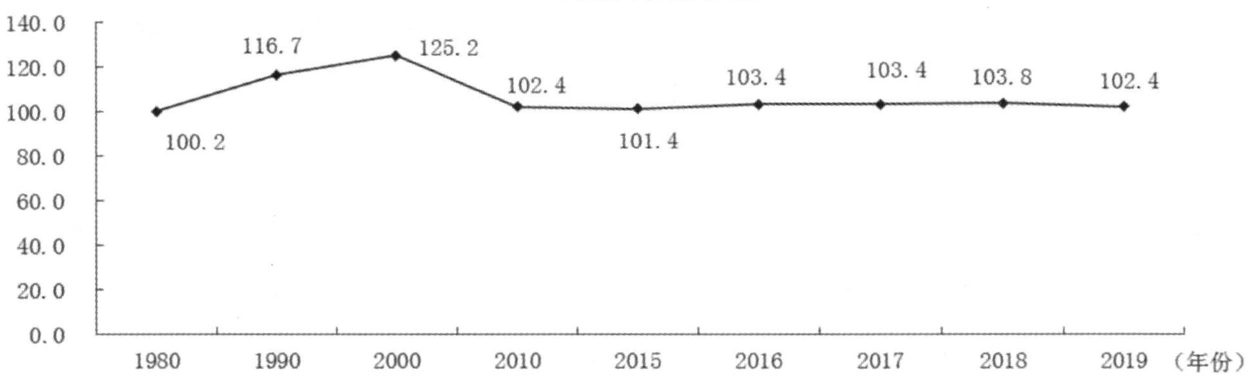

商品零售价格指数

（以上年价格为100）

110.0
108.0
106.0
104.0
102.0
100.0
98.0
96.0
94.0
92.0

107.4
101.8
97.8
103.0
100.5
100.4
101.0
100.8
101.3
101.5

1980
1990
2000
2010
2015
2016
2017
2018
2019
2020
（年份）

5-1 历年物价总指数

(以上年价格为100)

年份	居民消费价格指数	#服务项目价格指数	商品零售价格指数	工业生产者出厂价格指数	工业生产者购进价格指数
1980	106.57	100.20	107.44		
1990	103.30	116.70	101.80		
2000	102.60	125.20	97.80		
2010	103.20	102.40	103.00	102.88	108.12
2011	105.00	102.80	105.20	104.88	111.02
2012	102.90	101.80	102.40	98.88	97.82
2013	102.30	102.60	101.30	99.46	99.60
2014	102.50	103.40	101.10	99.08	95.90
2015	101.60	101.40	100.50	97.29	94.96
2016	102.10	103.40	100.40	99.07	98.29
2017	102.10	103.40	101.00	104.37	105.73
2018	102.30	103.80	100.80	103.21	102.22
2019	102.76	102.42	101.34	100.10	100.91
2020	102.50	101.10	101.50	100.78	100.95

5-2 价格指数(2020年)

(以主要年份为基期)

指标	居民消费价格指数	商品零售价格指数	服务项目价格指数
以1980年价格为100	773.3	504.6	2276.0
以1990年价格为100	369.8	241.6	1118.2
以2000年价格为100	149.2	126.7	159.0
以2010年价格为100	126.3	115.5	124.7
以2011年价格为100	120.4	109.8	121.1
以2012年价格为100	117.0	107.3	119.2
以2013年价格为100	114.4	106.0	116.1
以2014年价格为100	111.5	104.8	112.2
以2015年价格为100	109.9	104.3	110.8
以2016年价格为100	107.5	103.9	107.1
以2017年价格为100	107.7	103.7	107.5
以2018年价格为100	105.3	102.9	103.5
以2019年价格为100	102.5	101.5	101.1

5-3 居民消费价格指数（2020年）

（以上年价格为100）

项 目	2020	项 目	2020	项 目	2020
居民消费价格总指数	102.5	鞋	107.1	通信工具	101.2
食品烟酒	107.5	鞋类加工服务	100.0	通信服务	100.5
食 品	109.4	**居住**	99.9	邮递服务	100.0
粮 食	102.6	租赁房房租	100.3	**教育文化和娱乐**	102.2
薯 类	106.5	住房装潢材料	100.9	教 育	104.6
豆 类	105.6	物业管理费	100.0	教育用品	99.3
食用油	99.7	住房装潢维修	102.7	教育服务	104.8
菜	107.3	水电燃料	99.4	文娱耐用消费品	98.2
畜肉类	139.9	自有住房	99.7	其他文娱用品	100.5
禽肉类	93.6	**生活用品及服务**	100.2	文化娱乐服务	99.9
水产品	108.7	家 具	100.1	旅 游	99.3
蛋	89.4	室内装饰品	104.5	**医疗保健**	99.7
奶 类	101.0	大型家用器具	95.9	药品及医疗器具	99.1
干鲜瓜果	86.7	小家电	99.4	中 药	102.2
糖果糕点	101.6	家用纺织品	99.4	西 药	97.9
调味品	98.9	家庭日用杂品	102.3	医疗服务	100.1
其他食品	104.6	个人护理用品	99.8	**其他用品和服务**	105.9
茶及饮料	101.3	家庭服务	106.2	首饰手表	113.4
烟 酒	99.8	**交通和通信**	96.9	旅馆住宿	94.6
在外餐饮	105.2	交 通	94.7	美容美发洗浴	103.6
衣着	100.9	交通工具	97.2	养老服务	107.5
服 装	99.4	交通工具用燃料	85.8	金融保险	103.1
服装材料	98.1	交通工具使用和维修	102.2	其他服务	100.0
其他衣着及配件	100.3	交通费	98.8		
衣着加工服务费	100.0	通信	100.5		

5-4 商品零售价格指数（2020年）

(以上年价格为100)

项　目	2020	项　目	2020
商品零售价格总指数	101.5	床上用品	99.1
食　品	108.9	**家用电器及音像器材**	97.0
粮　食	102.6	家庭设备	95.9
薯　类	106.5	文娱用耐用消费品	98.5
豆　类	105.6	专业音像器材	99.3
食用油	99.7	**文化办公用品**	99.8
菜	107.3	**日用品**	101.1
畜肉类	139.9	日用百货	99.2
禽肉类	93.2	厨具餐具茶具	106.1
水产品	108.7	清洗用品	100.7
蛋	89.4	其他日用品	101.0
奶　类	101.0	**体育娱乐用品**	99.6
干鲜瓜果	86.7	体育户外用品	99.4
糖果糕点	101.6	娱乐用品	99.7
调味品	98.9	**交通、通信用品**	98.0
其他食品	104.6	**家　具**	100.1
在外餐饮	105.2	**化妆品**	100.0
饮料、烟酒	100.0	**金银饰品**	115.3
茶及饮料	101.3	**中西药品及医疗保健用品**	99.3
烟　草	100.4	医疗卫生器具	92.5
酒　类	98.8	中　药	102.2
服装、鞋帽	100.8	西　药	98.0
服　装	99.2	保健器具及用品	101.2
鞋帽袜	105.9	**书报杂志及电子出版物**	100.7
其他衣着配件	102.5	**燃　料**	93.8
纺织品	98.9	**建筑材料及五金电料**	101.2
服装材料	98.1		

5-5 居民消费价格

类　别	1月	2月	3月	一季度平　均	4月	5月	6月	二季度平　均
居民消费价格总指数	**104.8**	**105.2**	**103.8**	**104.6**	**102.8**	**102.1**	**102.5**	**102.5**
食品烟酒	**111.2**	**113.4**	**110.9**	**111.8**	**108.6**	**106.3**	**107.8**	**107.6**
食　品	115.9	118.8	115.2	116.7	111.0	107.2	109.5	109.2
粮　食	100.6	102.4	102.1	101.7	101.9	102.6	102.7	102.4
薯　类	102.5	113.1	112.1	109.4	111.9	106.1	108.3	108.8
豆　类	101.1	105.1	111.2	105.8	106.9	105.7	105.7	106.1
食用油	96.6	96.6	95.5	96.2	98.2	99.8	97.5	98.5
菜	102.5	101.1	90.9	97.9	92.8	86.0	108.6	95.1
畜肉类	176.6	189.5	179.2	181.8	164.5	157.4	161.6	161.2
禽肉类	107.1	102.9	105.5	105.1	99.9	97.0	95.0	97.3
水产品	103.3	107.1	107.9	106.1	108.0	115.9	119.7	114.5
蛋	96.2	95.6	95.5	95.8	92.5	87.8	86.0	88.8
奶　类	102.3	102.3	102.2	102.3	103.2	103.6	102.3	103.0
干鲜瓜果	93.6	97.0	98.1	96.2	88.4	79.6	66.8	77.3
糖果糕点	100.0	101.2	101.9	101.0	101.9	101.6	99.6	101.0
调味品	98.0	98.6	98.7	98.4	96.8	97.5	97.7	97.4
其他食品	104.9	104.4	104.5	104.6	106.5	106.7	106.7	106.7
茶及饮料	99.4	101.7	101.7	100.9	102.2	99.7	100.9	100.9
烟　酒	99.5	100.2	100.4	100.0	100.3	100.0	98.8	99.7
在外餐饮	103.6	103.6	103.5	103.6	105.0	106.6	106.9	106.2
衣着	**102.7**	**103.7**	**102.5**	**103.0**	**101.8**	**101.4**	**100.2**	**101.1**
服　装	102.2	102.6	100.8	101.9	100.2	99.6	98.1	99.3
服装材料	100.2	100.2	100.2	100.2	100.2	100.2	100.2	100.2
其他衣着及配件	98.9	99.3	101.0	99.7	100.8	100.6	100.6	100.7
衣着加工服务费	100.0	100.0	100.0	100.0	100.0	100.0	100.0	100.0
鞋　类	106.0	110.0	109.8	108.6	108.6	108.8	108.4	108.6
居住	**101.2**	**100.8**	**99.9**	**100.6**	**99.5**	**99.9**	**100.1**	**99.8**
租赁房房租	100.5	100.3	100.2	100.3	100.4	100.7	100.6	100.6
住房保养维修及管理	102.4	102.5	100.8	101.9	100.2	101.9	102.0	101.4
水电燃料	102.4	101.5	99.3	101.0	97.9	98.5	99.3	98.5
自有住房	100.3	100.1	100.0	100.1	100.1	99.9	99.9	100.0
生活用品及服务	**99.6**	**99.7**	**99.9**	**99.7**	**100.2**	**100.4**	**100.7**	**100.4**
家具及室内装饰品	100.3	100.7	100.6	100.5	100.9	100.7	100.7	100.8
家用器具	97.6	96.3	95.6	96.5	96.1	96.2	96.7	96.3
家用纺织品	100.3	98.4	99.0	99.2	99.2	98.8	100.3	99.4
家庭日用杂品	98.4	99.7	102.1	100.0	102.6	102.4	103.6	102.9
个人护理用品	100.3	101.2	99.6	100.4	99.4	100.9	100.1	100.1
家庭服务	105.6	107.1	107.1	106.6	107.1	108.0	106.6	107.3
交通和通信	**100.7**	**98.6**	**96.0**	**98.4**	**95.3**	**95.3**	**95.9**	**95.5**
交　通	102.5	99.0	94.8	98.8	92.9	92.0	92.6	92.5
通　信	97.7	97.9	97.9	97.8	99.3	100.9	101.3	100.5
教育文化和娱乐	**105.0**	**104.0**	**105.1**	**104.7**	**104.5**	**103.4**	**102.5**	**103.5**
教　育	105.5	105.6	105.4	105.5	105.4	104.8	105.7	105.3
文化娱乐	104.3	102.0	104.8	103.7	103.4	101.6	98.7	101.2
医疗保健	**101.4**	**101.4**	**99.6**	**100.8**	**99.5**	**99.4**	**99.4**	**99.4**
药品及医疗器具	100.4	100.4	99.4	100.1	99.2	98.8	98.7	98.9
医疗服务	101.9	101.9	99.7	101.1	99.7	99.7	99.7	99.7
其他用品和服务	**106.1**	**106.2**	**105.9**	**106.0**	**105.7**	**107.8**	**107.5**	**107.0**

分月指数（2020年）

（以上年同月价格为100）

上半年平均	7月	8月	9月	三季度平均	1-9月平均	10月	11月	12月	四季度平均	全年
103.5	**103.2**	**102.3**	**101.6**	**102.4**	**103.1**	**101.0**	**99.9**	**100.5**	**100.4**	**102.5**
109.7	**110.1**	**107.3**	**106.3**	**107.9**	**109.1**	**104.6**	**100.8**	**103.1**	**102.8**	**107.5**
112.9	113.1	108.6	107.2	109.6	111.8	105.0	99.8	103.1	102.6	109.4
102.0	104.8	103.8	102.0	103.5	102.5	102.6	102.1	103.8	102.8	102.6
109.1	105.4	103.0	108.7	105.7	108.0	100.5	97.9	108.0	102.1	106.5
105.9	105.9	105.5	105.2	105.6	105.8	105.2	105.2	104.9	105.1	105.6
97.4	98.6	97.7	103.4	99.9	98.2	106.4	101.3	105.1	104.2	99.7
96.5	120.5	116.7	124.1	120.4	103.9	127.5	112.7	114.9	118.4	107.3
171.5	166.6	138.5	120.4	139.4	159.3	105.6	95.4	102.6	101.1	139.9
101.2	92.1	89.5	85.6	89.0	97.0	86.0	81.6	83.9	83.8	93.6
110.2	116.7	112.2	107.3	112.0	110.8	103.9	101.1	102.2	102.4	108.7
92.3	87.3	88.1	83.1	86.1	90.2	85.1	86.9	89.9	87.3	89.4
102.6	99.8	100.1	99.0	99.6	101.6	98.8	99.1	99.7	99.2	101.0
85.7	70.1	75.6	87.7	77.1	82.7	97.7	105.6	105.6	102.8	86.7
101.0	101.2	101.8	102.0	101.7	101.2	102.2	102.4	103.4	102.7	101.6
97.9	99.1	100.4	100.2	99.9	98.5	98.8	100.9	99.8	99.8	98.9
105.6	103.3	103.4	102.9	103.2	104.8	104.1	105.0	102.8	104.0	104.6
100.9	97.3	101.8	103.9	101.0	100.9	103.8	101.2	101.9	102.3	101.3
99.9	99.3	99.6	99.0	99.3	99.7	99.7	100.2	100.6	100.1	99.8
104.9	106.7	106.6	106.5	106.6	105.4	105.4	104.0	103.8	104.4	105.2
102.1	**100.7**	**100.4**	**99.9**	**100.3**	**101.5**	**99.2**	**99.3**	**98.8**	**99.1**	**100.9**
100.6	98.5	98.4	97.7	98.2	99.8	97.9	98.8	98.3	98.3	99.4
100.2	95.7	95.7	95.7	95.7	98.6	95.7	95.7	98.2	96.5	98.1
100.2	100.8	100.7	100.3	100.6	100.3	100.8	100.0	99.9	100.2	100.3
100.0	100.0	100.0	100.0	100.0	100.0	100.0	100.0	100.0	100.0	100.0
108.6	109.7	108.5	108.7	109.0	108.7	104.1	101.0	100.2	101.8	106.9
100.2	**100.0**	**100.0**	**99.5**	**99.8**	**100.1**	**99.5**	**99.6**	**99.3**	**99.5**	**99.9**
100.4	100.4	100.2	100.0	100.2	100.4	100.0	100.1	100.2	100.1	100.3
101.6	101.8	102.3	101.7	102.0	101.7	101.0	101.3	101.6	101.3	101.6
99.8	99.7	99.9	98.7	99.4	99.7	98.9	99.2	97.9	98.7	99.4
100.1	99.6	99.3	99.3	99.4	99.8	99.3	99.3	99.3	99.3	99.7
100.1	**100.2**	**100.9**	**100.6**	**100.6**	**100.2**	**100.2**	**100.3**	**100.3**	**100.3**	**100.2**
100.7	100.7	101.0	100.7	100.8	100.7	100.5	100.7	102.2	101.1	100.8
96.4	96.9	96.9	96.1	96.6	96.5	96.0	97.3	97.5	96.9	96.6
99.3	100.1	99.6	100.6	100.1	99.6	100.4	98.5	97.9	98.9	99.4
101.4	102.4	104.1	103.5	103.3	102.1	103.6	103.4	102.5	103.2	102.3
100.2	99.3	99.6	99.5	99.5	100.0	99.1	98.8	99.3	99.1	99.8
106.9	104.9	108.1	107.4	106.8	106.9	104.2	104.7	104.1	104.3	106.2
97.0	**96.6**	**96.9**	**97.1**	**96.8**	**96.9**	**96.4**	**96.6**	**97.1**	**96.7**	**96.9**
95.6	93.7	94.3	94.5	94.2	95.2	93.2	93.0	93.5	93.2	94.7
99.2	101.3	101.3	101.4	101.3	99.9	101.8	102.6	103.2	102.5	100.5
104.1	**101.9**	**100.9**	**99.4**	**100.7**	**102.9**	**100.1**	**100.4**	**100.3**	**100.2**	**102.2**
105.4	105.8	105.8	103.0	104.8	105.2	103.0	103.0	103.0	103.0	104.6
102.5	97.4	95.2	95.1	95.9	100.2	96.6	97.2	96.9	96.9	99.4
100.1	**99.4**	**99.4**	**99.3**	**99.4**	**99.9**	**99.3**	**99.2**	**99.4**	**99.3**	**99.7**
99.5	98.8	98.9	98.6	98.8	99.2	98.4	98.3	98.8	98.5	99.1
100.4	99.7	99.7	99.7	99.7	100.2	99.7	99.7	99.7	99.7	100.1
106.5	**106.6**	**107.9**	**105.7**	**106.8**	**106.6**	**104.0**	**104.2**	**103.1**	**103.8**	**105.9**

5-6 居民消费价格

类　　别	1月	2月	3月	4月	5月
居民消费价格总指数	**101.1**	**101.4**	**98.6**	**99.4**	**99.6**
食品烟酒	**102.8**	**104.9**	**97.2**	**98.8**	**98.4**
食　　品	104.2	107.1	95.9	97.8	97.2
粮　　食	100.4	102.0	99.6	99.9	100.4
薯　　类	104.1	117.7	95.9	98.4	98.6
豆　　类	100.0	104.8	105.2	96.5	99.3
食 用 油	99.7	99.0	97.8	101.5	102.1
菜	104.9	115.6	90.1	105.3	86.1
畜 肉 类	109.2	110.5	93.2	92.7	95.1
禽 肉 类	99.4	99.2	98.1	96.5	96.9
水 产 品	103.2	106.6	96.4	99.6	107.1
蛋	96.5	97.8	96.0	97.4	97.0
奶　　类	100.1	100.1	100.0	100.0	100.0
干鲜瓜果	106.3	107.0	101.3	96.4	105.3
糖果糕点	101.1	101.2	100.0	99.6	100.2
调 味 品	100.2	100.6	99.7	97.5	100.1
其他食品	100.0	99.9	101.9	101.5	100.4
茶及饮料	99.8	99.7	99.8	99.8	99.4
烟　　酒	99.3	100.6	100.2	99.6	99.7
在外餐饮	100.2	100.0	100.1	101.5	101.5
衣着	**100.0**	**100.0**	**99.6**	**100.2**	**100.4**
服　　装	100.2	99.5	99.1	100.0	100.4
服装材料	98.2	100.0	100.0	100.0	100.0
其他衣着及配件	100.0	100.3	100.0	99.9	99.7
衣着加工服务费	100.0	100.0	100.0	100.0	100.0
鞋　　类	99.6	101.8	101.5	100.9	100.4
居住	**100.2**	**99.8**	**99.3**	**99.8**	**100.1**
租赁房房租	100.0	100.0	100.0	100.1	100.2
住房保养维修及管理	100.2	100.2	99.9	99.0	101.7
水电燃料	100.5	99.1	97.5	99.7	99.8
自有住房	100.0	100.0	100.0	100.1	99.7
生活用品及服务	**100.1**	**100.2**	**100.0**	**100.1**	**100.0**
家具及室内装饰品	100.1	100.4	99.9	100.0	99.9
家用器具	99.7	99.6	99.2	100.2	99.6
家用纺织品	100.0	98.2	100.5	100.1	98.5
家庭日用杂品	99.6	101.4	101.1	100.5	100.1
个人护理用品	100.3	100.4	99.1	99.6	101.7
家庭服务	102.8	100.0	100.0	100.0	100.0
交通和通信	**101.2**	**98.6**	**97.5**	**98.9**	**100.3**
交　　通	102.0	97.7	96.1	97.7	99.6
通　　信	100.0	100.3	100.0	100.9	101.4
教育文化和娱乐	**100.3**	**100.0**	**100.0**	**99.6**	**99.6**
教　　育	99.9	100.0	100.0	100.0	100.0
文化娱乐	100.8	100.1	100.1	99.2	99.1
医疗保健	**99.4**	**100.0**	**99.8**	**100.0**	**99.8**
药品及医疗器具	98.9	100.0	99.4	99.9	99.5
医 疗 服 务	99.7	100.0	100.0	100.0	100.0
其他用品和服务	**101.6**	**100.3**	**100.3**	**99.5**	**101.7**

分月指数（2020年）

（以上月价格为100）

6月	7月	8月	9月	10月	11月	12月
100.0	**101.0**	**99.9**	**100.2**	**99.7**	**98.9**	**100.7**
100.8	**102.7**	**100.0**	**100.3**	**99.1**	**96.8**	**101.6**
101.3	103.9	99.8	100.5	98.6	95.3	102.3
99.9	101.3	99.9	98.4	100.7	98.0	103.4
98.2	96.3	97.4	104.1	93.6	97.8	107.9
99.7	99.8	99.8	100.1	99.9	100.0	100.0
97.8	101.6	96.8	105.7	103.0	97.6	102.8
108.0	113.9	99.5	104.2	100.2	85.8	105.7
102.4	106.2	99.4	100.0	98.1	94.6	103.2
98.3	98.6	100.7	98.3	98.3	98.3	99.8
103.0	98.7	101.9	96.4	95.2	96.0	99.0
96.9	102.8	104.5	100.2	100.8	99.2	100.8
99.9	100.3	100.1	98.9	100.1	100.3	100.0
94.8	99.9	99.1	101.4	94.6	100.0	100.3
99.5	100.2	100.7	99.9	100.0	100.1	101.0
100.1	100.3	100.2	100.2	100.0	100.6	100.3
100.3	99.2	99.6	99.7	100.7	101.3	98.3
99.2	99.6	101.5	102.6	100.2	100.0	100.3
98.8	100.3	100.4	99.3	100.8	100.6	100.9
100.3	100.1	100.0	100.0	100.0	100.1	100.0
98.7	**99.9**	**99.4**	**100.5**	**100.2**	**99.8**	**100.1**
98.3	99.9	99.7	100.3	100.6	100.2	100.1
100.0	100.0	100.0	100.0	100.0	100.0	100.0
100.0	100.2	100.0	99.5	100.5	99.8	99.8
100.0	100.0	100.0	100.0	100.0	100.0	100.0
99.9	99.9	98.3	101.1	98.7	98.4	100.0
100.0	**99.8**	**99.9**	**100.0**	**100.2**	**100.1**	**100.2**
100.0	99.9	100.0	100.0	100.0	100.0	100.0
100.0	99.7	100.5	99.7	100.0	100.4	100.2
100.0	100.0	99.9	100.0	100.6	100.0	100.8
100.0	99.7	99.8	100.0	100.0	100.0	100.0
99.7	**99.9**	**100.6**	**100.3**	**100.0**	**99.7**	**99.7**
100.0	100.1	100.3	99.8	99.9	100.2	101.5
100.3	100.1	99.8	99.5	99.6	99.7	100.0
100.5	99.8	99.7	101.4	100.1	100.4	98.6
99.5	100.3	101.2	100.2	100.4	99.4	98.8
98.7	98.6	100.5	101.5	100.2	99.3	99.6
98.7	99.8	103.1	99.7	100.0	100.0	100.0
99.8	**100.7**	**100.1**	**99.8**	**99.3**	**99.8**	**101.0**
99.5	101.0	100.1	99.7	98.8	99.6	101.7
100.3	100.3	100.0	100.0	100.1	99.9	100.0
99.3	**100.3**	**98.9**	**101.0**	**101.0**	**100.1**	**100.1**
100.8	100.0	100.0	102.3	100.0	100.0	100.0
97.4	100.7	97.6	99.4	102.2	100.1	100.2
100.0	**100.0**	**100.1**	**100.0**	**100.1**	**100.0**	**100.2**
100.0	100.0	100.3	100.0	100.2	99.9	100.7
100.0	100.0	100.0	100.0	100.0	100.0	100.0
100.5	**100.7**	**102.3**	**99.1**	**98.1**	**100.2**	**99.0**

5-7 商品零售价格

类　别	1月	2月	3月	一季度平均	4月	5月	6月	二季度平均
商品零售价格总指数	**103.8**	**104.2**	**102.5**	**103.5**	**101.6**	**101.1**	**101.5**	**101.4**
食品	**114.1**	**116.7**	**113.6**	**114.8**	**110.4**	**107.6**	**109.5**	**109.2**
粮　食	100.6	102.4	102.1	101.7	101.9	102.6	102.7	102.4
薯　类	102.5	113.1	112.1	109.4	111.9	106.1	108.3	108.8
豆　类	101.1	105.1	111.2	105.8	106.9	105.7	105.7	106.1
食用油	96.6	96.6	95.5	96.2	98.2	99.8	97.5	98.5
菜	102.5	101.1	90.9	97.9	92.8	86.0	108.6	95.1
畜肉类	176.6	189.5	179.2	181.8	164.5	157.4	161.6	161.2
禽肉类	106.7	102.3	104.9	104.6	99.3	96.4	94.4	96.7
水产品	103.3	107.1	107.9	106.1	108.0	115.9	119.7	114.5
蛋	96.2	95.6	95.5	95.8	92.5	87.8	86.0	88.8
奶　类	102.3	102.3	102.2	102.3	103.2	103.6	102.3	103.0
干鲜瓜果	93.6	97.0	98.1	96.2	88.4	79.6	66.8	77.3
糖果糕点	100.0	101.2	101.9	101.0	101.9	101.6	99.6	101.0
调味品	98.0	98.6	98.7	98.4	96.8	97.5	97.7	97.4
其他食品	104.9	104.4	104.5	104.6	106.5	106.7	106.7	106.7
在外餐饮	103.6	103.6	103.5	103.6	105.0	106.6	106.9	106.2
饮料、烟酒	**99.3**	**100.5**	**100.5**	**100.1**	**100.5**	**99.7**	**99.0**	**99.8**
茶及饮料	99.4	101.7	101.7	100.9	102.2	99.7	100.9	100.9
烟　草	100.5	100.5	101.0	100.7	101.0	101.0	99.8	100.6
酒　类	97.8	99.7	99.4	99.0	99.0	98.2	97.1	98.1
服装、鞋帽	**102.6**	**103.6**	**102.4**	**102.8**	**101.7**	**101.3**	**100.1**	**101.0**
纺织品	**100.3**	**98.6**	**99.1**	**99.3**	**99.1**	**98.6**	**100.2**	**99.3**
家用电器及音像器材	**98.6**	**97.7**	**96.9**	**97.7**	**96.8**	**97.0**	**97.1**	**97.0**
文化办公用品	**99.4**	**100.1**	**100.1**	**99.9**	**101.1**	**101.0**	**100.0**	**100.7**
日用品	**100.0**	**100.4**	**100.2**	**100.2**	**101.9**	**102.2**	**102.0**	**102.0**
体育娱乐用品	**98.9**	**99.2**	**99.6**	**99.2**	**98.9**	**99.2**	**100.0**	**99.4**
体育户外用品	99.6	100.0	101.6	100.4	100.4	99.5	99.8	99.9
娱乐用品	98.5	98.8	98.6	98.6	98.1	99.0	100.2	99.1
交通、通信用品	**97.5**	**97.1**	**96.6**	**97.1**	**97.7**	**98.8**	**98.7**	**98.4**
家　具	**99.7**	**99.7**	**99.7**	**99.7**	**100.0**	**100.0**	**100.0**	**100.0**
化妆品	**100.7**	**102.1**	**100.5**	**101.1**	**99.0**	**100.4**	**100.1**	**99.8**
金银饰品	**115.2**	**116.0**	**116.4**	**115.9**	**116.4**	**119.1**	**119.0**	**118.2**
中西药品及医疗保健用品	**100.4**	**100.5**	**99.7**	**100.2**	**99.5**	**99.1**	**99.0**	**99.2**
书报杂志及电子出版物	**100.9**	**101.3**	**100.4**	**100.9**	**100.7**	**100.5**	**100.4**	**100.5**
燃　料	**107.6**	**102.0**	**93.4**	**100.9**	**88.9**	**88.6**	**91.1**	**89.5**
建筑材料及五金电料	**102.7**	**102.9**	**101.9**	**102.5**	**101.0**	**101.3**	**101.4**	**101.2**

分月指数（2020年）

（以上年同月价格为100）

上半年平均	7月	8月	9月	三季度平均	1-9月平均	10月	11月	12月	四季度平均	全年
102.4	**102.3**	**101.6**	**100.8**	**101.6**	**102.2**	**100.0**	**99.1**	**99.7**	**99.6**	**101.5**
111.9	**112.3**	**108.5**	**107.0**	**109.2**	**111.0**	**104.9**	**100.3**	**103.1**	**102.8**	**108.9**
102.0	104.8	103.8	102.0	103.5	102.5	102.6	102.1	103.8	102.8	102.6
109.1	105.4	103.0	108.7	105.7	108.0	100.5	97.9	108.0	102.1	106.5
105.9	105.9	105.5	105.2	105.6	105.8	105.2	105.2	104.9	105.1	105.6
97.4	98.6	97.7	103.4	99.9	98.2	106.4	101.3	105.1	104.2	99.7
96.5	120.5	116.7	124.1	120.4	103.9	127.5	112.7	114.9	118.4	107.3
171.5	166.6	138.5	120.4	139.4	159.3	105.6	95.4	102.6	101.1	139.9
100.6	91.4	89.1	85.4	88.6	96.5	85.9	81.4	83.8	83.7	93.2
110.2	116.7	112.2	107.3	112.0	110.8	103.9	101.1	102.2	102.4	108.7
92.3	87.3	88.1	83.1	86.1	90.2	85.1	86.9	89.9	87.3	89.4
102.6	99.8	100.1	99.0	99.6	101.6	98.8	99.1	99.7	99.2	101.0
85.7	70.1	75.6	87.7	77.1	82.7	97.7	105.6	105.6	102.8	86.7
101.0	101.2	101.8	102.0	101.7	101.2	102.2	102.4	103.4	102.7	101.6
97.9	99.1	100.4	100.2	99.9	98.5	98.8	100.9	99.8	99.8	98.9
105.6	103.3	103.4	102.9	103.2	104.8	104.1	105.0	102.8	104.0	104.6
104.9	106.7	106.6	106.5	106.6	105.4	105.4	104.0	103.8	104.4	105.2
99.9	**98.8**	**100.0**	**99.7**	**99.5**	**99.8**	**100.4**	**100.4**	**100.8**	**100.5**	**100.0**
100.9	97.3	101.8	103.9	101.0	100.9	103.8	101.2	101.9	102.3	101.3
100.6	100.0	100.0	100.0	100.0	100.4	100.0	100.0	100.5	100.2	100.4
98.5	97.9	98.9	97.0	97.9	98.3	99.0	100.5	100.8	100.1	98.8
101.9	**100.6**	**100.3**	**99.9**	**100.3**	**101.4**	**99.1**	**99.2**	**98.6**	**99.0**	**100.8**
99.3	**99.0**	**98.4**	**99.4**	**98.9**	**99.2**	**99.2**	**97.4**	**97.3**	**98.0**	**98.9**
97.4	**97.2**	**96.9**	**96.1**	**96.7**	**97.1**	**95.6**	**96.9**	**97.0**	**96.5**	**97.0**
100.3	**100.4**	**99.2**	**99.2**	**99.6**	**100.1**	**98.8**	**99.2**	**99.4**	**99.1**	**99.8**
101.1	**101.7**	**101.9**	**101.1**	**101.6**	**101.3**	**101.2**	**100.8**	**100.1**	**100.7**	**101.1**
99.3	**99.8**	**99.9**	**100.2**	**100.0**	**99.5**	**100.0**	**99.9**	**99.9**	**99.9**	**99.6**
100.1	98.4	98.4	99.1	98.7	99.6	98.8	98.8	98.8	98.8	99.4
98.9	100.6	100.7	100.8	100.7	99.5	100.6	100.6	100.6	100.6	99.7
97.7	**98.9**	**98.0**	**98.0**	**98.3**	**97.9**	**97.5**	**98.3**	**98.6**	**98.1**	**98.0**
99.9	**100.0**	**100.0**	**100.0**	**100.0**	**99.9**	**100.0**	**100.0**	**102.2**	**100.8**	**100.1**
100.5	**98.0**	**98.6**	**100.2**	**98.9**	**100.0**	**99.8**	**99.6**	**100.4**	**100.0**	**100.0**
117.0	**114.3**	**120.6**	**113.3**	**116.0**	**116.7**	**112.0**	**112.4**	**109.7**	**111.4**	**115.3**
99.7	**99.1**	**99.2**	**98.9**	**99.1**	**99.5**	**98.7**	**98.6**	**99.1**	**98.8**	**99.3**
100.7	**100.7**	**100.6**	**100.5**	**100.6**	**100.7**	**100.6**	**100.8**	**100.8**	**100.7**	**100.7**
95.2	**93.1**	**94.4**	**92.4**	**93.3**	**94.6**	**91.8**	**91.9**	**90.7**	**91.4**	**93.8**
101.9	**101.3**	**102.3**	**100.6**	**101.4**	**101.7**	**99.4**	**99.8**	**100.1**	**99.8**	**101.2**

5-8　工业生产者出厂价格指数（2020年）

(以上年价格为100)

项　　目	2020	项　　目	2020
工业生产者出厂价格指数	**100.78**	**按行业大类分**	
按轻重工业分		农副食品加工业	101.04
轻工业	102.47	食品制造业	101.37
以农产品为原料	104.14	酒、饮料和精制茶制造业	102.04
以非农产品为原料	98.78	烟草制品业	100.87
重工业	99.83	纺织业	118.33
采　掘		纺织服装、服饰业	98.65
原材料	99.56	皮革、毛皮、羽毛及其制品和制鞋业	105.77
加　工	99.92	木材加工和木、竹、藤、棕、草制品业	100.85
按生产生活资料分		家具制造业	94.99
生产资料	100.79	造纸和纸制品业	95.26
采　掘		印刷和记录媒介复制业	99.47
原材料	99.48	文教、工美、体育和娱乐用品制造业	100.63
加　工	101.14	化学原料和化学制品制造业	97.69
生活资料	100.78	医药制造业	101.84
食　品	101.60	橡胶和塑料制品业	99.18
衣　着	100.87	非金属矿物制品业	100.17
一般日用品	100.46	黑色金属冶炼和压延加工业	97.49
耐用消费品	98.97	有色金属冶炼和压延加工业	100.33
按工业部门分		金属制品业	99.58
冶金工业	98.67	通用设备制造业	99.65
电力工业	99.77	专用设备制造业	101.77
煤炭及炼焦工业		汽车制造业	99.75
石油工业	102.30	铁路、船舶、航空航天和其他运输设备制造业	101.66
化学工业	100.10	电气机械和器材制造业	98.97
机械工业	99.71	计算机、通信和其他电子设备制造业	99.16
建筑材料工业	100.55	仪器仪表制造业	99.87
森林工业	100.76	废弃资源综合利用业	98.47
食品工业	101.14	电力、热力生产和供应业	99.77
纺织工业	118.33	燃气生产和供应业	102.30
缝纫工业	98.65	水的生产和供应业	100.00
皮革工业	106.32		
造纸工业	95.26		
文教艺术用品工业	99.65		
其它工业	99.52		

5-9 工业生产者购进价格指数（2020年）

(以上年价格为100)

项　目	2020	项　目	2020
工业生产者购进价格指数	**100.95**	烟草制品业	100.56
按九大类分		纺织业	99.17
燃料、动力类	97.79	皮革、毛皮、羽毛及其制品和制鞋业	102.55
黑色金属材料类	106.30	木材加工和木、竹、藤、棕、草制品业	99.89
#钢材	99.98	造纸和纸制品业	99.14
其它	115.24	印刷和记录媒介复制业	100.80
有色金属材料及电线类	102.16	石油加工、炼焦和核燃料加工业	88.44
化工原料类	97.92	化学原料和化学制品制造业	97.97
木材及纸浆类	99.52	医药制造业	101.89
建筑材料及非金属类	103.55	橡胶和塑料制品业	97.78
其它工业原材料及半成品类	101.41	非金属矿物制品业	101.40
农副产品类	103.30	黑色金属冶炼和压延加工业	99.95
纺织原料类	99.17	有色金属冶炼和压延加工业	101.99
按工业行业分		金属制品业	102.98
农业	104.02	通用设备制造业	98.19
林业	101.07	汽车制造业	101.54
畜牧业	101.46	铁路、船舶、航空航天和其他运输设备制造业	100.00
煤炭开采和洗选业	95.77	电气机械和器材制造业	99.75
黑色金属矿采选业	116.18	计算机、通信和其他电子设备制造业	99.32
有色金属矿采选业	103.21	仪器仪表制造业	96.25
非金属矿采选业	105.66	废弃资源综合利用业	99.18
农副食品加工业	103.02	电力、热力生产和供应业	99.97
食品制造业	100.88	燃气生产和供应业	98.98
酒、饮料和精制茶制造业	103.12	水的生产和供应业	99.95

5-10 工业生产者出厂

类　别	1月	2月	3月	4月	5月
工业生产者出厂价格指数	**100.50**	**101.11**	**100.85**	**101.92**	**100.20**
按轻重工业分					
轻工业	99.43	100.93	101.90	107.29	102.79
以农产品为原料	99.93	102.01	102.81	111.40	104.82
以非农产品为原料	98.35	98.58	99.85	98.21	98.31
重工业	101.10	101.21	100.26	98.89	98.74
采　掘					
原材料	99.80	99.87	99.75	99.61	99.17
加　工	101.52	101.64	100.43	98.66	98.60
按生产生活资料分					
生产资料	100.31	101.15	100.51	102.31	99.97
采　掘					
原材料	99.75	99.79	99.71	99.57	99.11
加　工	100.46	101.52	100.73	103.04	100.20
生活资料	100.91	101.01	101.62	101.05	100.72
食　品	102.23	102.41	102.34	102.27	101.43
衣　着	101.84	102.12	101.94	101.60	101.25
一般日用品	100.00	99.76	100.59	100.61	101.01
耐用消费品	98.19	98.43	100.90	98.16	98.19
按工业部门分					
冶金工业	101.31	100.00	96.58	93.99	93.41
电力工业	99.42	99.42	99.42	99.63	99.63
煤炭及炼焦工业					
石油工业	104.01	104.01	104.01	104.01	104.01
化学工业	99.84	99.75	100.52	99.98	100.26
机械工业	100.19	100.43	100.65	99.31	99.42
建筑材料工业	108.40	113.66	108.82	101.08	99.64
森林工业	103.98	104.24	102.24	100.42	100.26
食品工业	99.68	100.40	100.46	100.83	100.30
纺织工业	100.57	106.43	111.10	154.09	125.19
缝纫工业	99.40	99.53	99.18	99.10	98.61
皮革工业	107.89	108.56	108.79	107.77	107.81
造纸工业	96.93	103.23	100.98	97.26	91.67
文教艺术用品工业	101.34	101.19	101.05	100.87	100.18
其它工业	98.50	98.50	99.22	99.33	99.39

价格分月指数（2020年）

（以上年同期价格为100）

6月	7月	8月	9月	10月	11月	12月	累计
100.76	**100.63**	**100.82**	**100.99**	**100.47**	**100.57**	**100.58**	**100.78**
103.04	102.55	102.63	102.95	102.65	102.19	101.34	102.47
104.79	104.09	104.59	104.60	104.48	103.67	102.50	104.14
99.15	99.19	98.28	99.28	98.57	98.89	98.71	98.78
99.48	99.56	99.81	99.90	99.25	99.66	100.16	99.83
99.27	99.67	99.71	99.46	99.56	99.44	99.37	99.56
99.54	99.52	99.84	100.04	99.15	99.73	100.41	99.92
100.69	100.44	100.94	101.18	100.45	100.65	100.85	100.79
99.24	99.62	99.67	99.34	99.44	99.31	99.26	99.48
101.09	100.66	101.28	101.67	100.73	101.00	101.27	101.14
100.92	101.07	100.58	100.59	100.50	100.38	99.99	100.78
101.43	101.64	101.54	101.40	101.21	100.93	100.45	101.60
100.81	100.65	100.63	100.40	100.32	99.60	99.29	100.87
101.07	100.72	100.66	100.33	100.23	100.19	100.38	100.46
99.39	100.20	97.95	98.95	99.11	99.57	98.64	98.97
96.76	96.83	99.67	100.48	98.86	101.57	104.68	98.67
99.63	100.05	100.00	100.00	100.00	100.00	100.00	99.77
104.01	104.01	100.00	100.00	100.00	100.00	100.00	102.30
100.35	100.00	99.97	100.52	99.96	100.06	99.97	100.10
99.94	100.30	99.17	99.34	99.23	99.24	99.26	99.71
99.62	97.70	99.29	99.35	94.53	93.83	92.54	100.55
99.75	99.91	99.82	99.72	99.82	99.70	99.52	100.76
100.26	101.99	102.31	102.19	102.14	101.60	101.56	101.14
125.31	116.12	117.78	118.37	118.59	116.42	110.16	118.33
98.35	98.25	98.39	98.48	98.57	97.98	98.00	98.65
106.90	106.61	106.17	105.14	104.61	103.64	102.50	106.32
92.32	93.94	93.79	93.76	92.35	92.94	94.33	95.26
99.65	99.56	99.52	98.33	98.23	97.96	97.92	99.65
99.39	99.62	100.32	100.00	100.00	100.00	100.00	99.52

类　别	1月	2月	3月	4月	5月
按工业行业分					
农副食品加工业	97.65	99.04	99.13	99.44	100.01
食品制造业	99.08	99.20	99.34	101.44	101.06
酒、饮料和精制茶制造业	103.01	102.83	102.77	102.28	101.67
烟草制品业	102.65	102.65	102.65	102.65	100.00
纺织业	100.57	106.43	111.10	154.09	125.19
纺织服装、服饰业	99.40	99.53	99.18	99.10	98.61
皮革、毛皮、羽毛及其制品和制鞋业	107.20	107.80	108.01	107.09	107.12
木材加工和木、竹、藤、棕、草制品业	104.51	104.81	102.53	100.47	100.29
家具制造业	92.95	92.95	92.95	92.95	95.31
造纸和纸制品业	96.93	103.23	100.98	97.26	91.67
印刷和记录媒介复制业	100.88	100.75	101.00	100.84	100.31
文教、工美、体育和娱乐用品制造业	101.89	101.80	100.95	100.87	100.33
化学原料和化学制品制造业	96.95	97.09	98.58	97.33	97.31
医药制造业	101.96	101.50	102.63	101.95	102.68
橡胶和塑料制品业	98.63	99.07	98.06	98.81	98.47
非金属矿物制品业	106.01	110.26	106.73	100.47	99.32
黑色金属冶炼和压延加工业	101.06	100.56	98.24	95.08	93.26
有色金属冶炼和压延加工业	101.61	97.38	90.13	87.68	89.65
金属制品业	99.11	99.14	99.39	98.52	99.02
通用设备制造业	100.41	100.25	99.79	99.98	99.82
专用设备制造业	100.34	101.39	101.77	101.69	101.55
汽车制造业	100.96	101.13	100.99	100.26	100.18
铁路、船舶、航空航天和其他运输设备制造业	101.28	101.28	99.67	99.66	100.25
电气机械和器材制造业	99.35	99.44	101.05	96.23	96.83
计算机、通信和其他电子设备制造业	99.03	99.40	99.14	99.24	99.39
仪器仪表制造业	99.86	99.86	99.86	99.86	99.86
废弃资源综合利用业	126.95	140.18	110.15	103.62	91.58
电力、热力生产和供应业	99.42	99.42	99.42	99.63	99.63
燃气生产和供应业	104.01	104.01	104.01	104.01	104.01
水的生产和供应业	100.00	100.00	100.00	100.00	100.00

表

(以上年同期价格为100)

6月	7月	8月	9月	10月	11月	12月	累计
99.89	103.05	103.70	103.38	103.08	102.07	102.36	101.04
101.18	102.66	102.47	102.47	102.49	102.44	102.62	101.37
101.64	101.49	101.57	101.87	102.67	102.39	100.30	102.04
100.00	100.00	100.00	100.00	100.00	100.00	100.00	100.87
125.31	116.12	117.78	118.37	118.59	116.42	110.16	118.33
98.35	98.25	98.39	98.48	98.57	97.98	98.00	98.65
106.29	106.03	105.63	104.69	104.21	103.32	102.28	105.77
99.72	99.89	99.80	99.68	99.80	99.66	99.46	100.85
95.31	95.31	95.31	95.31	95.31	95.31	101.25	94.99
92.32	93.94	93.79	93.76	92.35	92.94	94.33	95.26
99.70	99.59	99.53	98.04	97.91	97.61	97.52	99.47
100.36	100.37	100.38	100.13	100.16	100.15	100.25	100.63
97.35	97.15	97.35	98.83	97.66	98.28	98.42	97.69
102.35	101.77	101.82	101.87	101.52	101.28	100.78	101.84
99.75	99.67	99.05	99.63	99.33	99.57	100.16	99.18
99.30	97.86	99.59	99.56	95.48	94.84	93.72	100.17
95.42	93.87	96.95	98.08	95.49	98.92	103.28	97.49
97.36	101.73	105.39	106.65	106.05	109.52	112.39	100.33
99.35	99.27	99.33	100.08	100.12	100.90	100.75	99.58
99.50	99.56	99.48	99.33	99.04	99.21	99.43	99.65
101.96	102.54	102.48	102.03	102.21	101.89	101.36	101.77
100.42	100.36	98.66	98.60	98.53	98.49	98.45	99.75
99.08	100.31	100.99	103.97	106.09	103.69	103.98	101.66
98.85	99.61	98.35	99.82	99.47	99.54	99.21	98.97
99.22	100.25	99.36	98.48	98.18	98.75	99.45	99.16
99.86	99.86	99.86	99.86	99.86	99.86	100.00	99.87
100.51	94.36	104.10	90.08	88.27	80.56	82.08	98.47
99.63	100.05	100.00	100.00	100.00	100.00	100.00	99.77
104.01	104.01	100.00	100.00	100.00	100.00	100.00	102.30
100.00	100.00	100.00	100.00	100.00	100.00	100.00	100.00

5-11 工业生产者购进

类别	1月	2月	3月	4月	5月
工业生产者购进价格指数	**101.58**	**101.41**	**100.76**	**100.56**	**99.98**
按九大类分					
燃料、动力类	99.96	99.94	99.76	98.51	97.23
黑色金属材料类	107.78	104.93	102.60	103.10	100.73
钢材	99.15	99.14	100.18	99.80	99.27
其它	120.43	112.97	105.54	107.30	102.38
有色金属材料及电线类	104.12	103.99	99.35	95.24	97.68
化工原料类	98.04	97.99	97.63	99.02	98.21
木材及纸浆类	94.15	96.52	96.22	98.33	98.53
建筑材料及非金属类	108.28	110.14	108.78	104.61	102.36
其它工业原材料及半成品类	101.20	101.59	101.12	101.58	101.40
农副产品类	101.43	101.49	102.51	101.93	102.76
纺织原料类	99.85	99.83	99.38	99.31	101.11
按工业行业分					
农业	100.18	100.77	102.03	103.14	103.97
林业	106.93	105.09	103.79	96.77	98.11
畜牧业	101.68	101.01	104.06	102.50	102.21
煤炭开采和洗选业	100.37	100.42	99.10	97.66	95.06
黑色金属矿采选业	121.64	113.63	105.90	107.78	102.61
有色金属矿采选业	111.32	114.06	113.42	104.76	107.60
非金属矿采选业	114.68	114.82	114.66	108.25	103.70
农副食品加工业	103.19	103.33	103.37	105.02	104.57
食品制造业	100.02	99.69	101.94	101.11	101.34
酒、饮料和精制茶制造业	96.71	102.68	100.56	100.56	100.55
烟草制品业	100.00	100.00	100.00	100.00	100.00
纺织业	99.85	99.83	99.38	99.31	101.11
皮革、毛皮、羽毛及其制品和制鞋业	98.45	99.20	98.62	103.16	104.05
木材加工和木、竹、藤、棕、草制品业	102.14	102.14	102.46	102.79	102.86
造纸和纸制品业	92.63	95.61	94.82	97.35	97.26
印刷和记录媒介复制业	84.00	84.00	91.13	100.17	106.90
石油加工、炼焦和核燃料加工业	99.42	99.13	92.92	86.77	86.12
化学原料和化学制品制造业	98.55	98.42	97.68	99.38	98.13
医药制造业	101.38	102.32	101.24	101.87	101.51
橡胶和塑料制品业	96.47	96.63	97.46	97.87	98.47
非金属矿物制品业	101.98	105.42	102.82	100.88	101.00
黑色金属冶炼和压延加工业	99.26	99.27	100.13	99.77	99.28
有色金属冶炼和压延加工业	102.96	102.37	97.09	93.72	96.14
金属制品业	99.24	100.53	101.62	102.85	101.16
通用设备制造业	98.27	98.27	98.27	98.27	98.27
汽车制造业	103.32	103.18	101.31	101.41	101.17
铁路、船舶、航空航天和其他运输设备制造业	100.00	100.00	100.00	100.00	100.00
电气机械和器材制造业	99.13	99.24	99.69	99.91	99.89
计算机、通信和其他电子设备制造业	99.75	99.64	99.52	99.36	99.05
仪器仪表制造业	94.87	94.59	92.80	92.80	92.80
废弃资源综合利用业	100.66	102.40	99.93	99.44	100.03
电力、热力生产和供应业	99.41	99.38	100.55	100.23	99.73
燃气生产和供应业	106.15	106.40	107.03	104.08	98.43
水的生产和供应业	99.96	99.96	99.96	99.96	99.96

价格分月指数（2020年）

（以上年同期价格为100）

6月	7月	8月	9月	10月	11月	12月	累计
99.77	**99.36**	**100.51**	**101.96**	**101.55**	**101.38**	**102.60**	**100.95**
96.52	97.01	96.53	96.70	96.24	97.09	97.97	97.79
103.22	100.07	105.84	113.98	111.04	109.28	113.29	106.30
99.67	100.22	100.04	100.42	100.50	100.43	100.90	99.98
108.26	100.59	114.12	133.80	126.09	121.87	130.85	115.24
100.46	101.70	105.60	104.52	103.17	104.26	105.66	102.16
96.88	96.91	97.26	97.75	97.72	98.23	99.44	97.92
100.35	99.51	101.76	102.98	103.28	102.45	101.17	99.52
103.25	102.05	101.72	103.84	101.06	98.56	98.76	103.55
101.03	101.08	101.29	101.44	101.46	101.19	102.49	101.41
100.89	101.81	103.22	104.36	106.34	106.42	106.37	103.30
99.26	98.36	98.61	98.23	98.88	98.77	98.47	99.17
103.53	103.86	104.40	105.77	107.42	106.62	106.55	104.02
92.94	95.40	98.57	99.62	103.88	107.87	104.75	101.07
97.82	98.73	102.17	101.24	101.03	100.42	104.93	101.46
91.69	93.31	93.27	94.20	92.11	95.01	96.90	95.77
108.79	100.70	114.98	135.92	127.71	123.21	132.75	116.18
102.58	98.33	99.54	99.43	94.13	98.20	98.39	103.21
103.49	102.14	101.32	106.11	102.34	98.75	99.74	105.66
103.22	103.31	103.31	102.13	101.98	101.66	101.29	103.02
98.66	98.79	101.63	101.45	101.42	100.76	103.82	100.88
101.08	101.16	101.28	108.15	109.24	108.14	108.08	103.12
100.00	100.00	100.00	100.00	100.00	100.00	106.71	100.56
99.26	98.36	98.61	98.23	98.88	98.77	98.47	99.17
104.22	104.00	104.07	104.01	103.93	103.76	103.50	102.55
100.03	99.83	98.12	97.54	96.95	96.98	96.98	99.89
99.96	99.43	102.53	103.75	104.19	102.81	101.04	99.14
103.45	100.00	100.00	107.57	107.57	112.59	120.53	100.80
87.21	87.07	84.33	84.41	84.19	83.56	86.11	88.44
96.61	97.00	97.42	97.88	97.56	98.00	98.98	97.97
101.46	101.65	102.03	102.30	102.44	102.51	101.97	101.89
97.73	96.62	96.73	97.30	98.24	98.97	100.93	97.78
103.10	102.09	102.33	101.57	99.81	98.40	97.75	101.40
99.67	100.19	100.01	100.34	100.41	100.35	100.76	99.95
100.11	102.27	106.64	105.38	104.79	105.34	106.95	101.99
100.99	101.75	102.85	105.28	106.34	106.40	106.95	102.98
98.27	98.27	98.38	98.38	98.13	97.87	97.66	98.19
101.17	101.17	101.28	101.28	101.14	101.06	101.06	101.54
100.00	100.00	100.00	100.00	100.00	100.00	100.00	100.00
99.99	100.01	100.09	99.83	100.18	99.14	99.89	99.75
99.28	99.30	99.01	99.02	98.88	98.45	100.60	99.32
96.03	98.62	96.68	98.81	98.81	98.63	100.12	96.25
100.03	97.57	97.57	97.57	97.57	98.79	98.79	99.18
99.64	99.81	99.90	99.82	100.17	100.42	100.59	99.97
101.21	100.59	94.73	94.31	91.93	91.93	92.82	98.98
99.96	99.96	99.71	100.00	100.00	100.00	100.00	99.95

5-12 工业生产者出厂

项目	1月	2月	3月	4月	5月
工业生产者出厂价格指数	**99.88**	**100.12**	**99.67**	**101.52**	**98.63**
按轻重工业分					
轻工业	99.93	100.98	100.52	105.80	96.03
以农产品为原料	99.88	101.35	100.87	108.30	94.45
以非农产品为原料	100.04	100.15	99.73	99.98	99.98
重工业	99.86	99.64	99.18	99.07	100.23
采　掘					
原材料	99.98	99.62	100.06	99.87	99.92
加　工	99.82	99.65	98.91	98.81	100.33
按生产生活资料分					
生产资料	99.81	100.18	99.46	102.16	98.04
采　掘					
原材料	99.99	99.57	100.09	99.88	99.93
加　工	99.76	100.35	99.29	102.76	97.56
生活资料	100.06	99.98	100.14	100.10	99.98
食　品	100.07	100.00	99.97	100.15	100.01
衣　着	100.06	100.05	100.35	99.82	99.73
一般日用品	100.18	99.98	100.72	100.17	99.89
耐用消费品	99.90	99.90	99.70	100.01	100.16
按工业部门分					
冶金工业	98.79	98.03	97.81	98.30	101.39
电力工业	100.00	100.00	100.00	100.00	100.00
煤炭及炼焦工业					
石油工业	100.00	100.00	100.00	100.00	100.00
化学工业	100.04	99.94	100.50	100.02	99.66
机械工业	100.06	100.11	99.87	99.54	100.15
建筑材料工业	100.76	100.02	92.85	93.67	99.55
森林工业	100.00	100.00	100.00	100.00	99.91
食品工业	99.73	100.31	100.07	99.95	99.89
纺织工业	100.28	105.63	104.00	138.44	81.49
缝纫工业	99.90	99.95	99.76	99.76	99.62
皮革工业	100.45	100.31	101.74	99.96	100.01
造纸工业	99.62	100.20	99.13	99.66	95.25
文教艺术用品工业	100.22	99.89	100.06	99.77	99.85
其它工业	100.00	100.00	100.00	100.00	100.00

价格分月指数（2020年）

（以上月价格为100）

6月	7月	8月	9月	10月	11月	12月
100.32	**99.59**	**99.92**	**100.16**	**99.99**	**100.49**	**100.31**
100.14	98.64	99.95	100.18	99.96	100.01	99.46
100.00	98.11	100.54	100.09	100.14	99.74	99.53
100.45	99.92	98.58	100.39	99.55	100.68	99.28
100.43	100.14	99.91	100.14	100.01	100.76	100.80
100.10	99.98	99.92	100.07	100.03	99.89	99.93
100.54	100.19	99.90	100.17	100.01	101.04	101.07
100.38	99.35	100.09	100.32	99.95	100.61	100.55
100.12	99.92	99.91	99.99	100.03	99.89	99.93
100.45	99.20	100.13	100.41	99.93	100.80	100.71
100.19	100.12	99.55	99.80	100.09	100.20	99.78
100.01	100.07	100.03	100.04	99.99	100.00	100.10
99.92	100.03	100.00	99.89	100.04	99.46	99.94
100.23	99.85	99.73	99.60	99.96	99.98	100.10
100.72	100.65	97.89	99.39	100.54	101.39	98.45
101.58	100.57	101.60	100.38	99.73	103.19	103.42
100.00	100.05	99.95	100.00	100.00	100.00	100.00
100.00	100.00	100.00	100.00	100.00	100.00	100.00
100.10	99.87	99.80	100.57	99.57	99.91	100.00
100.35	100.30	98.88	99.94	99.94	100.21	99.91
100.92	98.29	99.05	101.98	101.54	103.21	100.99
100.09	100.00	99.82	100.00	100.00	99.88	99.82
100.02	100.09	100.46	100.22	100.29	100.29	100.22
100.00	92.05	101.23	100.00	100.00	98.17	96.90
99.75	100.04	100.01	99.97	100.01	99.28	99.93
100.33	100.00	100.00	99.69	100.09	99.93	99.98
100.01	99.39	99.82	99.67	99.42	100.63	101.50
99.61	99.90	99.85	98.71	100.01	100.00	100.04
100.00	100.00	100.00	100.00	100.00	100.00	100.00

项　　目	1月	2月	3月	4月	5月
按工业行业分					
农副食品加工业	99.48	100.63	100.11	99.38	99.74
食品制造业	99.99	99.90	100.12	102.16	100.20
酒、饮料和精制茶制造业	100.00	100.02	100.00	99.98	99.99
烟草制品业	100.00	100.00	100.00	100.00	100.00
纺织业	100.28	105.63	104.00	138.44	81.49
纺织服装、服饰业	99.90	99.95	99.76	99.76	99.62
皮革、毛皮、羽毛及其制品和制鞋业	100.41	100.28	101.59	99.96	100.01
木材加工和木、竹、藤、棕、草制品业	100.00	100.00	100.00	100.00	99.90
家具制造业	98.75	100.00	100.00	100.00	102.54
造纸和纸制品业	99.62	100.20	99.13	99.66	95.25
印刷和记录媒介复制业	100.25	99.87	100.06	99.74	99.82
文教、工美、体育和娱乐用品制造业	100.00	100.00	100.00	100.00	100.02
化学原料和化学制品制造业	99.97	100.01	100.35	99.70	98.86
医药制造业	99.89	99.86	101.08	99.90	99.96
橡胶和塑料制品业	100.54	100.01	99.34	100.80	99.99
非金属矿物制品业	100.64	100.02	93.97	94.73	99.63
黑色金属冶炼和压延加工业	96.87	98.99	98.42	98.83	100.79
有色金属冶炼和压延加工业	102.39	96.56	94.99	96.77	102.30
金属制品业	99.44	99.91	99.96	99.10	100.43
通用设备制造业	100.19	100.12	99.46	100.02	99.95
专用设备制造业	99.39	100.88	100.42	100.19	99.79
汽车制造业	100.09	100.07	100.01	99.90	100.02
铁路、船舶、航空航天和其他运输设备制造业	100.27	100.00	99.74	101.33	100.59
电气机械和器材制造业	100.40	99.98	99.69	97.84	100.60
计算机、通信和其他电子设备制造业	99.92	99.85	99.51	100.01	100.10
仪器仪表制造业	100.00	100.00	100.00	100.00	100.00
废弃资源综合利用业	100.00	74.06	96.82	94.08	121.68
电力、热力生产和供应业	100.00	100.00	100.00	100.00	100.00
燃气生产和供应业	100.00	100.00	100.00	100.00	100.00
水的生产和供应业	100.00	100.00	100.00	100.00	100.00

表

(以上月价格为100)

6月	7月	8月	9月	10月	11月	12月
100.00	100.21	100.94	100.40	100.54	100.57	100.34
100.15	100.03	99.83	100.11	99.91	100.01	100.20
100.01	99.85	100.00	100.01	100.23	99.96	100.24
100.00	100.00	100.00	100.00	100.00	100.00	100.00
100.00	92.05	101.23	100.00	100.00	98.17	96.90
99.75	100.04	100.01	99.97	100.01	99.28	99.93
100.30	100.00	100.00	99.72	100.08	99.94	99.98
100.10	100.00	99.80	100.00	100.00	99.86	99.80
100.00	100.00	100.00	100.00	100.00	100.00	100.00
100.01	99.39	99.82	99.67	99.42	100.63	101.50
99.54	99.89	99.82	98.50	100.00	100.00	100.00
100.03	100.01	100.02	100.07	100.02	99.99	100.09
100.04	99.51	99.47	102.14	98.72	99.76	99.91
100.16	99.98	100.01	100.04	99.92	99.99	99.98
100.05	100.05	99.69	99.81	99.80	99.88	100.20
100.76	98.59	99.22	101.63	101.27	102.65	100.82
100.20	99.82	101.13	100.32	99.37	104.01	104.74
104.98	102.70	103.92	100.62	100.14	103.77	103.18
100.11	100.45	100.10	100.44	100.12	100.43	100.26
99.76	99.95	99.92	100.10	99.84	100.12	100.00
100.39	100.37	100.09	99.55	100.19	100.14	99.95
100.27	99.93	98.36	99.96	99.94	99.95	99.96
100.13	100.59	98.71	102.62	100.00	98.41	101.62
101.20	100.87	98.46	100.58	99.75	100.40	99.46
99.65	100.78	99.61	98.66	100.09	101.16	100.13
100.00	100.00	100.00	100.00	100.00	100.00	100.00
112.64	93.88	97.88	97.54	100.00	99.06	100.00
100.00	100.05	99.95	100.00	100.00	100.00	100.00
100.00	100.00	100.00	100.00	100.00	100.00	100.00
100.00	100.00	100.00	100.00	100.00	100.00	100.00

5-13 工业生产者购进

项　　目	1月	2月	3月	4月	5月
工业生产者购进价格指数	**100.36**	**100.03**	**99.32**	**99.53**	**99.74**
按九大类分					
燃料、动力类	100.03	99.66	99.41	99.07	98.68
黑色金属材料类	100.90	99.98	98.17	99.27	100.00
钢材	99.97	99.96	100.09	99.15	100.16
其它	102.22	100.00	95.51	99.43	99.77
有色金属材料及电线类	101.52	99.72	96.04	96.03	101.80
化工原料类	100.00	99.61	99.41	101.22	98.85
木材及纸浆类	100.21	102.12	98.69	100.10	99.53
建筑材料及非金属类	101.95	100.20	98.29	96.23	98.86
其它工业原材料及半成品类	100.36	100.21	99.81	100.19	99.90
农副产品类	100.09	100.39	100.72	99.08	100.54
纺织原料类	100.02	99.98	99.71	99.97	101.85
按工业行业分					
农业	99.69	100.58	101.08	100.06	100.46
林业	101.00	100.00	99.67	95.10	101.24
畜牧业	101.06	99.62	99.85	99.63	99.78
煤炭开采和洗选业	100.32	98.90	97.79	98.36	97.55
黑色金属矿采选业	102.34	100.00	95.43	99.40	99.76
有色金属矿采选业	100.22	102.43	99.30	91.68	99.67
非金属矿采选业	103.75	100.00	100.81	95.28	97.53
农副食品加工业	99.95	99.89	99.52	100.81	99.68
食品制造业	100.62	99.76	99.94	100.03	100.00
酒、饮料和精制茶制造业	100.01	104.16	100.07	100.01	99.98
烟草制品业	100.00	100.00	100.00	100.00	100.00
纺织业	100.02	99.98	99.71	99.97	101.85
皮革、毛皮、羽毛及其制品和制鞋业	99.73	100.88	101.14	100.06	100.89
木材加工和木、竹、藤、棕、草制品业	100.69	100.00	100.00	100.00	100.06
造纸和纸制品业	100.06	102.66	98.19	99.88	99.14
印刷和记录媒介复制业	103.80	100.00	103.48	104.60	104.91
石油加工、炼焦和核燃料加工业	100.62	99.03	93.50	93.51	99.79
化学原料和化学制品制造业	100.02	99.69	99.01	101.63	98.52
医药制造业	100.13	100.72	99.79	100.43	99.74
橡胶和塑料制品业	99.97	99.36	100.69	99.89	99.90
非金属矿物制品业	100.12	100.40	95.62	97.29	100.31
黑色金属冶炼和压延加工业	99.98	99.97	99.97	99.23	100.14
有色金属冶炼和压延加工业	101.75	99.24	95.45	96.84	102.18
金属制品业	101.58	100.62	99.84	100.34	98.86
通用设备制造业	98.38	100.00	100.00	100.00	100.00
汽车制造业	101.54	99.87	99.66	100.00	100.00
铁路、船舶、航空航天和其他运输设备制造业	100.00	100.00	100.00	100.00	100.00
电气机械和器材制造业	99.72	100.05	100.01	100.08	100.00
计算机、通信和其他电子设备制造业	99.93	99.99	99.92	99.76	99.69
仪器仪表制造业	99.71	99.71	98.11	100.00	100.00
废弃资源综合利用业	100.00	100.00	100.00	98.79	100.00
电力、热力生产和供应业	99.83	100.04	100.97	100.26	99.21
燃气生产和供应业	99.77	100.23	99.94	97.24	95.91
水的生产和供应业	100.00	100.00	100.00	100.00	100.00

价格分月指数（2020年）

（以上月价格为100）

6月	7月	8月	9月	10月	11月	12月
100.36	**100.21**	**100.76**	**100.75**	**99.96**	**100.22**	**101.34**
99.07	100.36	99.44	100.62	99.51	101.37	100.76
104.79	100.82	103.44	102.62	99.22	99.04	104.59
100.18	100.63	99.86	100.14	99.95	100.15	100.67
111.48	101.06	108.08	105.60	98.40	97.75	109.22
103.06	102.41	103.83	100.35	99.24	100.37	101.50
99.17	100.04	100.07	100.42	99.98	100.21	100.49
100.05	98.37	100.02	100.81	100.36	100.81	100.14
101.97	99.64	99.23	102.13	98.31	99.87	102.27
100.00	100.01	100.53	100.12	100.13	99.97	101.25
99.78	100.89	101.66	100.66	102.20	100.40	99.82
98.13	99.17	100.15	99.48	100.39	99.91	99.76
100.02	100.55	101.13	101.25	101.63	99.69	100.24
98.69	101.64	101.94	98.61	105.42	103.54	98.21
100.00	100.98	104.31	99.85	100.18	99.82	99.85
96.06	100.87	100.05	102.03	98.81	104.36	102.03
112.08	101.08	108.53	105.89	98.33	97.64	109.66
101.06	100.13	100.79	101.17	99.61	102.37	100.38
102.14	100.00	99.20	104.87	96.58	97.52	102.55
99.92	99.82	100.60	100.16	100.07	100.64	100.24
100.21	100.17	103.20	100.12	100.26	99.64	99.84
99.84	100.08	103.75	100.03	101.01	99.00	100.00
100.00	100.00	100.00	100.00	100.00	100.00	106.71
98.13	99.17	100.15	99.48	100.39	99.91	99.76
100.16	100.03	100.07	100.60	100.03	99.87	100.01
97.25	99.81	98.95	100.00	100.20	100.04	100.00
100.44	98.45	100.31	100.82	100.43	100.76	99.94
96.77	96.67	96.55	103.73	100.00	104.67	104.28
100.28	100.00	97.11	100.60	98.90	99.84	102.39
98.99	100.22	100.34	100.36	99.82	100.06	100.35
99.74	100.41	100.26	100.65	100.30	100.00	99.80
99.74	99.47	99.23	100.59	100.48	100.69	100.95
101.80	99.26	99.25	99.20	100.27	102.44	101.98
100.20	100.59	99.86	100.11	99.95	100.14	100.61
103.40	102.79	104.33	100.22	99.18	100.05	101.69
100.33	99.81	101.47	102.24	101.00	99.84	100.87
100.00	100.00	100.00	100.00	99.75	99.73	99.79
100.00	100.00	100.00	100.00	100.00	100.00	100.00
100.00	100.00	100.00	100.00	100.00	100.00	100.00
100.18	100.00	100.12	99.89	100.30	99.01	100.54
100.07	99.96	99.71	100.05	99.89	99.61	102.06
100.68	102.70	98.03	100.79	100.00	98.42	102.09
100.00	100.00	100.00	100.00	100.00	100.00	100.00
99.89	100.23	99.65	100.01	100.02	100.45	100.02
102.83	100.00	97.24	101.39	97.47	100.00	100.76
100.00	100.00	100.00	100.00	100.00	100.00	100.00

主要统计指标解释

居民消费价格指数（Consumer Price Index，简称 CPI） 是反映居民购买并用于消费的一组代表性商品和服务项目价格水平的变化趋势和变动幅度的统计指标。调查内容既有城乡居民日常生活需要的各类消费品，也包括多种与人民生活密切相关的服务项目，如水、电、交通、教育、医疗等费用。该价格指数为分析和制定货币政策、价格政策、居民消费政策、工资政策以及进行国民经济核算提供科学依据。国际上通常将居民消费价格指数作为反映通货膨胀（或通货紧缩）程度的重要指标。

商品零售价格指数 是反映城市商品零售价格变动趋势的一种经济指数。零售物价的调整变动直接影响到城市居民的生活支出和国家的财政收入，影响居民购买力和市场供需平衡，影响消费与积累的比例。因此，计算零售价格指数，可以从一个侧面对上述经营活动进行观察和分析。

工业生产者出厂价格指数 是反映全部工业产品出厂价格总水平的变化趋势和变动幅度的统计指标。其中包括工业企业销给商业、外贸、物资部门的产品，还包括销给工业和其他部门的生产资料，以及直接销给居民的生活消费品。其目的在于准确地反映工业产品价格的变动趋势及程度，为国民经济核算、计算工业发展速度、宏观经济分析和调控、理顺价格体系等提供科学、准确的依据。

工业生产者购进价格指数 是反映全部原材料、燃料、动力价格变动趋势和变动幅度的统计指标。其调查内容包括：燃料动力类、黑色金属材料类、有色金属材料及电线类、化工原料类、木材及纸浆类、建筑材料及非金属类、其它工业原材料及半成品类、农副产品类、纺织原料类。其目的在于准确反映中间投入的原材料、燃料、动力价格的变动趋势及程度，为国民经济核算、分析等提供科学、准确的依据。

六、固定资产投资

INVESTMENT IN FIXED ASSETS

本篇内容包括：

1. 全社会固定资产投资构成及增速
2. 各行业固定资产投资构成及增速
3. 固定资产投资资金来源增速
4. 各县区固定资产投资增速

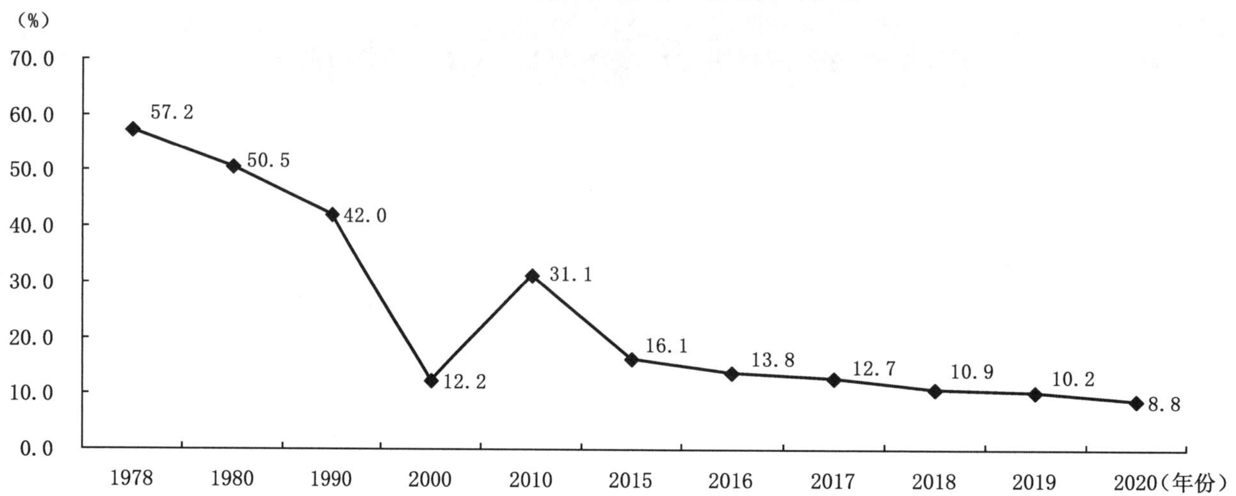

2020年三次产业投资比重

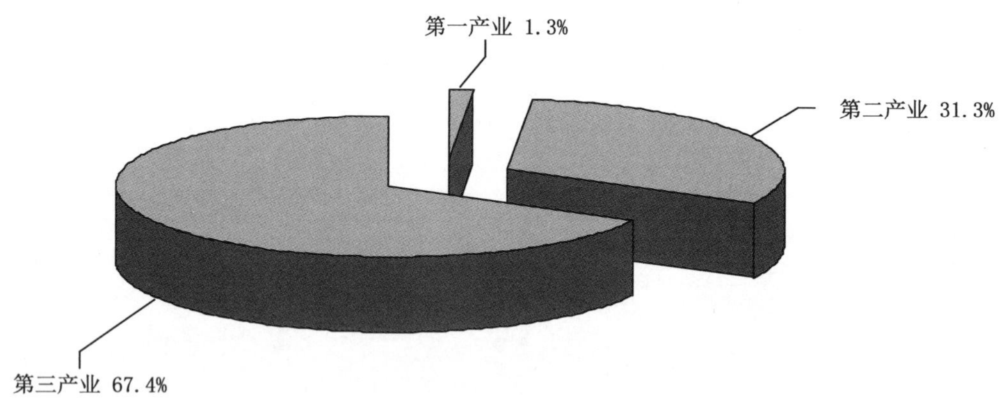

6-1 全社会固定资产投资构成及增速（2020年）

项　　　目	构成(%) (以投资总量为100)	比上年增长%
总　　计	**100.0**	**8.8**
500万元以上	98.7	8.8
国　　有	26.9	27.6
非公有制	71.7	3.4
房地产开发投资	24.7	6.4
农村农户投资	1.3	5.8

6-2 各行业固定资产投资构成及增速（2020年）

行　　业	构成(%) (以投资总量为100)	比上年增长%
总　计	**100.0**	**8.8**
农、林、牧、渔业	1.3	46.0
工　业	31.2	3.7
采矿业		-100.0
制造业	29.1	0.1
#农副食品加工业	1.5	5.5
食品制造业	0.4	-68.3
酒、饮料和精制茶制造业	0.1	-60.2
烟草制品业	0.0	1323.1
纺织业	0.5	-10.4
纺织服装和服饰业	1.2	-49.3
皮革、毛皮、羽毛及其制品业	0.2	-55.2
木材加工及木、竹、藤、棕、草制	0.1	-56.9
家具制造业	0.2	-60.8
造纸及纸制品业	0.2	-47.9
印刷业和记录媒介的复制	0.3	-21.2
文教、美工、体育和娱乐用品制造业	0.3	0.9
石油加工、炼焦加工业	0.0	-60.1
化学原料及化学制品制造业	0.5	-40.2
医药制造业	1.9	71.1
化学纤维制造业	0.0	-48.4
橡胶和塑料制品业	0.9	16.2
非金属矿制品业	1.4	-19.7
黑色金属冶炼和压延加工业	0.1	-21.5
有色金属冶炼和压延加工业	0.6	41.5
金属制品业	1.5	-18.4
通用设备制造业	1.3	-27.0
专用设备制造业	3.1	14.1
汽车制造业	2.5	15.5
铁路、船舶、航空航天和其他运输设备制造业	2.0	460.5
电气机械及器材制造业	2.4	-0.5
计算机、通信和其他电子设备制造业	5.9	32.2

6-2 续表

行　　业	构成(%)(以投资总量为100)	比上年增长%
仪器仪表制造业	0.2	-48.4
其他制造业	0.1	-73.5
废弃资源综合利用业	0.1	-47.5
金属制品、机械和设备修理业	0.0	-54.0
电力、燃气及水的生产和供应业	2.0	126.0
电力、热力的生产和供应业	1.0	88.9
燃气生产和供应业	0.1	-56.5
水的生产和供应业	1.0	346.1
建 筑 业	0.2	14.3
批发和零售业	2.9	-46.8
交通运输、仓储和邮政业	5.1	55.9
铁路运输业	0.2	208.7
道路运输业	3.7	53.0
仓储业	0.7	75.4
邮政业		-89.9
住宿和餐饮业	1.0	21.2
信息传输、软件和信息技术服务业	2.6	67.4
金融业	0.3	-28.8
房地产业	31.8	16.1
租赁和商务服务业	4.0	0.5
科学研究和技术服务业	0.8	-34.5
水利、环境和公共设施管理业	12.3	2.1
水利管理业	0.6	163.4
生态保护和环境治理业	0.4	141.9
公共设施管理业	11.3	-3.3
居民服务和其他服务业	0.3	-47.0
教育	1.9	36.9
卫生和社会工作	2.0	106.2
#卫生	1.9	110.3
文化、体育和娱乐业	1.5	45.8
公共管理和社会组织	0.9	21.8

6-3　按行业和登记注册类型分

行　业	合 计	内 资			
			国有	集体	股份合作
总　计	**8.8**	**7.4**	**-11.9**	**-39.0**	**-84.2**
农、林、牧、渔业	**46.0**	**46.0**	**-65.4**		
农 业	30.2	30.2	-61.4		
林 业					
畜牧业	416.3	416.3			
渔 业	-27.3	-27.3			
农、林、牧、渔服务业	41.1	41.1	-66.6		
采矿业	**-100.0**	**-100.0**			
煤炭开采和洗选业					
黑色金属矿采选业					
有色金属矿采选业					
非金属矿采选业	-100.0	-100.0			
开采辅助活动					
制造业	**0.1**	**-1.0**	**165.0**	**-100.0**	**-82.7**
农副食品加工业	5.5	5.9	-100.0		
食品制造业	-68.3	-68.3	-100.0		
酒、饮料和精制茶制造业	-60.2	-54.1			
烟草制品业	1323.1	1323.1	-100.0		
纺织业	-10.4	-10.4			
纺织服装、服饰业	-49.3	-49.8	-77.0		
皮革、毛皮、羽毛及其制品和制鞋业	-55.2	-87.6			
木材加工及木、竹、藤、棕、草制品业	-56.9	-56.9	-100.0		
家具制造业	-60.8	-60.8			
造纸及纸制品业	-47.9	-42.1			
印刷和记录媒介复制业	-21.2	-21.2			
文教、美工、体育和娱乐用品制	0.9	-1.1	751.8		
石油加工、炼焦加工业	-60.1	-60.1			
化学原料及化学制品制造业	-40.2	-41.9			
医药制造业	71.1	70.1	-100.0		
化学纤维制造业	-48.4	-65.1			
橡胶和塑料制品业	16.2	13.5			
非金属矿物制品业	-19.7	-19.7			
黑色金属冶炼及压延加工业	-21.5	-21.5			
有色金属冶炼及压延加工业	41.5	41.5	386.8		
金属制品业	-18.4	-18.0			
通用设备制造业	-27.0	-27.3	-23.3		
专用设备制造业	14.1	13.6	1048.2		
汽车制造业	15.5	14.5	-100.0		-100.0
铁路、船舶、航空航天和其他运	460.5	474.1	1369.6		
电气机械和器材制造业	-0.5	-0.6	-100.0	-100.0	
计算机、通信和其他电子设备制	32.2	28.1	1800.7		
仪器仪表及制造业	-48.4	-48.4			
其他制造业	-73.5	-73.5			
废弃资源综合利用业	-47.5	-47.5			
金属制品、机械和设备修理业	-54.0	-54.0			
电力、热力、燃气及水生产和供应业	**126.0**	**156.4**	**58.2**	**-100.0**	
电力、热力的生产和供应业	88.9	88.9	57.2	-100.0	
燃气生产和供应业	-56.5	-59.9	-100.0		
水的生产和供应业	346.1	346.1	71.3		
建筑业	**14.3**	**-4.0**			
房屋建筑业	4606.6	-100.0			
土木工程建筑业	-68.2	-68.2			
建筑安装业	240.1	240.1			
建筑装饰业和其他建筑业	15.1	15.1			

固定资产投资增速（2020年）

单位：%

联 营	有限责任公司	股份有限公司	私营	其 他	港澳台商投资	外商投资	个体经营
-70.7	**9.4**	**-22.4**	**24.7**	**-36.8**	**59.2**	**72.1**	**20.4**
	39.4	**-47.0**	**82.7**	**340.8**			
	7.2	-47.0	83.1	184.0			
	-100.0		449.0				
			-47.5				
	146.8	-46.8	59.6				
	-100.0		**-100.0**				
	-100.0		-100.0				
-100.0	**-31.7**	**165.1**	**59.3**	**-67.8**	**47.6**	**35.7**	
	-70.1	-36.8	72.5	-57.5	-61.3	210.1	
	-94.1	67.1	-43.3	-100.0	-100.0	-66.2	
	-86.7	-41.6	-44.4	-100.0	-100.0	-76.9	
	-66.9	-100.0	202.0	-100.0			
	-71.6	-100.0	24.5	-100.0			
	-93.8		-83.1	-54.2		-100.0	
	-80.7		-12.2	-100.0			
	-84.8		-43.0				
	-77.5		8.0		-98.9		
-100.0	-66.3		75.6				
	-65.2		1.3	135.7			
	-100.0		29.2				
	-80.9	1576.1	-13.0	-100.0			
	69.2	45.7	88.2	-89.7		28.9	
	-100.0		-42.5				
	-80.9		99.3	-91.8		265.3	
	-72.0	1211.4	44.3	-60.9			
	-100.0	-33.5	250.3	-61.8			
	-13.6		47.5	-100.0			
	-85.1	2.1	36.7	-49.4	-100.0	-29.3	
	-42.7	258.4	96.9	-92.0	-100.0	53.5	
	-16.6	521.5	45.6	-1.5	596.3	-11.2	
	-49.6	1051.7	556.6	-100.0		81.3	
	274.8		2255.6		10.3		
	-35.2		254.8	-81.2	-48.4	10.5	
	18.0	1179.6	54.1	-44.0	70.9	372.5	
	-29.2	-100.0	-63.8				
	-96.1		-20.1				
	-88.8		57.0				
	-100.0		111.0				
	474.1		**271.4**	**-100.0**	**-53.9**	**-100.0**	
	268.3		96.7	-100.0			
	34.3		-16.3	-100.0	-53.9	-100.0	
	1663.8		532.6				
	-89.0		**35.9**	**-100.0**			
	-100.0						
	-84.5		-100.0	-100.0			
			240.1				
	-100.0		32.9				

行业	合计	内资			
			国有	集体	股份合作
批发和零售业	**-46.8**	**-46.5**	**-84.6**		
批发业	-57.7	-57.4			
零售业	-25.6	-25.3	-84.6		
交通运输、仓储和邮政业	**55.9**	**56.6**	**-76.3**		
铁路运输业	208.7	272.5			
道路运输业	53.0	54.5	-92.4		
水上运输业	-99.7	-99.7			
航空运输业	2.8	2.8	464.6		
管道运输业					
装卸搬运和其他运输服务业	155.8	148.0	36.7		
仓储业	75.4	69.4	-53.5		
邮政业	-89.9	-89.9			
住宿和餐饮业	**21.2**	**-0.4**	**1107.3**	**-100.0**	
住宿业	80.9	39.7	717.1	-100.0	
餐饮业	-35.9	-36.9			
信息传输、软件和信息技术服务业	**67.4**	**67.1**	**470.1**		
电信、广播电视和卫星传输服务业	1116.9	1116.9	**97.5**		
互联网和相关服务业	-23.6	-27.5	349.1		
软件和信息技术服务业	84.7	84.7			
金融业	**-28.8**	**-28.8**	**-4.2**		**-100.0**
货币金融服务	-52.6	-52.6			-100.0
资本市场服务	111.9	111.9	-100.0		
保险业					
其他金融活动	-52.1	-52.1	0.3		
房地产业	**16.1**	**13.8**	**-26.1**	**2980.0**	
租赁和商务服务业	**0.5**	**0.9**	**-41.9**	**-100.0**	
租赁业	-31.4	-31.4			
商务服务业	2.5	2.9	-41.9	-100.0	
科学研究和技术服务业	**-34.5**	**-34.2**	**346.7**		
研究与试验发展	69.1	69.1			
专业技术服务业	-41.7	-41.7	204.0		
科技推广和应用服务业	-45.0	-44.6	-100.0		
水利、环境和公共设施管理业	**2.1**	**1.8**	**-26.7**	**-80.1**	
水利管理业	163.4	163.4	62.1		
生态保护和环境治理业	141.9	141.9	334.2		
公共设施管理业	-3.3	-3.6	-30.8	-80.1	
居民服务、修理和其他服务业	**-47.0**	**-47.0**	**-55.4**	**-100.0**	
居民服务业	-15.4	-15.4	-47.5	-100.0	
机动车、电子产品和日用产品修理业	-52.6	-52.6			
其他服务业	-85.8	-85.8	-100.0		
教育	**36.9**	**37.9**	**48.3**		
卫生和社会工作	**106.2**	**106.2**	**91.1**	**311.1**	
卫生	110.3	110.3	91.4	311.1	
社会工作	52.0	52.0	84.6		
文化、体育和娱乐业	**45.8**	**25.3**	**-7.6**		
新闻和出版业	45.6	45.6			
广播、电视、电影和影视录音制作业	-45.3	-45.3	-100.0		
文化艺术业	293.2	295.4	249.4		
体育	101.2	101.2			
娱乐业	13.5	-13.9	-53.8		
公共管理、社会保障和社会组织	**21.8**	**21.8**	**3.9**	**3260.4**	

表

单位：%

联 营	有限责任公司	股份有限公司	私营	其 他	港澳台商投资	外商投资	个体经营
	-53.0	**210.7**	**-48.5**	**-38.1**	**-100.0**		**-100.0**
	-70.6	-72.9	-61.6	2.0	-100.0		
	-24.8		-3.8	-59.6			-100.0
	181.8	**2109.9**	**180.0**	**-93.6**	**42.3**	**-100.0**	
	24.0					-100.0	
	279.8	-100.0	23.1	-81.8	-100.0		
			-99.7				
	-56.3		-100.0				
			-12.6				
	-23.8		2596.8	-100.0			
	-53.8		-90.1	-100.0			
	56.4	**-79.5**	**42.0**	**-57.8**	**1729.3**		**-55.1**
	48.8	-100.0	83.9	-9.8	1729.3		-100.0
	90.2		5.5	-84.4			
	153.2	**232.5**	**-10.4**	**40.2**	**100.9**		
			-66.3	**-100.0**			
	-81.5		-4.6	620.7	100.9		
	331.3	23.5	-9.6	-24.9			
	-41.8	**-29.9**	**-51.5**	**168.3**			
	-100.0	-48.6	-35.1	-100.0			
	-33.9	44.9	48.5				
	13.3		-70.0				
	23.4	**-65.8**	**21.9**	**-34.9**	**43.2**	**731.2**	
	0.2	**-99.5**	**4.6**	**93.3**		**-14.2**	
	12.4		-50.0	34.0			
	-0.1	-99.5	11.1	99.1		-14.2	
	-54.6		**-40.6**	**-20.7**		**-100.0**	
	21.7		46.5	-100.0			
	-65.3		-60.4	-24.7			
	-59.3		-18.2			-100.0	
-100.0	**29.6**	**-84.5**	**9.3**	**-41.5**	**-21.1**		
	304.0	-100.0					
	99.7		125.1				
-100.0	22.7	-75.9	5.4	-38.3	-21.1		
	409.8		**-45.2**	**-60.0**			
			-64.6	66.4			
	-100.0		-12.2	-86.7			
	157.5		-100.0	-100.0			
	64.4		**32.6**	**5.0**			**-100.0**
	330.4		**68.0**	**33.6**			
	405.8		77.3	-2.3			
	39.1		-36.2	478.3			
	76.4		**-5.0**	**12.5**		**125.8**	
	45.6						
	94.7		-82.2				
	566.7		93.2	-68.2		125.8	
	2642.0		115.8	-37.5			
	-6.5		-21.5	57.1			
	256.6			**13.6**			

行业	资金来源合　计	上年末结余资金	本年资金来源小计
合计	**18.5**	**-27.6**	**31.1**
按行业分			
农、林、牧、渔业	87.9	-78.2	89.9
采矿业			
制造业	91.0	-54.3	95.6
电力、热力、燃气及水生产和供应业	215.5	139.9	216.0
建筑业	-100.0		-100.0
批发和零售业	-30.6	-97.8	-16.8
交通运输、仓储和邮政业	17.0	-9.3	25.6
住宿和餐饮业	338.3	3536.4	323.3
信息传输、软件和信息技术服务业	529.9	-84.8	1342.9
金融业	-69.2		-69.2
房地产业	0.0	-26.3	10.7
租赁和商务服务业	18.6	9.8	18.8
科学研究和技术服务业	-49.8	-100.0	-49.8
水利、环境和公共设施管理业	27.9	-80.8	29.4
居民服务、修理和其他服务业			
教育	16.8		16.8
卫生和社会工作	35.7	-46.5	51.8
文化、体育和娱乐业	602.6	-75.2	815.2
公共管理、社会保障和社会组织	-17.8	-78.4	-16.0
按地区分			
东湖区	-21.1	-30.9	-18.4
西湖区	5.4	5.9	5.3
青云谱区	-25.1	-61.0	-13.4
青山湖区	79.5	2.6	94.6
新建区	4.3	-26.2	8.5
红谷滩区	41.0	-12.8	64.0
南昌县	4.6	-35.6	20.2
安义县	-10.1	-62.1	-1.9
进贤县	12.1	-41.9	21.4
经济开发区	43.0	-84.5	81.8
高新开发区	37.1	24.4	39.4
湾里管理局	4.3	60.7	-4.3

资金来源增速（2020年）

单位：%

国家预算 内　　金	国内贷款	债　券	利用外资	自筹资金	其他资金
-14.2	**-26.7**	**1368.6**	**-55.9**	**78.4**	**16.2**
975.0	441.3			43.6	350.1
241700.0	-62.1		-11.6	144.1	173.4
	-46.9			276.0	
				-100.0	
				-29.3	-94.2
	-35.7			92.9	
				206.8	
	-100.0			1874.1	951.3
				-69.2	
42.7	-15.7	-100.0	-85.2	44.4	5.3
-100.0	-67.4		-100.0	33.7	117.6
			-100.0	-67.6	
-57.3	-74.8	1400.0	-100.0	76.1	102.0
				16.8	
73.4	365.0			38.9	18.7
				343.0	3743.7
-60.3	160.9			11.7	-87.7
-41.0	-36.2			-5.4	-28.4
56.1	-100.0	-100.0		12.6	22.9
42.5	-53.1			-28.6	16.4
4882.7	-67.9			138.2	59.1
-50.7	-36.4	-100.0	-92.8	75.7	8.7
698.1	25.2			144.9	22.3
-42.0	28.8		318.8	60.4	-10.4
-99.1	149.7			-8.6	-19.0
98.5	460.2			15.6	-1.4
333.0	-47.1		-83.2	215.9	67.0
236.9	-54.4			121.1	26.8
-90.9	-68.6			12.8	-4.1

6-5 分县区固定资产

指 标	全 市	东湖区	西湖区	青云谱区	青山湖区
固定资产投资	**8.8**	**8.6**	**8.1**	**8.3**	**8.8**
#工业投资	3.7		69.0	12.7	-43.5
采矿业					
制造业	0.1		17.7	7.3	-43.6
电力、燃气及水的生产和供应业	126.0		165.3	39.2	-17.7
按构成分					
建筑安装工程	20.5	26.5	15.9	96.9	27.9
设备工器具购置	-22.9	332.9	73.1	55.3	-28.2
其他费用	-4.4	-50.7	-53.4	-56.3	-37.3
按登记注册类型					
#内资	7.4	7.0	-7.3	8.1	6.2
国 有	-11.9	131.1	12.5	-29.0	26.6
集 体	-39.0		-25.3	311.1	876.1
股份合作	-84.2				
联 营	-70.7				-100.0
有限责任公司	9.4	-15.4	-5.9	66.6	-0.7
股份有限	-22.4	-57.4	10.6	-81.5	-16.4
私 营	24.7	35.0	-12.0	82.1	0.5
其 他	-36.8	-100.0	-26.1	141.9	368.3
港澳台投资	59.2	-100.0	178.7	-54.2	-31.1
外商投资	72.1			951.5	
个体经营	20.4				

投资增速情况（2020年）

单位：%

新建区	红谷滩区	南昌县	安义县	进贤县	经济开发区	高新开发区	湾里管理局
9.0	**9.2**	**9.4**	**10.1**	**8.5**	**8.5**	**9.3**	**-15.8**
5.2		7.0	39.4	12.3	9.7	15.1	-17.7
2.7		5.1	38.7	12.2	4.4	6.4	-37.3
41.3		118.0	114.5	33.0	224.6	277.1	31.9
16.0	9.7	32.7	7.2	7.5	0.8	75.4	-3.5
-15.2	137.7	-39.2	11.8	52.6	1.1	-58.7	19.1
-16.3	60.0	3.0	36.8	-13.4	123.6	-8.9	-40.4
4.4	16.1	6.9	9.4	5.7	7.2	5.5	-15.0
11.2	73.8	-42.9	-18.2	-7.1	-36.9	3.8	-34.9
		-98.8		127.5			
-84.8					-100.0		
		-100.0					
22.4	96.4	-33.2	-33.9	25.2	1.8	19.2	-20.4
234.2	16.5	302.5	-60.0	33.5	61.4	-18.8	-51.4
42.9	-17.7	175.1	56.4	-5.9	99.9	-29.7	-4.8
-91.4	-40.1	-8.6	-26.4	311.2	126.8	585.2	-100.0
928.8	3165.1	-32.8		105.4	152.9	5.0	-25.6
		145.8	12.5	-70.0	-49.1	125.5	-100.0
	-100.0						

主要统计指标解释

全社会固定资产投资 固定资产投资额（又称固定资产投资完成额），是以货币形式表现的在一定时期内建造和购置固定资产的工作量以及与此有关的费用的总称。它是反映固定资产投资规模、结构和发展速度的综合性指标，又是观察工程进度和考核投资效果的重要依据。

全社会固定资产投资包括城镇500万元投资、房地产开发投资、农村非农户投资和农村农户投资。

固定资产投资按国民经济行业分 国民经济行业类别是按企业、事业、行政单位所从事的生产或其他社会经济活动性质的同一性进行的分类。固定资产投资统计中的国民经济行业分类，基本建设项目只能属于一种国民经济行业；更新改造、其他固定资产投资根据整个企、事业单位所属的行业来划分，一般情况下，一个企、事业单位只能属于一种国民经济行业。为了更准确地反映国民经济和行业之间的比例关系，联合企业（总厂）所属分厂属于不同行业的，原则上按分厂划分行业。

固定资产投资按建设性质分 建设项目的性质是指固定资产再生产的性质，一般分为新建、扩建、改建、单纯建造生活设施、迁建、恢复、单位购置。基本建设根据整个建设项目的情况确定；更新改造和其他固定资产投资按整个企业、事业、行政单位的情况确定。一般情况下，一个基本建设项目或企业、事业、行政单位只能有一种建设性质。目前基本建设和更新改造是根据我国现行的计划管理体制区分的，所以基本建设和更新改造都可以分别按新建、扩建和改建等划分。

1. 新建一般是指从无到有，"平地起家"开始建设的企业、事业和行政单位或独立的工程。现有企业、事业、行政单位一般不属于新建。但如有的单位原有基础很小，经过建设后新增的固定资产价值超过该企业、事业、行政单位原有固定资产价值（原值）三倍以上的也应作为新建。

2. 扩建是指在厂内或其他地点，为扩大原有产品的生产能力（或效益）或增加新的产品生产能力，而增建主要的生产车间（或主要工程）、分厂、独立的生产线的企业、事业单位。行政、事业单位在原单位增建业务用房（如学校增建建学用房、医院增建门诊部、病房等）也作为扩建。

3. 改建是指原有设施进行技术改造或更新（包括相应配套的辅助性生产、生活福利设施），没有增建主要生产车间、分厂等的企业、事业单位。现有企业、事业单位为适应市场变化的需要，而改变企业的主要产品种类，或原有产品生产作业线由于各工序（车间）之间能力不平衡，为填平补充充分发挥原有生产能力而增建不增加本企业主要产品设计能力的车间．也应用为改建。

4. 单纯建造生活设施是指在不扩建、改建生产性工程和业务用房的情况下，单纯建造职工住宅、托儿所、子弟学校、医务室、浴室、食堂等生活福利设施的企业、事业及行政单位。

5. 迁建是指为改变生产力布局或由于城市环境保护和安全生产的需要等原因而搬迁另地建设的企业、事业单位。在搬迁另地建设过程中，不论是维持原来规模还是扩大规模都按迁建统计。

6. 恢复是指因自然灾害、战争等原因，使原有的固定资产全部或部分报废，以后又投资恢复建设的单位。不论是按原规模恢复还是在恢复的同时进行扩建的都按恢复统计。尚未建成投产的基本建设项目或企业、事业单位，因自然灾害而损坏的，不作为恢复项目，仍按原有建设性质划分。

7. 单纯购置是指现有企业、事业、行政单位单纯购置不需要安装的设备、工具、器具、而不进行工程建设的单位。有些单位当年虽然只从事一些购置活动，但其设计中规定有建筑安装活动，应根据文件的内容来确定建设性质，不得作为单纯购置统计。

固定资产投资按构成分 固定资产投资活动按其工作内容和实现方式分为建筑工程，安装工程，设备、工具、器具购置，其他费用。

1. 建筑工程是指各种房屋、建筑物的建造工程，又称建筑工作量。这部分投资额必须兴工动料，通过施工活动才能实现，是固定资产投资额的重要组成部分。

2. 安装工程是指各种设备、装置的安装工程，又称安装工作量。安装工程包括：①生产、动力、起重、运输、传动和医疗、实验等各种需要安装设备的装配和安装，与设备相连的工作台、梯子、栏杆等装设工程，附属于被安装设备的管线敷设工程，被安装设备的绝缘、附腐、保温、油漆等工作；②为测定安装工程质量，对单个设备、系统设备进行单机试运、系统联动无负荷试运工作（投料试运工作台不包括在内）。在安装工程中，不包括被安装设备本身价值。

3. 设备、工具、器具购置是指建设单位或企、事业单位购置或自制的，达到固定资产标准的设备、工具、器具的价值。①设备是指各种生产设备、传导设备、动力设备、运输设备等，分为需要安装的设备和不需要安装的设备两种；②工具、器具是指具有独立用途的各种生产用具、工作工具的仪器。

4. 用于更新的设备是指为更新陈旧设备而购置的设备。用于更新的设备与原有设备在台数和价值上不一定相等。

5. 购置旧设备是指从外单位购入的，已经使用过的各种设备，不包括从国外购进的旧设备。

6. 其他费用是指在固定资产建造和购置过程中发生的。

其中：①土地购置费是指建设项目通过划拨方式或出让方式取得土地使用权而支付的各项费用；②旧建筑物购置费是指购置已使用过的各种旧房屋及其他建筑物的费用。

施工项目 指报告期内进行过建筑或安装施工活动的项目。凡是报告期内施过工的建设项目，不论施工时间长短，均作为施工项目统计。施工项目个数可以反映一定时期固定资产投资的实际规模，与同期建成投产的建设项目个数相比，可以从建设速度的角度反映固定资产投资的效果。根据建设项目施工活动的不同性质，施工项目又分为：本年正式施工项目、本年收尾项目和以前年度全部停缓建项目。

全部建成投产项目 工业项目是指设计文件规定形式能力的主体工程及其相应配套的辅助设施全部建成，经负荷试运转，证明具备生产设计规定合格产品的条件，并经过验收鉴定合格或达到竣工验收标准，与生产性工程配套的生产福利设施可满足近期正常生产的需要，正式移交生产的建设项目；非工业项目是指设计文件规定的主体工程和相应配套工程全部建成，能够发挥设计规定的工程效益，经验收鉴定合格或达到竣工标准，正式移交使用的建设项目。

新增生产能力 指通过固定资产投资活动而增加的设计能力（或工程效益），是以实物形态表现的固定资产投资成果的指标，也是考核投资经济效果的重要依据之一。新增生产能力的计算，是以能独立发挥生产能力或效益的单项工程（或项目）为对象。当单项工程（或项目）建成，经有关部门鉴定合格，正式移交投入生产，即可计算新增生产能力。新增生产能力的数量一般按设计能力计算。设计文件中规定的在正常情况下能够达到的生产能力，而不论投产后的实际产量如何。以设备数量、建筑物容积、面积、长度等表示为新增生产能力（或效益），则按建成的实际数量计算。

新增固定资产 新增固定资产（又称交付使用的固定资产），是指已经完成建造和购置过程，并已交付生产或使用单位的固定资产的价值。新增固定资产是表示固定资产投资成果的价值指标，也是反映建设进度，计算固定资产投资效果的重要数据。

七、城市公用事业

URBAN PUBLIC UTILITY

本篇内容包括：

1. 城市自来水供应
2. 市政公用设施
3. 城市公共交通
4. 园林绿化
5. 环境保护、环境卫生

7-1 市政公用设施

项　　目	2019	2020
道路总长度(公里)	1764.80	1621.20
道路总面积(万平方米)	3933.11	3577.12
人行道总面积(万平方米)	822.38	684.88
桥梁(座)	322	352
#立交桥	34	33
排水管长度(公里)	2961.00	3476.70
城镇路灯盏数(盏)	173917	166421
液化气储气能力(吨)	2163	2163
液化气供应总量(吨)	19658	19530
#家庭用量	19634	19507
液化气用气数(万户)	16.29	15.04
#家庭用气数(万户)	16.29	15.04
用气人口(万人)	29.50	24.21
天然气供应总量(万立方米)	43995	49132.8
#家庭用量	13087	16443.72
天然气用气户数(万户)	106.25	115.25
#家庭用气数(万户)	104.92	112.92
用气人口(万人)	259.15	274.7
气化率(%)	99.02	94.76

注：市政公用设施数据不包括南昌县、安义县和进贤县。

7-2　城市自来水供应

项　　目	2019	2020
水厂个数(个)	11	11
综合生产能力(万立方米/日)	169.5	188.5
年末供水管长度(公里)	5649	7816
全年供水总量(万立方米)	45735	43673
#生产用水(万立方米)	7317	11187
生活用水(万立方米)	16164	17846
用水人口(万人)	290	314
平均每人每天生活用水(升)	231.67	219.78
自来水普及率(%)	99.49	99.54

7-3 城市公共交通

项　　目	2019	2020
年末实有运营车辆(辆)		
公共汽车	3916	4381
运营线路条数(条)		
公共汽车	299	494
轨道交通	2	3
运营线路长度(公里)		
公共汽车	6685.20	11849.00
轨道交通	60.38	88.85
全年客运量(万人次)		
公共汽车	37521.40	21573.50
轨道交通	17502.00	13593.12
出租汽车		
年末营运车辆(辆)	5453	5649

7-4 城市园林绿化(2020年)

项　目	全市
绿地面积(公顷)	14388
公园绿地面积(公顷)	3814
人均公园绿地面积(平方米)	12.04
城市绿化覆盖面积(公顷)	15116.6
绿地率(%)	39.31
苗圃面积(公顷)	614
公园(含动物园，个)	91
公园面积(公顷)	2073.3

注：1.本表数据来源于市城市管理局。
2.本表中绿地面积、公园绿地面积、人均公园绿地面积、城市绿化覆盖面积、绿地率指标统计口径均为建成区。
3.统计中所指的建成区以赣江为界，分东西两大块。其中，东部区块：东至昌东大道，南至昌南大道，西至沿江大道，北至富大有路的围合区域；西部区块：东至港口大道、经开大道、赣江大道，南至南外环高速，西至南昌绕高速(含湾里黄洋界路)，北至南昌绕城高速的围合区域。

7-5 城市环境卫生(2020年)

项　目	全市
全年清扫面积(万平方米)	6436.25
全年清运生活垃圾(万吨)	172.11
生活垃圾无害化处理(万吨)	172.11
公共厕所数(座)	3161
环卫机械数量(辆)	4747
清洁卫生工作人员(人)	19875
垃圾中转站(座)	184
果壳箱(个)	30755

注：1.本表数据来源于市城市管理局。
2.表中公共厕所数含社会公厕，环卫机械数量含小型作业车辆。

7-6 环境保护

项　　目	2019	2020
“三废”排放、处理及综合利用情况		
污水集中处理率(%)	91.0	95.0
废水排放总量(万吨)	38437	23335
#工业废水(万吨)	3990	3716
工业废气排放总量(亿标立方米)	1773	1849
工业二氧化硫排放量(吨)	6032	5081
工业烟尘排放量(吨)	15534	3264
工业固废产生量(万吨)	265	316
工业固废综合利用量(万吨)	247	309
工业固废综合利用率(%)	92.3	97.93
工业危险废弃物处置利用率(%)	99.65	99.79
医疗废物处置率(%)	100	100
污染治理情况		
工业企业用于污染治理资金(万元)	21253	16004
#治理废水(万元)	14355	6299
治理固体废弃物(万元)	688	1449

注：1.本表数据为初步数据，来源于市生态环境局。
2.2020年污水集中处理率统计口径为建成区范围。

主要统计指标解释

年末自来水生产能力　指年末城建部门管理的自来水厂和社会单位自备水源的取水、净化、送水出厂输水干管等环节的实际生产能力。

年末供水管道长度　指从送水泵至用户水表之间所有管道的长度。

全年供水总量　指公用自来水厂和社会单位自备水源全年的供水总量，包括有效供水量及损失水量。

生活用水量　指居民日常生活与公共福利设施的用水量。包括饮食店、旅馆、医院、理发店、浴池、洗衣店、游泳池、商店、学校、机关、部队等单位的用水量。

年末实有铺装道路长度　指除土路外，路面经过铺装宽度在3.5米以上的道路，包括高级、次高级道路和普通道路。

城市下水道总长度　指所有排水总管、干管、支管及暗渠、检查井、连接井进出水口等长度之和。

年末实有公共汽（电）车辆　指年底可参加营运的全部车辆数。包括年底营运车辆数和库存查封未参加营运的车辆，不包括非营运车辆，如架线车、油罐车、工程车、货车及其他专用车辆和借人的客运车辆。

营运线路长度　指设置的固定营运线路长度，包括郊区营运线路长度。不包括临时行驶的线路长度。

燃气普及率　指报告期末城区内使用燃气的人口与总人口的比率。计算公式为:

$$燃气普及率=\frac{城区用气人口（含暂住人口）}{城区人口+城区暂住人口}\times 100\%$$

供水综合生产能力　指按供水设施取水、净化、送水、出厂输水干管等环节设计能力计算的综合生产能力。包括在原设计能力的基础上，经挖、革、改增加的生产能力。

供水管道长度　指从送水泵至用户水表之间所有管道的长度。

供水总量　指供水企业（单位）供出的全部水量，包括有效供水量和漏损水量。有效供水量指水厂将水供出厂外后，各类用户实际使用到的水量，包括售水量和免费供水量。

用水人口　指由城市供水设施供给居民家庭用水的人口，包括农业用水人口、非农业用水人口等。

人均日生活用水量　指每一用水人口平均每天的生活用水量。计算公式:

$$人均日生活用水量=\frac{居民家庭用水量+公共服务用水量+免费供水量中的生活用水量}{用水人口}\div 报告期日历日数$$

用水普及率　指报告期末城市用水人口数与城区人口总数的比率。计算公式:

$$用水普及率=\frac{城区用水人口（含暂住人口）}{城区人口+城区暂住人口}\times 100\%$$

绿化覆盖面积　指城市中的乔木、灌木、草坪等所有植被的垂直投影面积。包括公园绿地、防护绿地、生产绿地、附属绿地、其他绿地的绿化种植覆盖面积、屋顶绿化覆盖面积以及零散树木的覆盖面积，不含各类绿地中的水域面积以及没有被植被覆盖的面积（硬化道路、无屋顶绿化的建筑物等）。

绿地面积　指报告期末用作园林和绿化的各种绿地面积。包括公园绿地、生产绿地、防护绿地、附属绿地和其他绿地的面积。

公园绿地　城市中向公众开放的、以游憩为主要功能，有一定的游憩设施和服务设施，同时兼有健全生态、美化景观、防灾减灾等综合作用的绿化用地。

人均公园绿地面积　指报告期末区域内城区人口平均每人拥有的公园绿地面积。人口数采用年底人口数。计算公式为:

$$人均公园绿地面积=\frac{公园绿地面积}{城区人口+城区暂住人口}$$

建成区绿地率 指报告期末建成区内绿地面积与建成区面积的比率。计算公式:

$$建成区绿地率=\frac{建成区绿地面积}{建成区面积}\times 100\%$$

建成区绿化覆盖率 指报告期末建成区内绿化覆盖面积与建成区面积的比率。计算公式为:

$$建成区绿化覆盖率=\frac{建成区绿化覆盖面积}{建成区面积}\times 100\%$$

生活垃圾清运量 指收集和运送到各生活垃圾处理场（厂）和生活垃圾最终消纳点的生活垃圾数量。生活垃圾指城市日常生活或为城市日常生活提供服务的活动中产生的固体废物以及法律行政规定的视为城市生活垃圾的固体废物。包括：居民生活垃圾、商业垃圾、集市贸易市场垃圾、街道清扫垃圾、公共场所垃圾和机关、学校、厂矿等单位的生活垃圾。

生活垃圾无害化处理量 指用卫生填埋、堆肥、焚烧等工艺方法处理生活垃圾的总量。即生活垃圾在无害化处理厂（场）处理的垃圾总量。

污水处理厂集中处理率 指报告期内通过污水处理厂处理的污水量与污水排放总量的比率。计算公式:

$$污水处理厂集中处理率=\frac{污水处理厂处理的污水量}{污水排放总量}\times 100\%$$

工业废水处理量 指经各种水治理设施（含城镇污水处理厂、工业废水处理厂）实际处理的工业废水量，包括处理后外排的和处理后回用的工业废水量。虽经处理但未达到国家或地方排放标准的废水量也应计算在内。计算时，如遇有车间和厂排放口均有治理设施，并对同一废水分级处理时，不应重复计算工业废水处理量。

工业废水排放量 指经过企业厂区所有排放口排到企业外部的工业废水量。包括生产废水、外排的直接冷却水、废气治理设施废水、超标排放的矿井地下水和与工业废水混排的厂区生活污水，不包括独立外排的间接冷却水（清浊不分流的间接冷却水应计算在内）。

工业废气排放量 指企业厂区内燃料燃烧和生产工艺过程中产生的各种排入空气中含有污染物的气体的总量，以标准状态(273K,101325Pa)计算。

二氧化硫排放量 指企业在燃料燃烧和生产工艺过程中排入大气的二氧化硫总质量。工业中二氧化硫主要来源于化石燃料（煤、石油等）的燃烧，还包括含硫矿石的冶炼或含硫酸、磷肥等生产的工业废气排放。

烟（粉）尘排放量 指企业在燃料燃烧和生产工艺过程中排入大气的烟尘及工业粉尘的总质量之和。烟尘或工业粉尘排放量可以通过除尘系统的排风量和除尘设备出口烟尘浓度相乘求得。

一般工业固体废物产生量 指未被列入《国家危险废物名录》或者根据国家规定的危险废物鉴别标准(GB5085)、固体废物浸出毒性浸出方法(GB5086)及固体废物浸出毒性测定方法(GB/T 15555)鉴别方法判定不具有危险特性的工业固体废物。计算公式是:

一般工业固体废物产生量=（一般工业固体废物综合利用量-其中：综合利用往年贮存量）+一般工业固体废物贮存量+（一般工业固体废物处置量-其中：处置往年贮存量）+一般工业固体废物倾倒丢弃量

一般工业固体废物综合利用量 指通过回收、加工、循环、交换等方式，从固体废物中提取或者使其转化为可以利用的资源、能源和其他原材料的固体废物量（包括当年利用的往年工业固体废物累计贮存量）。如用作农业肥料、生产建筑材料、筑路等。综合利用量由原产生固体废物的单位统计。

一般工业固体废物综合利用率 指一般工业固体废物综合利用量占一般固体废物产生量与综合利用往年贮存量之和的百分率。计算公式为:

$$一般工业固体废物利用率=\frac{一般工业固体废物综合利用量}{一般工业固体废物生产量+综合利用往年贮存量}\times 100\%$$

危险废弃物处置利用率 指危险废弃物处置量占危险废弃物产生量与处置往年贮存量之和的百分率。计算公式为:

$$危险废弃物处置利用率=\frac{危险废弃物处置量}{危险废弃物生产量+综合利用往年贮存量}\times 100\%$$

环境保护投资指数 指一个地区用于环境保护的投资额占地区生产总值（按当年价格计算）的比重。计算公式为:

$$环境保护投资指数=\frac{用于环境保护的投资额}{地区生产总值（当年价格）}\times 100\%$$

八、财政·金融

PUBLIC FINANCE, BANKING AND INSURANCE

本篇内容包括:

1. 财政收支
2. 金融机构存贷款
3. 商业保险概况

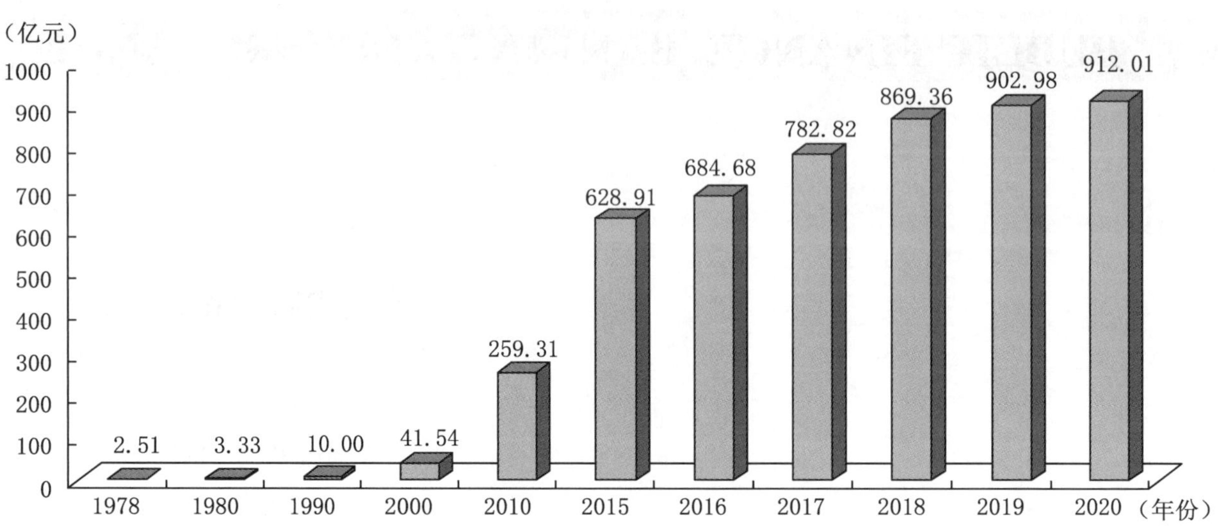
财政总收入
（亿元）
1000
900
800
700
600
500
400
300
200
100
0
2.51
3.33
10.00
41.54
259.31
628.91
684.68
782.82
869.36
902.98
912.01
1978
1980
1990
2000
2010
2015
2016
2017
2018
2019
2020
（年份）

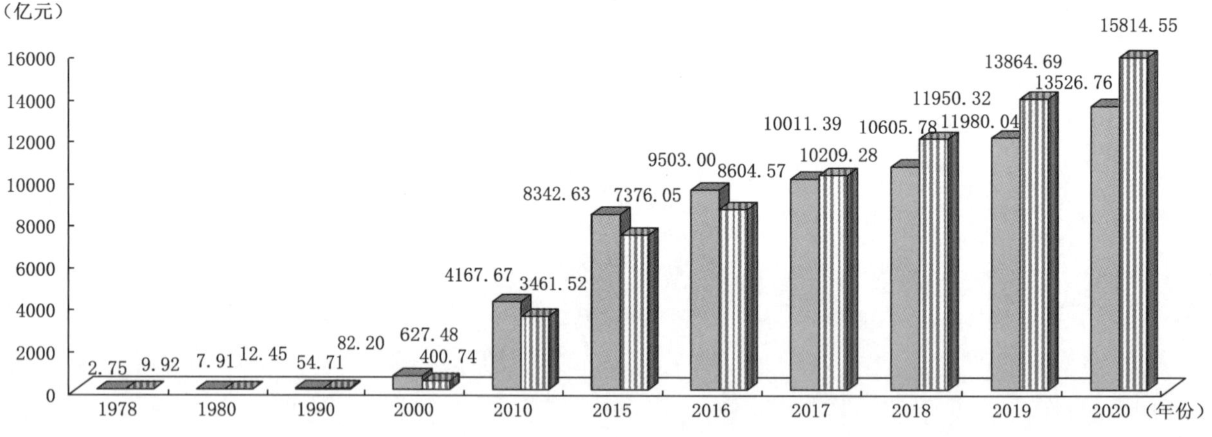
金融机构人民币存贷款余额
（亿元）
16000
14000
12000
10000
8000
6000
4000
2000
0
2.75
9.92
7.91
12.45
54.71
82.20
627.48
400.74
4167.67
3461.52
8342.63
7376.05
9503.00
8604.57
10011.39
10209.28
10605.78
11950.32
11980.04
13864.69
13526.76
15814.55
1978
1980
1990
2000
2010
2015
2016
2017
2018
2019
2020
（年份）
年末存款余额
年末贷款余额

8-1 财政收入

单位：万元

年份	财政总收入	一般公共预算收入	税收收入	#增值税	营业税	企业所得税	非税收入	上交中央收入	财政总收入占GDP比重(%)
1994	182958	81683	69291				12392		10.1
1995	204548	100551	83486				17065		8.3
1996	253226	119393	93362				26031		8.2
1997	264936	135653	106697				28956		7.1
1998	301878	156418	120876	25111	55967	7550	35542		7.6
1999	327446	167714	131975	25347	58635	13563	35739		7.7
2000	415414	183011	149313	36044	65950	11451	33698		8.7
2001	486936	214131	178099	39061	70841	27289	36032		9.3
2002	590771	257466	204032	39087	89231	29487	53434		9.9
2003	764711	314094	240631	46315	118917	22525	73463		11.1
2004	901988	421911	323321	47873	172200	33100	98590		10.7
2005	1138723	582783	390510	60258	201404	48429	141565	517936	11.6
2006	1341955	681075	541782	72722	245728	65589	139351	617396	11.5
2007	1660063	872199	714032	88111	331300	90568	158167	732421	11.8
2008	1898665	1021477	810109	88224	358746	100815	211364	802342	11.5
2009	2117141	1158800	955725	90963	449573	108902	203064	871822	11.9
2010	2593063	1464650	1241615	109989	542595	125197	223035	1066737	12.1
2011	3254979	1870273	1584510	140346	673643	174503	285763	1316082	12.3
2012	4089000	2401427	2001690	151891	871127	257675	399737	1603833	14.2
2013	4775662	2919097	2453517	211938	1020353	301333	465580	1776288	14.9
2014	5507386	3422065	2875277	305189	1122252	351446	546788	2011577	15.7
2015	6289109	3893412	3157905	350598	1207890	399635	735507	2248355	16.6
2016	6846784	4021831	3186658	766736	736004	422673	835173	2551515	16.5
2017	7828457	4170774	3261844	1261765	7165	534844	908930	3337607	17.2
2018	8693566	4617462	3715175	1385102	3300	602741	902287	3716956	17.0
2019	9029782	4769998	3784200	1537786		628295	985798	3909953	16.3
2020	9120080	4838581	3702335	1356694		619468	1136246	3853201	15.9

注：1.1994—2009年企业所得税含退税；
2.1994—1997年国有资产经营收益体现为国有企业上缴利润；
3.1997年地方财政收入和非税收入包含当年纳入基金预算收入的城市教育附加费、矿产资源补偿费、排污费和城市水资源费收入；
4.从2002年开始，上交中央收入包含上划所得税；
5.农业税收包含农业税、农业特产税(2006年含烟叶税部分)、耕地占用税、契税；
6.以上数据根据南昌市历年财政总决算整理得出；
7.8—1至8—6表数据由南昌市财政局提供。

8-2 一般公共预算收入

单位：万元

项目	2013	2014	2015	2016	2017	2018	2019	2020
总计	**2919097**	**3422065**	**3893412**	**4021831**	**4170774**	**4617462**	**4769998**	**4838581**
税收收入	**2453517**	**2875277**	**3157905**	**3186658**	**3261844**	**3715175**	**3784200**	**3702335**
#增值税	211938	305189	350598	766736	1261765	1385102	1537786	1356694
营业税	1020353	1122252	1207890	736004	7165	3300		
企业所得税	301333	351446	399635	422673	534844	602741	628295	619468
个人所得税	103234	129136	163161	186852	178859	213340	133804	147086
资源税	1956	3176	3279	4783	9778	5206	3489	4287
城市维护建设税	157885	173129	180940	213775	226182	242047	264475	254370
房产税	59451	69764	84832	85708	115045	136085	148605	121454
印花税	36559	37972	40412	49837	61099	64286	61923	68590
城镇土地使用税	49682	69794	74480	80366	79533	85721	87784	69644
土地增值税	190184	261096	283525	251209	301962	435517	407592	507520
车船税	16776	18041	22101	23795	32181	32294	37401	45710
耕地占用税	25120	18889	62196	34184	62028	13302	43362	34515
契税	279046	315393	284856	330728	391403	494869	427246	470536
环境保护税						1288	1687	1846
非税收入	**465580**	**546788**	**735507**	**835173**	**908930**	**902287**	**985798**	**1136246**
#国有资本经营收入		1060	6488					
行政性收费收入	271028	293600	298023	403233	298792	336636	396919	490743
罚没收入	51241	56546	46513	69928	176342	129553	120541	78563
专项收入	77866	87444	227504	208935	227352	207706	232610	148363
国有资源(资产)有偿使用收入	49628	81391	129570	127263	159263	202326	201384	390091
捐赠收入	475	2196	879	377				1480
政府住房基金收入				3183	47127	26066	34072	26716
其他收入	15342	24551	26530	22254	54		272	290

注：2019年起全国全面取消营业税。

8-3 一般公共预算支出

单位：万元

项　目	2013	2014	2015	2016	2017	2018	2019	2020
总　　计	**4193652**	**4731561**	**5431789**	**5832565**	**6531223**	**7524137**	**8341066**	**8381744**
一般公共服务	372832	422895	444772	538799	683904	759225	796143	768660
国防	6167	5828	4480	4915	3175	3286	12361	10991
公共安全	229668	245040	280627	339858	413586	496863	508620	503437
教育	734317	814016	854606	900287	998001	1110034	1264296	1351071
科学技术	54172	79045	82004	101403	217331	273821	339770	372224
文化旅游体育与传媒	41322	46846	54496	67295	78855	79356	98536	115206
社会保障和就业	446254	463715	617643	670641	759333	897947	672780	621985
卫生健康	374524	460359	564207	587977	688874	789690	802690	933167
节能环保	44613	39817	77535	44717	120843	138498	243321	302119
城乡社区事务	686669	672851	893236	1054280	1146753	1395936	2298558	1556543
农林水事务	309934	354848	379786	347070	403273	429807	471801	622172
交通运输	363644	412005	408265	360906	342113	364247	152251	150047
资源勘探信息等	289033	311153	368801	486049	251866	403096	235819	411849
商业服务业等	40823	39807	60784	48426	44015	45124	37904	60545
金融	1037	663	1448	1861	703	15243	6169	21297
援助其他地区								
自然资源海洋气象等	14838	15707	17382	20914	30505	34267	36925	46507
住房保障支出	118769	169327	256655	161160	195093	149738	190990	274525
粮油物资储备	6065	11702	12532	9172	7121	8812	10605	12070
债务付息	5845	114189	4447	49353	85240	93815	123337	140573
债务发行费用			761	2236	283	444	697	885
灾害防治及应急管理							30670	69169
其他支出	53126	51748	47322	35246	60356	34888	6823	36702

8-4 财政收支总额及增长速度

年 份	财政总收入(万元)	一般公共预算支出(万元)	收支差额(万元)	比上年增长(%)	
				财 政总收入	一般公共预算支出
1978	25144	9046	16098	36.5	33.8
1979	29827	12452	17375	18.6	37.7
1980	33283	11411	21872	11.6	-8.4
1981	36294	12589	23705	9.0	10.3
1982	36418	12449	23969	0.3	-1.1
1983	37761	13456	24305	3.7	8.1
1984	42362	17687	24675	12.2	31.4
1985	55665	24455	31210	31.4	38.3
1986	62808	33970	28838	12.8	38.9
1987	66114	34442	31672	5.3	1.4
1988	77381	42103	35278	17.0	22.2
1989	87833	49048	38785	13.5	16.5
1990	99960	55090	44870	13.8	12.3
1991	106250	62186	44064	6.3	12.9
1992	123700	69867	53833	16.4	12.4
1993	163492	71828	91664	32.2	2.8
1994	182958	81546	101412	11.9	13.5
1995	204548	102101	102447	11.8	25.2
1996	253226	119608	133618	23.8	17.1
1997	264936	145353	119583	4.6	21.5
1998	301878	160750	141128	13.9	10.6
1999	327446	218552	108894	8.5	36.0
2000	415414	237688	177726	26.9	8.8
2001	486936	281618	205318	17.2	18.5
2002	590771	342542	248229	21.3	21.6
2003	764711	395944	368767	29.4	15.6
2004	901988	521873	380115	18.0	31.8
2005	1138723	757947	380776	26.2	45.2
2006	1341955	933749	408206	17.8	23.2
2007	1660063	1168596	491467	23.7	25.2
2008	1898665	1476667	421998	14.4	26.4
2009	2117141	1817014	300127	11.5	23.0
2010	2593063	2320305	272758	22.5	27.7
2011	3254979	2988005	266974	25.5	28.8
2012	4089000	3459909	629091	25.6	15.8
2013	4775662	4193652	582010	16.8	21.2
2014	5507386	4731561	775825	15.3	12.8
2015	6289109	5431789	857320	14.2	14.8
2016	6846784	5832565	1014219	8.9	7.4
2017	7828457	6531223	1297234	14.3	12.0
2018	8693566	7524137	1169429	11.1	15.2
2019	9029782	8341066	688716	3.9	10.9
2020	9120080	8381744	738336	1.0	0.5

8-5 各地区一般公共预算收入（2020年）

单位：万元

地　区	一般公共预算收入	增值税	企业所得税	个人所得税	其他收入
全　市	**4838581**	**1356694**	**619468**	**147086**	**2715333**
东湖区	139160	29338	36307	19945	53570
西湖区	174251	34672	57298	9166	73115
青云谱区	106381	32355	21961	4194	47871
青山湖区	147771	47367	21343	6002	73059
新建区	341989	83895	20035	5269	232790
红谷滩区	352725	58773	59307	10571	224074
南昌县	759701	185616	63164	13436	497485
安义县	118807	31645	7467	2616	77079
进贤县	199795	86995	8752	1698	102350
经济开发区	195368	50464	21868	4221	118815
高新开发区	302836	87823	57610	8970	148433
湾里管理局	97174	31908	12482	2150	50634

注：本表财政收入不含中央两税收入。

8-6 各地区一般公共预算支出（2020年）

单位：万元

地　区	一般公共预算支出	一般公共服务	教育	社会保障和就业	卫生健康	农林水事务	其他支出
全　市	**8381744**	**768660**	**1351071**	**621985**	**933167**	**622172**	**4084689**
东湖区	295037	35006	46442	39939	33722	3775	136153
西湖区	274426	25954	64334	32644	36765	1114	113615
青云谱区	268197	38880	41906	23234	21779	1173	141225
青山湖区	301888	48785	70546	25329	36045	8316	112867
新建区	964636	79965	177849	62552	133368	77603	433299
红谷滩区	390311	50400	63787	20377	16081	3628	236038
南昌县	1424175	107614	315032	110741	169591	239650	481547
安义县	399047	47013	57826	43432	37077	67902	145797
进贤县	686486	56176	124716	84522	119445	101431	200196
经济开发区	388009	38795	39866	11826	12220	6164	279138
高新开发区	419583	48967	56041	7045	14810	8228	284492
湾里管理局	166081	28717	26375	11882	16929	12206	69972

8-7 金融机构本外币信贷资金平衡表年末余额（2020年）

单位：万元

指　　标	年末余额	比年初增减	比年初增长(%)
各项存款	**136768222**	**15800196**	**13.1**
境内存款	136480131	15621230	12.9
住户存款	43196700	6606671	18.1
活期存款	17552894	2525182	16.8
定期及其他存款	25643806	4081488	18.9
非金融企业存款	57918245	6284042	12.2
活期存款	23451037	1271601	5.7
定期及其他存款	34467208	5012441	17.0
广义政府存款	29808167	4352096	17.1
财政性存款	8569889	1033452	13.7
机关团体存款	21238279	3318644	18.5
非银行业金融机构存款	5557018	-1621579	-22.6
境外存款	288091	178967	164.0
各项贷款	**160056238**	**19583043**	**13.9**
境内贷款	159486504	19709462	14.1
住户贷款	44605457	4153702	10.3
短期贷款	9346121	1000115	12.0
中长期贷款	35259336	3153586	9.8
非金融机构及机关团体贷款	114270865	15575760	15.8
短期贷款	32176292	5831784	22.1
中长期贷款	73187581	8519497	13.2
票据融资	7370979	1779503	31.8
融资租赁	1355391	-514709	-27.5
各项垫款	180622	-40315	-18.2
非银行业金融机构贷款	610182	-20000	-3.2
境外贷款	569735	-126419	-18.2

注：1.本表统计口径包括中国人民银行、政策性银行、国有独资商业银行、邮政信汇局、其他商业银行、农村合作银行、城市信用社、农村信用社、信托投资公司、财务公司等金融机构。后同。

2.8-7至8-8表数据由中国人民银行南昌中心支行提供。

8-8 金融机构人民币信贷资金平衡表年末余额（2020年）

单位：万元

指　　标	年末余额	比年初增减	比年初增长(%)
各项存款	**135267637**	**15467268**	**12.9**
境内存款	135193670	15456221	12.9
住户存款	42786505	6605873	18.3
活期存款	17365128	2499545	16.8
定期及其他存款	25421377	4106328	19.3
非金融企业存款	57069258	6047528	11.9
活期存款	22919365	1176530	5.4
定期及其他存款	34149893	4870998	16.6
广义政府存款	29783756	4424156	17.4
财政性存款	8569889	1033452	13.7
机关团体存款	21213867	3390704	19.0
非银行业金融机构存款	5554151	-1621336	-22.6
境外存款	73967	11047	17.6
各项贷款	**158145545**	**19498638**	**14.1**
境内贷款	158139401	19520801	14.1
住户贷款	44604899	4154585	10.3
短期贷款	9345571	1001001	12.0
中长期贷款	35259328	3153585	9.8
非金融机构及机关团体贷款	112924320	15386216	15.8
短期贷款	31696655	5777626	22.3
中长期贷款	72362598	8381211	13.1
票据融资	7370979	1779503	31.8
融资租赁	1355391	-514709	-27.5
各项垫款	138697	-37415	-21.2
非银行业金融机构贷款	610182	-20000	-3.2
境外贷款	6144	-22163	-78.3

8-9　财产保险公司主要指标

单位：万元

指　　标	保费收入		赔付支出	
	2019	2020	2019	2020
合　　计	**724030**	**819666**	**391893**	**461777**
企业财产保险	24004	26207	12340	12440
机动车辆保险	455304	476301	261936	262284
货物运输保险	3261	3847	1149	941
责任保险	26790	49274	16003	28035
信用保证保险	99236	108815	48911	82193
农业保险	12937	17109	7498	12156
其它财产保险	102498	138112	44058	63727

注：8-9至8-10表数据由中国银行保险监督管理委员会江西监管局提供。

8-10　人寿保险公司主要指标

单位：万元

指　　标	2011	2012	2013	2014	2015	2016	2017	2018	2019	2020
原保险保费收入	**407271**	**422173**	**500789**	**690719**	**807866**	**1041162**	**1343134**	**1355991**	**1524994**	**1859206**
寿险小计	320685	324612	370190	508021	547215	638189	719564	1108080	1219218	1497692
普通寿险	20726	22601	26086	291456	342243	406948	487197	425850	531465	737132
#年金保险	49373	53465	75865	101929	168015	267798	458079	301433	362231	438628
分红寿险	297220	299357	340992	213063	201186	227219	228030	677593	683019	755868
投资连结保险	171	143	139	137	136	97	94	94	95	98
万能寿险	2568	2511	2973	3365	3651	3926	4243	4543	4639	4595
意外伤害险	13509	13915	18496	22229	18204	20149	23702	32828	35509	40531
健康险	23704	30182	36239	58540	74432	115026	141789	215083	270266	320982
赔付支出	**60253**	**65418**	**129102**	**149552**	**234067**	**244750**	**215926**	**269182**	**305436**	**376354**
赔款支出	8077	10004	13892	15819	28281	42970	47363	58116	90010	94957
死伤医疗给付	4889	6380	7493	8828	11728	14182	18555	24759	31022	38316
满期给付	35328	30260	92094	105868	164089	159211	116309	132560	136184	194654
年金给付	11959	18774	15622	19037	29970	28387	33699	53747	48220	48426

8-11 上市公司数量和股票发行量

年份	上市公司数量(个)	股票发行量(亿股)	A股	H股	B股	股票筹资额(亿元)	A股	配股	B股
2012	17								
2013	16	0.55	0.55			4.80	4.80		
2014	16	2.56	2.56			16.19	16.19		
2015	17	1.99	1.99			22.44	22.44		
2016	18	14.06	14.06			166.47	166.47		
2017	19	3.08	3.08			22.39	22.39		
2018	20	0.82	0.82			8.54	8.54		
2019	22	2.12	2.12			18.87	18.87		
2020	22	10.3	9.9	0.4		119.79	119.79		

注：表中数据由中国证券监督管理江西监管局提供。

主要统计指标解释

财政收入 国家财政参与社会产品分配所得的收入，是实现国家职能的财力保证。内容几经变化，目前主要包括:

(1)各项税收包括增值税、营业税、消费税、土地增值税、城市维护建设税、资源税、城镇土地使用税、印花税、固定资产投资方向调节税、个人所得税、企业所得税、关税、农牧业税和耕地占用税等。

(2)专项收入包括征收排污费、征收城市水资源收入、教育费附加收入等。

(3)其他收入包括基本建设贷款归还收入、国家能源交通重点建设基金收入、国家预算调节基金收入等。

财政支出 国家财政将筹集起来的资金进行分配使用，以满足经济建设和各项事业的需要，主要包括：一般公共服务、外交、国防、公共安全、教育、科学技术、文化体育与传媒、社会保障和就业、医疗卫生、环境保护、城乡社区事务、农林水事务、交通运输、工业商业金融等事务和其他支出等科目。

中央财政收入和地方财政收入 按财政体制划分的中央本级收入和地方本级收入。1994 年分税制财政体制以后，属于中央财政的收入包括关税、海关代征消费税和增值税，消费税，中央企业所得税，地方银行和外资银行及非银行金融企业所得税，铁道、银行总行、保险总公司等集中缴纳的营业税、所得税和城市维护建设税，增值税的 75%部分，海洋石油资源税和证券（印花）税的 75%部分。属于地方财政的收入包括营业税，地方企业所得税，个人所得税，城镇土地使用税，固定资产投资方向调节税，土地增值税，城镇维护建设税，房产税，车船使用税，印花税，农牧业税，农业特产税，耕地占用税，契税，增值税，证券交易税（印花税）的 25%部分和除海洋石油资源税以外的其他资源税。

中央财政支出和地方财政支出 根据政府在经济和社会活动中的不同职责，划分中央和地方政府的事权，按照政府的事权划分确定的支出。中央财政支出包括国防支出，武装警察部队支出，中央级行政管理费和各项事业费，重点建设支出以及中央政府调整国民经济结构、协调地区发展，实施宏观调控的支出。地方财政支出主要包括地方行政管理和各项事业费，地方统筹的基本建设、技术改造支出，支援农村生产支出，城市维护，建设经费和价格补贴支出等。

信贷资金 国家银行用于发放贷款的资金叫信贷资金。中国人民银行信贷资金的来源有各项存款、对国际金融机构负债、流通中货币、银行自有资金及当年结益等。信贷资金的运用有各项贷款、黄金占款、外汇占款、财政借款及在国际金融机构中的资产等。

存款 企业、机关、团体或居民根据可以收回的原则，把货币资金存入银行或其他信用机构保管并取得一定利息的一种信用活动形式。根据存款对象的不同可划分：企业存款、财政存款、机关团体存款、对外贸易存款、城乡居民储蓄存款、农村存款等科目，它是银行信贷资金的主要来源。

贷款 银行或其他信用机构根据必须归还的原则，按一定利率，为企业、个人等提供资金的一种信用活动形式。我国银行贷款，分流动资金贷款、固定资产贷款、城乡个体工商户贷款以及农业贷款等科目。

保险金额 指保险人承担赔偿或者给付保险金责任的最高限额。

保费 指投保人为取得保险人在约定范围内所承担赔偿责任而支付给保险人的费用。

赔款 指保险人根据保险合同的规定，向被保险人支付的赔偿保险责任损失的金额。

九、农　　业

AGRICULTURE

本篇内容包括:

1. 乡镇组织
2. 农村劳动力分布
3. 农林牧渔业生产
4. 主要农产品产量
5. 农业机械化、电气化、水利化、化学化水平
6. 农作物受灾情况
7. 农村扶贫情况

农林牧渔业总产值

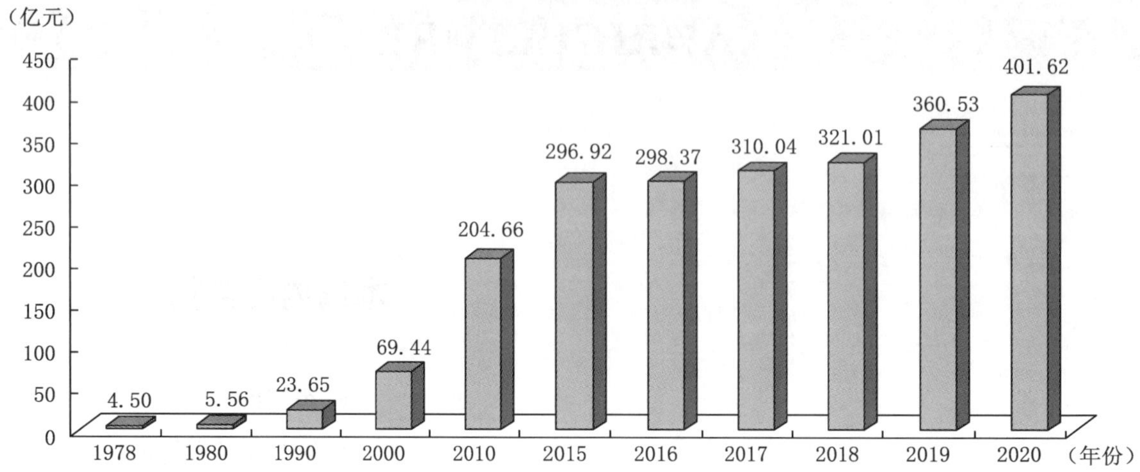

2020年农林牧渔业占总产值比重

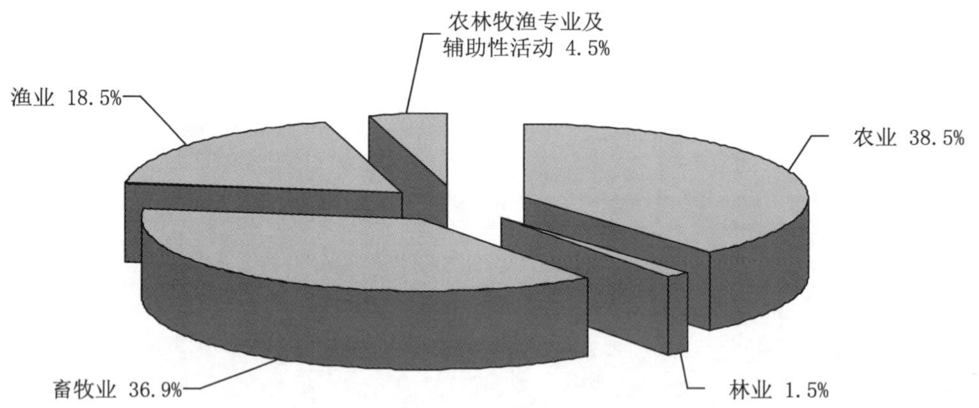

9-1 农村乡镇基本情况

项目	2019	2020
一、乡镇政府(个)	80	80
#镇政府	52	52
二、村民委员会(个)	1178	1178
三、村民小组(个)	9614	9617
四、自来水受益村委会个数(个)	706	801
五、通有线电视的村委会个数（个）	1166	1166
六、通宽带的村委会个数(个)	1176	1178

9-2 县区乡镇组织（2020年）

地区	乡镇政府(个)		村民委员会(个)	村民小组(个)
		#镇政府		
合计	**80**	**52**	**1178**	**9617**
东湖区	1	1	21	91
西湖区	1	1	13	74
青云谱区	1	1	12	69
青山湖区	4	4	60	286
新建区	18	12	287	1890
红谷滩区	1	1	36	121
南昌县	16	9	263	2364
安义县	10	7	104	1141
进贤县	21	9	264	2831
经济开发区	1	1	29	203
高新开发区	2	2	50	308
湾里管理局	4	4	39	239

注：村民委员会含具有村一级行政管理职能的农、林、牧、渔场。

9-3 县区农村劳动力资源及乡村从业人员（2020年）

单位：人

项目	劳动力资源总数	男性	女性	从业人员合计	男性	女性
全市	**1745835**	**934568**	**811267**	**1436157**	**780137**	**656020**
东湖区	21257	11060	10197	16178	8539	7639
西湖区	18295	9663	8632	15767	8642	7125
青云谱区	24158	13240	10918	20476	11852	8624
青山湖区	103297	58526	44771	82652	48271	34381
新建区	318928	171316	147612	263914	143329	120585
红谷滩区	29336	17356	11980	25168	13655	11513
南昌县	474591	250930	223661	373693	203728	169965
安义县	130023	66591	63432	114374	59184	55190
进贤县	468011	249730	218281	389344	208895	180449
经济开发区	42419	25421	16998	34943	20909	14034
高新开发区	89079	46587	42492	77122	40950	36172
湾里管理局	26441	14148	12293	22526	12183	10343

9-4 县区农林牧渔业总产值（2020年）

（按当年价格计算）　　单位：万元

地　　区	农林牧渔业总　产　值	农业产值	林业产值	畜牧业产值	渔业产值	农林牧渔专业及辅助性活动产值
合　　计	**4016201**	**1546196**	**59853**	**1482774**	**744765**	**182614**
东 湖 区	11455	9790			1630	35
西 湖 区						
青云谱区						
青山湖区	4687	2684			1901	102
新 建 区	1192599	423506	23609	459617	230390	55477
红谷滩区	28290	11363		13413	2084	1430
南 昌 县	1209754	538822	5337	448447	170285	46864
安 义 县	261466	115128	8490	79396	38371	20081
进 贤 县	1171551	387865	13238	445491	284640	40317
经济开发区	24952	4789	633	14012	4351	1167
高新开发区	65186	31120	178	19445	10355	4088
湾里管理局	46261	21129	8368	2953	758	13053

9-5 农、林、牧、渔业总产值

单位：万元

项　目	2019	2020	2020年比上年增长 %
农林牧渔业总产值	**3605304**	**4016201**	**2.7**
一、农业产值	**1477246**	**1546196**	**4.0**
粮食作物	647400	644543	-0.4
经济作物	101243	104910	4.5
蔬菜、食用菌及花卉盆景园艺	565526	584761	1.9
水果、坚果、茶、饮料和香料	57566	66661	13.2
中草药材	7070	6222	-5.0
其他农作物	98441	139099	39.9
二、林业产值	**54383**	**59853**	**7.4**
林木的培育和种植	31505	38581	17.7
林产品	14081	11660	-14.5
竹木采运	8797	9612	5.4
三、畜牧业产值	**1164134**	**1482774**	**1.0**
牲畜饲养	55208	119589	89.2
#牛	44238	91705	83.8
羊	1720	5795	181.5
猪的饲养	748167	725734	-25.3
家禽的饲养	274347	374671	20.5
狩猎和捕捉动物	27	26	-3.7
四、渔业产值	**747244**	**744765**	**0.6**
五、农林牧渔专业及辅助性活动产值	**162298**	**182614**	**10.0**

注:增长速度系按可比价格(即上年价格)计算。

9-6　农林牧渔业商品产值和商品率

年　份	农林牧渔业商品产值(万元)	农　业	林　业	畜　牧　业	渔　业	农林牧渔专业及辅助性活动	农林牧渔业商品率(%)
2000	472610	151913	3397	190211	127089		68.1
2010	1580847	487820	7512	679069	389627	16819	77.2
2011	1780058	553606	8146	773292	429117	15897	77.5
2012	1942797	605566	9264	802242	508696	17029	77.9
2013	2072139	639598	9914	841428	562953	18246	77.9
2014	2206524	678114	11593	893998	602783	20036	77.8
2015	2305370	766448	12226	871941	636700	18055	77.6
2016	2291122	849750	24838	707597	698671	10266	75.3
2017	2360449	932086	21434	772821	622756	11352	76.1
2018	2477235	982742	20527	774809	688167	10990	77.2
2019	2797259	1022963	22138	1044925	694934	12299	77.6
2020	3117334	1066349	33592	1332131	671863	13399	77.6

9-7 农林牧渔业商品产值和商品率（分县区，2020年）

年 份	农林牧渔业商品产值（万元）	农 业	林 业	畜 牧 业	渔 业	农林牧渔专业及辅助性活动	农林牧渔业商品率(%)
合 计	**3117334**	**1066349**	**33592**	**1332131**	**671863**	**13399**	**77.6**
东湖区	8687	7424			1236	27	75.8
青山湖区	3806	2165			1559	82	81.2
新建区	909273	260081	19145	444378	185669		76.2
红谷滩区	20708	8792		10355	1561		73.2
南昌县	985767	427397	3977	390293	164100		81.5
安义县	189257	95879	3818	60358	29202		72.4
进贤县	909368	227501	4367	399826	277674		77.6
经济开发区	20583	4718	603	9807	4346	1109	82.5
高新开发区	43658	19382		14607	5926	3743	67.0
湾里管理局	26227	13010	1682	2507	590	8438	56.7

9-8　农作物播种面积和产量（2020年）

项　　目	播种面积（万公顷）	单　　产（千克/公顷）	总产量（万　吨）
合　　计	**48.44**		
一、粮食作物	**34.48**	**6142**	**211.77**
1.谷物	33.12	6253	207.11
稻谷	32.63	6251	203.97
早稻	13.93	5482	76.36
晚稻	18.70	6824	127.61
一晚	4.27	7632	32.59
二晚	14.43	6585	95.02
小麦			
杂谷			
2.豆类	0.74	1946	1.44
#大豆	0.64	2016	1.29
3.薯类	0.62	25919	16.07
二、经济作物	**13.96**		
#棉花	0.11	1314	0.14
油料	7.18	1629	11.7
花生	1.57	3396	5.33
油菜籽	4.95	1173	5.81
芝麻	0.66	847	0.56
甘蔗	0.1	42039	4.36
蔬菜	4.19	31613	132.35
瓜果类	0.4	24405	9.79
其他类	1.88		

9-9 农作物播种

项　目	全市	东湖区	西湖区	青云谱区	青山湖区	新建区
合　　计	**484360**	**2025**			**1412**	**116662**
一、粮食作物	**344800**	**290**			**1260**	**87800**
1.谷物	331200	290			1260	83489
稻谷	326300	290			1260	83490
早稻	139300	81			473	35416
晚稻	187000	209			786	48074
一晚	42700	123			370	12609
二晚	144300	86			416	35465
小麦						
杂谷						
2.豆类	7400					1760
#大豆	6400					1598
3.薯类	6200					2555
二、经济作物	**139560**	**1735**			**152**	**28862**
#棉花	1057					159
油料	71823					16247
花生	15699					4228
油菜籽	49535					11687
芝麻	6589					332
药材	956					
甘蔗	1036					76
蔬菜	41866	1735			152	6491
瓜果类	4012					676
其他类	18810					5213

面积（分县区，2020年）

单位：公顷

红谷滩区	南昌县	安义县	进贤县	经济开发区	高新开发区	湾里管理局
2700	**159225**	**49919**	**130979**	**1060**	**17559**	**2819**
1590	**121480**	**26920**	**86780**	**730**	**15940**	**2010**
1580	119968	24906	81276	710	15840	1908
1580	119906	24313	77025	710	15830	1908
330	52098	7571	36588	40	6440	275
1250	67808	16742	40437	680	9390	1633
930	12571	8116	3558	610	2460	1323
320	55237	8626	36879	70	6930	310
10	805	370	4302		70	60
10	451	208	4130		10	16
	707	1644	1203	10	30	43
1110	**37745**	**22999**	**44199**	**330**	**1619**	**809**
		848	49	1		
560	12493	10913	31047	83	276	204
315	1032	1230	8816	20	38	20
133	11423	9475	16369	63	211	174
112	38	208	5862		27	10
			893	49		14
	354	55	532		19	
550	15345	8728	7243	172	1213	237
	775	701	1747	7	91	15
	8778	1754	2688	18	20	339

9-10 农作物总

项 目	全市	东湖区	西湖区	青云谱区	青山湖区	新建区
一、粮食作物	**2117700**	**1500**			**7084**	**517707**
1.谷物	2071100	1500			7084	502542
稻谷	2039700	1500			7084	502542
早稻	763600	271			2567	169992
晚稻	1276100	1229			4517	332550
一晚	325900	721			2255	95135
二晚	950200	508			2262	237415
小麦						
杂谷						
2.豆类	14400					3867
#大豆	12900					3635
3.薯类	160700					56488
二、经济作物						
#棉花	1389					103
油料	117004					26306
花生	53321					16942
油菜籽	58102					9078
芝麻	5581					286
药材						
甘蔗	43552					2538
蔬菜	1323530	55671			3868	140015
瓜果类	97913					18553
其他类						

产量（分县区，2020年）

单位：吨

红谷滩区	南昌县	安义县	进贤县	经济开发区	高新开发区	湾里管理局
9421	**789792**	**208500**	**492000**	**3579**	**76209**	**11909**
9397	782913	197508	478947	3433	76039	11758
9397	782570	192372	453115	3433	75941	11758
1374	295341	56443	210549	85	25505	1485
8023	487229	135929	242565	3348	50436	10273
6439	100839	70602	24415	3013	14040	8411
1584	386389	65327	218150	335	36396	1862
24	2002	1046	7296	15	125	69
24	1353	746	7104	15	14	22
	24385	49730	28785	655	222	412
		1252	33	1		
1302	17855	21903	48868	97	410	263
1042	4329	3034	27838	31	84	21
243	13425	18659	16098	66	306	227
17	101	210	4932		20	15
	17433	4286	18630		665	
14813	669098	202563	195478	2846	36168	3010
	24770	20697	31331	260	2082	220

9-11 茶叶、水果生产情况

项　目	2019	2020	2020年比上年增长%
一、产量(吨)			
茶　叶	1843	1868	1.4
#红　茶	31	31	
绿　茶	1800	1825	1.4
园林水果	41925	42364	1.1
#柑　桔	22917	22832	-0.4
梨　子	2649	2742	3.5
桃　子	2030	2170	6.9
二、年末茶园面积(公顷)	**1445**	**1443**	**-0.1**
#当年采摘	1353	1338	-1.1
当年新增	80	1	-98.8
三、年末果园面积(公顷)	**6928**	**7029**	**1.5**
#当年新增	209	119	-43.1

9-12 茶叶、水果产量（分县区，2020年）

单位：吨

地　　区	茶叶	#红茶	绿茶	园林水果	#柑桔	梨
合　　计	**1 868**	**31**	**1 825**	**42 364**	**22 832**	**2 742**
新 建 区	11		1	3 871	1 763	214
红 谷 滩 区	10		10	154	154	
南 昌 县	826	17	809	5 351	4 519	534
安 义 县	1			12 432	3 583	1 279
进 贤 县	844	14	830	16 072	10 899	705
经济开发区	125		125	250	100	
高新开发区				2 097	1 814	
湾里管理局	51		50	2 137		10

9-13 茶园、果园面积（分县区，2020年）

单位：公顷

地 区	茶 园	果 园		
			#柑 桔	梨
合 计	**1443**	**7029**	**3877**	**744**
新 建 区	33	491	272	33
红 谷 滩 区	43	6	6	
南 昌 县	168	374	291	46
安 义 县	1	1850	442	418
进 贤 县	609	3915	2732	245
经济开发区	60	16	6	
高新开发区		176	128	
湾里管理局	529	201		2

9-14 林业生产情况

项　　目	2020	2019	2020年比上年增长%
一、当年荒山荒(沙)地造林面积(公顷)	904	930	2.9
#用　材　林	23	60	160.9
经　济　林	657	680	3.5
防　护　林	224	190	-15.2
二、飞播造林面积(公顷)			
三、当年新封山(沙)育林面积(公顷)	1000	640	-36.0
四、森林改培面积(公顷)			
五、森林抚育面积(公顷)	4303	9568	122.4
六、人工更新面积(公顷)			
七、封山育林面积(公顷)			
八、零星(四旁)植树(万株)			
九、育苗面积(公顷)			
十、主要产品产量			
油　桐　籽(吨)			
油　茶　籽(吨)	8514	9567	12.4
板　　栗(吨)	10		
棕　　片(吨)			
松　　脂(吨)			
木材采伐(万立方米)	1.44	1.53	6.3
竹材采伐(万根)	6.00	3.06	-49.0

项　　目	全　市	东湖区	西湖区	青云谱区	青山湖区	新建区
一、出栏肉猪头数(万头)	145.52					36.90
出售和自宰肉用牛(头)	74704					13547
出售和自宰肉用羊(只)	45195					15245
出售和自宰肉用兔(只)						
出售和自宰肉用禽(万只)	6085.81					1398.79
二、肉类总产量(吨)	244515					57869
猪　　肉	117775					29768
牛　　肉	13941					2489
羊　　肉	725					243
兔　　肉						
禽　　肉	112074					25369
三、牛奶产量(吨)	32441					8818
四、年底养蜂数(箱)						
蜂蜜产量(吨)						
五、禽蛋产量(吨)	138448					24886
六、牛年底数(头)	154260					42043
#能繁殖母牛						
#肉　牛						
奶　牛						
七、猪年底数(万头)	134.33					39.12
#能繁殖母猪(头)	144982					42360
八、羊年底数(只)	32356					10035
九、兔年底数(只)						
十、家禽年底数(万只)	4841.29					1290.55
十一、蚕茧产量(吨)						

情况(分县区，2020年)

红谷滩区	南昌县	安义县	进贤县	经济开发区	高新开发区	湾里管理局
1.59	35.22	19.62	49.30		2.89	
996	25497	4951	28170	1000	503	40
30	6500	14693	7461	679	74	513
8.08	2624.77	300.09	1707.56	4.79	37.23	4.50
1702	81256	22287	77801	287	3213	100
1332	28871	15575	39800		2429	
224	3704	925	6292	187	113	7
1	104	236	119	12	1	9
145	48577	5551	31590	89	670	83
	7874		11787	3962		
108	70711	6255	35301	37	784	366
1963	35989	13102	59966	535	528	134
0.99	36.22	7.56	49.34		1.10	
1140	37158	9182	54100		1042	
391	3120	12764	4795	239	78	934
4.51	1453.10	290.00	1774.45	4.33	18.61	5.74

9-16 牧业生产情况

项　目	2020	2019	2020年比上年增长%
一、肉猪出栏数(万头)	220.97	145.52	51.8
出售和自宰肉用牛(万头)	4.26	7.47	-43.0
出售和自宰肉用羊(只)	25758	45195	-43.0
出售和自宰肉用兔(只)	12143		
出售和自宰肉用禽(万只)	5654.27	6085.81	-7.1
二、肉类总量(万吨)	28.65	24.45	17.2
猪　肉(万吨)	20.09	11.78	70.5
牛　肉(吨)	4249	13941	-69.5
羊　肉(吨)	401	725	-44.7
兔　肉(吨)	22		
禽　肉(万吨)	8.00	11.21	-28.6
三、牛奶产量(万吨)	2.41	3.24	-25.6
四、年底养蜂数(箱)	4166		
蜂蜜产量(吨)	171		
五、禽蛋产量(万吨)	15.77	13.84	13.9
六、牛年底数(万头)	11.89	15.43	-22.9
#能繁殖母牛	6.66		
#肉　牛	9.64		
奶　牛	1.15		
七、猪年底数(万头)	73.68	134.33	-45.2
#能繁殖母猪	8.18	14.50	-43.6
八、羊年底数(只)	25332	32356	-21.7
九、兔年底数(只)	6651		
十、家禽年底数(万只)	3227.31	4841.29	-33.3
十一、蚕茧产量(吨)			

9-17 渔业生产情况

项　　目	2019	2020	2020年比上年增长%
一、渔业乡(个)	3	2	-33.3
二、渔业村(个)	25	16	-36.0
三、渔业户(万户)	2.69	2.24	-16.8
四、渔业人口(万人)	11.85	11.00	-7.2
五、渔业从业人员(万人)	7.56	6.67	-11.8
专业从业人员(万人)	3.93	3.23	-17.7
#捕　　捞	0.71		
养　　殖	2.69	2.69	0.1
兼业从业人员(万人)	2.46	2.26	-8.0
六、已养殖面积(万亩)	80.39	76.46	-4.9
#池　　塘	23.79	26.63	11.9
水　　库	6.89	5.45	-21.0
湖　　泊	43.49	39.51	-9.1
七、养殖单产(千克/亩)	466	533	14.4
#池　　塘	1000	1028	2.8
水　　库	369	387	5.1
湖　　泊	168	168	0.3
八、水产品总产量(万吨)	41.00	41.87	2.1
#养　　殖	37.45	40.75	8.8
#池　　塘	23.79	27.38	15.1
水　　库	2.54	2.11	-16.9
湖　　泊	7.29	6.65	-8.8
#鱼　　类	34.86	36.36	4.3
甲　壳　类	3.64	3.97	9.2
贝　　类	2.04	1.10	-46.0
九、珍珠产量(吨)	4.00		
十、鱼苗产量(亿尾)	31.35	32.14	2.5
十一、鱼种产量(吨)	41518	43306	4.3

注:本表数据来源于市农业农村局，2019年数据为调整后的数据。

9-18 渔业生产

项 目	全 市	东湖区	青云谱区	青山湖区	新建区
一、渔业乡(个)	2				
二、渔业村(个)	16				
三、渔业户(万户)	2.24			0.01	0.26
四、渔业人口(万人)	11.00			0.06	0.93
五、渔业从业人员(万人)	6.67	0.01		0.05	0.54
专业从业人员(万人)	3.23	0.01		0.03	0.36
#捕 捞					
养 殖	2.69	0.01		0.03	0.24
兼业从业人员(万人)	2.26			0.02	0.13
六、已养殖面积(万亩)	76.46	0.19		0.18	8.16
#池 塘	26.63	0.19		0.18	4.30
水 库	5.45				1.29
湖 泊	39.51				1.23
七、养殖单产(千克/亩)	533	595		699	1159
#池 塘	1028	595		699	1326
水 库	387				688
湖 泊	168				716
八、水产品总产量(万吨)	41.87	0.11		0.12	9.76
#养 殖	40.75	0.11		0.12	9.46
#池 塘	27.38	0.11		0.12	5.70
水 库	2.11				0.89
湖 泊	6.65				0.88
#鱼 类	36.36	0.11		0.12	7.88
甲 壳 类	3.97				1.68
贝 类	1.10				0.18
九、珍珠产量(吨)					
十、鱼苗产量(亿尾)	32.14				8.41
十一、鱼种产量(吨)	43306				6716

注:本表数据来源于市农业农村局。

情况（分县区，2020年）

红谷滩区	南昌县	安义县	进贤县	经济开发区	高新开发区	湾里管理局
			2			
			13	3		
0.00	1.07	0.13	0.59	0.02	0.16	0.00
0.00	3.84	0.59	5.09	0.07	0.39	0.02
0.00	2.96	0.41	2.44	0.03	0.20	0.01
0.00	1.87	0.21	0.63	0.03	0.10	0.01
0.00	1.60	0.16	0.57	0.02	0.07	0.00
0.00	0.83	0.18	1.01	0.00	0.07	0.01
0.05	17.16	3.91	44.75	0.59	1.30	0.17
0.05	12.40	2.42	5.37	0.39	1.30	0.03
	0.14	1.44	2.35	0.08		0.15
	1.72		36.56			
767	830	851	279	490	493	202
767	986	1253	977	647	493	504
	254	188	374	192		144
	83		154			
0.03	14.52	3.38	12.92	0.29	0.69	0.04
0.03	14.25	3.32	12.48	0.29	0.64	0.04
0.03	12.22	3.04	5.24	0.25	0.64	0.01
	0.04	0.27	0.88	0.02		0.02
	0.14		5.62			
0.03	13.01	3.08	11.10	0.29	0.69	0.03
	1.20	0.05	1.04		0.00	
	0.16	0.19	0.58			
	8.98	2.45	12.30			
44	22475	3701	9570		780	20

9-19 农业经济

项　目	全市	东湖区	西湖区	青云谱区	青山湖区
农业劳动力创造农林牧渔业总产值(元/人)	65312	186			76
农业劳动力创造农林牧渔业增加值(元/人)	39316	106			48
农业劳动力创造农林牧渔业商品产值(元/人)	50695	141			62
农业劳动力生产农产品(千克/人)					
粮　　食	3444	2			12
棉　　花	2				
油　　料	190				
肉　　类	3976				
水 产 品	1				

效益（分县区，2020年）

新建区	红谷滩区	南昌县	安义县	进贤县	经济开发区	高新开发区	湾里管理局
19394	460	19673	4252	19052	406	1060	752
11602	260	11805	2534	11672	222	656	409
14787	337	16031	3078	14788	335	710	427
842	15	1284	339	800	6	124	19
0			2	0	0		
43	2	29	36	79	0	1	0
941	28	1321	362	1265	5	52	2
0		0	0	0		0	

9-20 主要农业机械年末拥有量

项　　目	2019	2020	2020年比上年增长%
一、农业机械总动力（万千瓦）	**268.48**	**279.53**	**4.1**
#柴油发动机动力	207.85	218.66	5.2
汽油发动机动力	15.53	15.53	
电动机动力	45.08	45.31	0.5
二、主要农业机械与设备			
大中型拖拉机(混合台)	9638	10994	14.1
大中型拖拉机(万千瓦)	49.48	58.03	17.3
小型拖拉机(混合台)	64213	62045	-3.4
小型拖拉机(万千瓦)	70.70	68.32	-3.4
大中型拖拉机配套农具(部)	8460	9702	14.7
小型拖拉机配套农具(部)	57006	57262	0.4
农用排灌动力机械(台)			
农用排灌动力机械(万千瓦)			
#柴油机(台)			
柴油机(万千瓦)			
电动机(台)			
电动机(万千瓦)			
农用水泵(台)	37309	37309	
节水灌溉类机械(套)	237	252	6.3
联合收获机(台)	6474	6913	6.8
机动割晒机(台)			
机动脱粒机(台)	4821	4803	-0.4

注:本表数据来源于市农业农村局。

9-21 农业机耕、水电、化肥、水利情况

项 目	2019	2020	2020年比上年增长%
一、农业机械化情况			
当年实际机耕面积(千公顷)	362.72	391.15	7.8
当年实际机播面积(千公顷)	151.26	172.88	14.3
当年实际机收面积(千公顷)	334.08	357.65	7.1
当年实际机电灌溉面积(千公顷)	149.31	157.48	5.5
二、农业电气化情况			
农村用电量(万千瓦小时)	140028	145700	4.1
乡镇村办水电站个数(个)			
发电能力(千瓦)			
三、农业化学化情况			
化肥施用量(实物量)(万吨)	34.75	34.01	-2.1
氮 肥	7.60	7.51	-1.3
磷 肥	5.78	5.71	-1.2
钾 肥	4.17	4.10	-1.7
复 合 肥	17.20	16.70	-2.9
化肥施用量(折纯量)(万吨)	13.27	12.97	-2.3
氮 肥	2.77	2.74	-1.3
磷 肥	1.83	1.81	-1.1
钾 肥	1.87	1.84	-1.8
复 合 肥	6.79	6.58	-3.1
农用塑料薄膜使用量(吨)	1870	1871	0.1
#地膜使用量(吨)	954	959	0.5
地膜覆盖面积(公顷)	7196	7217	0.3
农药使用量(吨)	3296	3219	-2.3
农用柴油使用量(吨)	33361	33501	0.4
四、农业水利化情况			
总灌溉面积(千公顷)	196.58	196.62	持平

9-22 农业电气化情况（分县区，2020年）

地　区	农村用电量 （万千瓦小时）	乡镇村办水电站个数 （个）	水电站发电能力 （千瓦）
合　计	**145700**		
东 湖 区	1820		
西 湖 区			
青云谱区	1870		
青山湖区	22108		
新 建 区	18432		
红谷滩区	1526		
南 昌 县	46689		
安 义 县	5335		
进 贤 县	29880		
经济开发区	4226		
高新开发区	11855		
湾里管理局	1959		

9-23　农业水利化情况（分县区，2020年）

地　区	总灌溉面积（千公顷）	耕地灌溉面积（有效灌溉面积）（千公顷）	林地灌溉面积（千公顷）	园地灌溉面积（千公顷）
合　计	**196.62**	**189.94**	**4.52**	**2.16**
东 湖 区	0.01	0.01		
青山湖区	10.50	8.99		1.51
新 建 区	38.34	37.04	0.65	0.65
南 昌 县	73.64	69.77	3.87	
安 义 县	18.82	18.82		
进 贤 县	52.59	52.59		
湾里管理局	2.72	2.72		

注:本表数据来源于市水利局。

9-24 农业化学化

地　区	化肥施用量（实物量）	氮　肥	磷　肥	钾　肥
合　计	**340090**	**75050**	**57069**	**40993**
东湖区	628	133	140	175
西湖区				
青云谱区				
青山湖区	977	208	541	102
新建区	90184	10018	12691	5607
红谷滩区	4186	1513	1435	682
南昌县	110523	22612	14298	16620
安义县	31839	9179	9091	6304
进贤县	87916	27277	16810	10185
经济开发区	3266	1160	851	438
高新开发区	8915	2625	896	640
湾里管理局	1656	325	316	240

情况（分县区，2020年）

单位:吨

复合肥	化肥施用量（折纯量）	氮　　肥	磷　　肥	钾　　肥	复合肥
166978	**129655**	**27351**	**18140**	**18392**	**65772**
180	266	57	62	79	68
126	269	57	110	50	52
61868	29925	4603	2539	2574	20209
556	1396	462	410	326	198
56993	50563	7131	6850	8226	28356
7265	15009	4319	4135	3142	3413
33644	28666	9711	3597	3583	11775
817	790	270	176	142	202
4754	2153	635	192	161	1165
775	618	106	69	109	334

9-25 水利灌溉设施

(年末数)

项　目	2019	2020
一、水利工程数量		
水库数量(座)	485	477
其中：大(1)型		
大(2)型		
中　型	8	8
小(1)型	68	67
小(2)型	409	402
塘坝数量(座)	3616	3621
窖池数量(座)	282	282
水电站数量(座)	8	4
泵站数量(处)	3176	3176
水闸数量(座)	2661	2663
农村集中式供水工程数量(处)	268	252
机电井数量(眼)	173964	152444
二、灌溉面积(千公顷)		
总灌溉面积	196.58	196.62
#耕地灌溉面积(有效灌溉面积)	189.90	189.94
新增耕地灌溉面积	0.10	0.04
减少耕地灌溉面积		
实际耕地灌溉面积	180.78	180.82

注:本表数据来源于市水利局。

9-26　主要年份农作物受灾情况

单位：公顷

年份	受灾面积				
		旱灾	水灾	病虫灾	其他
2000	36968	13403	4917		18648
2010	189127		127492		61635
2011	91065	33590	53163		4312
2012	23356		22460		896
2013	35048	21295	13506		269
2014	22028		18934		3094
2015	24524		23684		840
2016	24474		24061		413
2017	21613		19641		1972
2018	12398	7115	2428		2855
2019	46391	26842	19382		167
2020	80768		80428		340

9-26 续表

单位：公顷

年份	成灾面积	旱灾	水灾	病虫灾	其他
2000	30974	11402	3044		16528
2010	100526		72549		27977
2011	37456	13200	21816		2440
2012	11657		10861		791
2013	9906	7134	2794		
2014	8003		6826		1177
2015	14667		14667		
2016	9796		9783		13
2017	11503		9536		1967
2018	8258	4885	1597		1776
2019	12709	5636	6969		104
2020	47149		46842		37

注：本表数据来源于市应急管理局。

9-27 农村扶贫对象分布情况（未脱贫）

单位：人

地　区	2019	2020
南昌市	1822	0
新建区	523	0
南昌县	143	0
安义县	366	0
进贤县	713	0
湾里管理局	77	0

注：本表数据由市扶贫办提供，2019年数据截止时间为2020年2月。

9-28 生猪调出奖励大县农村经济情况（2020年）

项　目	新建区	南昌县	进贤县
农作物总播种面积(公顷)	116662	159225	130979
#粮　食	87800	121480	86780
粮食总产量(吨)	517707	789792	492000
棉花总产量(吨)	103		33
油料总产量(吨)	26306	17855	48868
肉类总产量(吨)	57869	81256	77801
农业机械总动力(万千瓦)	82.67	104.08	72.93
有效灌溉面积(公顷)	37.04	69.77	52.59
化肥施用量(折纯量，吨)	29925	50563	28666
农村用电量(万千瓦小时)	18432	46689	29880
农林牧渔业总产值(当年价格)(万元)	1192599	1209754	1171551

主要统计指标解释

农林牧渔业总产值 指以货币表现的农、林、牧、渔业全部产品和对农林牧渔业生产活动进行的各种支持性服务活动的价值总量，它反映一定时期内农林牧渔业生产总规模和总成果。1957年以前的农林牧渔业总产值中包括了厩肥和农民自给性手工业（如农民自制衣服、鞋、袜，自己从事粮食初步加工等）。1958年及以后，林业中增加了村及村以下竹木采伐产值；牧业中取消了厩肥产值；副业中取消了农民自给性手工业产值，增加了村及村以下办的工业产值；渔业中增加了海洋捕捞水产品产值。1980年及以后，在副业中增加了农民家庭兼营工业商品部分的产值。从1984年起村及村以下工业产值划归工业。从1993年起取消副业，将野生动物的捕猎划入牧业、野生植物采集和农民家庭兼营商品性工业划归农业。从2003年起，执行新的国民经济行业分类标准，农林牧渔业总产值中包括了农林牧渔服务业产值。林业中增加了森林采运业产值。农业中取消了家庭兼营商品性工业产值，将野生林产品的采集划归林业。

农林牧渔业总产值的计算方法通常是按农、林、牧、渔业产品及其副产品的产量分别乘以各自单位产品价格求得；少数生产周期较长，当年没有产品或产品产量不易统计的，则采用间接方法框算其产值。

农林牧渔业增加值 指各种经济类型的农业生产单位和农户从事农业生产经营活动所提供的社会最终产品的货币表现。增加值的计算方法有两种，一是生产法：农林牧渔业增加值=农林牧渔业总产值一农林牧渔业中间消耗；二是分配法：农林牧渔业增加值=固定资产折旧+劳动者报酬+生产税净额+营业盈余。

粮食产量 指全社会的产量。包括国有经济经营的、集体统一经营的和农民家庭经营的粮食产量，还包括工矿企业办的农场和其他生产单位的产量。粮食除包括稻谷、小麦、玉米、高粱、谷子及其他杂粮外，还包括薯类和豆类。其产量计算方法，豆类按占豆荚后的干豆计算；薯类（包括甘薯和马铃薯，不包括芋头和木薯）1963年以前按每4公斤鲜薯折1公斤粮食计算，从1964年开始改为按5公斤鲜薯折1公斤粮食计算。城市郊区作为蔬菜的薯类（如马铃薯等）按鲜品计算，并且不作粮食统计。其他粮食一律按脱粒后的原粮计算。

油料产量 指全部油料作物的生产量。包括花生、油菜籽、芝麻、向日葵籽、胡麻籽（亚麻籽）和其他油料。不包括大豆、木本油料和野生油料。花生以带壳干花生计算。

水产品产量 指人工养殖的水产品和天然生长的水产品的捕捞量。包括海水的鱼类、虾蟹类、贝类和藻类以及内陆水域的鱼类、虾蟹类和贝类，不包括淡水生植物。水产品产量是通过各级水产和统计部门逐级上报取得数据。1995年及以前，贝类中牡蛎按鲜肉计算；蚶、蛤、蛙5公斤鲜品折1斤计算。1996年以后则统一按鲜品计算。

猪、牛、羊肉产量 指当年出栏并已屠宰、除去头蹄下水后带骨肉（即胴体重）的重量。包括全社会范围内的产量。

期初（末）畜禽存栏头（只）数 指报告期初（末）农村各种合作经济组织和国营农场、农民个人、机关、团体、学校、工矿企业、部队等单位以及城镇居民饲养的大牲畜、猪、羊、家禽等畜禽的存栏数。

耕地面积 指可以用来种植农作物、经常进行耕锄的田地，包括熟地、当年新开荒地、连续撂荒未满三年的耕地和当年的休闲地（轮歇地），还包括以种植农作物为主并附带种植桑树、茶树、果树和其他林木的土地，以及沿海、沿湖地区已围垦利用的“海涂”“湖田”等面积。但不包括属于专业性的桑园、茶园、果园、果木苗圃、林地、芦苇地、天然或人工草地面积。

农作物播种面积 指实际播种或移植有农作物的面积。凡是实际种植有农作物的面积，不论种植在耕地上还是种植在非耕地上，均包括在农作物播种面积中。在播种季节基本结束后，因遭灾而重新改种和补种的农作物面积，也包括在内。它是反映耕地面积利用情况的一个重要指标。

有效灌溉面积 指具有一定的水源，地块比较平整，灌溉工程或设备已经配套，在一般年景下当年能够进行正常灌溉的耕地面积。在一般情况下，有效灌溉面积应等于灌溉工程或设备已经配套，能够进行正常灌溉的水田和水浇地面积之和。它是反映耕地抗旱能力的一个重要指标。

农用化肥施用量 指本年内实际用于农业生产的化肥数量，包括氮肥、磷肥、钾肥和复合肥。化肥施用量要求按折纯量计算数量。折纯量是指把氮肥、磷肥、钾肥分别按含氮、含五氧化二磷、含氧化钾的 100%成分进行折算后的数量。复合肥按其所含主要成分折算。公式为:

折纯量=实物量 × 某种化肥有效成分含量的百分比

农业机械总动力 指主要用于农、林、牧、渔业的各种动力机械的动力总和。包括耕作机械、排灌机械、收获机械、农用运输机械、植物保护机械、牧业机械、林业机械、渔业机械和其他农业机械［内燃机按引擎马力折成瓦（特）计算、电动机按功率折成瓦（特）计算］。不包括专门用于乡、镇、村、组办工业、基本建设、非农业运输、科学试验和教掌等非农业生产方面用的动力机械与作业机械。这个指标的统计数据主要来源于农机部门。

乡村从业人员 指乡村人口中劳动年龄（16 周岁）以上实际参加生产经营活动并取得实物或货币收入的人员，包括劳动年龄内经常参加劳动的人员，也包括超过劳动年龄但经常参加劳动的人员。但不包括户口在家的在外学生、现役军人和丧失劳动能力的人，也不包括待业人员和家务劳动者。从业人员按从事主业时间最长（时间相同按收入）分为农业从业人员、工业从业人员、建筑业从业人员、交运仓储及邮政业从业人员、批零贸易和餐饮业从业人员、其他从业人员。

十、工　　业

INDUSTRY

本篇内容包括：

1. 规模以上工业企业单位数
2. 工业增加值、总产值
3. 主要工业产品产量
4. 规模以上工业企业经济指标
5. 工业园区主要指标

规模以上工业营业收入

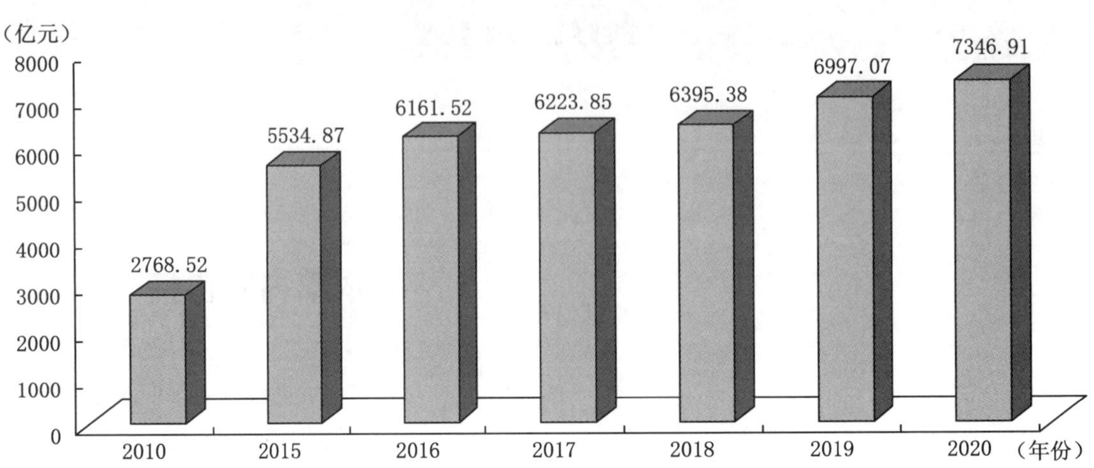

注：规模以上工业营业收入 2018 年及以前为主营业务收入数据。

2020年规模以上工业增加值构成

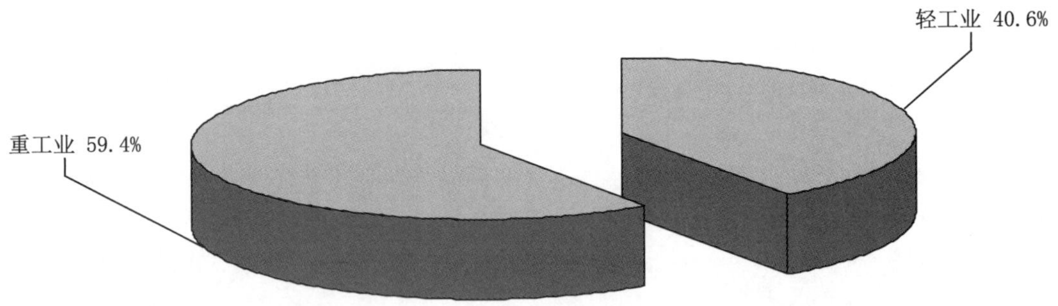

10-1 规模以上工业企业单位数（2020年）

类　　别	企业单位数(户)	#亏损企业
总　　计	**1553**	**268**
按登记注册类型分		
国有企业	9	3
集体企业	2	1
股份合作企业	7	2
股份制企业	1417	229
外商及港澳台商投资企业	116	33
其他经济类型企业	2	
#国有控股企业	108	23
按隶属关系分		
中央企业	23	1
地方企业	1530	267
按轻、重工业分		
轻工业	726	110
重工业	827	158
按企业规模分		
大型企业	47	12
中型企业	144	19
小型企业	1362	237

10-1　续表1

类　别	企业单位数(户)	#亏损企业
按工业行业分		
非金属矿采选业	1	
农副食品加工业	88	21
食品制造业	33	8
酒、饮料和精制茶制造业	16	1
烟草制品业	1	
纺织业	69	11
纺织服装、服饰业	239	25
皮革、毛皮、羽毛及其制品和制鞋业	14	3
木材加工和木、竹、藤、棕、草制品业	19	2
家具制造业	9	
造纸和纸制品业	20	2
印刷和记录媒介复制业	27	6
文教、工美、体育和娱乐用品制造业	14	
石油、煤炭及其他燃料加工业	7	1
化学原料和化学制品制造业	49	7
医药制造业	65	12
化学纤维制造业	2	
橡胶和塑料制品业	57	7
非金属矿物制品业	133	20
黑色金属冶炼和压延加工业	18	1
有色金属冶炼和压延加工业	78	9

10-1 续表2

类　　别	企业单位数（户）	#亏损企业
金属制品业	94	12
通用设备制造业	61	12
专用设备制造业	65	11
汽车制造业	106	25
铁路、船舶、航空航天和其他运输设备制造业	12	1
电气机械和器材制造业	80	20
计算机、通信和其他电子设备制造业	104	40
仪器仪表制造业	13	3
其他制造业	6	1
废弃资源综合利用业	10	2
电力、热力生产和供应业	19	2
燃气生产和供应业	11	2
水的生产和供应业	13	1
按地区分		
西 湖 区	2	
青云谱区	31	3
青山湖区	258	23
新 建 区	175	32
南 昌 县	334	60
安 义 县	180	11
进 贤 县	168	12
经济开发区	220	66
高新开发区	187	55
湾里管理局	26	9

注：本表总计数为集团公司按总部所在地统计，县区数据为集团公司按子公司所在地统计。

10-2 规模以上工业企业增加值

类　别	2019年比2018年增长(%)	2020年比2019年增长(%)
总　计	**8.5**	**4.7**
按登记注册类型分		
国有企业	8.6	-23.5
集体企业	-11.0	-18.7
股份合作企业	50.8	33.0
股份制企业	8.9	4.6
外商及港澳台商投资企业	5.4	5.9
其他经济类型企业	38.9	18.5
#国有控股企业	5.1	6.8
按隶属关系分		
中央企业	11.2	8.3
地方企业	7.7	3.4
按轻、重工业分		
轻工业	7.6	0.0
重工业	9.0	8.0
按企业规模分		
大型企业	2.0	5.0
中型企业	22.3	7.5
小型企业	12.4	1.6
按工业行业分		
黑色金属矿采选业	854.6	-3.1
有色金属矿采选业	18.2	12.8
非金属矿采选业		-56.5
农副食品加工业	-8.3	2.1
食品制造业	1.5	0.4
酒、饮料和精制茶制造业	15.2	-2.4
烟草制品业	8.2	3.0
纺织业	0.3	10.9
纺织服装、服饰业	10.2	-27.1
皮革、毛皮、羽毛及其制品和制鞋业	16.2	13.1
木材加工和木、竹、藤、棕、草制品业	10.0	-1.2
家具制造业	64.8	-42.9
造纸和纸制品业	33.7	14.4

10-2 续表

类　　别	2019年比2018年增长（%）	2020年比2019年增长（%）
印刷和记录媒介复制业	10.4	0.2
文教、工美、体育和娱乐用品制造业	-54.4	5.8
石油、煤炭及其他燃料加工业	-25.8	6.1
化学原料和化学制品制造业	37.5	45.8
医药制造业	19.4	-5.7
化学纤维制造业	14.5	50.9
橡胶和塑料制品业	52.5	15.1
非金属矿物制品业	8.6	1.6
黑色金属冶炼和压延加工业	-6.9	5.0
有色金属冶炼和压延加工业	4.1	7.0
金属制品业	19.4	5.5
通用设备制造业	9.9	-4.4
专用设备制造业	19.2	1.8
汽车制造业	-9.7	-2.7
铁路、船舶、航空航天和其他运输设备制造业	-16.7	146.3
电气机械和器材制造业	25.8	9.1
计算机、通信和其他电子设备制造业	15.1	8.0
仪器仪表制造业	-39.3	-15.3
其他制造业	214.2	-1.0
废弃资源综合利用业	34.1	25.8
电力、热力生产和供应业	10.3	4.9
燃气生产和供应业	18.4	-26.9
水的生产和供应业	11.4	14.6
按地区分		
西 湖 区	8.1	6.2
青云谱区	7.5	3.9
青山湖区	8.0	2.0
新 建 区	8.5	1.3
南 昌 县	8.6	4.7
安 义 县	8.5	5.2
进 贤 县	7.8	-1.5
经济开发区	8.3	5.7
高新开发区	9.1	6.8
湾里管理局	8.2	4.7

10-3 各县区规模以上工业

分 类	全 市	西 湖 区	青云谱区	青山湖区
总 计	**1 553**	**2**	**31**	**258**
按登记注册类型分				
国有企业	9		1	1
集体企业	2			1
股份合作企业	7			2
股份制企业	1 417	2	28	243
外商及港澳台商投资企业	116		2	10
其他经济类型企业	2			1
#国有控股企业	108	2	9	6
按隶属关系分				
中央企业	23		1	1
地方企业	1 530	2	30	257
按轻、重工业分				
轻工业	726		14	214
重工业	827	2	17	44
按企业规模分				
大型企业	47	1	2	2
中型企业	144		5	18
小型企业	1 362	1	24	238

企业单位数（2020年）

单位：户

新建区	南昌县	安义县	进贤县	经济开发区	高新开发区	湾里管理局
175	**334**	**180**	**168**	**220**	**187**	**26**
7	3			3	1	
				1		
2	1					2
159	303	178	163	191	143	23
7	27	2	5	24	43	1
				1		
25	27	4	2	31	22	1
6	2			6	6	
169	332	180	168	214	181	26
85	131	48	89	76	54	15
90	203	132	79	143	133	11
	5		3	13	21	
25	40	11	9	27	24	1
150	289	169	156	180	142	25

10-4 各县区规模以上工业

分　类	全　市	西湖区	青云谱区	青山湖区
总　计	**5.2**	**6.5**	**13.2**	**-1.6**
按登记注册类型分				
国有企业	-22.9		9.9	-9.0
集体企业	-17.2			-14.1
股份合作企业	59.2			-20.4
股份制企业	5.6	6.5	13.3	-1.9
外商及港澳台商投资企业	2.0		-9.6	3.5
其他经济类型企业	20.4			11.9
#国有控股企业	5.9	6.5	14.2	2.8
按隶属关系分				
中央企业	7.3		-6.5	2.2
地方企业	4.7	6.5	14.5	-1.6
按轻、重工业分				
轻工业	2.9		-7.7	-22.3
重工业	6.3	6.5	15.4	10.2
按企业规模分				
大型企业	6.0	6.6	14.6	13.6
中型企业	5.5		-0.2	-19.1
小型企业	3.2	1.3	1.3	-15.8

企业总产值增速（2020年）

单位：%

新建区	南昌县	安义县	进贤县	经济开发区	高新开发区	湾里管理局
-1.1	**6.2**	**9.2**	**1.5**	**4.0**	**12.7**	**18.9**
27.2	3.9			-25.2	-12.0	
				-20.6		
1.9	-14.2					85.1
-3.5	2.9	9.2	1.3	4.1	18.0	-6.9
9.3	19.5	7.6	4.0	6.3	-12.8	26.5
				21.5		
24.6	-0.2	-4.7	19.0	15.3	10.5	-0.5
37.4	0.7			35.8	3.7	
-4.8	6.2	9.2	1.5	1.6	14.5	18.9
-1.9	4.0	10.9	1.9	2.0	8.7	-8.6
-3.8	8.4	8.9	1.2	4.0	15.9	29.4
	13.5		17.7	-2.4	11.7	
0.2	8.9	6.0	-10.0	21.6	12.1	15.4
-3.8	1.7	10.6	1.2	6.9	19.3	19.7

10-5 工 业 产 品 产 量 (2020年)

品　　名	2020年	2020年比上年增长(%)
大 米(万吨)	241.55	-3.6
饲　料 (万吨)	1339.97	15.3
乳制品 (万吨)	4.95	-12.6
罐　头 (万吨)	1.61	25.9
饮　料 (万吨)	257.83	-2.2
白　酒 (万千升)	4.10	-50.9
啤　酒 (万千升)	24.30	-8.9
卷　烟 (亿支)	630.71	-1.1
纱 (万吨)	14.83	8.8
印 染 布 (万米)	12133.00	21.3
口　罩(亿只)	42.44	2861.1
服　　装 (万件)	28006.40	-36.2
机制纸及纸板 (万吨)	66.80	2.4
化学药品原药 (吨)	1533.40	21.8
中 成 药 (吨)	21304.30	-19.7
塑料制品 (吨)	52013.80	5.1
水　　泥 (万吨)	848.10	1.9
玻璃保温容器 (万个)	133.00	-7.6
耐火材料制品 (吨)	365.00	31.4

10-5 续表

品　　名	2020年	2020年比上年增长(%)
生铁（万吨）	358.90	18.0
粗钢（万吨）	421.68	15.0
钢材（万吨）	490.28	16.3
棒材	68.41	9.1
钢筋	268.48	22.9
线材	87.84	2.7
工业锅炉（蒸发量吨）	1460.00	-16.8
金属切削机床（台）	62.00	-56.9
#数控机床	13.00	-75.0
气体压缩机（万台）	1265.92	-8.8
矿山专用设备（吨）	26676.00	12.7
小型拖拉机（台）	7774.00	-0.4
汽车（万辆）	38.81	13.8
#载货汽车	23.88	28.0
交流电动机（万千瓦）	102.75	22.3
变压器（万千伏安）	1253.25	13.9
通信及电子网络用电缆（对千米）	656928.00	-2.9
房间空气调节调器（万台）	333.97	-38.4
智能手机(万部)	2155.09	16.0
彩色电视机（万台）	21.33	1.7

10-6 主要工业

年份 地区	纱 (吨)	布 (万米)	机制纸及纸板 (吨)	卷烟 (箱)	水泥 (吨)	生铁 (吨)
1978		7976	32582	131434	66459	43435
1980		12294	43471	156104	86365	
1985	21806	9176	59000	235075	137700	29115
1990	23287	9923	61641	284900	208500	99584
1991	22437	8391	53944	275100	256400	79000
1992	20483	8571	54561	277000	286800	141100
1993	19647	8612	58800	265500	299500	214900
1994	22917	11304	68715	246262	363500	260322
1995	24185	13565	83030	231606	353071	269571
1996	21312	12918	94573	232647	404700	318974
1997	23997	14624	97196	232849	367300	315978
1998	22025	8845	73765	253475	280000	418343
1999	25071	11739	97340	256953	360000	512521
2000	26108	13285	81584	331999	330000	668086
2001	25734	13734	94159	347773	380000	787965
2002	19571	11512	71507	357519	300000	1156589
2003	21478	7879	38704	373359	830000	1247582
2004	34470	9689	24433	382420	2487034	1376691
2005	29829	10920	200811	417131	2883350	1599938
2006	32667	9353	350336	549201	3009909	1800093
2007	33174	9645	343122	540388	3437337	2301400
2008	23934	8692	345595	593699	3762884	2067330
2009	24454	10468	347579	617200	3453229	2290209
2010	30019	12691	370923	662000	3191663	2349595
2011	33401	6838	350932	703000	3124336	2367653
2012	34323	7061	344177	1198000	4049977	2954403
2013	40845	8808	388474	1278000	5148459	3030734
2014	43994	8713	354369	1353000	6844905	3054852
2015	47534	7384	380774	1356000	7661475	3130198
2016	36667	6033	659212	1292200	7475158	3149144
2017	43351	4923	643931	1316534	7620327	3069052
2018	66364	2553	644087	1276030	6930600	3460443
2019	122851	905	652550	1275892	8321316	3042227
2020	148323		668019	1261424	8480967	3589005
西 湖 区						
青云谱区						
青山湖区					840262	3589005
新 建 区	7687				3865834	
南 昌 县					2154627	
安 义 县	131297					
进 贤 县	1880		1518		1620244	
经济开发区	789		666501			
高新开发区				1261424		
湾里管理局	6670					

注：本表总计数为集团公司按总部所在地统计，县区数据为集团公司按子公司所在地统计。

产品产量

粗钢(吨)	钢材(吨)	交流电动机(千瓦)	金属切削机床(台)	汽车(辆)	彩色电视机(台)	智能手机(台)	房间空气调节器(台)
	77481	233511		1523			
	206674			1868	4572		
	253800	354900	1124	4923	178269		
	223270	341840	676	6604	125138		
	262600	401800	921	8836	114700		
	292000	473800	1479	14687	162740		
	342200	567800	1534	21705	163500		
	347444	557514	1328	21407	123200		
	418881	455331	1313	23668	112947		289
	448688	296140	1410	16855	61345		1136
	483591	227566	1404	17340	63115		1820
	565325	168864	998	19258	22675		
	640230	196200	1045	26330	280500		
	808495	205700	1254	27500	182600		
	1012324	245900	1393	37188	299884		
	1411050	369400	1972	51685	414937		
	1568126	496900	2453	64042	635774		
1439918	1908032	772755	2863	73722	704717		436907
2138261	2630435	513237	2186	89294	891068		1666717
2625213	2884050	717515	2087	96666	642238		812041
3000419	3193036	1013175	1781	108743	390635		1362679
2416311	2720937	847055	753	103433	446184		1306308
2522525	3080403	1589641	324	124623	357681		1327249
2569247	3071304	1060721	527	199687	306217		1712105
2618644	3127036	1134751	983	203745	45754		1904143
3283067	3639342	790239	1304	217715	152740	19126453	2803064
3475441	3852158	968606	1279	262220	180607	20450673	3198693
3526646	3736732	535822	1533	316564	195745	14099533	3284302
3542624	3757631	590057	1658	324712	235615	5846321	3728673
3595701	3712859	468322	1512	411025	200543	41554141	3495157
3645581	3819282	481710	1469	440072	235822	33636729	4524762
4203051	4642938	814714	218	412871	218149	40358794	4887605
3667280	4215536	840468	144	399282	209857	31968658	5418435
4216776	4902762	1027538	62	388071	213321	21550887	3339707
				336315			
4216776	4247370						
			49	3368			
	655392			498		3043550	3339707
		1027538	13		213321	18507337	

10-7 规模以上工业

指　　标	2006	2007	2008	2009	2010	2011
企业单位数(户)	902	939	940	1116	1154	968
#亏损企业	121	89	109	90	84	58
资产总计(万元)	8681856	10985418	14067603	16915391	19615369	22846285
流动资产合计(万元)	4175216	5012135		7025769	9064364	10339923
负债总计(万元)	4980976	6151429	8458812	9738016	11389304	13001559
所有者权益(万元)	3411435	4832832	5608791	6728155	7988382	9784213
营业收入(万元)	9594223	12691776	18147581	21198359	27685238	33436557
税金及附加(万元)	272317	380174	437821	487916	578202	725979
营业费用(万元)	394664	408043	461493	649688	717262	785625
利润总额(万元)	383342	532297	539416	967280	1387275	1683301
平均用工人数(人)	218724	227621	246243	285943	301514	374042
资本保值增值率(%)	119.53	141.67	114.40	127.97	118.73	122.48
资产负债率(%)	57.37	56.00	60.13	57.57	58.06	56.91
流动资产周转率(次)	2.42	2.84	2.99	3.02	3.05	3.28
成本费用利润率(%)	4.38	4.68	3.26	4.90	5.45	5.40
全员劳动生产率(元／人)	140434	177133	204673	215114	215884	203516
产品销售率(%)	99.12	98.17	98.47	98.13	98.04	97.90

注：表中规模以上工业营业收入2018年及以前为规模以上工业主营业务收入数据，税金及附加2018年及以前为主营业务

企业经济指标

2012	2013	2014	2015	2016	2017	2018	2019	2020
1015	1078	1211	1300	1385	1473	1196	1451	1553
89	82	120	170	172	204	217	239	268
26023037	28594476	36277945	41704834	50818607	57852476	61069861	67572355	71582047
12112575	13162371	17202585	20028478	23353950	30406520	33530461	37549396	39175372
14358282	15663786	19206522	21923813	26151945	31449097	35195896	39418067	41521899
11583912	12791768	16877068	19443521	24416682	26403379	25873965	28154288	30060148
38646913	44950898	51397103	55348665	61615233	62238498	63953801	69970675	73469130
830114	965669	1159140	1274256	1104974	1386463	1481221	1587794	1647460
945327	1138548	1423181	1573545	1738980	1735970	1423010	1581228	1576678
2113992	2507625	3167045	3097572	3610540	3758497	3633715	3451362	4449411
405540	418944	446633	444758	494316	458430	411541	421510	421647
118.39	110.43	131.94	115.21	125.58	110.51	109.30	108.81	106.77
55.18	54.78	52.94	52.57	51.46	54.40	57.60	58.30	58.00
3.21	3.44	3.00	2.78	2.66	2.38	2.06	1.96	1.97
5.93	6.06	6.66	6.01	6.26	6.50	6.10	5.29	6.57
258597	276762	309121	326435	326007	369105	415312	411184	425058
98.64	98.35	98.21	98.75	99.10	99.00	99.40	99.22	98.41

税金及附加。

10-8 规模以上工业

项目	营业收入	税金及附加	营业成本
总计	**73469130**	**1647460**	**62588915**
按登记注册类型分			
国有企业	235322	492	155751
集体企业	5035	19	4731
股份合作企业	139748	73	136431
股份制企业	64460805	1611629	54975271
外商及港澳台商投资企业	8574602	35169	7270294
其他经济类型企业	53618	78	46436
#国有控股企业	26580499	1455502	22292283
按隶属关系分			
中央企业	12470608	1329621	10043246
地方企业	60998522	317839	52545669
按轻、重工业分			
轻工业	22774260	1399854	17234561
重工业	50694870	247606	45354354
按企业规模分			
大型企业	44182524	1509188	37731722
中型企业	12526303	57641	10327849
小型企业	16760303	80632	14529344
按工业行业分			
非金属矿采选业	2747	87	481
农副食品加工业	8668043	24480	7165408
食品制造业	409324	2802	311815
酒、饮料和精制茶制造业	540358	12049	359073
烟草制品业	2260867	1296552	614457
纺织业	619867	2286	560914
纺织服装、服饰业	1135710	13535	1022831
皮革、毛皮、羽毛及其制品和制鞋业	1043396	2837	869298
木材加工和木、竹、藤、棕、草制品业	84438	372	78094
家具制造业	66832	95	56241
造纸和纸制品业	1161290	3903	922202

企业主要经济指标（2020年）

单位：万元

营业费用	资产合计	流动资产	#产成品	负债合计	所有者权益合计
1576678	**71582047**	**39175372**	**2152553**	**41521899**	**30060148**
2670	131220	67425	4426	81789	49432
2	4774	3854	281	6305	-1532
918	52208	43149	14212	13444	38765
1360498	64572646	34891285	1756089	37956175	26616471
212436	6817242	4166195	377347	3463146	3354097
155	3957	3465	199	1041	2916
591568	31875533	12933781	567299	18785085	13090448
152997	16469371	3769265	152999	8873342	7596029
1423682	55112676	35406107	1999554	32648558	22464119
765602	21770974	12719111	594765	10324584	11446390
811076	49811073	26456261	1557788	31197315	18613758
777174	49143939	25227235	1136256	29083172	20060767
376824	7700426	4155486	344117	3649709	4050717
422681	14737682	9792651	672181	8789018	5948664
424	3433	1649		596	2837
197995	9700940	6244246	165466	5786024	3914916
31426	365646	228795	18446	194438	171208
76793	575703	272223	44401	268297	307406
31712	1627847	1154381	19107	292744	1335103
12216	282550	166633	23227	171074	111476
18731	567995	364266	22336	315578	252417
25037	617297	387143	3432	150845	466452
1285	55463	29992	2375	27538	27925
759	20417	15400	3245	10114	10303
13557	828947	354970	17944	461511	367436

项　目	营　业 收　入	税金及附加	营　业 成　本
印刷和记录媒介复制业	514325	3459	412818
文教、工美、体育和娱乐用品制造业	226363	835	181986
石油、煤炭及其他燃料加工业	26801	47	24904
化学原料和化学制品制造业	982971	6022	678759
医药制造业	2157111	19577	1374740
化学纤维制造业	16408	32	12258
橡胶和塑料制品业	1648506	5739	1339887
非金属矿物制品业	2148964	9053	1758784
黑色金属冶炼和压延加工业	2045774	17466	1598110
有色金属冶炼和压延加工业	1985230	5229	1818162
金属制品业	1862473	8620	1651834
通用设备制造业	1822702	4075	1526596
专用设备制造业	1829434	7772	1500742
汽车制造业	11975144	122676	10603293
铁路、船舶、航空航天和其他运输设备制造业	151449	765	128246
电气机械和器材制造业	4596894	25090	4076470
计算机、通信和其他电子设备制造业	13154332	21661	12365627
仪器仪表制造业	84783	774	54009
其他制造业	45971	339	41661
废弃资源综合利用业	655764	5228	616693
电力、热力生产和供应业	8417743	18197	8035447
燃气生产和供应业	431034	882	364593
水的生产和供应业	696083	4925	462484
按地区分			
西 湖 区	446155	3080	317419
青云谱区	3952663	87168	3277987
青山湖区	3347270	22590	2740638
新 建 区	5366977	36506	4735453
南 昌 县	10855439	67876	9180242
安 义 县	2160748	5279	1948064
进 贤 县	2670800	9334	2342302
经济开发区	13486733	49441	11191195
高新开发区	19275627	1335385	15318601
湾里管理局	281662	924	248489

表1

单位：万元

营业费用	资产合计	流动资产	#产成品	负债合计	所有者权益合计
5737	521436	310047	15021	167496	353940
9115	123030	68134	8793	47162	75869
1271	12311	12149	1959	8707	3604
31665	1032871	517596	53519	444935	587936
254518	4283932	1821227	127842	1488621	2795311
575	5811	2509	2640	4007	1803
34708	496151	349029	26314	185042	311109
75324	1929387	1241547	56594	1157098	772289
14094	1496215	1031527	35596	501757	994457
21876	973916	632062	85914	529578	444338
30836	896151	630882	40133	409577	486574
19909	1443850	1029123	100074	956106	487745
55418	1835829	1107535	99576	802021	1033809
393248	10994015	7097445	371979	7322934	3671081
2241	118930	76577	8545	67471	51460
108373	4181424	2745374	158663	2728878	1452545
75068	11143648	8238511	574022	7121120	4022529
6057	418499	333145	5903	136061	282438
687	64382	23527	1321	6639	57743
2573	190353	167454	14880	140805	49547
479	11850759	1433455	831	7803852	4046907
8050	630238	167337	3201	445137	185101
14926	2292672	919484	39255	1368137	924536
12870	2021649	818290	38292	1235159	786490
166037	3416379	2321889	127123	1921381	1494998
65004	2613768	1785983	81057	1117766	1496002
141900	3299182	2031991	173774	1785449	1513734
374487	7976216	4718575	372821	4266456	3709760
22982	1350333	830120	118484	811991	538341
56047	2140240	1393513	132704	1151963	988277
220056	11288477	5876521	376148	6012725	5275752
403907	23199254	15637364	700850	13277528	9921726
7524	193657	137700	9624	110275	83382

项目	利润总额	#盈利企业的利润额	#亏损企业的亏损额
总计	**4449411**	**4778612**	**329201**
按登记注册类型分			
国有企业	69180	69776	596
集体企业	-335	13	348
股份合作企业	-106	571	677
股份制企业	3748184	3983807	235623
外商及港澳台商投资企业	625760	717717	91957
其他经济类型企业	6727	6727	
#国有控股企业	943807	1005057	61250
按隶属关系分			
中央企业	372660	398059	25399
地方企业	4076751	4380553	303802
按轻、重工业分			
轻工业	2327740	2371256	43516
重工业	2121671	2407356	285685
按企业规模分			
大型企业	2119643	2258097	138454
中型企业	1314244	1370524	56280
小型企业	1015524	1149991	134467
按工业行业分			
非金属矿采选业	1016	1016	
农副食品加工业	1012431	1029610	17179
食品制造业	26018	29728	3710
酒、饮料和精制茶制造业	75087	75104	17
烟草制品业	152858	152858	
纺织业	23983	24659	676
纺织服装、服饰业	23314	25919	2605
皮革、毛皮、羽毛及其制品和制鞋业	111017	112000	983
木材加工和木、竹、藤、棕、草制品业	2227	2245	18
家具制造业	6905	6905	
造纸和纸制品业	198207	198615	408

表2

单位：万元

企业亏损面(%)	资产负债率(%)	产品销售率(%)	平均用工人数(人)	人均实现利润(元)
17.3	**58.0**	**98.4**	**421647**	**105525**
33.3	62.3	99.8	1973	350634
50.0	132.1	100.0	176	-19034
28.6	25.7	99.6	370	-2865
16.2	58.8	98.3	372788	100545
28.4	50.8	99.3	45843	136501
	26.3	99.6	497	135352
21.3	58.9	98.8	125947	74937
4.3	53.9	99.5	55920	66642
17.5	59.2	98.2	365727	111470
15.2	47.4	98.2	154733	150436
19.1	62.6	98.5	266914	79489
25.5	59.2	99.1	221241	95807
13.2	47.4	98.1	80733	162789
17.4	59.6	97.2	119673	84858
	17.4	100.0	36	282222
23.9	59.6	99.5	32377	312701
24.2	53.2	97.4	4779	54442
6.3	46.6	92.1	5600	134084
	18.0	97.9	4414	346303
15.9	60.5	98.1	6974	34389
10.5	55.6	98.9	34814	6697
21.4	24.4	99.2	5795	191574
10.5	49.7	99.9	1008	22093
	49.5	100.7	475	145368
10.0	55.7	98.6	3713	533819

项　　目	利润总额	#盈利企业的利润额	#亏损企业的亏损额
印刷和记录媒介复制业	55473	56464	991
文教、工美、体育和娱乐用品制造业	15544	15544	
石油、煤炭及其他燃料加工业	304	304	
化学原料和化学制品制造业	202366	202703	337
医药制造业	281861	285014	3153
化学纤维制造业	100	100	
橡胶和塑料制品业	235919	237302	1383
非金属矿物制品业	241948	245700	3752
黑色金属冶炼和压延加工业	378795	378805	10
有色金属冶炼和压延加工业	77889	91699	13810
金属制品业	100470	103477	3007
通用设备制造业	186615	190424	3809
专用设备制造业	174416	198648	24232
汽车制造业	175933	203709	27776
铁路、船舶、航空航天和其他运输设备制造业	11744	12005	261
电气机械和器材制造业	99292	146088	46796
计算机、通信和其他电子设备制造业	154793	299835	145042
仪器仪表制造业	13431	16435	3004
其他制造业	997	1007	10
废弃资源综合利用业	45269	45328	59
电力、热力生产和供应业	145317	170847	25530
燃气生产和供应业	38592	39031	439
水的生产和供应业	179281	179486	205
按地区分			
西 湖 区	83040	83040	
青云谱区	97280	98875	1595
青山湖区	422757	425662	2905
新 建 区	260637	292384	31747
南 昌 县	789867	877490	87623
安 义 县	115649	116178	529
进 贤 县	128599	141194	12595
经济开发区	1392434	1491868	99434
高新开发区	1256371	1402258	145887
湾里管理局	14896	16043	1147

注：本表总计数为集团公司按总部所在地统计，县区数据为集团公司按子公司所在地统计。

表3

单位：万元

企业亏损面(%)	资产负债率(%)	产品销售率(%)	平均用工人数(人)	人均实现利润(元)
22.2	32.1	99.7	4890	113442
	38.3	97.4	2643	58812
14.3	70.7	97.2	151	20132
14.3	43.1	90.8	8315	243375
18.5	34.7	95.8	19034	148083
	69.0	100.0	100	10000
12.3	37.3	98.9	6167	382551
15.0	60.0	99.6	10602	228210
5.6	33.5	98.7	7667	494059
11.5	54.4	96.6	12911	60328
12.8	45.7	96.1	11444	87793
19.7	66.2	95.2	11920	156556
16.9	43.7	97.1	16434	106131
23.6	66.6	99.0	53088	33140
8.3	56.7	93.8	1293	90828
25.0	65.3	97.4	19483	50963
38.5	63.9	99.3	85169	18175
23.1	32.5	96.6	1060	126708
16.7	10.3	96.3	185	53892
20.0	74.0	95.8	1193	379455
10.5	65.9	100.0	40099	36240
18.2	70.6	95.6	1680	229714
7.7	59.7	99.9	6134	292274
	61.1	100.0	4635	179159
9.7	56.2	98.6	21001	46322
8.9	42.8	97.1	41482	101913
18.3	54.1	98.8	27824	93673
18.0	53.5	98.7	60561	130425
6.1	60.1	96.6	17830	64862
7.1	53.8	88.9	22687	56684
30.0	53.3	99.0	68457	203403
29.4	57.2	99.2	110136	114075
34.6	56.9	98.6	1825	81622

指　　标	2006	2007	2008	2009	2010	2011
企业单位数(户)	133	115	113	103	104	87
#亏损企业	40	36	39	24	21	8
资产总计(万元)	5771591	6404587	9909633	10413857	12219294	12672054
流动资产合计(万元)	2890060	3260298		4567928	5980741	5765530
负债总计(万元)	3532261	3929888	6497418	6774871	7983472	7886287
所有者权益(万元)	1953806	2474699	3412215	3189970	4044067	4780344
营业收入(万元)	5133265	6237079	8507005	8789991	11390307	12127610
税金及附加(万元)	225836	329058	368877	427615	508752	611883
营业费用(万元)	192157	211579	238594	291895	312125	314905
利润总额(万元)	222865	280694	193958	322655	495441	575176
平均用工人数(人)	111928	111706	120866	118685	114622	153285
资本保值增值率(%)	130.24	126.38	165.43	106.65	126.77	118.21
资产负债率(%)	61.20	61.36	65.57	65.06	65.33	62.23
流动资产周转率(次)	1.87	2.09	1.98	1.92	1.90	2.15
成本费用利润率(%)	4.77	4.99	2.43	3.87	4.75	5.11
全员劳动生产率(元／人)	134546	164367	191495	200887	216172	169742
产品销售率(%)	100.17	98.46	99.26	98.88	98.39	99.07

注：表中规模以上工业营业收入2018年及以前为规模以上工业主营业务收入数据，税金及附加2018年及以前为主营业务税金及附加。

工业企业经济指标

2012	2013	2014	2015	2016	2017	2018	2019	2020
92	91	97	100	92	96	95	104	108
15	17	18	24	20	17	22	21	23
13448747	13943680	16131686	18198107	22049071	26434754	27884189	30360842	31875533
6177867	6412129	7644733	8783497	8809382	11570321	12412533	13653782	12933781
8175400	8560502	9733271	10875987	12685301	15490266	16865267	18382834	18785085
5255273	5380594	6528958	7119408	9363769	10944488	11018922	11978008	13090448
12511044	13936445	15669462	16290765	18174053	20896835	24545017	25964972	26580499
701158	804799	969779	1072994	883215	1153382	1303161	1396015	1455502
352501	387579	483797	476243	592538	711760	557701	608042	591568
645482	692290	967315	932311	972886	970153	942591	728320	943807
150576	146129	149920	112216	139539	128723	136821	136732	125947
109.94	102.38	121.34	109.04	131.52	112.89	103.49	108.70	109.29
60.79	61.39	60.34	59.76	57.53	58.60	60.50	60.50	58.90
2.06	2.20	2.07	1.88	2.09	1.99	3.95	2.00	2.14
5.61	5.56	6.88	6.38	5.84	5.10	4.20	3.04	3.90
76402	274910	234908	386395	333976	396426	429826	457140	537755
98.73	98.52	98.29	100.23	100.28	99.00	99.90	99.97	98.80

10-10 国有控股工业

项目	企业单位数(户)	#亏损企业	营业收入	税金及附加
总计	**108**	**23**	**26580499**	**1455502**
按登记注册类型分				
国有企业	9	3	235322	492
集体企业				
股份合作企业				
股份制企业	89	18	25628836	1453064
外商及港澳台商投资企业	10	2	716341	1946
其他经济类型企业				
按隶属关系分				
中央企业	22	1	12467709	1329589
地方企业	86	22	14112790	125913
按轻、重工业分				
轻工业	34	7	4148130	1314142
重工业	74	16	22432369	141361
按企业规模分				
大型企业	12	2	22998904	1440586
中型企业	23	6	2025902	7550
小型企业	73	15	1555694	7367
按工业行业分				
非金属矿采选业	1		2747	87
农副食品加工业	3		9221	5
食品制造业	1	1	961	1
酒、饮料和精制茶制造业	2		103014	1394
烟草制品业	1		2260867	1296552
纺织业	1		9768	115
纺织服装、服饰业	5	2	65052	651
皮革、毛皮、羽毛及其制品和制鞋业	1		8960	123
造纸和纸制品业	1		3143	20
印刷和记录媒介复制业	8	2	363535	2886
化学原料和化学制品制造业	4		274840	1815

企业主要经济指标（2020年）

单位：万元

		资产合计	流动资产		负债合计
营业成本	营业费用			#产成品	
22292283	**591568**	**31875533**	**12933781**	**567299**	**18785085**
155751	2670	131220	67425	4426	81789
21501327	576196	31045340	12476135	541653	18341904
635205	12701	698973	390221	21220	361393
10041612	152997	16461319	3767023	152999	8869097
12250671	438571	15414214	9166758	414300	9915989
1956575	172896	5471631	2590162	106169	1450900
20335708	418672	26403902	10343619	461131	17334185
19379098	510570	27494071	10668812	412079	16450541
1612352	50596	1749757	897521	52559	836670
1300834	30401	2631705	1367448	102662	1497875
481	424	3433	1649		596
8928	191	19901	10940	228	16481
926		1640	1640	272	1234
55389	20306	136680	51495	2698	62574
614457	31712	1627847	1154381	19107	292744
7792	17	8570	6511		1472
44645	249	99093	75586	1914	46306
6707		10087	8082		3573
2976	6	10517	3407	40	15649
288701	4110	422608	249101	10566	108831
171534	17379	454053	184158	6706	145353

项　　目	企业单位数(户)	#亏损企业	营业收入	税金及附加
医药制造业	7	2	1283272	12089
橡胶和塑料制品业	1		4639	75
非金属矿物制品业	16	2	735741	3055
有色金属冶炼和压延加工业	6	3	453389	872
金属制品业	2	2	4883	1
通用设备制造业	4		1106458	1691
专用设备制造业	2	1	5808	46
汽车制造业	9	4	9984577	110350
铁路、船舶、航空航天和其他运输设备制造业	3		104539	238
电气机械和器材制造业	4	1	130317	353
计算机、通信和其他电子设备制造业	5	1	433406	496
仪器仪表制造业	1	1	2742	112
废弃资源综合利用业	2		227643	2054
电力、热力生产和供应业	7	1	8156005	16392
燃气生产和供应业	5		372736	741
水的生产和供应业	6		472237	3289
按地区分				
西 湖 区	2		446155	3080
青云谱区	9	2	3710921	86008
青山湖区	6	2	35509	449
新 建 区	25	5	1540817	9193
南 昌 县	27	4	1452427	6211
安 义 县	4	1	82553	786
进 贤 县	2		51124	97
经济开发区	31	7	3031359	13438
高新开发区	22	5	3879831	1304567
湾里管理局	1		6667	17

表1

单位：万元

营业成本	营业费用	资产合计	流动资产	#产成品	负债合计
896961	112624	3062857	984178	68450	874781
3598	54	6036	3930	294	3053
564315	19384	496392	326779	16583	279726
440192	4007	321195	231717	26312	216958
4017	75	19550	6795	147	17930
929076	5277	673818	467867	71947	535818
5358	238	14507	5497	1382	8999
8888998	345516	9543606	6256576	285001	6562861
92420	1811	61620	35486	1505	33350
110655	3363	154844	121210	8495	99230
416424	1437	422990	303979	2602	172336
2009	57	222239	165680	18	65832
219339	1014	134949	118303	2407	92767
7867852	479	11278548	1181997		7441609
315986	7609	563634	131199	1373	397645
332547	14229	2104322	845640	39255	1287379
317419	12870	2021649	818290	38292	1235159
3080376	158462	3186654	2165029	117599	1826772
24681	723	73316	35088	2548	33946
1301597	49215	1553725	932550	87805	899387
1312312	24069	1855697	927570	97001	1228423
50211	3389	83031	44212	4794	38511
45245	1854	29860	8770	466	26804
2417276	78548	3994468	1466463	107199	1738965
1884831	141374	4375912	2523736	67264	1473254
4549	244	11697	9339		7504

项　　目	所有者权益合　　计（万元）	利润总额（万元）	
			#盈利企业的利润额
总　　计	**13090448**	**943807**	**1005057**
按登记注册类型分			
国有企业	49432	69180	69776
集体企业			
股份合作企业			
股份制企业	12703436	842007	898191
外商及港澳台商投资企业	337580	32620	37089
其他经济类型企业			
按隶属关系分			
中央企业	7592222	371344	396743
地方企业	5498226	572463	608313
按轻、重工业分			
轻工业	4020730	336735	339054
重工业	9069717	607073	666004
按企业规模分			
大型企业	11043530	540168	577309
中型企业	913088	274581	284283
小型企业	1133830	129058	143464
按工业行业分			
非金属矿采选业	2837	1016	1016
农副食品加工业	3420	60	60
食品制造业	406	-9	
酒、饮料和精制茶制造业	74106	27254	27254
烟草制品业	1335103	152858	152858
纺织业	7098	68	68
纺织服装、服饰业	52787	-613	898
皮革、毛皮、羽毛及其制品和制鞋业	6514	178	178
造纸和纸制品业	-5132	126	126
印刷和记录媒介复制业	313777	38035	38687
化学原料和化学制品制造业	308700	44464	44464

表2

#亏损企业的亏损额	企业亏损面 (%)	资产负债率 (%)	产品销售率 (%)	平均用工人数 (人)	人均实现利润 (元)
61250	**21.3**	**58.9**	**98.8**	**125947**	**74937**
596	33.3	62.3	99.8	1973	350634
56184	20.2	59.1	98.8	120835	69682
4469	20.0	51.7	99.9	3139	103918
25399	4.5	53.9	99.5	55902	66428
35850	25.6	64.3	97.9	70045	81728
2319	20.6	26.5	98.6	26872	125311
58931	21.6	65.7	98.9	99075	61274
37141	16.7	59.8	99.0	102323	52790
9702	26.1	47.8	97.8	16142	170103
14406	20.5	56.9	97.9	7482	172491
		17.4	100.0	36	282222
		82.8	101.7	55	10909
9	100.0	75.2	85.2	15	-6000
		45.8	99.8	1739	156722
		18.0	97.9	4414	346303
		17.2	94.6	154	4416
1511	40.0	46.7	100.0	6406	-957
		35.4	100.0	126	14127
		148.8	79.0	124	10161
652	25.0	25.8	99.7	3108	122378
		32.0	90.9	3029	146794

项　　目	所有者权益合　　计（万元）	利润总额（万元）	#盈利企业的利润额
医药制造业	2188076	114536	114683
橡胶和塑料制品业	2983	101	101
非金属矿物制品业	216666	131781	132212
有色金属冶炼和压延加工业	104237	-11957	842
金属制品业	1620	-825	
通用设备制造业	137999	131748	131748
专用设备制造业	5507	-627	39
汽车制造业	2980745	121465	125655
铁路、船舶、航空航天和其他运输设备制造业	28270	7437	7437
电气机械和器材制造业	55615	4205	4216
计算机、通信和其他电子设备制造业	250654	2993	14735
仪器仪表制造业	156407	-2868	
废弃资源综合利用业	42183	6903	6903
电力、热力生产和供应业	3836939	52275	77674
燃气生产和供应业	165989	31933	31933
水的生产和供应业	816943	91269	91269
按地区分			
西 湖 区	786490	83040	83040
青云谱区	1359883	78428	80018
青山湖区	39371	5547	5765
新 建 区	654338	114798	116986
南 昌 县	627274	91834	170234
安 义 县	44520	19775	19924
进 贤 县	3056	2590	2590
经济开发区	2255503	324399	330715
高新开发区	2902658	277649	304299
湾里管理局	4194	1403	1403

注：本表总计数为集团公司按总部所在地统计，县区数据为集团公司按子公司所在地统计。

表3

#亏损企业的亏损额	企业亏损面 (%)	资产负债率 (%)	产品销售率 (%)	平均用工人数 (人)	人均实现利润 (元)
147	28.6	28.6	99.4	10135	113010
		50.6	94.6	71	14225
431	12.5	56.4	98.6	2209	596564
12799	50.0	67.5	102.1	1465	-81618
825	100.0	91.7	100.0	145	-56897
		79.5	92.5	4679	281573
666	50.0	62.0	96.8	251	-24980
4190	44.4	68.8	98.7	39106	31060
		54.1	91.4	392	189719
11	25.0	64.1	100.8	570	73772
11742	20.0	40.7	100.2	1350	22170
2868	100.0	29.6	100.0	64	-448125
		68.7	100.4	447	154430
25399	14.3	66.0	100.0	39299	13302
		70.6	94.8	1491	214172
		61.2	99.9	5067	180124
		61.1	100.0	4635	179159
1590	22.2	57.3	98.7	17442	44965
218	33.3	46.3	97.2	971	57127
2188	20.0	57.9	98.4	11579	99143
78400	14.8	66.2	95.0	10069	91205
149	25.0	46.4	75.4	554	356949
		89.8	97.8	226	114602
6316	22.6	43.5	97.4	17156	189088
26650	22.7	33.7	98.8	14806	187525
		64.1	100.0	93	150860

10-11　规模以上集体企业经济指标

指　　标	2000	2005	2010	2015	2018	2019	2020
企业单位数(户)	154	31	17	5	3	2	2
#亏损企业	17	8	2	1	1	1	1
资产总计(万元)	187149	41857	28795	10992	5774	4752	4774
流动资产合计(万元)	83807	20674	13953	7945	4535	3681	3854
负债总计(万元)	115384	42862	19244	9437	6593	6166	6305
所有者权益(万元)	71765	-1004	9551	1555	-819	-1414	-1532
营业收入(万元)	221337	90257	148247	16627	8879	6074	5035
税金及附加(万元)	2773	174	1106	76	32	36	19
营业费用(万元)	7010	1658	1866	440	31	6	2
利润总额(万元)	8891	1722	7588	141	-463	-260	-335
平均用工人数(人)	20598	4173	2792	400	227	203	176
资本保值增值率(%)	106.44	-52.84	111.12	4.70	-	-	-
资产负债率(%)	61.65	102.40	66.83	85.85	114.20	129.80	132.10
流动资产周转率(次)	3.01	4.37	10.63	2.10	3.92	0.75	1.35
成本费用利润率(%)	4.21	1.96	5.56	0.86	-5.00	-4.12	-6.24
全员劳动生产率(元/人)	33769	75785	127672	170308	111529	92892	88943
产品销售率(%)	94.82	97.02	98.14	87.53	100.00	100.00	100.00

注：表中规模以上工业营业收入2018年及以前为规模以上工业主营业务收入数据，税金及附加2018年及以前为主营业务税金及附加。

10-12　规模以上外商及港、澳、台投资工业企业经济指标

指　　标	2000	2005	2010	2015	2018	2019	2020
企业单位数(户)	43	108	154	143	122	118	116
#亏损企业	12	15	25	29	20	28	33
资产总计(万元)	959262	2336495	5943078	6959227	7820205	7334678	6817242
流动资产合计(万元)	467449	1169323	3232430	3104716	4871167	4605458	4166195
负债总计(万元)	634918	1292154	3565779	3653424	4062508	3680496	3463146
所有者权益(万元)	317943	786531	2179736	3292700	3757697	3654182	3354097
营业收入(万元)	575563	2106119	7367487	10558720	8053262	8027695	8574602
税金及附加(万元)	9545	28573	64630	42613	45599	39490	35169
营业费用(万元)	31737	123244	287063	393178	218392	198649	212436
利润总额(万元)	25215	137675	517089	579081	744849	609296	625760
平均用工人数(人)	23389	42481	79440	74913	57675	47515	45843
资本保值增值率(%)	103.22	152.17	123.13	113.96	117.64	97.25	91.79
资产负债率(%)	66.19	55.30	60.00	52.50	51.90	50.20	50.80
流动资产周转率(次)	1.30	1.89	2.28	3.42	3.31	1.81	2.06
成本费用利润率(%)	4.62	7.13	7.43	5.77	10.10	8.22	7.95
全员劳动生产率(元／人)	54297	140159	218997	380689	385467	437254	473192
产品销售率(%)	97.06	95.95	96.66	99.30	99.10	99.65	99.34

注：表中规模以上工业营业收入2018年及以前为规模以上工业主营业务收入数据，税金及附加2018年及以前为主营业务税金及附加。

10-13 规模以上股份制工业企业经济指标

指　　标	2000	2005	2010	2015	2018	2019	2020
企业单位数(户)	43	264	446	722	1049	1311	1417
#亏损企业	6	36	36	91	187	207	229
资产总计(万元)	1530821	3458108	9992914	24865525	43560600	60079915	64572646
流动资产合计(万元)	779257	1621165	4300320	11511999	21847111	32854633	34891285
负债总计(万元)	903324	2026371	6087918	13217694	24255759	35625380	37956175
所有者权益(万元)	569156	1390789	3884695	11386725	19304841	24454535	26616471
营业收入(万元)	778318	2774547	12188753	28174212	46279621	61519628	64460805
税金及附加(万元)	3677	15403	45838	1042248	1326302	1544878	1611629
营业费用(万元)	59849	148683	256801	671066	878612	1378825	1360498
利润总额(万元)	32335	110326	422877	1549412	2527621	2768029	3748184
平均用工人数(人)	72586	97307	129171	240028	305542	370846	372788
资本保值增值率(%)	142.05	97.81	118.90	120.62	110.28	126.68	108.84
资产负债率(%)	59.01	58.60	60.92	53.16	55.70	59.30	58.80
流动资产周转率(次)	1.12	1.79	2.83	2.46	4.24	2.20	1.95
成本费用利润率(%)	4.30	4.20	3.64	5.99	5.90	4.81	6.30
全员劳动生产率(元／人)	39417	84614	189063	294757	426866	408543	419904
产品销售率(%)	96.13	99.24	98.80	98.39	99.40	99.16	98.27

注：表中规模以上工业营业收入2018年及以前为规模以上工业主营业务收入数据，税金及附加2018年及以前为主营业务税金及附加。

10-14 规模以上私营工业企业经济指标

指 标	2000	2005	2010	2015	2018	2019	2020
企业单位数(户)	31	225	455	402	398	712	832
#亏损企业	4	15	10	39	69	84	108
资产总计(万元)	31595	382492	1621181	4636780	5678031	9995516	10796359
流动资产合计(万元)	14534	183498	564687	1786357	3413064	6680043	7312232
负债总计(万元)	12764	158144	536099	1742775	2715391	5508106	6191216
所有者权益(万元)	18832	224347	1067477	2848875	2962640	4487410	4605143
营业收入(万元)	56665	788364	5604136	10863288	8870990	16389460	16364817
税金及附加(万元)	471	23130	27073	58841	37427	74150	73923
营业费用(万元)	1491	58790	121993	228284	145868	378843	380124
利润总额(万元)	377	51492	304061	573649	370116	771110	998697
平均用工人数(人)	2564	27469	61807	85084	61701	109861	112770
资本保值增值率(%)	122.64	122.93	109.42	101.14	106.70	151.47	102.62
资产负债率(%)	40.40	41.35	33.07	37.59	47.80	55.10	57.30
流动资产周转率(次)	2.28	4.47	9.92	6.09	5.20	3.24	2.33
成本费用利润率(%)	0.70	7.66	6.04	5.61	4.40	4.95	6.38
全员劳动生产率(元/人)	63473	110321	225028	331914	410630	348956	345292
产品销售率(%)	98.02	97.62	97.61	99.05	98.80	98.33	97.38

注：表中规模以上工业营业收入2018年及以前为规模以上工业主营业务收入数据，税金及附加2018年及以前为主营业务税金及附加。

10-15 工业园区主要经济指标（2020年）

项　　目	本年实际累计开发面积(平方公里)	投产工业企业数(户)	招商实际到位资金		出口交货值	
			绝对数(亿元)	比上年增长(%)	绝对数(亿元)	比上年增长(%)
南昌市	**49.68**	**2 088**	**1232.85**	**20.7**	**492.14**	**26.1**
国家级园区						
南昌小蓝经济技术开发区	6.60	354	182.58	21.6	51.49	-24.5
南昌经济技术开发区	9.80	432	501.02	26.8	143.75	27.9
南昌高新技术产业开发区	11.70	347	256.97	16.9	267.34	53.6
省级重点园区						
南昌青山湖高新技术产业园区	9.58	342	75.01	9.0	15.50	-5.6
新建长堎经济开发区	3.50	143	97.71	20.7	2.33	15.3
安义工业园区	4.00	253	39.05	3.5	6.25	12.0
进贤产业园	4.50	217	80.51	17.2	5.49	-52.9

10-15 续表

项　　目	营业收入		利润总额		从事工业生产活动的从业人员平均人数(人)	
	绝对数(亿元)	比上年增长(%)	绝对数(亿元)	比上年增长(%)	绝对数(人)	比上年增长(%)
南昌市	**6772.09**	**10.2**	**489.15**	**30.4**	**384190**	**2.1**
国家级园区						
南昌小蓝经济技术开发区	1220.83	10.4	94.57	26.7	61337	-4.7
南昌经济技术开发区	1383.33	6.0	140.75	16.7	76455	-7.1
南昌高新技术产业开发区	3066.09	15.7	195.54	59.2	148272	12.5
省级重点园区						
南昌青山湖高新技术产业园区	177.99	-3.7	11.67	-5.9	39775	3.4
新建长堎经济开发区	517.90	-2.4	25.15	-9.1	22108	-6.9
安义工业园区	196.60	10.0	11.44	82.3	17759	4.5
进贤产业园	209.34	9.9	10.04	-5.4	18484	-1.0

主要统计指标解释

工业 指从事自然资源的开采，对采掘品和农产品进行加工再加工的物质生产部门，具体包括：(1)对自然资源的开采，如采矿、晒盐、森林采伐等（但不包括禽兽捕猎和水产捕捞）；(2)对农副产品的加工、再加工，如粮油加工、食品加工、轧花、缫丝、纺织、制革等；(3)对采掘品的加工、再加工，如炼铁、炼钢、炼焦、化工生产、机器制造、木材加工以及自来水、煤气的生产和电力的生产及供应；(4)对工业品的修理、翻新，如修理机械设备、交通运输工具等。

1984 年以前农村的村及村以下办工业归属农业，1984 年及以后划归工业。

工业统计调查单位 工业统计调查单位分为两类：独立核算法人工业企业和工业活动单位。

(1)独立核算法人工业企业是指从事工业生产经营活动的单位。独立核算法人工业应同时具备以下条件：①依法成立，有自己的名称、组织机构和场所，能够承担民事责任；②独立拥有和使用资产，承担负债，有权与其他单位签订合同；③独立核算盈亏，并能够编制资产负债表。

(2)工业活动单位是指在一个场所从事一种或主要从事一种工业生产活动的经济单位。它包括独立核算工业企业按主营业务活动（即工业生产活动）划分的主营业务活动单位和非工业企业所属的工业生产活动单位（即原非独立核算工业生产单位）。工业活动单位，一般应同时具备以下三个条件：①具有一个场所，从事一种或主要从事一种工业活动；②单独组织工业生产、经营或业务活动；③单独核算收入和支出。

工业企业经济类型 是按企业生产资料和产品归属对象划分企业类型。1992 年以前，执行的是由国家统计局和国家工商行政管理局于 1980 年联合颁发的《关于统计上划分经济类型的暂行规定》及近几年来的补充规定，将我国经济类型划分为：全民所有制、集体所有制、全民与集体合营、全民与大陆私人合营、全民与华侨或港澳台工商业者合营、集体与大陆私人合营、集体与华侨或港澳台工商业者合营、中外合营、华侨或港澳台工商业者经营、外资经营、个体经营、其他等十二种。随着经济体制改革的不断深化和社会经济的发展，我国国民经济结构发生了新的变化，出现了一些新的经济成份，原有的分类已不能反映我国体制格局发展变化的新情况。为此，国家统计局和国家工商行政管理局在调查研究的基础上，联合颁发了修订后的《关于经济类型划分暂行规定》，将我国经济成份划分为九种类型：

(1)国有经济工业是指生产资料归国家所有的一种经济类型，是社会主义公有制经济的重要组成部分。包括中央和地方各级国家机关、事业单位和社会团体使用国有资产投资举办的企业，也包括实行企业化经营，国家不再核拨经费或核拨部分经费的事业单位和从事经营性活动的社会团体，以及上述企业、事业单位和社会团体使用自有资金投资举办的企业。

(2)集体经济工业是指生产资料归公民集体所有的一种经济类型，是社会主义公有制经济的组成部分。包括城乡所有用集体投资举办的企业，以及部分个人通过集资自愿放弃所有权并依法经工商行政管理机关认定为集体所有制的企业。

(3)私营经济工业是生产资料归公民私人所有，以雇佣劳动力为基础的一种经济类型。包括所有按国家法律、规定登记注册的私营独资企业、私营合伙企业和私营有限责任公司。

(4)个体经济工业是指生产资料归劳动者个人所有，以个体劳动为基础，劳动成果归劳动者个人占有和支配的一种经济类型。包括所有按国家有关规定登记注册的个体工商户和个人合伙经营者。

(5)联营经济工业是指不同所有制性质的企业之间或者企业、事业单位之间共同投资组成新的经济实体的一种经济类型。联营经济只包括具备法人条件的紧密型联营企业。

(6)股份制经济工业是指全部注册资本由全体股东共同出资，并以股份形式投资举办企业而形成的一种经济类型。股份制经济主要有股份有限公司和有限责任公司两种组织形式。国有、集体、联营、私营企业等经济组织虽然以股份制形式经营，但不以股份有限公司或有限责任公司登记注册的，仍按原有所有制性质划归经济类型。

(7)外商投资经济工业是指国外投资者根据我国有关涉外经济的法律、法规，以合资、合作或独资的形式在大陆境内开办企业而形成的一种经济类型。外商投资经济包括中外合资经营企业、中外合作经营企业和外资企业的三种形式。

(8)港、澳、台投资经济工业是指港、澳、台地区投资者依照中华人民共和国有关涉外经济的法律、法规，以合资、合作或独资的形式在大陆举办企业而形成的一种经济类型。港、澳、台投资经济参照外商投资经济，可分为合资经营企业、合作经营企业和独资企业三种形式。

(9)其他经济工业是指以上八种类型之外的其他经济类型。随着经济体制改革的深化，可能会出现新的经济形式，或遇到不易划清的，可列入其他经济类型。

轻工业 指主要提供生活消费品和制作手工工具的工业。按其所使用的原料不同，可分为两大类：(1)以农产品为原料的轻工业，是指直接或间接以农产品为基本原料的轻工业。主要包括食品制造、饮料制造、烟草加工、纺织、缝纫、皮革和毛皮制作、造纸以及印刷等工业；(2)以非农产品为原料的轻工业，是指以工业品为原料的轻工业。主要包括文教体育用品、化学药品制造、合成纤维制造、日用化学制品、日用玻璃制品、日用金属制品、手工工具制造、医疗器械制造、文化和办公用机械制造等工业。

重工业 是指为国民经济各部门提供物质技术基础的主要生产资料的工业。按其生产性质和产品用途，可以分为下列三类：(1)采掘（伐）工业，是指对自然资源的开采，包括石油开采、煤炭开采、金属矿开采、非金属矿开采和木材采伐等工业；(2)原材料工业，指向国民经济各部门提供基本材料、动力和燃料的工业。包括金属冶炼及加工、炼焦及焦炭化学、化工原料、水泥、人造板以及电力、石油和煤炭加工等工业；(3)加工工业，是指对工业原材料进行再加工制造的工业。包括装备国民经济各部门的机械设备制造工业、金属结构、水泥制品等工业，以及为农业提供的生产资料如化肥、农药等工业。

根据上述划分原则，修理业中以重工业产品为修理作业对象的划为重工业，反之划为轻工业。

大、中、小、微型企业划分 根据工业信息化部、国家统计局、国家发展改革委、财政部《关于印发中小企业划型标准规定的通知》（工信部联企业〔2011〕300号），结合统计工作的实际情况，2011年制定了统计上大中小微型企业划分办法。它以法人企业或单位作为对企业规模的划分对象，以从业人员数、营业收入两项指标为划分标准。企业规模的具体划分标准见下表。

指标名称	计算单位	大型	中型	小型	微型
从业人员数(X) 营业收入(Y)	人 万元	X≥1000 Y≥40000	300≤X<1000 2000≤Y<40000	20≤X<300 300≤Y<2000	X<20 Y<300

(1)表中的“工业企业”包括采矿业，制造业，电力、热力、燃气及水的生产和供应业三个行业的企业。

(2)企业划分指标以现行统计制度为准。①从业人员，是指期末从业人员，没有期末从业人员数的，采用全年平均人员数代替。②营业收入，工业采用主营业务收入。

(3)大型、中型和小型企业须同时满足所列指标的下限，否则下划一档；微型企业只须满足所列指标中的一项即可。

(4)企业划分由政府综合统计部门根据统计年报每年确定一次。定报统计原则上不进行调整。

工业总产值 是指以货币表现的工业企业在一定时期内生产的已出售或可供出售工业产品总量，它反映一定时间内工业生产的总规模和总水平。它包括：在本企业内不再进行加工，经检验、包装入库（规定不需包装的产品除外）的成品价值，工业性作业价值，自制半成品、在产品期末初差额价值。工业总产值采用“工厂法”计算，即以工业企业作为一个整体，按企业工业生产活动的最终成果来计算，企业内部不允许重复计算，不能把企业内部各个车间（分厂）生产的成果相加。但在企业之间、行业之间、地区之间存在着重复计算。

轻重工业总产值的划分也是按“工厂法”计算的，即一个工业企业在正常情况下生产的主要产品的性质属于轻工业，则该企业的全部总产值作为轻工业总产值；一个工业企业生产的主要产品的性质属于重工业，则该企业的全部总产值作为重工业总产值。

工业增加值 是指工业企业在报告期内以货币形式表现的工业生产活动的最终成果，是企业全部生产活动的总成果扣除了在生产过程中消耗或转换的物质产品和劳务价值后的余额，即企业生产过程中新增加的价值。

流动资产是指可以在一年或者超过一年的一个营业周期内变现或者耗用的资产，包括现金及各种存款、短期投资、应收及预付货款、存货等。

营业收入 指企业从事销售商品、提供劳务和让渡资产使用权等生产经营活动形成的经济利益流入。包括“主营业务收入”和“其他业务收入”。

利润总额 是指企业实现的利润总额，等于盈利企业的利润额减亏损企业的亏损额。

工业产品销售率 指报告期销售产值与同期全部工业总产值之比，反映工业产品生产已实现销售的程度。计算公式为:

$$\text{工业产品销售率}(\%)=\frac{\text{报告期现价工业销售产值}}{\text{报告期现价工业总产值}}\times 100\%$$

工业成本费用利润率 指报告期实现利润与成本费用之比，反映降低成本的经济效益的指标。计算公式为:

$$\text{工业成本费用利润率}(\%)=\frac{\text{利润总额}}{\text{成本费用总额}}\times 100\%$$

成本费用总额 指企业的产品销售成本、产品销售费用、管理费用和财务费用之和。由于 1994 年工业财务统计年报中没有财务费用指标，故用利息支出代替（1993 年全省利息支出占财务费用的 91.7%)。

工业全员劳动生产率 指根据产品的价值量指标计算的平均每一个职工在单位时间内的产品生产量。是考核企业经济活动的重要指标，是企业生产技术水平、经营管理水平、职工技术熟练程度和劳动积极性的综合表现。目前我国的全员劳动生产率是将工业企业的工业增加值除以同一时期全部职工的平均人数来计算的。计算公式:

$$\text{全员劳动生产率}(\text{元/人})=\frac{\text{工业增加值}}{\text{全部职工平均人数}}\times\frac{12}{\text{累计月数}}$$

流动资产周转次数 指一定时期内流动资产完成的周转次数，是反映工业企业投入流动资产的周转速度的指标。计算公式为:

$$\text{流动资产周转次数}(\text{次})=\frac{\text{报告期累计产品销售收入}}{\text{报告期流动资产平均余额}}\times\frac{12}{\text{累计月数}}$$

总资产 指企业拥有或控制的全部资产。包括流动资产、长期投资、固定资产、无形及递延资产、其他长期资产、递延税项等，即为企业资产负债表的资产总计项。

(1)流动资产指企业可以在一年内或者超过一年的一个生产周期内变现或耗用的资产合计。包括现金及各种存款、短期投资、应收及预付款项、存货等。

(2)固定资产指企业固定资产净值、固定资产清理、在建工程、待处理固定资产损失所占用的资金合计。

(3)无形资产指企业长期使用而没有实物形态的资产。包括专利权、非专利技术、商标权、著作权、土地使用权、商誉等。

总负债 指企业承担并需要偿还的全部债务。包括流动负债和长期负债、递延税项等，即为企业资产负债表的负债合计项。

(1)流动负债指企业在一年内或者超过一年的一个营业周期内需要偿还的债务合计，其中包括短期借款、应付及预收款项、应付工资、应交税金和应交利润等。

(2)长期负债指企业在一年以上或者超过一年的一个生产周期以上需要偿还的债务合计，其中包括长期借款、应付债务、长期应付款项等。

所有者权益 指企业投资人对企业净资产的所有权。企业净资产等于企业全部资产减去全部负债后的余额，其中包括投资者对企业的最初投入，以及资本公积金、盈余公积金和未分配利润。对股份制企业即为股东权益。

十一、能　　源

ENERGY

本篇内容包括：

1. 规模以上工业企业主要能源指标
2. 电力消费量
3. 全社会用电量
4. 规模以上工业能源消费情况

全社会用电量

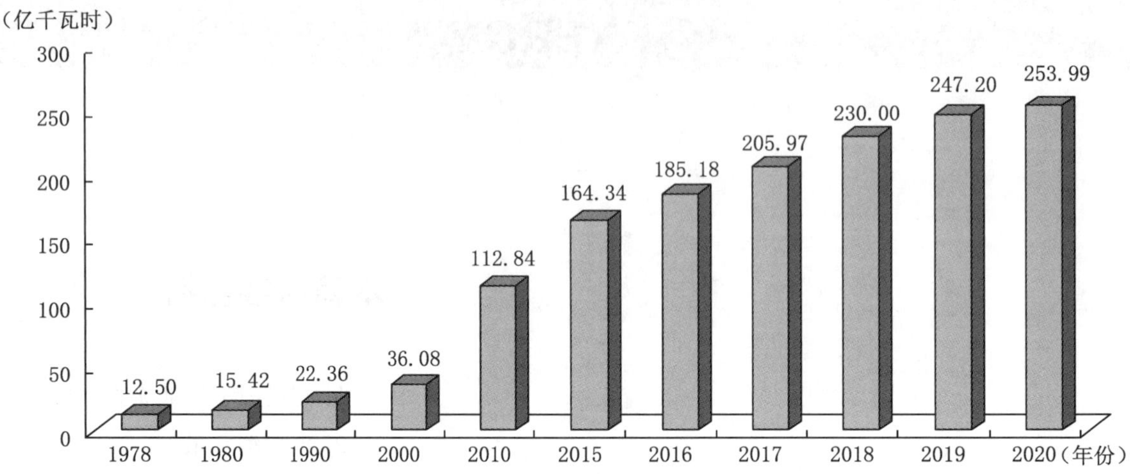

工业用电量

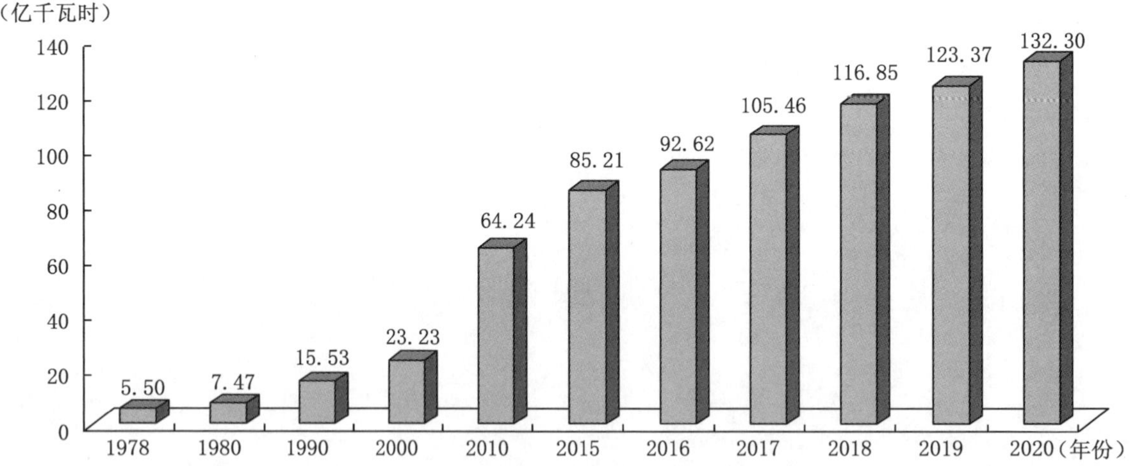

11-1 规模以上工业企业能源购进、消费与库存（2020年）

单位：吨

项　目	年初库存	购进量	#购自省外	工业生产消费	#用于原材料	#运输工具消费	年末库存
原煤	149016	3628734	3046604	3651571			125797
洗精煤(用于炼焦)	55045	1290774	1290774	1288091			57728
其他洗煤	20760	619539	619539	621823			18477
焦炭	41313	622687	621913	1497094	590.1		20254
焦炉煤气(万立方米)		7878		37262			
高炉煤气(万立方米)		274398		578948			
转炉煤气(万立方米)		25336		54904			
天然气(气态)(万立方米)		24545.54		24433.7			8.17
液化天然气(液态)	19.11	19737.96	3093.67	2836.28			
汽油	23.39	8425.84	13.78	7729.41		6703.4	35.32
煤油		13.73		13.73			
柴油	299.11	29530.64	958.3	26512.8		14704.8	247.06
燃料油		47.25	43.75	47.25			
液化石油气	5.29	980.99		986.28			
石油焦							
热力(百万千焦)		6381863	57698	6831494			
电力(万千瓦小时)		14836830		1534480			
生物燃料(吨标准煤)	363.00	59713.16	2491.59	109361.92			209.75

注：2020年能源统计报表中无“消费合计”“非工业生产消费量”“运输工具消费”这三项指标。

11-2 规模以上工业企业水消费量（2020年）

单位:万立方米

项　　目	取水量	外供水量
合　　计	**69934**	**57057**
地表淡水	62260	
地下淡水	239	
自来水	7413	56890
雨水	20	
其他水	2	167
补充资料:		
外排水量	102738	
重复用水量	153683	
直流冷却水量(河湖水)	9659	
污水处理企业污水处理量（污水处理量）	98698	

11-3 规模以上工业企业主要能源库存量（2020年末，按行业分）

单位：吨

项　目	原煤	洗精煤	其他洗煤	焦炭	汽油	柴油
总　计	**125797**	**57728**	**18477**	**20254**	**35**	**247**
农副食品加工业						6
食品制造业						
酒、饮料和精制茶制造业						
烟草制品业						
纺织业					34	86
纺织服装、服饰业						
皮革、毛皮、羽毛及其制品和制鞋业						
木材加工和木、竹、藤、棕、草制品业						
家具制造业						
造纸和纸制品业	3736					41
印刷和记录媒介复制业						
文教、工美、体育和娱乐用品制造业						
石油、煤炭及其他燃料加工业						
化学原料和化学制品制造业				65		
医药制造业	50					8
化学纤维制造业						
橡胶和塑料制品业						
非金属矿物制品业	3020					69
黑色金属冶炼和压延加工业		57728	18477	20188		12
有色金属冶炼和压延加工业				1		7
金属制品业					1	
通用设备制造业						
专用设备制造业						
汽车制造业						1
铁路、船舶、航空航天和其他运输设备制造业						
电气机械和器材制造业						
计算机、通信和其他电子设备制造业						17
仪器仪表制造业						
其他制造业						
废弃资源综合利用业						
金属制品、机械和设备修理业						
电力、热力生产和供应业	118992					
燃气生产和供应业						
水的生产和供应业						

项　目	原煤	洗精煤	其他洗煤	焦炭	天然气(气态)(万立方米)
总　计	**3651571**	**1288091**	**621823**	**1497094**	**24434**
农副食品加工业	59432				2053
食品制造业	8				277
酒、饮料和精制茶制造业					1422
烟草制品业					534
纺织业					187
纺织服装、服饰业	250				5
皮革、毛皮、羽毛及其制品和制鞋业					
木材加工和木、竹、藤、棕、草制品业					29
家具制造业					
造纸和纸制品业	530501				1211
印刷和记录媒介复制业	2418				99
文教、工美、体育和娱乐用品制造业					12
石油、煤炭及其他燃料加工业					
化学原料和化学制品制造业	2819			590	1723
医药制造业	6168				2014
化学纤维制造业					
橡胶和塑料制品业					479
非金属矿物制品业	24554				835
黑色金属冶炼和压延加工业		1288091	621823	1496359	138
有色金属冶炼和压延加工业					8342
金属制品业					282
通用设备制造业				145	534
专用设备制造业	6335				395
汽车制造业					3541
铁路、船舶、航空航天和其他运输设备制造业	131				
电气机械和器材制造业					78
计算机、通信和其他电子设备制造业					47
仪器仪表制造业					
其他制造业					
废弃资源综合利用业					195
金属制品、机械和设备修理业					
电力、热力生产和供应业	3018955				
燃气生产和供应业					
水的生产和供应业					

主要能源消费量（2020年，按行业分）

单位：吨

液化天然气	汽油	煤油	柴油	燃料油	液化石油气	热力（百万千焦）	电力（万千瓦时）	生物燃料（吨标准煤）
2836	**7729**	**14**	**26513**	**47**	**986**	**6831494**	**1534480**	**109362**
	156		836				41446	3465
	20		209				4409	744
	6					78257	15273	558
			611				4880	
	220		196				23763	9780
	111						10747	445
	34		2				2040	
	2						1017	
	1						105	
	7		122				81269	3517
	45		11				5478	788
	13						1637	60
			3				300	
	23		4			403681	16376	1299
821	162		353				19413	2286
							906	
	96		27				16355	
605	128		12335	43		13222	53596	4587
	2		2303			5842227	149449	
95	79		63	4			63610	
699	449		223		922		14442	
22	102		44				21124	
	128		29				27262	
590	620	14	2457		64	44476	81332	
	50		2				1328	
	238		116				28513	
4	117		58				155697	
	3						2224	
							778	
	117		104				1138	
	4716		5584			449631	650191	81833
	29		47				254	
	57		774				38123	

11-5 各县区规模以上工业主要能源消费量（2020年）

单位：吨

县 区	原 煤	洗精煤	其他洗煤	焦 炭	天然气（万立方米）
合 计	**3651571**	**1288091**	**621823**	**1497094**	**23839**
东湖区					
西湖区					
青云谱区					1910
青山湖区	11612	1288091	621823	1496359	838
新建区	3018955				808
红谷滩区					
南昌县	14213				4163
安义县	976				9522
进贤县	20345			145	492
经济开发区	527049			590	3676
高新开发区	58420				2275
湾里管理局					156

11-5 续表

单位：吨

县 区	汽 油	煤 油	柴 油	燃料油
合 计	**7729**	**14**	**26513**	**47**
东湖区				
西湖区	56		766	
青云谱区	401	6	2141	
青山湖区	114		2530	
新建区	391		609	
红谷滩区				
南昌县	852	7	4753	
安义县			52	4
进贤县	361		2208	43
经济开发区	204		4191	
高新开发区	246		3971	
湾里管理局	355		902	

11-6 全社会用电量

单位：万千瓦小时

行　业	2019	2020
全社会用电	**2471959**	**2539879**
全行业用电	1978643	2067697
第一产业	10655	9986
第二产业	1291044	1379412
工　业	1233718	1322964
建筑业	59725	59133
第三产业	676945	678299
居民生活用电	493317	472181
城　镇	378727	359649
乡　村	114589	112533

注：本表数据来源于省电力公司。

11-7 工业电力消费量

单位：万千瓦时

项 目	2019	2020
工业	**1233718**	**1322964**
农副食品加工业	38911	39464
食品制造业	17686	17872
酒、饮料及精制茶制造业	9473	9596
烟草制品业	3565	3156
纺织业	26285	27229
纺织服装、服饰业	14183	14453
造纸和纸制品业	10485	11881
印刷和记录媒介复制业	7092	7341
文教、工美、体育和娱乐用品制造业	5651	5551
化学原料及化学制品制造业	19762	17043
医药制造业	24156	26261
橡胶和塑料制品业	28138	31238
非金属矿物制品业	53120	53616
黑色金属冶炼及压延加工业	95758	132532
有色金属冶炼及压延加工业	85178	95987
金属制品业	27220	29668
通用设备制造业	12327	12460
专用设备制造业	13173	11776
汽车制造业	43070	51033
铁路.船舶.航空航天和其他运输设备制造业	41963	20940
电气机械和器材制造业	21886	18713
计算机、通信和其他电子设备制造业	136446	165157
仪器仪表制造业	1250	1415
其他制造业	38719	62948
电力、热力生产和供应业	421528	415583
燃气生产和供应业	714	744
水的生产和供应业	16650	19419

注：本表数据来源于省电力公司。

11-8 规模以上工业能源消费情况（2020年）

指标名称	规模以上工业能源消费总量（吨标准煤）	增长（%）	规模以上工业增加值能耗上升或下降（±%）
全 市	**6204871.46**	**-0.7**	**-5.2**
南 昌 县	210353.31	-13.6	-17.5
进 贤 县	192766.53	1.3	2.8
安 义 县	248213.20	9.3	3.9
西 湖 区	36401.51	10.7	4.3
青云谱区	70281.60	1.7	-2.1
青山湖区	2315546.78	13.0	10.8
新 建 区	1338416.56	-1.3	-2.6
经济开发区	749570.60	2.9	-2.7
高新开发区	285393.43	8.6	1.7
湾里管理局	8108.70	-16.3	-20.0

主要统计指标解释

工业企业能源消费　工业企业能源消费指独立核算的法人工业企业在报告期内实际使用的能源数量。能源消费数量分别用价值量和实物量表示。

能源消费　指独立核算的法人企业在报告期内实际使用的能源的数量，包括主营活动和附营活动实际使用能源数量；并包括由本企业(作为投资单位)代填的乡镇建筑企业为完成本企业建筑项口而实际使用的能源数量。能源消费数量用价值量和实物量表示。

消费的核算原则："谁消费谁统计"，即能源在哪个企业使用，就由哪个企业统计消费。

消费的核算方法：能源进入第一道生产工序，改变了原来的形态或性能，或者已经实际投入使用，即作消费统计。

十二、建 筑 业

CONSTRUCTION

本篇内容包括:

建筑业总产值

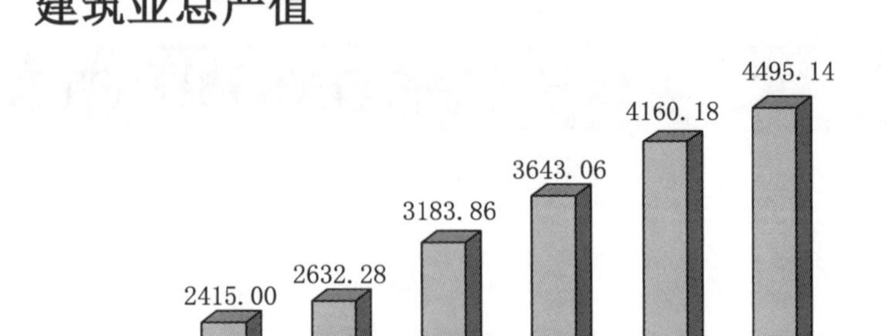

施工房屋面积及竣工房屋面积

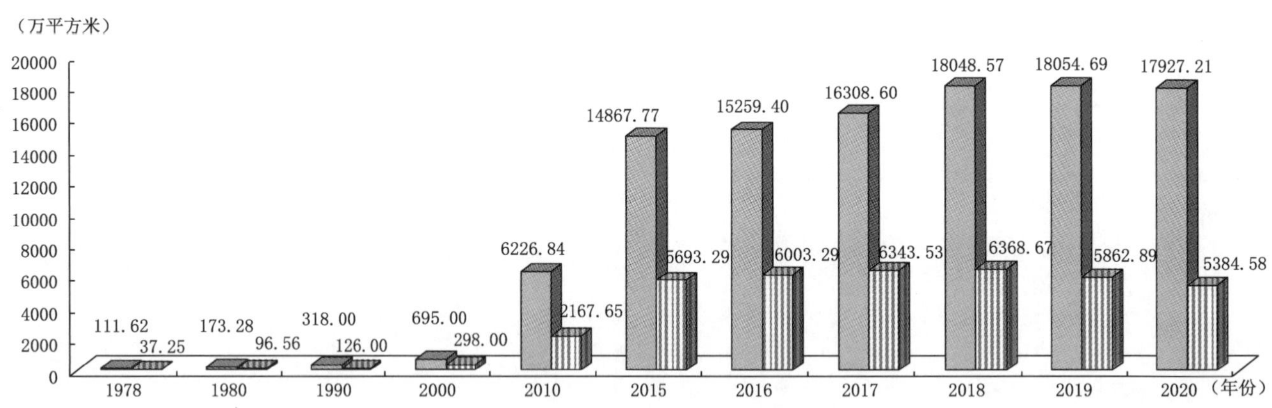

12-1 建筑业主要经济指标

指　　标	2019	2020	2020年比2019 年增长（%）
企业个数(个)	**862**	**933**	**8.2**
#有工作量的企业个数	828	905	9.3
建筑业合同情况(万元)			
签订的合同额	79056903	81278867	2.8
上年结转合同额	36517771	34324793	-6.0
本年新签合同额	42539132	46954075	10.4
承包工程完成情况(万元)			
直接从建设单位承揽工程完成的产值	40695961	44038860	8.2
自行完成施工产值	40246632	43447539	8.0
分包出去工程的产值	449329	591321	31.6
从建设单位以外承揽工程完成的产值	1355151	1502643	10.9
建筑业总产值(万元)	**41601783**	**44951355**	**8.0**
#装饰装修产值	2049246	1792631	-12.5
在外省完成的产值	15099639	15585900	3.2
建筑工程产值	36077692	38617497	7.0
安装工程产值	2988204	3605308	20.7
其他产值	2535887	2728551	7.6
竣工产值(万元)	**21524136**	**16392812**	**-23.8**
房屋建筑施工及竣工面积(万平方米)			
房屋建筑施工面积	**18054.69**	**17927.21**	**-0.7**
#本年新开工面积	7608.39	7371.00	-3.1
房屋建筑竣工面积	**5862.89**	**5384.58**	**-8.2**
住宅房屋	3856.63	3181.39	-17.5
商业及服务用房屋	482.95	549.44	13.8
商厦房屋(批发和零售用房)	135.12	155.55	15.1
宾馆用房屋(住宿用房)	13.35	7.54	-43.5
餐饮用房屋(餐饮用房)	5.99	3.70	-38.1
商务会展用房屋	51.68	6.23	-87.9
其他商业及服务用房屋	276.82	376.42	36.0

注：建筑业统计范围为具有建筑业资质等级的独立核算建筑业企业。

12-1 续表1

指　　标	2019	2020	2020年比2019 年增长 (%)
办公用房屋	358.62	301.66	-15.9
科研、教育、医疗用房屋	326.91	468.18	43.2
科学研究用房屋	22.58	38.15	68.9
教育用房屋	247.21	262.30	6.1
医疗用房屋(卫生医疗用房)	57.12	167.72	193.6
文化、体育、娱乐用房屋	120.45	51.67	-57.1
厂房及建筑物	558.02	678.38	21.6
厂房	372.10	410.14	10.2
仓库	32.36	30.52	-5.7
其他未列明的房屋建筑物	126.95	123.34	-2.8
竣工房屋价值(万元)	**9485522**	**9875365**	**4.1**
住宅房屋	5861999	5259600	-10.3
商业及服务用房屋	830259	1389009	67.3
商厦房屋(批发和零售用房)	192296	280345	45.8
宾馆用房屋(住宿用房)	28313	17696	-37.5
餐饮用房屋(餐饮用房)	11698	7374	-37.0
商务会展用房屋	83860	11613	-86.2
其他商业及服务用房屋	514092	1071981	108.5
办公用房屋	591971	542123	-8.4
科研、教育、医疗用房屋	765310	1123492	46.8
科学研究用房屋	42487	84910	99.9
教育用房屋	583956	579700	-0.7
医疗用房屋(卫生医疗用房)	138867	458882	230.4
文化、体育、娱乐用房屋	322146	132062	-59.0
厂房及建筑物	806475	1164806	44.4
厂房	556406	724569	30.2
仓库	74510	71926	-3.5
其他未列明的房屋建筑物	232853	192348	-17.4

12-1 续表2

指标	2019	2020	2020年比2019年增长（%）
年末资产负债（万元）			
流动资产合计	25324770	28851634	13.9
#存货	6680692	7154948	7.1
固定资产原值	1793737	1900979	6.0
累计折旧	837807	972486	16.1
#本年折旧	141366	123862	-12.4
在建工程	270359	391483	44.8
资产合计	29976762	34487170	15.0
流动负债合计	18499086	21754399	17.6
#应付账款	7577479	9003442	18.8
非流动负债合计	1391599	1588119	14.1
负债合计	20528619	24269702	18.2
所有者权益合计	9448143	10217468	8.1
#实收资本	5250540	5746435	9.4
个人资本	1674250	1381307	-17.5
损益及分配（万元）			
营业收入	33040735	34247836	3.7
工程结算收入	32705000	33714876	3.1
营业成本	30543173	31837187	4.2
工程结算成本	29909431	31300709	4.7
营业税金及附加	324183	227188	-29.9
工程结算税金及附加	307201	211164	-31.3
其他业务利润	19530	15594	-20.2
销售费用	70402	51584	-26.7
管理费用	831139	970995	16.8
财务费用	199735	310190	55.3
#利息收入	24137	16961	-29.7
#利息支出	149873	177447	18.4
营业利润	1023622	1039288	1.5
营业外收入	24907	28195	13.2
营业外支出	13095	16879	28.9
利润总额	1036025	1051750	1.5
应付职工薪酬	3994246	4130307	3.4

12-2 建筑业企业

(总承包和专业

项目	企业个数(个)	#有工作量的企业	建筑业合同	
			签订的合同额	上年结转
总计	**933**	**905**	**81278867**	**34324793**
一、按登记注册类型分组				
内资企业	928	900	78652317	32433090
国有企业	21	20	2300857	908155
集体企业	28	28	1878601	887219
股份合作企业	5	5	57128	18492
联营企业	1	1	14685	6050
国有联营企业	1	1	14685	6050
有限责任公司	189	183	40154960	18922718
国有独资公司	21	19	2582274	1447336
其他有限责任公司	168	164	37572686	17475383
股份有限公司	10	10	162226	111932
私营企业	674	653	34083860	11578525
私营有限责任公司	658	637	30701691	10397740
私营股份有限公司	16	16	3382169	1180785
港、澳、台商投资企业	4	4	2614114	1888603
合资经营企业(港或澳、台资)	4	4	2614114	1888603
外商投资企业	1	1	12437	3100
中外合资经营企业	1	1	12437	3100
二、按控股情况分				
国有控股	99	96	37103896	18321524
集体控股	38	38	2209344	938912
私人控股	767	742	40414599	14168493
港澳台商控股	4	4	41430	12605
其他	25	25	1509600	883259
三、按营业状态分				
营业	921	900	81074189	34168850
停业(歇业)	7	3	195731	153635
当年关闭	2			
其他	3	2	8948	2308

生产情况(一)（2020年）

承包资质企业)　　　　　　　　　　　　　　　　　　　　单位：万元

情　况	承包工程完成情况			
本年新签	直接从建设单位承揽工程产值	自行完成施工产值	分包出去工程产值	从建设单位以外承揽工程完成的产值
46954075	**44038860**	**43447539**	**591321**	**1502643**
46219227	43082629	42491308	591321	1502643
1392702	1827917	1699701	128216	129725
991382	1264336	1264118	218	210
38636	27490	26008	1483	7210
8635	12030	12030		
8635	12030	12030		
21232242	17901335	17713494	187841	428467
1134939	1330119	1330119		
20097304	16571216	16383375	187841	428467
50294	103314	44495	58820	58824
22505335	21946207	21731463	214744	878207
20303951	19052355	18841455	210900	857492
2201384	2893852	2890008	3844	20716
725511	951720	951720		
725511	951720	951720		
9337	4511	4511		
9337	4511	4511		
18782372	15826630	15683213	143417	345904
1270432	1587438	1587220	218	13628
26246106	25871245	25426003	445242	1138928
28825	33804	33804		
626341	719743	717300	2444	4183
46905339	44016193	43424873	591321	1502643
42096	18210	18210		
6640	4457	4457		

(总承包和专业

项　　目	企业个数(个)	#有工作量的企业	建筑业合同	
			签订的合同额	上年结转
四、按企业资质等级分组				
施工总承包	704	690	77196627	32926957
特级	16	16	24108905	9546316
一级	172	172	43789195	19563647
二级	239	233	6389405	2980901
三级及以下	277	269	2909122	836093
专业承包	229	215	4082240	1397836
一级	71	70	2981833	1120921
二级	81	77	748253	193110
三级及以下	77	68	352155	83806
五、按国民经济行业分组				
房屋建筑业	428	424	52155230	22329015
住宅房屋建筑	385	382	50409617	21534170
其他房屋建筑业	43	42	1745614	794845
土木工程建筑业	291	280	22434012	10071314
铁路、道路、隧道和桥梁工程建筑	189	183	14052496	6129848
水利和水运工程建筑	31	30	4136328	1954388
工矿工程建筑	5	5	83739	24394
架线和管道工程建筑	12	12	405035	207115
节能环保工程施工	3	1	4483	
电力工程施工	11	11	3105088	1615176
其他土木工程建筑	40	38	646844	140393
建筑安装业	73	70	3106409	642702
电气安装	33	32	638495	170551
管道和设备安装	10	10	392024	73210
其他建筑安装业	30	28	2075891	398941
建筑装饰、装修和其他建筑业	141	131	3583216	1281762
建筑装饰和装修业	107	99	3158789	1162137
建筑物拆除和场地准备活动	4	3	36105	8650
提供施工设备服务	1	1	1527	
其他未列明建筑业	29	28	386796	110976

表

承包资质企业)

单位：万元

情况	承包工程完成情况			
本年新签	直接从建设单位承揽工程产值	自行完成施工产值	分包出去工程产值	从建设单位以外承揽工程完成的产值
44269670	41652107	41122129	529977	1122309
14562589	13425629	13267117	158512	340884
24225548	22612118	22309013	303105	494443
3408504	3512224	3484861	27363	140225
2073030	2102136	2061139	40998	146758
2684404	2386754	2325410	61343	380333
1860912	1583794	1536829	46965	326391
555143	570818	565616	5202	27324
268349	232142	222966	9176	26618
29826215	28917581	28603343	314237	748026
28875447	27778935	27481874	297062	690928
950769	1138645	1121470	17176	57097
12362698	10702034	10479869	222165	360063
7922648	7771360	7554522	216838	338728
2181940	1320214	1318322	1892	3262
59345	55301	54734	567	2415
197920	271299	271299		
4483	4034	4034		
1489912	723354	720486	2868	9444
506451	556472	556472		6214
2463707	2328526	2327818	709	54619
467944	482676	482626	50	22729
318814	248365	248365		19572
1676949	1597486	1596827	659	12318
2301455	2090719	2036509	54210	339935
1996652	1801369	1747756	53613	333210
27455	30148	30148		
1527				1905
275820	259202	258605	597	4820

12-3 建筑业企业

(总承包和专业

项　　目	建筑业总产值(万元)	#装饰装修产　值	#在外省完成产值	其中：装配式建筑工程产值	按构
					建筑工程
总计	**44951355**	**1792631**	**15585900**	**75590**	**38617497**
一、按登记注册类型分组					
内资企业	43995124	1788342	15283337	75590	37663658
国有企业	1829426	35165	439538	3165	1543848
集体企业	1264328	21718	192653	1	1190441
股份合作企业	33217	8427	5610		24481
联营企业	12030				12030
国有联营企业	12030				12030
有限责任公司	18141961	368863	6676604	40063	15840958
国有独资公司	1330119	4261	733300	206	968437
其他有限责任公司	16811842	364602	5943303	39858	14872521
股份有限公司	103318	13552	55952	633	86933
私营企业	22610843	1340618	7912980	31727	18964968
私营有限责任公司	19700119	1241919	6564648	31727	16560451
私营股份有限公司	2910724	98699	1348332		2404517
港、澳、台商投资企业	951720	4289	298052		949327
合资经营企业(港或澳、台资)	951720	4289	298052		949327
外商投资企业	4511		4511		4511
中外合资经营企业	4511		4511		4511
二、按控股情况分					
国有控股	16029117	115729	5261311	32817	13755329
集体控股	1600848	29779	220716	8518	1495935
私人控股	26566104	1551116	9913185	32460	22660700
港澳台商控股	33804	4289	4571		31411
其他	721482	91717	186117	1794	674123
三、按营业状态分					
营业	44928688	1792631	15569780	75590	38594830
停业(歇业)	18210		16120		18210
当年关闭					
其他	4457				4457

生产情况(二) (2020年)

承包资质企业)

成 分		竣工产值(万元)	房屋建筑施工面积(平方米)	#本年新开工面积	房屋竣工面积(平方米)	房屋竣工价值(万元)
安装工程	其他产值					
3605308	**2728551**	**16392812**	**179272086**	**73710047**	**53845797**	**9875365**
3603054	2728411	16209783	167297575	72549913	53174656	9696535
47002	238576	777958	6084908	1455474	1272172	288906
23578	50310	406723	6966421	3628074	1825618	320508
	8736	11146	78800	20700	53700	9898
1580346	720658	6456970	82176716	33472418	18904791	3540134
232878	128804	848177	1192044	548641	49098	5414
1347468	591854	5608793	80984672	32923777	18855693	3534720
15472	913	24900	212001	94480	70885	10434
1936657	1709219	8532087	71778729	33878767	31047490	5526654
1678969	1460700	8015957	65270872	29594067	28691556	5094519
257688	248519	516130	6507857	4284700	2355934	432135
2254	139	183029	11974511	1160134	671141	178830
2254	139	183029	11974511	1160134	671141	178830
1494882	778906	5628959	81374775	25518432	16320998	3379505
25523	79390	496196	7254314	3797442	1988152	343715
2038923	1866482	9987998	89316162	43857634	35340534	6107647
2254	139	5474	4800	4800	4800	1275
43726	3633	274185	1322035	531739	191313	43222
3605308	2728550	16391207	179259196	73703388	53837612	9873805
	0	1561	12890	6659	8185	1560

(总承包和专业

项　　目	建筑业总产值(万元)	#装饰装修产值	#在外省完成产值	其中：装配式建筑工程产值	按构
					建筑工程
四、按企业资质等级分组					
施工总承包	42245612	1186581	14172260	61766	36717308
特级	13608000	314688	6583774	155	12497551
一级	22804629	649810	6925200	32157	19587185
二级	3625086	78168	342095	13522	2948390
三级及以下	2207896	143915	321191	15932	1684182
专业承包	2705744	606050	1413640	13824	1900189
一级	1863220	494995	1090309		1225397
二级	592939	81982	305173	13824	485216
三级及以下	249584	29073	18159		189576
五、按国民经济行业分组					
房屋建筑业	29352542	951961	9978494	50734	26643139
住宅房屋建筑	28173975	908562	9802636	50369	25519532
其他房屋建筑业	1178567	43400	175858	365	1123607
土木工程建筑业	10839932	99684	4001997	15782	9029342
铁路、道路、隧道和桥梁工程建筑	7893250	46149	2692510	11119	7045486
水利和水运工程建筑	1321584	600	484602	3371	1296004
工矿工程建筑	57149		9974		50861
架线和管道工程建筑	271299	12987	38088		170126
节能环保工程施工	4034				
电力工程施工	729930		601205		55644
其他土木工程建筑	562686	39949	175619	1292	411223
建筑安装业	2382437	54973	444819	103	1426255
电气安装	505355	1874	11810	103	229528
管道和设备安装	267937		5297		6135
其他建筑安装业	1609145	53099	427711		1190592
建筑装饰、装修和其他建筑业	2376445	686013	1160590	8971	1518760
建筑装饰和装修业	2080966	675003	1077699	8971	1276791
建筑物拆除和场地准备活动	30148				30148
提供施工设备服务	1905				
其他未列明建筑业	263425	11010	82891		211821

表

承包资质企业）

成分		竣工产值（万元）	房屋建筑施工面积（平方米）	#本年新开工面积	房屋竣工面积（平方米）	房屋竣工价值（万元）
安装工程	其他产值					
2981710	2546594	15571191	177381163	72387463	53071834	9797989
598992	511458	4863703	74965685	34074553	17327368	3432573
1674687	1542757	8475900	82834520	28569248	26377432	5074127
441978	234719	1303149	12839137	6293624	5628209	831169
266054	257660	928439	6741821	3450038	3738825	460119
623598	181957	821621	1890923	1322584	773963	77376
492270	145554	562499	675366	554136	95928	10922
78736	28987	144352	1105788	685834	277141	52502
52592	7416	114771	109769	82614	400894	13952
1344990	1364413	12910674	17023	7076	51418406	9566626
1316782	1337661	12533379	16705	6885	49979384	9323336
28209	26752	377295	318	192	1439022	243290
950997	859592	2422478	718	199	1765247	228914
140281	707482	1645032	501	179	1343754	210360
7123	18458	192134	179	1	9787	1041
6110	178	3015	12	2		
101173		93613				
4034		4034				
674126	160	182772				
18150	133314	301877	25	17	411706	17513
842431	113750	396991	112	63	412203	50328
269562	6264	66199			4086	360
261802		10128				
311067	107486	320663	112	63	408117	49968
466889	390796	662670	75	33	249941	29497
456367	347807	523958	7	2	15626	2534
		1100				
	1905					
10521	41083	137612	68	31	234315	26963

12-4 建筑业企业

(总承包和专业

项目	流动资产合计	#应收工程款	#存货	固定资产减值准备	固定资产原价	累计折旧	#本年折旧	在建工程
总计	**28851634**	**8442197**	**7154948**	**3351**	**1900979**	**972486**	**123862**	**391483**
一、按登记注册类型分组								
内资企业	27087492	7820717	6379407	3351	1889616	968310	123703	380300
国有企业	1213288	122256	134407		271256	157596	14681	9559
集体企业	580778	126620	133329		83768	23665	3940	11993
股份合作企业	71741	5248	53909	90	5300	2056	143	
联营企业	21895	6750	12634		1740	575	575	
国有联营企业	21895	6750	12634		1740	575	575	
有限责任公司	14760468	4212979	3671722	216	746701	416789	51498	80001
国有独资公司	1558644	386992	463595	24	231938	158460	15734	6029
其他有限责任公司	13201824	3825986	3208127	192	514763	258329	35765	73973
股份有限公司	633581	465088	19197	626	9467	4504	279	338
私营企业	9805741	2881776	2354210	2419	771383	363126	52586	278409
私营有限责任公司	9148867	2732032	2119818	2419	651379	287849	44946	261548
私营股份有限公司	656875	149744	234392		120005	75277	7640	16861
港、澳、台商投资企业	1722218	601596	775506		10480	3382	115	11183
合资经营企业(港或澳、台资)	1722218	601596	775506		10480	3382	115	11183
外商投资企业	41924	19884	35		884	794	45	
中外合资经营企业	41924	19884	35		884	794	45	
二、按控股情况分								
国有控股	15337518	4360506	3991333	76	886935	517538	59207	71394
集体控股	802383	163799	227359	90	113686	36260	5217	11993
私人控股	11882334	3735948	2725913	3185	860844	395932	57834	303341
港澳台商控股	61462	21345	5914		4397	3120	63	716
其他	767938	160598	204429		35117	19636	1542	4040
三、按营业状态分								
营业	28837195	8435275	7154543	3349	1899773	972237	123831	391483
停业(歇业)	11418	5343	344	2	741	106	7	
当年关闭	769	196	32		138	117	24	
其他	2251	1383	29		327	26	0	

财务状况(一)(2020年)

承包资质企业)　　　　单位:万元

资产总计	流动负债合计	#应付账款	非流动负债合计	负债合计	所有者权益合计	实收资本	#个人资本	营业收入	主营业务收入
34487170	**21754399**	**9003442**	**1588119**	**24269702**	**10217468**	**5746435**	**1381307**	**34247836**	**33714876**
32060723	19673590	7757809	1514250	22115023	9945700	5627688	1381307	33420467	32938563
1472864	810919	214877	54890	1205341	267523	98598	50	1268725	1231592
687397	377953	120105	4232	382211	305185	137704		890110	878248
75340	67343	2408		68408	6932	6279	3108	18448	18440
23639	16934	8945		16934	6704	3000		10533	10532
23639	16934	8945		16934	6704	3000		10533	10532
17234312	12700634	5270462	903933	13859886	3374426	2037014	208134	14716369	14539637
1915009	1380754	515330	183419	1607740	307269	160963		1433457	1408254
15319303	11319880	4755132	720513	12252146	3067158	1876051	208134	13282912	13131383
663379	549313	355112	1135	550765	112614	65023	11590	102221	97849
11903794	5150494	1785898	550061	6031479	5872315	3280071	1158426	16414061	16162266
11070706	4962144	1732047	516061	5805666	5265040	3092777	1082481	14806417	14590854
833088	188350	53852	34000	225813	607275	187295	75945	1607644	1571412
2384435	2057496	1225880	73870	2131365	253069	108747		777012	776313
2384435	2057496	1225880	73870	2131365	253069	108747		777012	776313
42013	23314	19753		23314	18699	10000		50356	
42013	23314	19753		23314	18699	10000		50356	
18196543	13893737	6110481	901035	15292513	2904030	1616813	63621	12960141	12857980
950709	555370	170934	4232	559628	391081	195801	10427	1098176	1080777
14279897	6583175	2404383	562897	7570003	6709894	3801915	1278584	19527925	19235829
74473	37597	19379		37597	36877	14397		66154	15798
985549	684521	298265	119955	809962	175586	117510	28675	595440	524492
34469521	21742782	8998931	1587959	24257925	10211596	5741182	1379707	34223893	33690933
13265	10028	3989		10028	3238	2937	600	18300	18300
1821	393	63	160	553	1269	1000	1000	1389	1389
2563	1197	460		1197	1366	1316		4254	4254

12-4 续

(总承包和专业

项目	流动资产合计	#应收工程款	#存货	固定资产减值准备	固定资产原价	累计折旧	#本年折旧	在建工程
四、按企业资质等级分组								
施工总承包	27292977	7971155	6881008	3089	1773947	902150	113908	227408
特级	6768822	1597589	2761086		355817	186794	30897	63955
一级	15565986	5085618	3205682	1310	1052324	584257	60710	83465
二级	2967396	839931	607137	783	211776	86409	12651	53832
三级及以下	1990773	448018	307103	996	154031	44690	9650	26155
专业承包	1558657	471042	273941	262	127033	70336	9954	164075
一级	787737	281331	144436	2	76485	44931	4681	11562
二级	525237	113788	98709	198	26847	12588	2260	149503
三级及以下	245683	75923	30796	62	23701	12817	3014	3011
五、按国民经济行业分组								
房屋建筑业	16756630	4571643	5293291	1434	970755	457658	52900	137926
住宅房屋建筑	15499709	4301864	4846433	1433	788238	346195	45080	132195
其他房屋建筑业	1256921	269779	446858	1	182517	111463	7820	5730
土木工程建筑业	9690051	3048046	1406202	1573	738492	418668	58798	234378
铁路、道路、隧道和桥梁工程建筑	6427537	1956291	1241334	1223	581778	342894	50882	205711
水利和水运工程建筑	1154069	573328	40792	66	62621	32252	3562	6108
工矿工程建筑	47789	19653	1759		7158	4235	1023	
架线和管道工程建筑	134570	49233	33691		37113	20470	973	6630
节能环保工程施工	5301	1322	1193		294	212	23	
电力工程施工	1537755	310992	17682		23587	11366	1540	422
其他土木工程建筑	383031	137227	69753	285	25941	7238	795	15507
建筑安装业	1224810	432745	186458	146	85581	46725	6329	10956
电气安装	414582	117179	72014	2	46876	26621	3618	1759
管道和设备安装	289556	116139	8241		3092	2116	152	
其他建筑安装业	520672	199428	106204	144	35613	17987	2560	9197
建筑装饰、装修和其他建筑业	1180144	389762	268997	198	106152	49435	5835	8223
建筑装饰和装修业	951284	301251	194660	100	77292	38268	3435	5955
建筑物拆除和场地准备活动	30060	19989	211		1340	355	36	146
提供施工设备服务	5368	4633	209	98	8659	4474	1012	1026
其他未列明建筑业	193432	63889	73917		18862	6338	1352	1096

表

承包资质企业)

单位:万元

资产总计	流动负债合计	#应付账款	非流动负债合计	负债合计	所有者权益合计	实收资本	#个人资本	营业收入	主营业务收入
32490251	20821849	8640560	1353901	23023877	9466373	5296402	1287849	31431458	30962840
8486852	6043078	2732270	352755	6475833	2011019	947613	189321	9712132	9695566
18010588	11893859	5001399	696691	13167360	4843227	2645926	605551	16893347	16731206
3550515	1862708	677140	42848	1949951	1600564	978525	329037	3136396	2874687
2442296	1022203	229751	261606	1430733	1011563	724338	163941	1689583	1661382
1996920	932551	362882	234219	1245825	751095	450034	93458	2816378	2752036
914870	469520	216733	7490	533892	380978	194598	54917	1908265	1889755
788553	277149	80726	224613	522941	265612	184592	23589	648517	613216
293497	185882	65423	2115	188992	104505	70844	14951	259596	249065
19734642	12116887	4994295	665698	13477594	6257048	3188395	819501	21213384	21001867
18233837	11257549	4787636	494855	12445660	5788178	2986493	798035	20219035	20043660
1500805	859338	206660	170843	1031934	468870	201901	21467	994349	958207
12039088	8227639	3257244	869253	9167916	2871172	2009810	405723	8947566	8765325
8457765	5442746	2263797	742436	6205332	2252433	1620316	333549	5931875	5816424
1267278	944653	437316	101939	1046616	220662	135938	23290	1255733	1249663
52173	24752	14495	416	25168	27005	13790	1200	59691	59251
168631	103645	58975	1229	104875	63756	40144	4500	247698	247228
5488	3369	273		3369	2119	1673		3506	3506
1579806	1449629	369888	22209	1475414	104392	51613	1474	941594	941138
507948	258845	112500	1025	307143	200805	146336	41711	507469	448116
1365011	757968	426791	8008	875134	489877	262804	30497	1743300	1633269
496701	252288	140274	3025	268882	227819	136938	2603	475511	424219
296045	110682	68229	1013	203820	92224	34712	7612	231029	178822
572266	394998	218288	3970	402432	169834	91154	20283	1036760	1030228
1348429	651906	325112	45160	749059	599371	285427	125585	2343586	2314416
1081397	519159	274090	40417	599583	481814	215056	101484	2032699	2004728
31585	24481	12534	62	24542	7043	4964		31513	31185
14641	6357	1054	4682	11040	3601	2548		5896	5896
220806	101909	37434		113894	106913	62860	24102	273478	272607

12-5 建筑业企业

(总承包和专业

项　　目	营业成本	主营业务成本	营业税金及附加	主营业务税金及附加	其他业务利润	销售费用	管理费用
总计	**31837187**	**31300709**	**227188**	**211164**	**15594**	**51584**	**970995**
一、按登记注册类型分组							
内资企业	31071625	30579865	224816	208906	15594	51584	958177
国有企业	1211148	1175381	6106	5941	168	368	92152
集体企业	832992	823997	8372	8246		272	21098
股份合作企业	17630	17630	61	61		99	356
联营企业	9155	9155	19	19			437
国有联营企业	9155	9155	19	19			437
有限责任公司	13767812	13565808	68671	56799	11194	20054	367593
国有独资公司	1304005	1282425	4256	3069	3479	1128	61027
其他有限责任公司	12463808	12283383	64415	53731	7715	18926	306566
股份有限公司	77654	73660	508	501		95	13844
私营企业	15155234	14914234	141081	137338	4231	30696	462698
私营有限责任公司	13666228	13458588	126133	122908	4231	29407	426233
私营股份有限公司	1489006	1455646	14948	14430		1289	36465
港、澳、台商投资企业	721769	720844	2258	2258			11084
合资经营企业(港或澳、台资)	721769	720844	2258	2258			11084
外商投资企业	43793		113				1734
中外合资经营企业	43793		113				1734
二、按控股情况分							
国有控股	12149042	12016513	43130	41697	10596	7859	361486
集体控股	1019865	1006527	12728	12585	640	327	34293
私人控股	18067213	17791002	169167	155139	4298	43048	547342
港澳台商控股	57168	13374	149	36			3168
其他	543900	473293	2014	1708	59	350	24705
三、按营业状态分							
营业	31814674	31278294	226831	210807	15594	51379	970363
停业(歇业)	17579	17579	343	343		2	244
当年关闭	927	927	4	4		90	213
其他	4007	3909	10	10		113	175

财务状况(二)(2020年)

承包资质企业)　　　　单位：万元

研发费用	财务费用	利息收入	利息支出	营业利润	营业外收入	营业外支出	利润总额	所得税费用	应付职工薪酬(本年贷方累计发生额)	应交增值税
310190	**236092**	**16961**	**177447**	**1039288**	**28195**	**16879**	**1051750**	**217626**	**4130307**	**700993**
309381	215303	14737	150599	998627	28052	16510	1011314	212918	4116202	682610
18668	9475	13	7756	17302	634	463	17472	5631	163842	38793
	6331	44	5124	22470	1195	295	23370	6445	89906	22960
	112	-1	2	191	6		197	81	5589	258
	247			676	2		677	169	1062	54
	247			676	2		677	169	1062	54
175762	113698	9401	94921	360503	16260	5529	371391	79840	1800339	247167
9381	23513	1009	18083	35153	7599	950	41801	6932	127882	24461
166381	90184	8392	76838	325350	8661	4579	329590	72908	1672457	222706
5766	204	1	176	9540	45	95	9489	277	4808	10764
109185	85237	5280	42621	587946	9911	10128	588718	120475	2050654	362615
95879	80790	5270	42336	526077	9579	9920	526725	105844	1848552	320446
13307	4447	10	285	61869	332	208	61993	14631	202103	42169
809	21247	2709	26848	35488	98	366	35220	3353	10991	17975
809	21247	2709	26848	35488	98	366	35220	3353	10991	17975
	-457	-485	0	5173	45	3	5215	1356	3114	408
	-457	-485	0	5173	45	3	5215	1356	3114	408
150031	114798	8044	114011	312450	13323	3580	322351	62434	1650609	236495
2077	3466	3164	5143	30991	1832	707	32116	7391	135159	25382
145762	109325	5557	51170	673023	12187	12374	673825	144127	2290170	424016
	444	-485	0	6145	75	10	6210	1397	4213	811
12319	8060	682	7123	16679	778	208	17248	2278	50156	14288
310077	235988	16960	177395	1039030	28192	16878	1051489	217572	4125142	700894
	61		53	100	0		99	17	4856	9
	44			112			112	28	160	0
113	0	1		47	3	1	49	10	148	90

(总承包和专业

项目	营业成本	主营业务成本	营业税金及附加	主营业务税金及附加	其他业务利润	销售费用	管理费用
四、按企业资质等级分组							
施工总承包	29196931	28721693	202627	188156	14998	41683	857565
特级	9157516	9140911	48092	37957	-1459	3831	140471
一级	15634638	15439416	109384	106584	10548	20191	530915
二级	2852076	2620679	33464	32474	4500	13326	121667
三级及以下	1552701	1520687	11687	11141	1408	4336	64513
专业承包	2640256	2579016	24560	23008	595	9901	113429
一级	1808945	1792197	17253	16277	477	2974	77145
二级	601992	567239	5978	5459		4181	18335
三级及以下	229319	219581	1330	1272	118	2746	17949
五、按国民经济行业分组							
房屋建筑业	19757795	19577962	156507	144124	8059	20325	446729
住宅房屋建筑	18882595	18736895	151280	139116	7943	16254	398101
其他房屋建筑业	875199	841067	5227	5007	115	4071	48628
土木工程建筑业	8275101	8047980	44935	42984	5404	20917	369211
铁路、道路、隧道和桥梁工程建筑	5465574	5338420	35547	35015	4114	15283	259000
水利和水运工程建筑	1196776	1151697	3041	2950	1144	466	27467
工矿工程建筑	51840	51496	549	549	1	56	4959
架线和管道工程建筑	229561	229461	970	966		710	18289
节能环保工程施工	2894	2684	14	14		1	445
电力工程施工	856987	856687	708	686	143	4208	41159
其他土木工程建筑	471470	417534	4105	2805	2	193	17892
建筑安装业	1596562	1497735	6146	5315	1599	4600	69615
电气安装	419466	369051	1882	1583	1494	1658	37187
管道和设备安装	192419	146980	507	360	95	1760	4559
其他建筑安装业	984677	981704	3757	3373	10	1182	27869
建筑装饰、装修和其他建筑业	2207729	2177033	19600	18741	532	5742	85440
建筑装饰和装修业	1926959	1901156	17390	16564	464	3153	74322
建筑物拆除和场地准备活动	29742	28045	147	141	68		938
提供施工设备服务	4858	3165	318	318			515
其他未列明建筑业	246171	244667	1745	1718		2589	9666

表

承包资质企业)　　　　单位：万元

研　发 费　用	财　务 费　用	利　息 收　入	利　息 支　出	营　业 利　润	营业外 收　入	营业外 支　出	利　润 总　额	所得税 费　用	应付职工 薪酬(本年 贷方累计 发生额)	应　交 增值税
286626	224091	14628	169603	982327	25270	14398	994368	206824	3900910	644464
86006	77069	-1081	66128	293811	2854	3196	293469	64597	1617185	254668
192318	124086	11681	92946	510790	15786	6644	520194	105635	1808277	290548
6710	19207	347	6588	116287	3912	3134	117971	25539	305951	62691
1593	3728	3680	3942	61439	2718	1423	62734	11053	169497	36556
23564	12002	2333	7845	56961	2925	2481	57382	10803	229396	56530
12250	5615	277	3213	29149	1594	1374	29369	6765	113423	33072
10375	4344	1965	4006	20159	1031	865	20303	2880	91782	19875
940	2043	91	625	7653	300	243	7709	1158	24191	3583
140942	150356	12084	108178	700745	11997	9457	703646	151360	3231291	458987
140459	127945	11747	93799	662134	10369	8304	664559	141684	3164670	446356
484	22411	337	14379	38611	1628	1153	39087	9676	66620	12632
143378	79222	1334	63942	217853	12951	4644	226967	42148	626160	176095
84325	57220	65	53008	167119	4815	3338	169404	30875	450734	135841
28415	10432	627	2000	28205	797	288	28713	7104	55531	14766
	45	82	11	2214	98	24	2288	187	22139	4038
856	1199	37	629	-3086	5968	131	2752	721	30346	7631
	46			106	5		111	10	188	22
26337	8355	534	7785	10742	872	153	11462	1175	35383	5288
3446	1926	-11	511	12553	395	710	12238	2077	31839	8510
15189	92	3337	2059	70402	1711	1136	70977	15570	160069	33629
8564	-1396	3432	957	20452	1342	939	20854	2102	53609	5502
	354	-416	233	29843	50	14	29879	7490	8271	2264
6625	1134	322	868	20108	320	184	20243	5977	98189	25864
10680	6422	207	3268	50289	1536	1642	50160	8548	112787	32282
9085	5264	215	2814	37089	1268	1022	37312	7157	95622	25711
	77	-6		618	1	22	597	100	1121	1049
	40			166	13	91	88	16	548	232
1596	1042	-3	454	12415	254	507	12162	1276	15496	5290

12-6 各县区建筑业企业

(总承包和专业

指　　标	全　市	东湖区	西湖区	青云谱区	青山湖区
企业个数(个)	**933**	**88**	**105**	**76**	**78**
建筑业合同情况(万元)					
签订的合同额	81278867	2162056	10117952	13240647	2307396
上年结转合同额	34324793	920457	6678731	5640247	869557
本年新签合同额	46954075	1241599	3439221	7600400	1437840
承包工程完成情况(万元)					
直接从建设单位承揽工程完成的产值	44038860	1200658	3665768	5839248	1351298
自行完成施工产值	43447539	1191365	3660855	5772336	1339551
分包出去工程的产值	591321	9294	4913	66912	11747
从建设单位以外承揽工程完成的产值	1502643	30362	14702	188042	62758
建筑业总产值(万元)	**44951355**	**1221727**	**3675557**	**5961800**	**1402309**
#装饰装修产值	1792631	316513	102403	193204	38971
在外省完成的产值	15585900	417992	961668	2148738	516236
装配式建筑工程产值	75590	2512	1293	2049	7009
建筑工程产值	38617497	789116	3125750	4767559	1157998
安装工程产值	3605308	313618	366834	733278	149325
其他产值	2728551	118993	182974	460964	94986
竣工产值(万元)	**16392812**	**518828**	**1208175**	**3455266**	**360543**
房屋建筑施工及竣工面积(万平方米)					
房屋建筑施工面积	17927.21	137.85	1914.04	3196.83	321.19
#本年新开工面积	7371.00	54.55	231.20	1640.23	130.28
房屋建筑竣工面积	5384.58	25.98	119.53	1304.31	155.54
住宅房屋	3181.39	9.99	81.05	770.94	74.57
商业及服务用房屋	549.44	0.39	4.12	70.02	4.47
商厦房屋(批发和零售用房)	155.55	0.10	2.58	5.59	2.59
宾馆用房屋(住宿用房)	7.54		0.03	0.05	0.00
餐饮用房屋(餐饮用房)	3.70		0.03	0.08	0.00
商务会展用房屋	6.23	0.11		0.03	0.00
其他商业及服务用房屋	376.42	0.19	1.48	64.27	1.89

主要经济指标（2020年）

承包资质企业）

新建区	红谷滩区	南昌县	安义县	进贤县	经济开发区	高新开发区	湾里管理局
63	**92**	**200**	**14**	**53**	**66**	**73**	**25**
2733779	8990540	24603297	232723	1399939	4884544	9507239	1098757
759479	2639376	10400700	50542	698802	987062	4518722	161120
1974301	6351164	14202597	182181	701137	3897482	4988517	937637
2045640	5872509	15599933	235930	945348	2790899	3546481	945147
2027516	5807653	15330791	235930	944935	2773667	3417942	944997
18124	64855	269142		413	17232	128539	150
30613	496608	424508		46449	35377	161106	12118
2058129	**6304262**	**15755050**	**235930**	**991384**	**2809044**	**3579048**	**957115**
75571	174731	578616	2908	27182	200617	78323	3593
452785	2049197	5718821		250893	1300159	1333541	435870
11702	375	3828		12890		29061	4870
1665052	5542747	14711778	186689	825038	2119035	3011177	715560
136397	285435	829328	13330	84239	414659	216447	62418
256681	476080	213944	35911	82108	275351	351424	179137
1064579	**712801**	**5493980**	**163699**	**670020**	**903726**	**1602908**	**238287**
510.01	780.43	6898.96	149.18	481.02	866.49	2306.94	364.26
251.53	277.45	3485.52	47.72	217.15	319.81	642.25	73.32
290.82	211.32	2072.70	116.38	304.66	177.10	500.72	105.51
152.41	118.39	1291.40	93.13	165.95	124.68	248.45	50.45
49.24	18.06	249.87	3.36	23.08	15.97	103.73	7.13
11.53	9.10	61.02	3.36	17.46	15.97	26.26	
1.68		5.06		0.00		0.70	
		3.59		0.00			
		6.09		0.00			
36.02	8.96	174.11		5.62		76.76	7.13

12-6 续

(总承包和专业

指　　标	全　市	东湖区	西湖区	青云谱区	青山湖区
办公用房屋	301.66	1.12	2.38	12.99	39.14
科研、教育、医疗用房屋	468.18	1.32	11.06	204.65	25.74
科学研究用房屋	38.15	0.06	0.20	17.80	
教育用房屋	262.30	1.21	10.86	78.23	13.39
医疗用房屋(卫生医疗用房)	167.72	0.05		108.62	12.36
文化、体育、娱乐用房屋	51.67	0.00	5.97	3.44	
厂房及建筑物	678.38	10.00	7.94	208.07	10.78
厂房	410.14		1.14	115.15	0.78
仓库	30.52	0.04			0.02
其他未列明的房屋建筑物	123.34	3.11	7.02	34.19	0.82
竣工房屋价值(万元)	**9875365**	**24586**	**282079**	**2424391**	**277714**
住宅房屋	5259600	10242	207512	1179644	108992
商业及服务用房屋	1389009	332	4631	91553	6835
商厦房屋(批发和零售用房)	280345	50	3010	11393	4916
宾馆用房屋(住宿用房)	17696		67	101	0
餐饮用房屋(餐饮用房)	7374		66	161	0
商务会展用房屋	11613	119		60	0
其他商业及服务用房屋	1071981	162	1489	79839	1918
办公用房屋	542123	2306	3646	43661	82254
科研、教育、医疗用房屋	1123492	933	21657	647366	54325
科学研究用房屋	84910	30	298	49000	
教育用房屋	579700	845	21358	260412	28249
医疗用房屋(卫生医疗用房)	458882	58		337955	26076
文化、体育、娱乐用房屋	132062	1	28911	16022	
厂房及建筑物	1164806	9000	8145	427265	23713
厂房	724569		1203	273817	2017
仓库	71926	19			35
其他未列明的房屋建筑物	192348	1754	7578	18879	1560

表1

承包资质企业)

新建区	红谷滩区	南昌县	安义县	进贤县	经济开发区	高新开发区	湾里管理局
9.99	20.45	168.67	1.26	11.92		25.67	8.07
19.45	12.69	137.69	0.15	6.08	9.73	20.97	18.65
2.50		16.95		0.00		0.65	
13.89	12.69	96.93	0.15	1.04	7.73	7.53	18.65
3.05		23.81		5.03	2.00	12.79	
9.53		14.27		0.56	10.15	1.01	6.74
40.68	38.77	154.64	6.11	72.14	16.57	100.89	11.80
3.87	20.07	133.70	0.10	22.70	0.05	100.89	11.70
1.75		14.87	7.31	3.86			2.67
7.78	2.96	41.29	5.06	21.08		0.01	
360453	**413771**	**4090242**	**144844**	**330030**	**272047**	**1109353**	**145855**
190746	251273	2227980	86661	153301	160270	606940	76038
50551	27263	901080	5055	28669	37570	227188	8282
11996	8000	87648	5055	21857	37570	88850	
1853		13973		3		1700	
		7145		3			
		11430		3			
36703	19263	780884		6803		136638	8282
13051	35387	265772	2432	19585		64250	9779
26750	32226	248746	141	13200	20347	37283	20519
2989		31616		4		973	
20405	32226	165979	141	1862	14168	13537	20519
3356		51151		11334	6179	22773	
15025		23584		694	30952	1918	14954
51290	62637	272470	16721	85553	22908	171759	13343
4253	22282	209751	88	26466	68	171759	12865
2098		37341	24889	4604			2941
10940	4986	113268	8944	24425		15	

(总承包和专业

指　　标	全　市	东湖区	西湖区	青云谱区	青山湖区
年末资产负债(万元)					
年初存货	6034851	395203	1229690	885243	172442
流动资产合计	28851634	2161614	4656622	5416842	1131470
#应收工程款	8442197	641102	1417370	1474160	329320
#存　货	7154948	487841	1375712	1274198	214306
固定资产减值准备	3351	149	22		455
固定资产原值	1900979	248899	160036	134212	47066
累计折旧	972486	134701	84373	53458	16594
#本年折旧	123862	9228	20276	7517	2096
在建工程	391483	44902	14265	21855	13599
无形资产	696416	71291	29179	51159	560
资产合计	34487170	2645124	5954042	5679042	1255310
流动负债合计	21754399	1507519	4463603	4615433	792518
#应付账款	9003442	446001	2273075	2217521	310524
非流动负债合计	1588119	327785	107966	62424	37380
负债合计	24269702	1865236	5003796	4703006	891800
所有者权益合计	10217468	779888	950246	976035	363510
#实收资本	5746435	346571	614084	559799	243185
个人资本	1381307	85096	119378	58006	66342
损益及分配(万元)					
营业收入	34247836	1599017	3450458	5014208	1303105
主营业务收入	33714876	1487087	3307837	4954105	1184762
营业成本	31837187	1420881	3194454	4720669	1208692
主营业务成本	31300709	1319307	3070370	4665701	1093243
营业税金及附加	227188	21646	13329	14256	10569
主营税金及附加	211164	20053	11644	14003	9210
其他业务利润	15594	1963	7684	688	658
销售费用	51584	9133	3317	4706	1632
管理费用	970995	95182	89734	115065	44912
研发费用	310190	6923	29128	42500	7965
财务费用	236092	34794	41781	18408	3766
#利息收入	16961	906	5632	1972	346
#利息支出	177447	28230	49105	13479	2190
资产减值损失	50121	2442	12337	25134	2122
公允价值变动收益	246				101
投资收益	33901	854	13967	-4625	370
其他收益	64435	38	73	137	74
营业利润	1039288	63783	116245	114811	33293
营业外收入	28195	2166	2226	1562	376
营业外支出	16879	1832	1436	1464	366
利润总额	1051750	64414	117297	114909	33303
所得税费用	217626	12904	17543	25430	5409
应付职工薪酬	4130307	69300	160448	828004	126212
应交增值税	700993	30098	47863	88545	26712

表2

承包资质企业)

新建区	红谷滩区	南昌县	安义县	进贤县	经济开发区	高新开发区	湾里管理局
162944	498510	1620931	28056	53989	361696	544097	82052
916112	2150418	6965597	49587	485644	1662212	2986663	268853
302704	464537	2247039	12111	68151	380048	1022592	83062
187094	577784	1734428	20327	62926	370322	770211	79800
593	284	1011	629	65	44	61	40
40590	188697	590014	5076	52777	123293	297972	12348
18618	111240	260601	1172	23829	49529	210615	7757
4138	19905	33859	127	3966	8391	14008	351
1644	26988	76300	2801	15229	156460	7038	10402
5377	96586	360074		4430	52152	17510	8097
1237823	2978767	8055006	98203	551267	2417496	3270367	344724
453396	1852889	4208780	18080	180392	1105375	2390252	166163
124636	572162	1584046	4924	25514	439228	987259	18552
5424	117900	244539	1070	108709	426653	147602	667
558309	2009938	4616340	62717	299056	1534877	2556303	168324
679514	968830	3438666	35485	252211	882619	714064	176400
335353	579420	1804536	27253	148896	568314	383684	135340
125669	84990	586385	15121	57990	31700	55868	94762
1350523	4017862	10637567	124730	799967	2148846	3281899	519656
1349242	3998510	10632248	91345	784516	2144407	3261248	519572
1266911	3825191	9925857	107664	727483	1858321	3100735	480330
1262685	3808143	9919377	79324	727383	1838072	3036855	480249
14059	11727	80132	2669	14998	27215	13875	2714
3796	11192	80088	2651	14975	27200	13638	2714
	-635	687	3461		681	407	
1727	4592	14516	260	6403	2038	3154	107
25221	85893	254435	2275	14548	108435	118239	17054
2940	35584	106986	1	1309	26167	50687	
10717	18302	68421	1408	2664	9570	23394	2869
169	-3426	2131	0	7	6137	2431	658
2283	16999	34435	5	401	13187	15888	1246
	-4543	282	3	2	3038	9264	40
	232	0			-59	12	-40
703	24906	1324			-3723	94	30
1	434	164			707	62780	27
48630	78808	305884	10550	34542	145007	70742	16993
1828	1110	13354	11	43	3353	1732	434
615	1986	5052	29	421	2670	966	42
49612	77932	314186	10532	34164	146532	71509	17362
10799	16902	74132	1234	6255	24304	21027	1687
144084	175415	1388451	13243	87039	489991	581406	66715
23950	54191	257942	2670	10618	78612	68205	11586

主要统计指标解释

建筑施工企业 指从事房屋、构筑物和设备安装生产活动的独立施工单位，分为建筑安装企业和自营施工单位两种组织形式。建筑安装企业是指行政上有独立组织、经济上实行独立核算的企业。一般称为建筑公司、安装公司、工程公司、工程局（处）等。自营施工单位是指附属于现有生产企业、事业内部或行政单位的，为建造和修理本单位固定资产而自行组织的。并同时具备下述条件：(1)对内独立核算；(2)有固定组织和施工队伍；(3)全年施工期在半年以上。

建筑业总产值 建筑总产值是货币表现的建筑安装企业在一定时期内生产的建筑业产品的总和。按现行报表制度规定，具体包括：建筑工程产值、设备安装工程产值和其他产值。

建筑业增加值 是建筑业企业在报告期内以货币表现的建筑业生产经营活动的最终成果。建筑业增加值有两种计算方法：一是生产法，即建筑业总产出减去建筑业中间消耗后的余额；二是分配法（收入法），即从收入的角度出发，根据生产要素在生产过程中应得到的收入份额计算，具体构成项目有固定资产折旧、劳动者报酬、生产税净额、营业盈余。

利润总额 指建筑业企业在一定时期内所实现的利润。包括营业利润、投资收益和营业外收入与营业外支出的差额。

工程结算收入 指本企业承包实现的工程价额结算收入以及向发包单位收取的除工程价款以外按规定列作营业收入的各种款项，如临时设施费、劳动保险费、施工机构调迁等以及向发包单位收取的各种索赔款。

十三、交通运输、邮电通信和规上服务业

TRANSPORTATION,POSTAL TELECOMMUNICATIONS AND ABOVE DESIGNATED SIZE IN SERVICES

本篇内容包括：

1. 交通运输业
2. 邮电通信业
3. 规模以上服务业

货物运输量

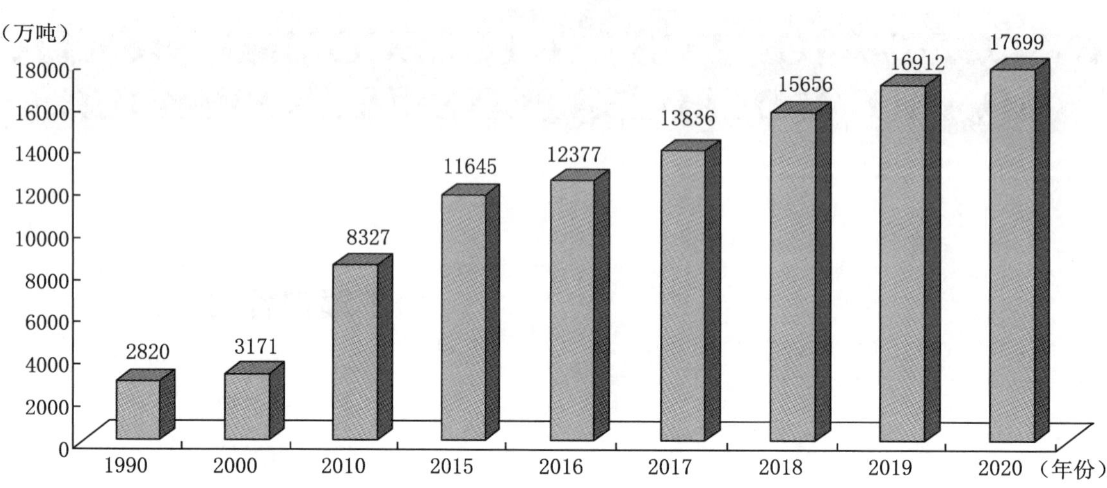

邮电业务总量

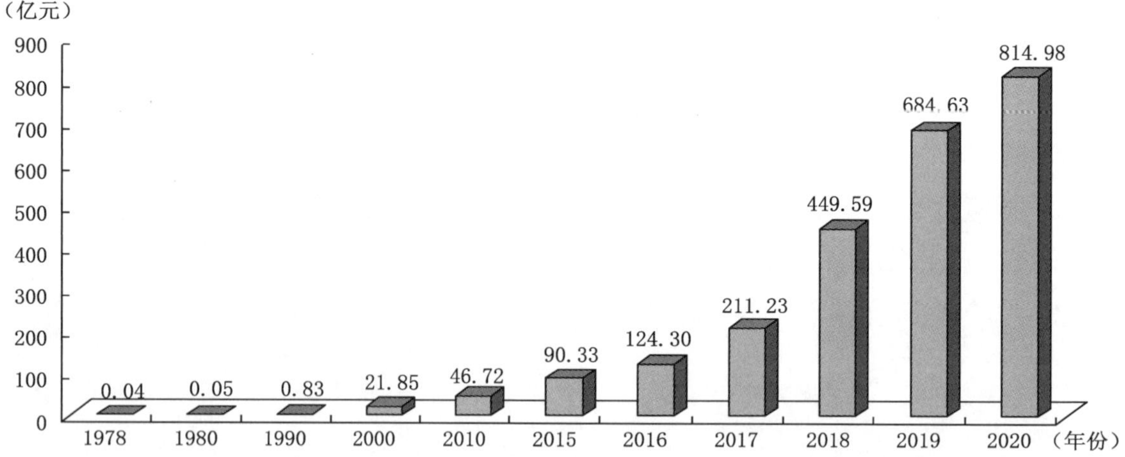

13-1 公 路 线 路 长 度

单位：公里

指　　标	2012	2013	2014	2015	2016	2017	2018	2019	2020
公路通车里程	**10852**	**10822**	**11166**	**11199**	**11386**	**11388**	**11258**	**11966**	**11890**
等级公路	9102	9090	9553	9586	9698	9700	9672	10654	11519
#高速公路	342	342	342	377	395	417	432	429	428
一级公路	107	107	115	116	187	216	223	226	234
二级公路	623	624	628	671	689	685	674	627	657
三级公路	452	450	503	494	483	479	626	773	1007
四级公路	7579	7568	7965	7928	7944	7903	7717	8599	9193
等外公路	1750	1732	1613	1614	1688	1687	1586	1312	372

注：本表数据由市公路局提供。

13-2 民用汽车年末实有数

指　　标	1990	2000	2010	2013	2014	2015	2016	2017	2018	2019	2020
民用汽车合计(辆)	**21050**	**41707**	**362098**	**560779**	**618086**	**738616**	**861045**	**965591**	**1071207**	**1171029**	**1258667**
#载货汽车	11150	20827	65080	62822	58564	59256	58354	60546	69302	75646	82726
载客汽车	8051	18280	287341	492367	554951	674553	797750	899841	996367	1089466	1170371
其他汽车	1849	2600	9677	5590	4571	4807	4941	5204	5538	5917	5570
摩托车(辆)	7202	102505	120963	69502	20563	9071	6102	5996	5211	6566	9082
拖拉机(辆)	4681	9314	68205	68060	64214	67855	69931	71949	73116	73851	73039
汽车挂车(辆)		114	988	787	912	988	1572	3125	3782	4587	5718
补充资料:											
汽车驾驶员(万人)		13.70	82.95	121.76	139.85	169.59	191.39	205.29	217.23	230.69	238.4

注：从2007年起，民用汽车拥有量划归市车管所统计，较以前年度的统计口径有所改变。

13-3　运输船舶年末实有数

单位：艘

指　　标	1990	2000	2010	2013	2014	2015	2016	2017	2018	2019	2020
运输船舶	**982**	**475**	**268**	**263**	**248**	**255**	**184**	**170**	**144**	**156**	**142**
机动船	771	334	258	261	246	253	182	170	144	156	142
#客货轮	11	6									142
推拖船		29	9	1	1		1				
驳　船	211	141	10	2	2	2	2				

注：本表数据由市水路运输服务中心提供。

13-4　全 社 会 运 输 量

单位：万吨、万人

指　　标	1990	2000	2010	2013	2014	2015	2016	2017	2018	2019	2020
货物运输量	**2820**	**3171**	**8327**	**11320**	**12709**	**11645**	**12377**	**13836**	**15656**	**16912**	**17699.0**
民　航			3	4	5	5	5	5	8	12	18.2
铁　路	221	224	412	239	183	193	247	273	327	318	362.6
公　路	2298	2784	7244	10328	11734	10397	11067	12436	14198	15350	16068
水　运	301	163	668	749	787	1050	1058	1122	1123	1232	1250.2
旅客运输量	**3289**	**3904**	**10971**	**6772**	**6970**	**6709**	**6913**	**7562**	**7893**	**7894**	**5497.4**
民　航			475	681	724	749	786	1094	1352	1364	942.7
铁　路	517	906	1977	2373	2415	2941	3126	3515	3769	3946	2658.8
公　路	2720	2978	8519	3718	3831	3019	3001	2953	2772	2584	1892
水　运	52	20									3.9

注：1.从2009年起，公路数据统计口径发生改变，故数据变动较大；2013年全国开展了交通运输业经济统计专项调查，调整了公路2013年数据；

2.2015年开展了公路水路运输量小样本抽样调查，调整了水运2014、2015年数据；

3.2015年铁路旅客运输量由客发口径转变为乘车口径；

4.民航数据为昌北机场的货邮吞吐量和旅客吞吐量；

5.2015年交通运输部进行了第二次全国公路运输量专项调查，交通运输部根据2015年月度抽样调查数据，对2015年和2016年上报的道路运输量数据进行了调整。

13-5 全社会运输周转量

单位：万吨公里、万人公里

指　　标	1990	2000	2010	2013	2014	2015	2016	2017	2018	2019	2020
货物周转量	**152529**	**180742**	**1854517**	**2556031**	**2763343**	**2723225**	**2822360**	**3065439**	**3318322**	**3593904**	**3813683**
公　　路	96686	148211	1751164	2378140	2583611	2326736	2422783	2641744	2894242	3128799	3341600
水　　运	55843	32531	103353	177891	179732	396489	399577	423695	424080	465105	472083
旅客周转量	**118856**	**197376**	**716809**	**427504**	**439688**	**304955**	**302357**	**296897**	**279488**	**261587**	**193848.4**
公　　路	115521	195477	716809	427504	439688	304955	302357	296897	279488	261587	193731
水　　运	3335	1899									117.4

注：1.从2009年起，公路数据统计口径发生改变，故数据变动较大；2013年全国开展了交通运输业经济统计专项调查，调整了公路2013年数据；

2.2015年开展了公路水路运输量小样本抽样调查，调整了水运2014、2015年数据；

3.2015年交通运输部进行了第二次全国公路运输量专项调查，交通运输部根据2015年月度抽样调查数据，对2015年和2016年上报的道路运输量数据进行了调整；

4.货物周转量和旅客周转量仅包含公路和水运数据，未包含铁路、航空数据。

13-6 邮政业务

指　　标	1990	2000	2010	2013
邮电业务总量(万元)	**8252**	**218524**	**467178**	**681000**
#邮政业务总量(万元)			358600	115400
邮路总条数(条)		100	111	59
邮路总长度(单程)(公里)	5266	11821	19505	15123
农村投递路线单程长度(公里)	8110	8564	8687	8040
函　　件(万件)	4781	3016	17971	2054
包　　裹(万件)	85	60	121	41
订销报纸累计数(万份)				
订销杂志累计数(万份)				
快递业务量(万件)			2245	4773
#国内同城快递(万件)			251	802
国内异地快递(万件)			1974	3946
国际及港澳台快递(万件)			20	25

注：1.从1998年起，邮政业务统计由市电信局转为市邮政局；
2.从2013开始，邮政业务总量的统计口径包含快递业务量；
3.2016年、2017年邮路总长度因部门统计数据口径调整，故数据变化较大。

主要指标

2014	2015	2016	2017	2018	2019	2020
820100	**903300**	**1243000**	**2112300**	**4495900**	**6846300**	**8149800**
162800	208600	314000	430300	634900	816300	1122800
79	87	90	118	173	199	603
15848	17027	43694	26453	41278	82638	64200
8040	7768	8625	8612	8910	7973	7782
1049	1065	1097	1055	1384	891	645.6
34	29	21	17	16	15	10.4
8573	8586	8722	9053	8544	8353	8379.9
665	516	480	435	378	372	337.9
8252	10646	17150	18576	27718	32735	46641.5
1324	1922	2926	3278	4958	4904	5446.1
6891	8612	14060	15116	22542	27560	40613.9
37	112	164	182	218	270	581.5

13-7 电信业务主要指标

指 标	1990	2000	2010	2013	2014
邮电业务总量(万元)	**8252**	**218524**	**467178**	**681000**	**820100**
#电信业务总量(万元)			108578	565600	657300
固定电话用户(万户)	3	74	162	127	112
#城市电话用户	3	60	85	80	71
农村电话用户		14	23	18	15
移动电话用户(万户)		43	473	629	601
互联网宽带用户数(万户)			62	116	120

13-7 续表

指 标	2015	2016	2017	2018	2019	2020
邮电业务总量(万元)	**903300**	**1243000**	**2112300**	**4495900**	**6846300**	**8149800**
#电信业务总量(万元)	694700	929000	1682000	3861000	6030000	7027000
固定电话用户(万户)	107	102	93	91	87	91.5
#城市电话用户	68	65	61	53	75	80.4
农村电话用户	13	12	11	9	9	8.3
移动电话用户(万户)	609	555	613	697	709	727.3
互联网宽带用户数(万户)	128	154	185	238	265	275.2

13-8 规模以上服务业历年主要指标

单位：万元

年　份	企业数(户)	资产总计	营业收入	利润总额	平均用工人数(人)
2015	499	45000995	4899844	572040	111120
2016	610	57131894	5600595	533996	125811
2017	794	60790804	6916049	542796	151008
2018	917	65684962	8105230	699074	165534
2019	1007	76620234	8966903	859679	175248
2020	1034	82535713	9567993	512333	185443

13-9 规模以上服务业

类　别	企业数(户)	资产总计	负债合计	所有者权益合计
总　计	**1034**	**82535713**	**46490249**	**36045464**
按登记注册类型及隶属关系分组				
内资企业	1016	82285623	46356052	35929571
国有企业	56	3349524	1944888	1404636
集体企业	2	12579	10068	2511
股份合作企业	4	8615	4788	3826
有限责任公司	389	64908380	38177010	26731371
股份有限公司	41	12124516	4871628	7252889
私营企业	514	1790857	1294408	496450
其他企业	10	91152	53263	37889
港、澳、台商投资企业	9	201577	103766	97811
外商投资企业	9	48513	30431	18082
#国有控股企业	230	76635884	42718676	33917208

企业主要指标（2020年）

单位：万元

营业收入	营业利润	利润总额	所得税费用	应交增值税	平均用工人数(人)
9567993	**449864**	**512333**	**102113**	**190161**	**185443**
9504652	447271	509595	100751	188388	183749
1044169	125381	122816	30075	39851	20820
3002	123	131		87	58
12936	347	298	1262	555	118
4812785	213267	242893	49996	79211	91357
1198560	29326	52796	3891	22574	12216
2379603	75054	86019	15028	46097	57280
53597	3772	4643	500	13	1900
36073	2910	3101	658	744	502
27268	-318	-364	705	1030	1192
4958787	276717	322924	68316	98144	80647

行业类别	企业数(户)	资产总计	负债合计	所有者权益合计
总　　计	**1034**	**82535713**	**46490249**	**36045464**
铁路运输业	1	7276472	2766136	4510336
道路运输业	123	45582780	26129684	19453096
水上运输业	6	92952	54069	38883
航空运输业	6	1107708	484913	622794
管道运输业				
多式联运和运输代理业	5	17347	14138	3210
装卸搬运和仓储业	22	473819	402437	71383
邮政业	15	379444	334650	44794
电信、广播电视和卫星传输服务	17	1736064	631737	1104327
互联网和相关服务	20	128139	39718	88421
软件和信息技术服务业	91	1247632	625972	621661
物业管理	61	510761	421598	89163
房地产中介服务	21	79504	53262	26242
房地产租赁经营	47	6660455	3822345	2838110
其他房地产业				
租赁业	8	47640	36742	10897
商务服务业	233	2257498	1322972	934526
研究和试验发展	3	9146	7008	2138
专业技术服务业	155	11921479	7633830	4287649
科技推广和应用服务业	4	29719	19872	9847
水利管理业	1	203414	70697	132718
生态保护和环境治理业	6	13966	5392	8575
公共设施管理业	12	677525	482761	194764
土地管理业	1	80807	68668	12139
居民服务业	17	85333	47637	37696
机动车、电子产品和日用产品修理业	7	7231	5656	1574
其他服务业	16	14581	12398	2183
教育	33	331922	188723	143199
卫生	33	211848	174289	37559
社会工作	1	17235	13871	3364
新闻和出版业	23	712635	258773	453862
广播、电视、电影和录音制作业	19	86513	59185	27328
文化艺术业	6	22925	4728	18197
体育	7	435822	243685	192137
娱乐业	14	75400	52706	22695

分行业主要指标（2020年）

单位：万元

营业收入	营业利润	利润总额	所得税费用	应交增值税	平均用工人数(人)
9567993	**449864**	**512333**	**102113**	**190161**	**185443**
171288	-157630	-159810	-35898	115	139
2240827	102919	133850	26652	33923	42924
21394	-5269	-3867	24	136	262
194434	-42769	-45402	155	4097	4685
69621	739	763	190	94	339
119820	1996	2994	233	908	1582
441586	-51145	-51477	854	1174	8234
1008965	230093	228808	51858	25271	11793
151466	12303	12688	1936	1421	1708
729955	61783	62850	5291	22778	12352
281470	22240	23907	5808	11719	19486
73467	4257	4564	1074	2179	2342
238713	15236	13535	11006	7714	2853
23881	-773	-548	65	415	353
1279896	74555	77678	4420	21278	22690
5909	1272	1322	27	69	163
1233864	88072	102119	14304	41102	20673
13935	1717	1823	49	263	219
59233	3215	3075	278	2167	586
15092	2190	2257	391	378	316
60863	1509	3072	693	1165	2435
7569	1257	1255	574	237	24
92399	11128	11251	2310	1967	6287
14336	277	383	31	115	305
36556	-209	-192	14	1362	2631
297433	28184	31373	5712	2437	7826
227749	11555	11947	2001	385	5664
2360	748	753			140
368120	40400	46186	1428	4240	3358
38789	-952	-714	501	483	647
8906	296	873	-26	227	400
10116	-2291	1197	136	55	550
27983	-7036	-6179	26	289	1477

13-11 规模以上服务业

县　区	企业数(户)	资产总计	负债合计	所有者权益合计
全　市	**1034**	**82535713**	**46490249**	**36045464**
东湖区	99	782304	428822	353482
西湖区	142	41689787	22743810	18945978
青云谱区	99	2017079	1003642	1013437
青山湖区	86	9377107	6030693	3346415
新建区	68	1466609	694099	772511
红谷滩区	121	15719922	8481425	7238497
南昌县	99	1761410	939358	822052
安义县	29	113479	66806	46673
进贤县	11	25070	16421	8649
经济开发区	105	4355574	2686848	1668726
高新开发区	158	4703233	3062420	1640813
湾里管理局	17	524140	335908	188232

分县区主要指标（2020年）

单位：万元

营业收入	营业利润	利润总额	所得税费用	应交增值税	平均用工人数(人)
9567993	**449864**	**512333**	**102113**	**190161**	**185443**
651604	64952	73840	12132	15364	13113
2272478	-99616	-68956	7717	27487	35526
357597	38562	39973	6594	9099	10921
559226	-16727	-14600	3660	10636	14699
421087	-30289	-31961	2366	10613	9074
1646409	312810	312585	43783	46638	35957
572162	16616	19064	5524	9704	15686
68351	2240	2397	238	1458	2609
26689	-805	-749	16	183	538
1183195	12994	24559	4602	10736	13033
1707139	140841	146578	14696	47378	33635
102055	8285	9602	785	867	652

主要统计指标解释

公路里程　指报告期末公路的实际长度。统计范围：包括城间、城乡间、乡（村）间能行驶汽车的公共道路，公路通过城镇街道的里程，公路桥梁长度、隧道长度、渡口宽度。不包括城市街道里程，断头路里程，农（林）业生产用道路里程，工（矿）企业等内部道路里程。

货(客)运量　指在一定时期内，各种运输工具实际运送的货物重量(旅客数量)。货运按吨计算，客运按人计算。货物不论运输距离长短、货物类别，均按实际重量统计。旅客不论行程远近或票价多少，均按一人一次客运量统计；半价票、儿童票也按一人统计。

货物(旅客)周转量　指在一定时期内，由各种运输工具运送的货物(旅客)数量与其相应运输距离的乘积之总和。该指标可以反映运输业生产的总成果，也是编制和检查运输生产计划，计算运输效率、劳动生产率以及核算运输单位成本的主要基础资料。计算货物周转量通常按发出站与到达站之间的最短距离，也就是计费距离计算。

民用汽车拥有量　指报告期末，在公安交通管理部门按照《机动车注册登记工作规范》，已注册登记领有民用车辆牌照的全部汽车数量。

邮政、电信业务总量　指以货币形式表示的邮政、电信通信企业为社会提供各类邮政、电信通信服务的总数量。计算方法为各类业务的实物量分别乘以相应的不变单价，求出各类业务的货币量加总求得。没有不变单价的业务按其业务收入直接相加。

移动电话用户　指在电信运营企业营业网点办理开户登记手续，通过移动电话交换机进入移动电话网，占用移动电话号码的各类电话用户。包括各类签约用户、智能网预付费用户、无线上网卡用户。

固定电话用户　指在电信企业营业网点办理开户登记手续并已接入固定电话网上的全部电话用户。包括普通电话用户、无线市话用户、公用电话用户、窄带综合业务数字网（N—ISDN）用户、智能网专用接入终端用户等。

城市电话用户　指按行政区划属于中央直辖市、省辖市、地级市、县级市的市区、市郊区及县城区范围内的电话用户数。包括分布在农村地区但以县团级以上建制的独立工矿区、林区、驻军的电话用户。

农村电话用户　指按行政区划属于城市范围以外的乡（镇）、村电话用户。

长途电话交换机容量　指电信企业用于接入长途电话网的电话交换机的设备额定容量。

局用交换机容量　指安装在电信企业内用于接续本地固定电话的电话交换机容量，包括接入网设备容量（安装在电信运营企业用于连接语音用户的远端节点的设备容量）。

移动电话交换机容量　指移动电话交换机根据一定话务模型和交换机处理能力计算出来的最大同时服务用户的数量。按报告期末已割接入网正式投入使用的设备实际容量统计。

十四、国内贸易

DOMESTIC TRADE

本篇内容包括：

1. 社会消费品零售总额情况
2. 限额以上批发零售法人企业商品购销存及主要财务状况
3. 限额以上住宿和餐饮法人企业经营情况及主要财务状况
4. 亿元以上商品交易市场主要经济指标
5. 批发和零售业连锁经营情况
6. 住宿和餐饮业连锁经营情况

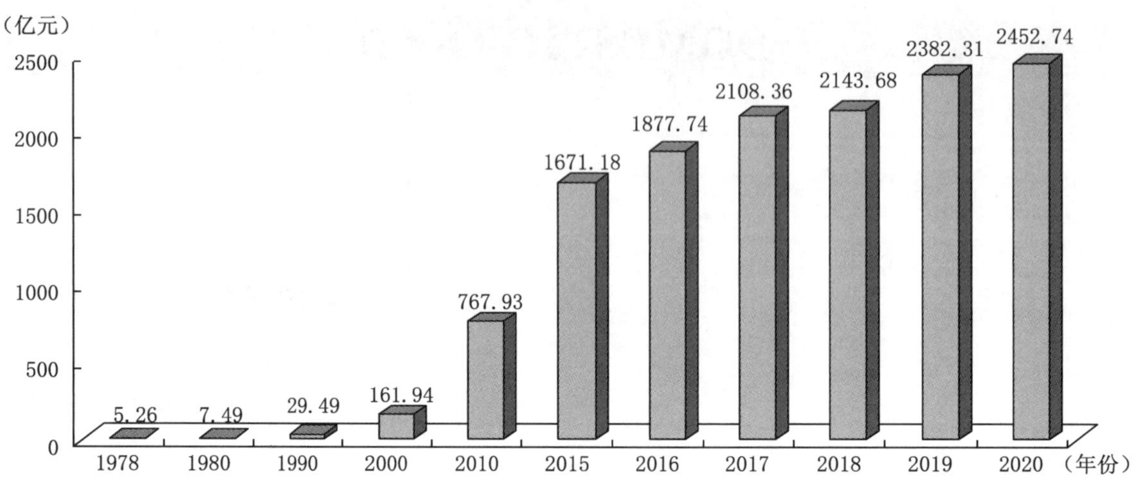
社会消费品零售总额
（亿元）
2500
2000
1500
1000
500
0
5.26
7.49
29.49
161.94
767.93
1671.18
1877.74
2108.36
2143.68
2382.31
2452.74
1978
1980
1990
2000
2010
2015
2016
2017
2018
2019
2020
（年份）

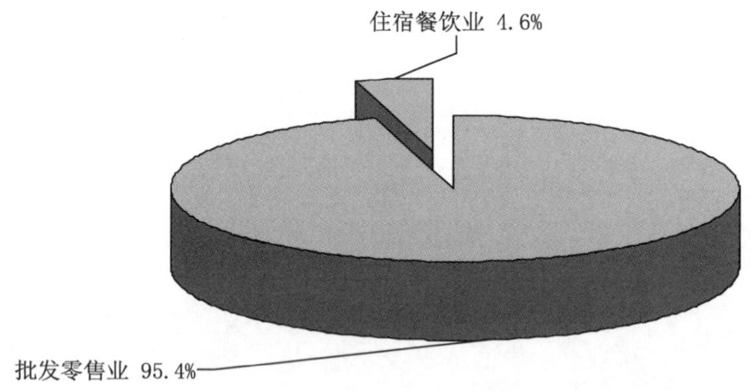
2020年社会消费品零售总额构成
住宿餐饮业 4.6%
批发零售业 95.4%

14-1 社会消费品零售总额

单位：万元

年份	社会消费品零售总额	比上年增长%	按行业分			按所在地分	
			批发零售贸易业	住宿餐饮业	其他行业	城镇	乡村
1990	294909	1.2	280964	12866	1079	179447	115462
1991	335311	13.7	320869	13278	1164	208060	127251
1992	393991	17.5	375937	16212	1842	259531	134460
1993	500083	26.9	470906	27178	1999	328668	171415
1994	652251	30.4	615379	34252	2620	435869	216382
1995	824623	26.4	776266	44948	3409	565980	258643
1996	1031827	25.1	962769	64874	4184	728543	303284
1997	1228140	19.0	1131199	92012	4929	902297	325843
1998	1343877	9.4	1234076	104456	5345	1000584	343292
1999	1466487	9.1	1340783	119733	5972	1107649	358838
2000	1619354	10.4	1479149	134010	6195	1238384	380970
2001	1804351	11.4	1646738	151330	6283	1395332	409019
2002	2017703	11.8	1841789	170283	5631	1569227	448476
2003	2282517	13.1	2085346	190929	6242	1788690	493827
2004	2665422	16.8	2421541	237089	6792	2101134	564288
2005	3106828	16.6	2823368	277792	5669	2472316	634512
2006	3649427	17.5	3315648	327412	6366	2923939	725487
2007	4378556	20.0	3991248	379364	7944	3534744	843812
2008	5469396	24.9	5001834	458772	8790	4436687	1032709
2009	6367758	16.4	5832448	524411	10899	5186815	1180943
2010	7679341	20.6	6999199	680142		7260478	418863
2011	9321749	21.4	8319633	1002117		8809773	511976
2012	11213944	20.3	9994202	1219743		10562265	651680
2013	12758004	13.8	11379372	1378631		12057999	700004
2014	14360437	12.6	13111187	1249250		13462030	898407
2015	16711768	16.4	15454809	1256959		15578031	1133737
2016	18777450	12.4	17467184	1310266		17550023	1227426
2017	21083557	12.3	19251235	1832322		19508878	1574678
2018	21436777	1.7	19604466	1832311		19793690	1643087
2019	23823110	11.2	21739373	2083737		22051892	1771218
2020	24527390	3.0	23404415	1122975		22296509	2230881
东湖区	3809308	2.6	3674427	134880		3809308	
西湖区	3315702	2.4	3019560	296142		3315702	
青云谱区	2461969	2.8	2396909	65060		2461969	
青山湖区	2405879	3.0	2309568	96311		1873065	532814
新建区	1434182	3.6	1276345	157837		1150347	283835
红谷滩区	2551895	3.0	2438644	113251		2438073	113823
南昌县	3135034	3.5	3044411	90623		2220974	914060
安义县	245550	3.4	222060	23490		208934	36616
进贤县	1163362	3.3	1088202	75160		861967	301396
经济开发区	1783997	2.8	1774675	9322		1783345	652
高新开发区	2062659	3.2	2036849	25811		2047811	14848
湾里管理局	157853	3.1	122765	35088		125016	32837

注：2010年国家统计制度作了修订，社会消费品零售总额统计分组发生变化，取消社会消费品零售总额中的其他行业；根据国家统计局贸易司要求，依据全国第四次经济普查结果，对1993年至2018年的社会消费品零售总额及增速进行了修订。

14-2 限额以上批发零售贸易法人企业

指　　标	法人企业(个)	购进总额	#进　口
总　计	**1392**	**38391301**	**577328**
批发业	**751**	**28621497**	**252008**
按登记注册类型分			
内资企业	742	28093091	250319
国有企业	11	1146937	
集体企业			
有限责任公司	187	16134671	151608
国有独资公司	4	89072	
其他有限责任公司	183	16045599	151608
股份有限公司	14	1703855	64652
私营企业	529	9106222	34059
#私营有限责任公司	523	9069712	34059
私营股份有限公司	2	6787	
其他企业			
港澳台商投资企业	5	387786	1690
与港澳台商合资经营企业	1	278316	1690
港澳台商独资企业	4	109470	
港澳台商投资股份有限公司			
外商投资企业	4	140620	
#中外合资经营企业	2	29766	
外资企业	2	110853	
按国民经济行业分			
农、林、牧、渔产品批发业	28	159473	
食品、饮料及烟草制品批发业	67	1205499	2491
#米、面制品及食用油批发业	9	256248	2392
烟草制品批发业	1	543493	
纺织、服装及家庭用品批发业	85	1182971	14390
#服装批发业	26	271922	13925
日用家电批发业	27	705710	
文化、体育用品及器材批发业	31	348766	
医药及医疗器材批发业	126	4492301	15472
矿产品、建材及化工产品批发业	214	15124029	73844
#煤炭及制品批发业	15	1704456	
石油及制品批发业	18	1272897	62
金属及金属矿批发业	89	10122810	73782
建材批发业	55	1666385	
化肥批发业	10	113079	
机械设备、五金交电及电子产品批发业	162	5338819	41262
#汽车及零配件批发业	38	1018417	1690
计算机、软件及辅助设备批发业	21	126124	
贸易经纪与代理	19	284770	39898
其他批发业	19	484869	64652

商品购进、销售、库存总额（2020年）

单位：万元

销售总额	批发	#出口	零售	年末库存总额
41544092	**29596230**	**2385138**	**11916470**	**2668947**
29669273	**28426636**	**2379437**	**1212336**	**1449872**
29094757	27904666	2147335	1159790	1427177
1519186	1422311	3465	96875	11848
16650691	16051105	1937553	599051	890155
86584	17893		68691	7500
16564107	16033212	1937553	530360	882655
1104011	940961		163050	152807
9818581	9488125	206318	300690	371656
9788849	9461424	206318	297658	356090
7015	4401		2614	483
410049	393635	193720	16414	13118
291620	291620	191220		2178
118429	102015	2500	16414	10940
164466	128334	38382	36132	9577
46876	46876	38382		6418
117591	81459		36132	3159
179236	155924		22391	20450
1540372	1415667	4963	124368	67109
268279	249661		18617	32973
753714	753640		74	8773
1198967	1029330	119497	168860	171786
271441	196645	52213	74797	41661
713926	671532		42395	111654
371748	348252	2482	23496	34343
4911079	4756013	37660	144331	624104
15043472	14535909	52712	503594	389971
1785327	1753405	5557	31922	15379
691229	322220		369009	112064
10156617	10142888	3697	13728	156426
2026249	1938201	1508	84078	66778
119484	119429		55	13331
5578597	5403409	2080209	174912	123136
1092727	1032663	192430	60064	30280
139449	114018		25430	10337
295483	270870	28133	23169	3820
550318	511262	53781	27215	15154

指　　标	法人企业(个)	购进总额	#进　口
零售业	**641**	**9769804**	**325319**
按登记注册类型分			
内资企业	613	8545800	169471
国有企业	6	27029	
股份合作企业	3	17047	
有限责任公司	167	5179349	54184
国有独资公司			
其他有限责任公司	167	5179349	54184
股份有限公司	7	122973	4608
私营企业	429	3198997	110679
私营独资企业	3	5884	
私营合伙企业			
私营有限责任公司	424	2987635	110679
私营股份有限公司	2	205478	
其他企业			
港澳台商投资企业	10	596396	72003
#与港澳台商合资经营企业	3	86482	
港澳台商独资企业	7	509914	72003
外商投资企业	18	627609	83846
中外合资经营企业	4	42155	12040
外资企业	12	571073	66981
按国民经济行业分			
综合零售业	49	1324377	111
#百货零售业	22	1001353	
超级市场零售业	18	270345	111
食品、饮料及烟草制品专门零售业	52	609238	2349
纺织、服装及日用品专门零售业	70	144717	
#服装零售业	34	59507	
文化、体育用品及器材专门零售业	29	733673	4608
#图书、报刊零售业	6	679997	
医药及医疗器材专门零售业	24	361354	
#西药零售业	16	336894	
中药零售业	3	14190	
汽车、摩托车、燃料及零配件专门零售业	214	4228188	305542
#汽车新车零售业	171	3491165	285974
机动车燃油零售业	21	620717	
家用电器及电子产品专门零售业	111	763744	620
#日用家电零售业	34	387997	620
计算机、软件及辅助设备零售业	35	127286	
通讯设备零售业	24	139575	
五金、家具及室内装修材料专门零售业	32	77642	
货摊、无店铺及其他零售业	60	1526871	12090

表

单位：万元

销售总额	批发	#出口	零售	年末库存总额
11874819	**1169594**	**5700**	**10704134**	**1219075**
10474214	1150945	5700	9322178	1109781
30438	110		30328	613
17158	443		16715	300
6547209	712437		5834772	748744
6547209	712437		5834772	748744
157532	3593		153940	86526
3721411	434362	5700	3285957	273599
6567			6567	467
3502588	360796	5700	3140701	271386
212255	73566		138689	1746
764958	140		764818	37129
89744			89744	3327
675214	140		675074	33802
635647	18510		617137	72165
51335	17544		33791	5288
568377	966		567411	65160
1732999	5778		1727222	127114
1374043	2609		1371433	78436
304154	702		303452	45116
755020	103904		651116	16941
252292	88410	5500	163882	32507
62563	14341	5500	48221	13099
1060513	347832		712682	127426
943364	334697		608667	84428
501325	18987		482338	383465
469928	17222		452706	380806
19157			19157	1885
5075502	388912		4686589	347422
3752002	61249		3690752	324146
1192017	327398		864619	17230
808329	154631		652660	57312
363157	40652		322505	44355
174584	25687		148896	9392
150018	83065		65914	2529
88229	5427		82803	3395
1600610	55714	200	1544842	123495

14-3 限额以上批发零售贸易

类 别	流动资产合计	固定资产原价	固定资产净额	资产总计	负债合计
总 计	**18094560**	**2061028**	**1091648**	**22663704**	**17341475**
批发业	**12287210**	**1164509**	**682088**	**15066021**	**11858172**
按登记注册类型分					
内资企业	12026108	1124182	654393	14689525	11676345
国有企业	784797	52711	21837	1105069	572738
集体企业					
有限责任公司	7332030	790852	484409	8769394	7254264
国有独资公司	113955	31991	11610	138213	68307
其他有限责任公司	7218075	758862	472799	8631181	7185958
股份有限公司	527666	105205	56284	1093551	740103
私营企业	3379382	175175	91801	3719216	3107145
#私营独资企业	6234	221		7684	6551
私营有限责任公司	3353766	174913	91789	3692124	3082050
港澳台商投资企业	149093	35649	24493	190587	152684
#港澳台商独资企业	32147	20040	14865	49373	32224
外商投资企业	112009	4678	3203	185909	29143
#中外合资经营企业	58618	4678	3203	132480	16571
外资企业	53391			53429	12572
按国民经济行业分					
农、林、牧、渔产品批发业	91897	68100	19662	144022	91615
食品、饮料及烟草制品批发业	734925	175325	90434	967765	629733
#米、面制品及食用油批发业	167098	99371	52577	269449	280393
烟草制品批发业	242439	38398	14328	260654	23643
纺织、服装及家庭用品批发业	836852	9402	5286	871297	714844
#服装批发业	105640	2609	1163	115543	88283
日用家电批发业	577066	3429	1675	597238	497346
文化、体育用品及器材批发业	152247	5581	1689	163598	100157
医药及医疗器材批发业	2649161	127740	75354	2858503	2448936
矿产品、建材及化工产品批发业	4853363	687055	436169	6712479	4973715
#煤炭及制品批发业	904542	589189	387309	1899333	1280917
石油及制品批发业	259329	38792	24565	914785	489385
金属及金属矿批发业	2729664	21887	9864	2844355	2494169
建材批发业	804515	22254	9153	877349	590488
化肥批发业	40235	2367	1610	43853	32992
机械设备、五金交电及电子产品批发业	2253545	79902	46664	2441663	2210363
#汽车及零配件批发业	397580	31701	19121	504832	475923
计算机、软件及辅助设备批发业	81531	820	454	82313	58618
贸易经纪与代理	263351	3171	1286	267566	236550
其他批发业	451869	8234	5545	639130	452259

法人企业主要财务指标（2020年）

单位：万元

所有者权益合计	营业收入	营业成本	营业税金及附加	营业利润	利润总额	本年应交增值税
5237781	**37579033**	**34628596**	**174522**	**658368**	**674865**	**367252**
3135270	**26648664**	**24979830**	**147028**	**388342**	**406392**	**207145**
2940601	26094941	24475375	146542	371656	388585	205140
532331	1359058	1043116	95306	146608	146715	36741
1514460	14877053	14241293	18686	136515	148766	79580
69906	117066	105958	343	4360	6961	1678
1444553	14759987	14135336	18342	132156	141805	77903
303488	1021217	949163	18462	2863	3701	33751
590122	8835326	8239885	14088	85671	89406	55068
1133	4393	4157	4	23	23	29
588125	8808381	8220546	14004	84906	88634	54800
37903	396118	373945	409	3764	4399	1460
17150	106200	96536	237	1871	1663	1333
156766	157604	130511	77	12923	13408	545
115909	51838	27156	12	12050	12457	98
40857	105767	103354	66	873	951	448
52235	165336	147265	144	3966	3916	814
336564	1430378	1123713	92059	100969	105407	34745
-10944	268775	247453	614	-878	3276	4566
237011	669478	463509	90917	92773	92768	27275
155783	1064443	1024057	1117	-8133	-7097	4237
27260	229845	228133	235	-9464	-8999	1018
99892	635820	609579	721	942	982	2502
63441	349135	320541	217	11158	11070	952
399871	4331336	3762865	9341	103795	102617	61539
1678800	13453829	13017579	37521	133795	141176	82668
618416	1665689	1583534	8184	52426	52508	21936
375439	607727	536844	18875	2736	2833	36177
350186	9004315	8877316	5539	9241	14613	12470
276858	1818078	1682090	4744	65066	65786	10590
10862	113703	109640	42	217	1133	732
231041	5084079	4868355	5772	21035	25499	16037
28909	998039	943912	784	-6261	-2785	2238
23437	123655	112950	114	876	967	84
30826	284044	268386	244	3862	4010	1031
186710	486084	447069	614	17895	19793	5123

类　　别	流动资产合　　计	固定资产原　　价	固定资产净　　额	资产总计	负债合计
零售业	**5807350**	**896519**	**409560**	**7597683**	**5483302**
按登记注册类型分					
内资企业	5497428	809839	381218	6903325	4841784
国有企业	17751	1244	377	31058	11534
股份合作企业	4214	3422		5401	2665
有限责任公司	3886661	480930	268902	4827908	3443665
国有独资公司					
其他有限责任公司	3886661	480930	268902	4827908	3443665
股份有限公司	46935	20626	8743	60665	28988
私营企业	1541844	303613	103196	1978267	1354886
私营独资企业	4018	206	107	4179	2437
私营合伙企业					
私营有限责任公司	1239044	203508	68686	1555040	1171135
私营股份有限公司	298782	99900	34402	419048	181314
其他企业					
港澳台商投资企业	114635	28733	8985	466033	428402
#与港澳台商合资经营企业	14358	5323	2377	21463	12510
港澳台商独资企业	100276	23410	6607	444570	415892
外商投资企业	195288	57946	19357	228326	213117
中外合资经营企业	13324	4651	72	14857	24790
外资企业	176093	51954	18097	206192	186254
按国民经济行业分					
综合零售业	451904	277074	109042	1082667	923493
#百货零售业	353875	223747	83345	887361	743312
超级市场零售业	73775	46081	22421	163695	140564
食品、饮料及烟草制品专门零售业	347924	58869	37169	460180	180176
纺织、服装及日用品专门零售业	111479	6882	2759	125202	97848
#服装零售业	54739	1012	233	57210	53563
文化、体育用品及器材专门零售业	1123172	160207	102131	1451772	566055
#图书、报刊零售业	1038348	139387	92162	1312567	498556
医药及医疗器材专门零售业	298292	20698	7118	399349	305944
西药零售业	288006	19760	6572	386368	295591
中药零售业	7086	212	105	9295	8734
汽车、摩托车、燃料及零配件专门零售业	1361521	338251	139137	1903257	1410942
#汽车新车零售业	1110046	224979	81565	1439771	1104000
机动车燃油零售业	203823	91455	48529	400534	263852
家用电器及电子产品专门零售业	442550	6831	2353	468355	386550
#日用家电零售业	169216	2299	503	171262	155856
计算机、软件及辅助设备零售业	91809	1969	570	111046	70932
通讯设备零售业	27758	599	247	29419	20376
五金、家具及室内装修材料专门零售业	124229	3276	391	135886	93092
货摊、无店铺及其他零售业	1546280	24431	9459	1571016	1519202

表

单位：万元

所有者权益合计	营业收入	营业成本	营业税金及附加	营业利润	利润总额	本年应交增值税
2102511	**10930370**	**9648766**	**27494**	**270025**	**268473**	**160107**
2049672	9653048	8494968	24389	238546	234438	106312
17529	27228	25778	36	2983	2976	4287
2736	15630	14360	65	279	291	193
1379569	6070610	5341736	13908	178071	170058	76234
1379569	6070610	5341736	13908	178071	170058	76234
28945	155132	137760	381	-2364	-1069	1536
620914	3383982	2974921	9997	59568	62174	24062
1742	6042	4846	100	427	428	66
381438	3179243	2837776	8698	34730	34994	22700
237734	198697	132299	1199	24411	26753	1295
37631	693464	642084	1399	17498	19435	4164
8952	81224	74205	201	2071	2134	876
28678	612240	567879	1198	15427	17301	3288
15209	583858	511714	1706	13982	14600	49631
-9933	47807	42577	28	-398	-170	339
19938	521648	457666	1259	12937	13324	49175
155685	1670174	1428304	4900	-3035	-908	16207
144049	1307283	1137801	4350	17172	18949	13202
19723	314426	257343	481	-13449	-13148	2871
279905	711521	553348	2887	44624	46991	4872
25166	218470	155468	824	5021	5502	5513
1603	57420	49729	157	534	588	2983
885717	1074514	814298	2825	109940	97316	25756
814011	971850	733913	2083	109519	98755	23597
93405	490872	396489	1460	26186	26859	9431
90777	462348	373397	1381	25602	26269	8731
561	17926	14056	45	309	315	437
490659	4539684	4238569	11741	70739	73800	86166
334115	3418537	3223105	6995	29786	32872	73971
136681	1001214	913733	4484	28596	28543	11024
80590	717766	662857	783	-5372	-5188	3647
14440	314884	292890	229	-4880	-4708	1395
40088	162478	142008	289	2400	2333	1235
8819	132918	128311	69	139	173	728
42777	81044	70233	484	518	33	1901
48608	1426325	1329198	1590	21405	24069	6614

14-4 限额以上住宿法人企业经营情况（2020年）

单位：万元

类　别	法人企业（个）	从业人数（人）	营业额	#客房收入	餐费收入	商品销售收入
总　计	**150**	**8081**	**137848**	**81676**	**38555**	**2512**
按登记注册类型分						
内资企业	148	7896	134949	79617	38125	2274
国有企业	10	558	9022	3550	5070	188
有限责任公司	36	3139	55518	28717	16038	1382
国有独资公司	2	140	1362	300	152	
其他有限责任公司	34	2999	54156	28416	15886	1382
股份有限公司						
私营企业	102	4199	70410	47351	17017	704
私营有限责任公司	102	4199	70410	47351	17017	704
外商投资企业	2	185	2899	2058	430	237
中外合资经营企业	1	125	1389	701	356	237
外资企业	1	60	1511	1357	74	
按控股情况分						
国有控股	20	2147	31924	12309	11379	320
集体控股	3	309	6404	3348	1960	
私人控股	120	4978	86377	59310	20130	1141
港澳台商控股						
外商控股	2	185	2899	2058	430	237
其他	5	462	10244	4650	4656	814
按经营形式分						
独立门店	112	6735	117704	65512	35853	2135
连锁总店(总部)	3	139	1946	1394	395	35
连锁直营店	4	275	3220	2954	151	11
连锁加盟店	19	484	9839	8647	965	33
其他	12	448	5139	3168	1191	298
按国民经济行业分						
旅游饭店	62	5477	92876	48862	30396	2167
一般旅馆	81	2376	39855	29025	6932	334
民宿服务	1	16	738	693	19	
其他住宿业	6	212	4378	3095	1208	11

14-5 限额以上餐饮法人企业经营情况（2020年）

单位：万元

类　　别	法人企业(个)	从业人数(人)	营业额	#客房收入	餐费收入	商　品销售收入
总　计	**86**	**9163**	**198995**	**7756**	**185503**	**4116**
按登记注册类型分						
内资企业	81	5308	107748	7756	94895	3477
国有企业	3	85	1895	131	1715	
股份合作企业	1	72	574		408	30
有限责任公司	19	1158	18039	3821	12996	394
其他有限责任公司	19	1158	18039	3821	12996	394
私营企业	58	3993	87240	3804	79776	3053
私营有限责任公司	58	3993	87240	3804	79776	3053
私营股份有限公司						
港、澳、台商投资企业						
与港澳台商合资经营企业						
外商投资企业	5	3855	91247		90608	639
中外合资经营企业	2	152	3671		3033	638
外资企业	3	3703	87576		87575	1
按控股情况分						
国有控股	7	357	5202	322	4814	18
集体控股						
私人控股	68	4599	96177	5058	86388	3236
港澳台商控股						
外商控股	4	3765	89576		89007	569
其他	7	442	8040	2377	5294	293
按经营形式分						
独立门店	68	3380	64751	6573	53498	3169
连锁总店(总部)	8	5180	116173		115410	682
连锁加盟店	1	35	1636		1636	
其他	7	347	7401	1184	6009	208
按国民经济行业分						
正餐服务	73	5061	99108	7756	85714	4045
快餐服务	9	3851	89983		89968	15
其他餐饮业	2	88	4639		4639	

14-6 限额以上住宿法人

类　别	流动资产合　计	固定资产原　价	固定资产净　额	资产总计	负债合计
总　计	**223137**	**343692**	**187600**	**667065**	**446564**
按登记注册类型分					
内资企业	217915	328655	185332	654584	431324
国有企业	16212	26620	12702	72421	13487
有限责任公司	90739	168352	85533	337501	178684
国有独资公司	260	56	31	305	215
其他有限责任公司	90479	168296	85502	337197	178470
股份有限公司					
私营企业	110964	133683	87096	244662	239152
私营有限责任公司	110964	133683	87096	244662	239152
外商投资企业	5222	15037	2268	12481	15241
中外合资经营企业	4432	9254		9330	10561
外资企业	790	5783	2268	3151	4680
按控股情况分					
国有控股	45446	110600	51238	254035	38519
集体控股	7880	11090	4428	32968	11820
私人控股	154700	167664	101057	322654	325926
港澳台商控股					
外商控股	5222	15037	2268	12481	15241
其他	9889	39302	28609	44926	55059
按经营形式分					
独立门店	199017	308518	172033	581934	392767
连锁总店(总部)	2280	801	101	2662	7091
连锁直营店	5403	5601	2270	11349	4489
连锁加盟店	5422	5566	1680	17046	15243
其他	11015	23206	11516	54074	26975
按国民经济行业分					
旅游饭店	168717	304552	173351	541401	395633
一般旅馆	51074	36823	13014	120935	47963
民宿服务	197	1382	904	1181	1233
其他住宿业	3149	935	331	3548	1735

企业主要财务指标（2020年）

单位：万元

所有者权益合　计	营业收入	营业成本	营业税金及附加	营业利润	利润总额	本年应交增值税
208987	**142404**	**54639**	**1636**	**-16623**	**-14875**	**2623**
211747	139442	54189	1617	-15627	-13986	2594
48234	9733	4168	164	-1277	-884	130
158817	59024	26232	815	-7294	-6536	1566
90	1362	1060	4	90	106	62
158727	57662	25173	811	-7383	-6642	1504
4696	70685	23789	638	-7056	-6566	898
4696	70685	23789	638	-7056	-6566	898
-2760	2962	451	19	-996	889	29
-1230	1389	231	6	-722	-683	8
-1529	1573	220	13	-274	-206	20
204817	36112	15695	808	-4121	-3397	884
21148	6219	2824	60	894	976	351
-4085	86906	29649	723	-10109	-9548	1271
-2760	2962	451	19	-996	-889	29
-10133	10205	6021	26	-2291	-2017	89
177654	121705	46158	1440	-14872	-13458	2395
-4429	2187	318	58	144	168	71
6860	3510	1271	47	-437	-393	-152
1803	9813	4692	72	-364	-464	243
27099	5189	2200	20	-1094	-729	65
145268	98130	34483	1294	-14430	-12932	1961
61959	39396	17161	326	-2306	-1997	460
-52	738	66	0		-130	
1813	4139	2929	16	113	183	202

14-7 限额以上餐饮法人

类别	流动资产合计	固定资产原价	固定资产净额	资产总计	负债合计
总计	**85069**	**69369**	**29350**	**166708**	**147999**
按登记注册类型分组					
内资企业	77953	50592	23157	136277	129849
国有企业	1422	814	677	2441	984
股份合作企业	2952	798	44	2997	4228
有限责任公司	19355	17764	8261	36108	50628
国有独资公司					
其他有限责任公司	19355	17764	8261	36108	50628
私营企业	54224	31216	14175	94731	74009
私营有限责任公司	54224	31216	14175	94731	74009
私营股份有限公司					
港、澳、台商投资企业					
与港澳台商合资经营企业					
外商投资企业	7117	18777	6193	30432	18150
外资企业	4982	17261	5941	27695	17274
中外合资经营企业	2135	1516	252	2737	876
按控股情况分					
国有控股	3233	11342	8004	11958	12766
集体控股					
私人控股	59070	33048	14771	100815	86118
港澳台商控股					
外商控股	5491	17375	6024	28636	17465
其他	17276	7604	551	25299	31649
按经营形式分					
独立门店	53458	33703	11336	92718	103095
连锁总店(总部)	25427	27015	11138	59460	39293
连锁直营店	3023	2350	2156	5904	2088
连锁加盟店	513	376	238	884	607
其他	2648	5924	4481	7743	2916
按国民经济行业分					
正餐服务	75495	48142	20468	130255	126698
快餐服务	6187	18839	6723	30178	19034
其他餐饮业	2955	1926	1847	4805	1570

企业主要财务指标（2020年）

单位：万元

所有者权益合计	营业收入	营业成本	营业税金及附加	营业利润	利润总额	本年应交增值税
18639	**193414**	**100359**	**746**	**9689**	**13427**	**570**
6358	107221	54820	704	304	4083	570
1222	1895	1547	7	-162	-160	4
-1232	564	183	4	-76	-49	32
-14520	18770	9574	186	-1308	1839	68
-14520	18770	9574	186	-1308	1839	68
20887	85992	43516	508	1850	2453	467
20887	85992	43516	508	1850	2453	467
12282	86193	45539	42	9386	9344	0
10421	82712	43966	42	9290	9251	0
1861	3481	1573		96	92	
-1043	5202	4329	21	-1327	-1267	24
14864	95758	48382	530	2285	5959	471
11171	84711	45090	42	9429	9382	0
-6353	7742	2560	153	-697	-648	75
-10447	65506	33964	540	170	3482	559
20168	110067	55110	186	9546	9953	
3815	8834	4045	1	597	581	-15
277	1636	687		-48	-34	
4827	7372	6553	20	-575	-556	27
3487	98545	49766	700	172	3904	670
11144	85206	46149	45	8811	8793	-84
3236	4639	2654	1	33	27	

14-8 各地区限额以上批发零售贸易法人企业主要指标（2020年）

地区	法人企业(个)	批发企业	零售企业	产业活动单位(个)	年末从业人数(人)	商品销售额合计(万元)
全　市	**1392**	**751**	**641**	**2846**	**91550**	**41544092**
东湖区	122	53	69	127	10573	3128368
西湖区	341	154	187	855	26865	5645950
青云谱区	114	64	50	63	5565	1953499
青山湖区	134	60	74	494	7474	1527816
新建区	97	45	52	362	3910	1958616
红谷滩区	78	22	56	119	7982	3220796
南昌县	142	100	42	161	11287	7144036
安义县	14	11	3	7	309	180985
进贤县	48	35	13	6	1120	619556
经济开发区	158	121	37	121	5711	9177922
高新开发区	127	75	52	529	10252	6809793
湾里管理局	17	11	6	2	502	176755

14-8 续表

单位：万元

地区	批发额	#出口	零售额	营业收入	营业成本	营业税金及附加	营业利润
全　市	**29596230**	**2385138**	**11916470**	**37579033**	**34628596**	**174522**	**658368**
东湖区	1254004	34030	1874364	2900077	2698582	4074	17882
西湖区	4242018	40553	1402565	5130098	4538436	101526	115560
青云谱区	661659	75906	1291840	1735457	1625350	20011	-5305
青山湖区	428132	10399	1093172	1462592	1339662	2932	9487
新建区	1372953	5500	579997	1763321	1526680	4558	47484
红谷滩区	1556173	10391	1664380	3050085	2683659	5792	194547
南昌县	5850937	229602	1283948	6357518	5939963	8564	78238
安义县	166459		7867	160517	156431	61	900
进贤县	333997	33279	285328	604243	459360	1837	28553
经济开发区	8074271	91509	1102197	8168137	7782546	12970	99565
高新开发区	5494378	1852601	1315309	6078148	5715608	9417	71958
湾里管理局	161251	1368	15504	168842	162320	2781	-500

14-9 各地区限额以上住宿餐饮法人企业主要指标（2020年）

地　　区	法人企业（个）	住宿企业	餐饮企业	产业活动单位（个）	年末从业人数（人）	营业额（万元）	#客房收入
全　　市	**236**	**150**	**86**	**267**	**17244**	**336843**	**89432**
东 湖 区	27	16	11	88	3658	70424	17778
西 湖 区	56	39	17	152	6642	132752	18636
青云谱区	7	7			545	11688	6042
青山湖区	20	16	4	18	809	13962	6658
新 建 区	16	5	11		1012	18790	5423
红谷滩区	42	25	17	2	2195	42513	17744
南 昌 县	17	12	5	2	916	12792	4473
安 义 县	9	6	3		140	2227	1389
进 贤 县	6	4	2		195	3864	2016
经济开发区	6	1	5	3	146	2711	540
高新开发区	19	13	6	2	651	17193	7504
湾里管理局	11	6	5		335	7929	1230

14-9 续表

单位：万元

地　　区	餐费收入	商品销售收入	营业收入	营业成本	营业税金及附加	营业利润
全　　市	**224058**	**6628**	**335818**	**154998**	**2381**	**-6934**
东 湖 区	46504	1272	69685	23064	782	-3229
西 湖 区	106992	1893	131855	65608	1125	4704
青云谱区	4833	659	11440	7985	42	-3021
青山湖区	5353	250	12946	4668	103	-964
新 建 区	11566	208	19783	12572	55	-290
红谷滩区	22977	189	43381	16255	150	-2700
南 昌 县	5977	1543	12939	6188	26	-1005
安 义 县	806		2184	1223	1	-132
进 贤 县	1664	93	3844	1720	7	603
经济开发区	2171		2677	2338	0	-178
高新开发区	8717	333	17150	8678	61	-167
湾里管理局	6498	188	7936	4700	30	-557

14-10 亿元以上商品交易市场摊位成交额情况（2020年）

类 别	年末出租摊位数（个）	成交额（万元）
全 市	**31130**	**5294427**
粮油、食品类	6927	3511547
#粮油类	289	345071
肉禽蛋类	849	835503
水产品类	1014	729299
蔬菜类	656	781203
干鲜果品类	557	654301
饮料类	9	146
烟酒类	39	609
服装、鞋帽、针纺织品类	9311	134542
服装类	4047	102698
鞋帽类	2492	21435
针纺织品类	2772	10409
化妆品类	33	511
金银珠宝类	73	40743
日用品类	3591	32621
#可穿戴智能设备	43	304
五金、电料类	483	118484
体育、娱乐用品类	1109	15099
书报杂志类	13	145
电子出版物及音像制品类		
家用电器和音像器材类	946	54086
中西药品类		
#西药类		
中草药及中成药类		
文化办公用品类	65	871
家俱类	401	19274
通讯器材类		
煤炭及制品类		
木材及制品类		
化工材料及制品类	20	7214
#化肥类		
金属材料类	679	37930
建筑及装潢材料类	4707	266617
机电产品及设备类	422	145853
#农机类	40	58971
汽车类	1339	864709
种子饲料类		
棉麻类		
其他类	963	43426

14-11 各地区亿元以上商品交易市场基本情况（2020年）

地　区	市场数量（个）	总摊位数（个）	年末出租摊位数(个)	营业面积（平方米）	成交额（万元）
全　市	**25**	**33081**	**31130**	**1914856**	**5294427**
东湖区	3	1365	1243	68434	1061678
西湖区	9	6149	4477	240712	364478
青云谱区	3	2291	2291	212564	2459355
青山湖区	5	3938	3821	482863	276435
红谷滩区	2	18288	18288	607930	828470
南昌县	3	1050	1010	302353	304011

14-12 批发和零售业连锁经营情况

指标名称	计量单位	合计		直营店		加盟店	
		2020年	2019年	2020年	2019年	2020年	2019年
门店总数	个	4798	4556	2448	2508	2350	2048
年末从业人员数	人	27751	30404	25280	28096	2471	2308
年末零售营业面积	平方米	1483342	1492868	1395497	1400084	87845	92784
连锁门店商品购进额	万元	3085590	3243344	2866396	3075774	219194	167570
#统一配送商品购进额	万元	2781486	2934146	2574203	2767865	207283	166280
#自有配送中心配送商品购进额	万元	1676771	2101370	1471095	1935090	205676	166280
非自有配送中心配送商品购进额	万元	599775	243372	599275	243372	500	
连锁门店商品销售额	万元	4674851	4834771	4458906	4675214	215946	159557
#零售额	万元	3421973	3542956	3206027	3383399	215946	159557

14-13 住宿和餐饮业连锁经营情况

指标名称	计量单位	合计		直营店		加盟店	
		2020年	2019年	2020年	2019年	2020年	2019年
门店总数	个	212	195	212	147		48
年末从业人员数	人	5256	4074	5256	2487		1587
年末餐饮营业面积	平方米	57094	56944	57094	53194		3750
客房数	间	1126	1408	1126	1408		
床位数	个	2201	2784	2201	2784		
餐位数	位	18910	18440	18910	15940		2500
连锁门店商品购进(采购)额	万元	53767	69973	53767	61880		8093
#统一配送商品购进(采购)额	万元	52921	68058	52921	59965		8093
#自有配送中心配送商品购进(采购)额	万元						
非自有配送中心配送商品购进(采购)额	万元						
连锁门店营业额	万元	109561	115325	109561	92723		22602
#餐费收入	万元	107928	110756	107928	88154		22602

14-14　批发和零售业连锁门店及配送中心分布情况

单位：个

地　区	门店总数		直营店数		加盟店数		配送中心数			
	2020年	2019年	2020年	2019年	2020年	2019年	2020年	2019年	#自有	
									2020年	2019年
全国合计	**4798**	**4556**	**2448**	**2508**	**2350**	**2048**	**27**	**76**	**23**	**73**
北　京		49				49				
天　津		21				21				
河　北	10	8			10	8				
内蒙古										
#呼和浩特										
上　海	34	23			34	23				
江　苏	112	52			112	52				
浙　江	158	151	3	3	155	148				
#杭　州	52	50			52	50				
宁　波	12	10			12	10				
安　徽		50		1		49				
#合　肥		30				30				
江　西	4170	4019	2444	2499	1726	1520	27	76	23	73
#南　昌	1730	1913	1217	1429	513	484	15	65	14	64
山　东	119	38			119	38				
#济　南	20	18			20	18				
青　岛	21	14			21	14				
湖　北	38	19			38	19				
湖　南	157	126	1	5	156	121				
#长　沙	81	65	1	4	80	61				

主要统计指标解释

社会消费品零售总额　指各种经济类型的批发零售贸易业、住宿和餐饮业对城乡居民和社会集团的消费品零售额总和。这个指标反映通过各种商品流通渠道向居民和社会集团供应的生活消费品来满足他们生活需要，是研究人民生活、社会消费品购买力、货币流通等问题的重要指标。对居民的消费品零售额：指售给城乡居民用于生活消费的商品。对社会集团的消费品零售额：指售给机关、团体、部队、学校企业、事业单位和城市街道居民委员会、农村村民委员会用公款购买的用作非生产、非经营使用的消费品。社会消费品零售额包括：(1)售给城乡居民作为生活用的商品及修建房屋建筑材料；(2)售给机关、团体、学校、部队、企业、事业单位的职工食堂和旅店（招待所）附设专门供本店旅客食用，不对外营业的食堂的各种食品、燃料；企业、单位和国营农场直接售给本单位职工和职工食堂的自己生产的产品；(3)售给部队干部、战士生活粮食、副食品、衣着品、日用品、燃料；(4)售给来华的外国人、华侨、港澳台同胞的消费品(包括友谊商店、在海关前后设立的免税商店、外轮供应公司等)；(5)居民自费购买的中、西药品，中药材及医疗用品；(6)报社、出版社直接售给居民和社会集团的报纸、图书、杂志，集邮公司（包括邮局集邮专柜）出售的新、旧（盖销的）纪念邮票、特种邮票、首日封、集邮册、集邮工具等；(7)旧货寄售商店自购、自销部分的商品；(8)煤气公司、液化石油气站售给居民和社会集团的煤气灶具和罐装液化石油气；(9)售给社会集团的办公用品、纸张、帐册、文印用品、计算工具、书报杂志和奖品；公共用品和纺织品、针织品；学校用的教学用具；文体用品；有明确专用的劳动保护用品。

（一）按行业分的社会消费品零售额

1.批发和零售业零售额　指专门从事商品转卖业务的各种经济类型独立核算的批发零售贸易企业、产业活动单位直接售给居民和社会集团的消费品零售额。

2.住宿和餐饮业零售额　指从事食品的烹饪、调制并直接零售给居民饮食的各种宾馆、旅社、饭馆、酒馆、茶馆等餐饮业的零售额。包括各种企业单位附设对外营业的饭馆、火车餐厅、轮船餐厅、车站食堂、机场餐厅的零售额。不包括旅店（招待所）专供本店旅客食用，不对外营业的食堂，机关、团体学校、企业、事业单位的职工食堂出售饭菜的收入。

（二）按销售地区分的社会消费品零售额

1.城镇的零售额　指设立在中央直辖市，省、地辖市的市区和镇以上的各行业消费品零售额，不包括乡村的消费品零售额。

2.城区的零售额　指设立在城区内的各行业消费品零售额。

3.乡村的零售额　指设立在农村的各行业消费品零售额。但不包括分布在农村的独立工矿、林区的商品零售额，这部分零售额，凡属直辖镇以上的列入“城镇的零售额”中。

商品购进总额　指从本企业以外的单位和个人购进（包括从国外直接进口）作为转卖或加工后转卖的商品金额。本指标由从生产者购进额、从批发零售贸易业购进额、进口额和其他项目组成。这个指标反映批发零售贸易业从国内、国外市场上购进商品的总量。

从生产者购进额　指直接从工农业生产者购进的各种工矿产品、农副产品。

进口指直接从国外进口的商品和委托外贸部门代理进口的商品。

商品销售总额　指对本企业以外的单位和个人出售的商品（包括售给本单位消费用的商品）金额。本指标由对生产经营单位批发额、对批发零售贸易批发额、出口额和对居民和社会集团商品零售额项目组成。这个指标反映批发零售贸易业在国内市场上销售商品以及出口商品的总量。

批发　指除零售以外的一切商品销售活动，包括对生产经营单位批发、对批发零售贸易业批发和出口。

对生产经营单位批发 指售给国民经济和社会各部门作为生产或经营使用的商品。

出口 指直接向国（境）外出口商品和委托外贸部门代理出口的商品。

零售 指售给城乡居民直接用于生活消费的商品和社会集团直接用于公用消费的商品。

期末库存 指批发零售贸易业已取得所有权的全部商品。这个指标反映批发零售业的商品库存情况，以及对市场商品供应的保证程度。

年末从业人数 指在该企业工作并取得劳动报酬的年末实有人员数。包括在岗职工、再就业的离退休人员、在该企业工作的外方人员、港、澳、台方人员、兼职人员、借用的外单位人员和第二职业者。不包括离开本单位但仍保留劳动关系的职工。

年末营业面积 零售业按建筑面积计算的直接对顾客销售商品的固定场地，不包括办公室、仓库、加工场地等面积。住宿和餐饮业对外提供就餐服务的门店建筑面积和从事食品加工、烹饪、调制的厨房面积，不包括办公用房和仓库等面积。该指标按年末实有面积统计。

住宿和餐饮业营业额 指住宿和餐饮业法人企业、产业活动单位在经营活动中因提供服务或销售商品等取得的收入。包括客房收入、餐费收入、商品销售额（含增值税）和其他收入。

客房收入 指住宿和餐饮业法人企业、产业活动单位在经营活动中因提供住宿服务取得的收入。

餐费收入 指住宿和餐饮业法人企业、产业活动单位因为顾客提供就餐服务取得的收入。包括经烹饪、调制后出售的各种食品，如主食、炒菜、凉拌菜等的收入。

商品销售额 指住宿和餐饮业法人企业、产业活动单位出售商品的销售总额（含增值税）。

其他收入 指营业额中除客房收入、餐费收入、商品销售额（含增值税）以外的其他收入。包括：娱乐、健身和商务服务等。

床位数 指宾馆、饭店、酒店、旅馆等供应旅客使用的床位数，不包括临时加的床位和宾馆、饭店、酒店、旅馆等内部工作人员使用的床位。该指标按年内正常情况下的实有数统计。

餐饮数 指住宿和餐饮业法人企业、产业活动单位为顾客提供就餐服务时，正常可同时容纳就餐人员的餐位数量，不包括临时加的餐位。该指标按年内正常情况下的实有数统计。

批发和零售业、住宿和餐饮业的限额以上统计划型标准为：

1.批发业：全年销售额2000万元及以上

2.零售业：全年销售额500万元及以上

3.餐饮业：全年主营业务收入200万元及以上

4.住宿业：星级宾馆、饭店

连锁企业 （或称连锁店、连锁公司）指在核心企业或总店的领导下，由分散的、经营同类商品或服务的企业或活动单位，采取共同方针，实行集中采购和分散销售的有机结合，通过规范化经营，实现规模效益的经济联合组织形式。

一般连锁店应由若干个分店组成。其经营特征：(1)经营同类商品；(2)使用统一商号；(3)统一采购配送，采购与销售相分离（部分商品可根据物流合理和保质保鲜原则由供应商直接送货到门店，其余均由总部统一配送。连锁店总店（总部）指连锁店的核心企业或管理中心。连锁店分店指连锁店所属各分散经营的企业或活动单位，也可称分店或成员店。

连锁店包括下列两种形式：

(1)直营连锁：也叫正规连锁。连锁门店均由总部全资或控股开设，在总部的直接领导下统一经营。连锁总店或核心店作为一个直营店统计。

(2)加盟连锁：包括特许连锁和自由连锁。特许连锁：各连锁门店（被特许人）通过合同形式，取得使用总部（特许人）商标、经营技术和销售总部开发的商品的特许权，各加盟连锁门店为独立法人，但无自主经营权，在总部指导下统一经营。自由连锁：也称自愿连锁，连锁公司的门店均为独立法人，各自的资产所有权关系不变，在公司总部的指导下共同经营。各成员店使用共同的店名，与总部订阅相关购、销、宣传等方面的合同，并按合同开展经营活动。在合同规定的范围之外，各成员店可以自由活动。根据自愿原则，各成员店可自由加入连锁体系，也可自由退出。

商品交易市场 指有固定场所、设施，有若干经营者入场实行集中、公开交易各类实物商品的市场。

亿元以上商品交易市场 指全年成交额在一亿元及以上的商品交易市场。

市场成交总额指该市场所有摊位商品交易总额之和。

在地口径：指批零住餐统计中的统计范围，以企业经营所在地为统计口径的统计方法，称为“在地口径”统计。

法人口径：指批零住餐统计中的统计范围，以企业法人所在地为统计口径的统计方法，称为“法人口径”统计。

十五、外贸和旅游

FOREIGN ECONOMIC TRANDE AND TOURISM

本篇内容包括:

1. 海关进出口情况
2. 外商直接投资情况
3. 旅游发展情况
4. 星级饭店一览表

海关出口值

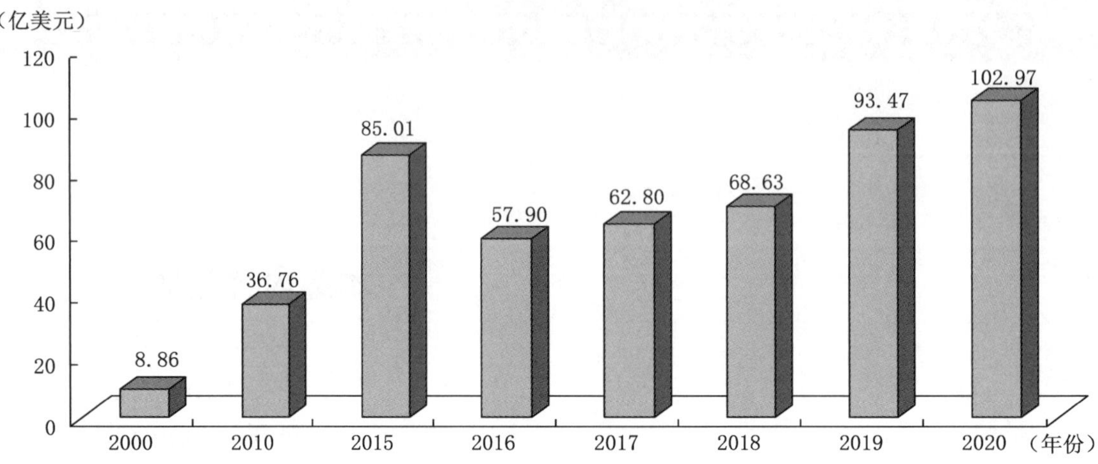

实际利用外资

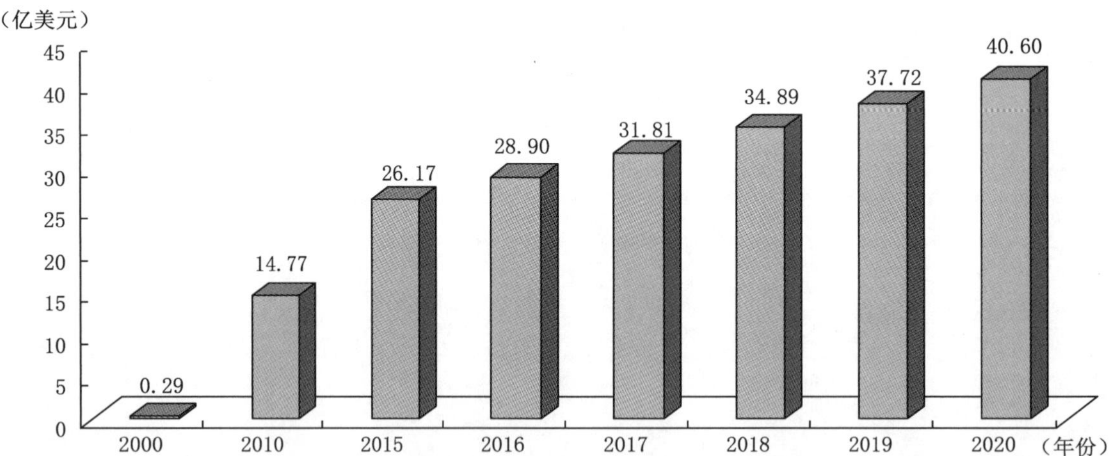

15-1 海关货物进出口总值

单位：亿美元

年　份 地　区	进出口 总　值	出口值	进口值	差　额
2001	9.72	7.96	1.76	6.20
2002	9.09	7.28	1.82	5.46
2003	13.42	10.04	3.37	6.67
2004	16.59	10.75	5.84	4.91
2005	17.45	12.40	5.05	7.35
2006	24.90	17.24	7.66	9.58
2007	31.80	23.21	8.59	14.62
2008	33.99	25.03	8.96	16.08
2009	34.80	21.30	13.49	7.81
2010	53.07	36.76	16.30	20.46
2011	78.75	56.54	22.21	34.33
2012	82.89	64.66	18.24	46.42
2013	97.11	73.08	24.04	49.04
2014	122.22	84.17	38.05	46.12
2015	113.72	85.01	28.71	56.31
2016	93.80	57.90	35.90	22.00
2017	98.41	62.80	35.61	27.19
2018	119.56	68.63	50.93	17.70
2019	153.73	93.47	60.26	33.21
2020	166.15	102.97	63.17	39.80
东湖区	4.71	4.16	0.55	3.61
西湖区	6.13	5.34	0.79	4.55
青云谱区	4.51	4.35	0.16	4.19
青山湖区	9.46	8.97	0.49	8.48
新建区	2.38	2.24	0.14	2.10
红谷滩区	4.30	4.01	0.29	3.72
南昌县	16.27	13.21	3.06	10.15
安义县	1.75	1.60	0.15	1.45
进贤县	1.58	1.41	0.17	1.24
经济开发区	26.51	13.78	12.73	1.05
高新开发区	78.39	42.57	35.82	6.75
湾里管理局				

注：表中数据为市投资促进局提供快报数，2019年全市数据中含省直公司数。

15-2 外商直接投资情况

年 份 地 区	项 目 数 (个)	合同外资金额 (万美元)	实际使用外资 (万美元)
2001	65	17381	10202
2002	149	53239	34233
2003	172	73579	53656
2004	195	104743	71550
2005	187	111479	83026
2006	174	120976	93520
2007	155	148992	101961
2008	137	134407	111768
2009	145	152387	125089
2010	304	235619	147655
2011	185	319599	168160
2012	164	249575	190259
2013	176	246918	211657
2014	189	306128	232115
2015	82	98858	261656
2016	72	128446	288964
2017	52	192480	318065
2018	53	100059	348899
2019	43	140657	377156
2020	60	128223	406004
东 湖 区	7	965	26219
西 湖 区	3	13732	36017
青云谱区			20526
青山湖区	2	2233	34143
新 建 区	7	13909	38148
红谷滩区	10	12864	22086
南 昌 县	8	4493	64878
安 义 县			4842
进 贤 县	2	2608	8191
经济开发区	10	17848	68951
高新开发区	11	59571	82003
湾里管理局			

注：表中数据由市投资促进局提供。

15-3 外商在南昌直接投资情况（2020年）

类　别	项目数(个)	合同外资金额(万美元)	实际使用外资(万美元)
总　计	**60**	**48546**	**406005**
按投资方式分			
合资经营企业	28	23019	169001
合作经营企业			
外资企业	31	25498	173520
外商投资股份制企业	1	30	63484
按国民经济行业分			
农、林、牧、渔业	**1**	**1**	
农业	1	1	
林业			
渔业			
采矿业			
非金属矿采选业			
制造业	**9**	**11771**	**21252**
农副食品加工业			4131
食品制造业			814
酒、饮料和精制茶制造业			
纺织业			12791
纺织服装、服饰业			12791
印刷和记录媒介复制业			6188
化学原料和化学制品制造业			
医药制造业	1	98	7002
金属制品业			6514
通用设备制造业			1197
专用设备制造业	1	30	10872
汽车制造业			13683
电气机械和器材制造业	1	1911	6753
计算机、通信和其他电子设备制造业	5	8557	112018
废弃资源综合利用业			
电力、热力、燃气及水生产和供应业			**22330**
燃气生产和供应业			
水的生产和供应业			22330
文化、体育和娱乐业	1	4	
居民服务、修理和其他服务业	1	15	4135

15-3 续表1

类　　别	项 目 数（个）	合同外资金额（万美元）	实际使用外资（万美元）
建筑业			
房屋建筑业			
建筑装饰、装修和其他建筑业			
批发和零售业	**8**	**506**	**26091**
批发业	4	245	25666
零售业	4	261	425
交通运输、仓储和邮政业	**4**	**2401**	**255**
道路运输业	2	847	
多式联运和运输代理业			
装卸搬运和仓储业	2	1554	255
住宿和餐饮业	**3**	**2094**	**1013**
餐饮业	3	2094	1013
信息传输、软件和信息技术服务业	**9**	**1219**	**7699**
互联网和相关服务			5583
软件和信息技术服务业	9	1219	2116
金融业			
货币金融服务			
其他金融业			
房地产业	**6**	**18340**	**109054**
房地产业	6	18340	32113
租赁和商务服务业	**9**	**11111**	**17540**
租赁业	1		
商务服务业	8	11111	17540
科学研究和技术服务业	**7**	**505**	**8536**
研究和试验发展	1	187	
专业技术服务业			
科技推广和应用服务业	6	318	8536
水利、环境和公共设施管理业			
公共设施管理业			
教育	**2**	**578**	
教育	2	578	
卫生和社会工作			
卫生			

15-3 续表2

类 别	项 目 数 (个)	合同外资金额 (万美元)	实际使用外资 (万美元)
按投资国别(地区)分	**60**	**48547**	**406005**
亚洲			
中国香港	31	24555	309407
印度			
日本	2	93	59
约旦			
中国澳门			
巴基斯坦			
新加坡			2834
韩国	2	1911	1911
中国台湾	7	312	3544
哈萨克斯坦			
非洲			
喀麦隆			
尼日利亚			
欧洲			
英国	2	9367	425
德国	1		
法国	1	7	25664
意大利			8536
荷兰			
西班牙			614
奥地利			
瑞士			
捷克			
南美洲			
巴巴多斯			23547
英属维尔京群岛	1	425	
北美洲			
加拿大	1	3	
美国	4	1397	4842
大洋洲			
澳大利亚	2		
其他			
其他	2	10474	13487
联合国及机构和国际组织			
创业投资公司投资			
投资性公司投资	4	3	11133

注：表中数据由市投资促进局提供。

15-4　外商投资企业年底注册登记情况（2020年）

类　　别	新批外商投资企业数（户）	合同外资金额（万美元）	实际使用外资（万美元）
总　　计	**60**	**48546**	**406005**
按投资方式分			
合资经营企业	28	23019	169001
合作经营企业			
外资企业	31	25498	173520
外商投资股份制企业	1	30	63484
其他外商投资企业			
外商投资企业分支机构			

注：表中数据由市投资促进局提供。

15-5 旅游业发展情况

年份	旅游总收入(亿元)	比上年增长(%)
2006	55.32	19.5
2007	66.73	20.6
2008	76.11	14.1
2009	85.85	12.8
2010	100.80	17.4
2011	145.54	44.4
2012	202.00	38.8
2013	275.95	36.6
2014	386.25	40.0
2015	537.90	39.3
2016	816.80	51.8
2017	1204.60	47.5
2018	1520.00	26.2
2019	1869.16	23.0
2020	1475.24	-21.1

注：表中数据由市文广新旅局提供。

15-6 入境旅游情况

指标	2010	2011	2012	2013	2014	2015	2016	2017	2018	2019	2020
旅游外汇收入											
绝对值(万美元)	3069	4650	5300	6390	6803	7415	8603	9971	12681	14236	6035
比上年增长%	-3.1	16.3	14.0	20.6	6.5	9.0	16.0	15.9	27.2	12.3	-57.61
接待海外旅游者人数											
绝对值(人次)	120524	143600	184466	201782	207830	222008	251000	278600	291168	326923	28365
比上年增长%	15.8	18.7	28.5	9.4	3.0	6.8	13.1	11.0	9.9	12.3	-91.32

注：表中数据由市文广新旅局提供，2017年起接待海外旅游者人数含过境一日游客。

15-7　星级饭店接待入境旅游者人数

指　　标	接待总人数(人次)										
	2010	2011	2012	2013	2014	2015	2016	2017	2018	2019	2020
合　　计	**120524**	**143600**	**184466**	**201782**	**207830**	**222008**	**251000**	**265009**	**291168**	**326923**	**28365**
外　国　人	**86552**	**96498**	**84854**	**95082**	**97268**	**97117**	**108681**	**116267**	**116304**	**140178**	**12245**
亚洲小计	**23106**	**25303**	**23081**	**29568**	**33789**	**41518**	**46022**	**42557**	**43105**	**57176**	**4995**
日　本	5789	6358	3230	3180	4180	6726	8017	6249	4880	7098	620
韩　国	5257	5769	6920	9505	11126	8800	10862	3761	3592	7736	676
蒙　古	26	30	25	23	20	65	4	31		132	12
印度尼西亚	997	1082	1120	1350	1280	2463	2314	2907	3335	4006	350
马来西亚	1279	1359	1380	1650	1518	1257	1156	2555	3343	3802	332
菲律宾	1278	1420	1020	1378	1213	731	903	2277	3168	3716	325
新加坡	2055	2108	2200	2659	2553	2792	2874	3524	3723	4342	379
泰　国	1180	1308	1508	3506	5638	10750	11453	9156	7265	6917	604
印　度	1711	1911	1801	2151	1936	2074	1727	1496	1614	2226	194
越　南	488	505	520	630	570	451	610	1196	1351	1945	170
缅　甸	45	50	45	46	50	91	70	928	1211	1766	154
朝　鲜	88	90	92	90				2	6		
巴基斯坦	356	506	510	550	570	667	881	1447	1672	2289	200
其　他	2557	2807	2710	2850	3135	4651	5151	7028	7945	11201	979
欧洲小计	**19096**	**21173**	**19639**	**21258**	**22136**	**18787**	**25289**	**32732**	**30902**	**32692**	**2856**
英　国	3231	3501	3280	3580	4296	2730	4469	5086	5269	5390	471
法　国	2823	3320	2240	2680	2814	2027	3866	4951	4819	4502	393
德　国	2470	2680	2808	3049	2896	2127	3730	4689	4356	3749	328
意大利	1802	2008	1980	2037	1833	1823	2288	3458	3192	2586	226
瑞　士	278	305	300	308	323	522	815	1532	1408	1733	151
瑞　典	321	350	320	350	368	507	666	1265	1132	1485	130
俄罗斯	2284	2584	2803	3105	3726	2835	3075	3330	3126	4012	350
西班牙	2121	2320	2108	2309	2424	1532	1826	2670	2638	3160	276
其　他	3766	4105	3800	3840	3456	4684	4554	5751	4962	6075	531
美洲小计	**35485**	**39136**	**31031**	**30255**	**25779**	**16813**	**15574**	**15205**	**16486**	**18417**	**1608**
美　国	30527	33528	25215	24125	19203	13586	12513	12691	13736	15683	1370
加拿大	2258	2503	2608	2780	3058	1515	1687	1453	1560	1676	146
其　他	2700	3105	3208	3350	3518	1712	1374	1061	1190	1058	92
大洋洲小计	**2971**	**3206**	**3116**	**3358**	**3271**	**4336**	**4068**	**4085**	**4328**	**5026**	**439**
澳大利亚	1757	1850	1808	1950	2145	1859	1898	1776	1906	2304	201
新西兰	778	850	802	889	711	1105	1161	1348	1358	1673	146
其　他	436	506	506	519	415	1372	1009	961	1064	1049	92
非洲小计	**5796**	**7580**	**7905**	**10563**	**12195**	**15305**	**17688**	**20562**	**21483**	**25987**	**2270**
其他小计	**98**	**100**	**82**	**80**	**98**	**358**	**40**	**1126**		**880**	**77**
港澳同胞	**18998**	**29387**	**74758**	**80325**	**69250**	**71379**	**72503**	**88094**	**174864**	**186745**	**16120**
#香港同胞	17142	23071	56467	60606	51132	44330	48590	56207	67384	64133	5950
台湾同胞	**14974**	**17715**	**24854**	**26375**	**41312**	**53512**	**69816**	**60648**	**75061**	**81768**	**6750**

注：表中数据由市文广新旅局提供。

15-8　国内旅游收入情况

指　　标	2010	2011	2012	2013	2014	2015	2016	2017	2018	2019	2020
国内旅游收入											
绝对值(亿元)	98	143	199	272	382	533	811	1198	1512	1859	1471
比上年增长%	17.1	45.4	39.3	36.9	40.45	39.5	52.1	47.8	26.1	23.0	-20.9
接待国内旅游人数											
绝对值(万人次)	1498	2094	2519	3282	4266	5512	8276	12029	15044	17904	15119
比上年增长%	22.1	39.8	20.3	30.3	29.98	29.2	50.1	45.3	25.3	19.0	-15.6

注：表中数据由市市文广新旅局提供。

15-9　“春节、五一、十一”旅游情况

年　　份	旅游人数（万人次）			旅游收入（万元）		
	春　节	五　一	十　一	春　节	五　一	十　一
2010	75	88	334	31600	34024	95000
2011	81	102	317	34180	39638	103656
2012	98	121	448	47800	49865	130813
2013	114	146	475	57600	61132	140910
2014	138	198	539	72460	80388	194738
2015	167	282	675	91372	117527	271659
2016	251	432	953	132672	175468	428677
2017	361	628	1348	193170	248813	678600
2018	476	767	1530	267800	367060	800541
2019	496	860	1386	300000	447000	807100
2020		340	679		13 960	21 360

注：表中数据由市文广新旅局提供。

15-10　全市星级饭店一览表（2020年）

序号	饭店名称	星级	地址	电话	客房数	床位数
1	江西宾馆	五	八一大道368号	87823388	241	407
2	锦峰大酒店	五	站前西路281号	88867777	245	400
3	嘉莱特和平国际酒店	五	广场南路10号	86111118	359	390
4	东方豪景花园酒店	五	民德路411号	86288888	336	568
5	力高皇冠假日酒店	五	沿江中大道266号	86699999	380	505
6	赣江宾馆	四	八一大道138号	88856888	310	512
7	江西锦都皇冠酒店	四	洪城路99号	86429999	233	352
8	江西省江西饭店有限公司	四	八一大道356号	88858808	305	540
9	国贸酒店	四	洪城路2号	88863265	246	402
10	江西师大白鹿会馆	四	高新区紫阳大道99号	88121889	94	158
11	百瑞四季酒店	四	洪都北大道10号	88688002	244	400
12	京西宾馆	四	省府大院南一路	88850666	173	320
13	江西玉泉岛大酒店（停业装修）	四	湖滨东路888号	88111111	140	215
14	七星商务酒店	四	南京西路225号	88866666	247	392
15	鑫峰假日酒店	四	红谷滩会展路29号	88822222	143	232
16	新吉花园酒店	四	丰和北大道299号	86750606	161	286
17	进贤皇庭大酒店	四	进贤胜利中路68号	85539666	199	327
18	唯客丽晶大酒店	四	洛阳路70号	88599999	216	377
19	进贤军山湖大酒店	四	进贤胜利中路	85680888	180	280
20	红牛君亭酒店	四	二七南路552号	82116999	200	340
21	锦怡大酒店	四	洛阳路25号	86392701	220	380
22	鼎昇大酒店	四	洪都南大道207号	87788888	248	400
23	琴源山庄	四	南昌乌井路28号	88681000	51	106
24	洗药湖山庄	四	南昌市湾里区太平镇梅岭旅游风景区云顶一号	87703333	68	117
25	江西万国国际大酒店	四	西湖区八一大道1号	86220613	181	257
26	普瑞思酒店（南昌县澄碧湖店）	四	南昌县莲西路888号	85737777	168	256

15-10 续表

序号	饭店名称	星级	地址	电话	客房数	床位数
27	为邦理想酒店	四	安义县迎宾大道与308省道交叉口为邦生活广场	83417777	169	263
28	南昌县凯美旅程国际酒店	四	南昌县金沙大道1572号	82286888	155	218
29	铁路大酒店	三	南昌火车站	86168882	96	178
30	明园大酒店	三	二七南路527号	86899777	157	289
31	核工宾馆	三	北京西路134号	86351111	101	185
32	东城宾馆	三	青山湖区京东大道777号	87768889	140	220
33	体育宾馆	三	福州路28号	86202112	142	272
34	阳光假日酒店	三	二七北路520号	82108888	130	230
35	百胜酒店	三	顺外路578号	87702888	138	207
36	滕王阁宾馆	三	桃花北路1号	86651365	98	160
37	绿洲假日酒店	三	上海北路608号	88113399	120	200
38	新都宾馆	三	新建县解放路346号	83706699	120	242
39	东申商务宾馆	三	南京东路1225号	88356330	155	200
40	大客天下度假酒店	三	湾里区太平乡(场)红岭分场狮山茶场	87193066	52	104
41	南昌君来大酒店	三	南昌市北京西路259号	86200333	215	380
42	永恒经典酒店	三	南昌市东湖区永外正街8号	82219788	143	218
43	互有精品酒店	三	西湖区福山路96号	88619888	118	200
44	江西悦岸酒店	三	昌东镇天祥大道289号南昌工程学院内	82063666	75	139
45	维也纳酒店（昌南客运站店）	三	南昌县迎宾大道788号	82225555	151	220
46	瑶湖明珠大酒店	三	高新技术产业开发区天祥大道291号江西外语外贸职业学院内	88388866	132	220
47	林兴利恒酒店	三	金沙二路中新幸福时光综合楼	85996777	120	165
48	维也纳酒店（南昌新洪城大市场华侨城店）	三	八月湖路东新一路交叉处(金涛御景花园43栋)	85818111	121	186
49	江铃商务酒店	二	青云谱区迎宾北大道318号	85229666	122	212
50	南昌维也纳酒店（火车站店）	二	西湖区站前路168号	86208888	212	314
51	兰悦精品酒店	二	南昌县金沙大道1918号	82281666	107	205

主要统计指标解释

进出口总额 是指从国外（境外）进入国境的进口商品和从国内运出国境的出口商品的总金额，包括一般贸易（含进料加工）、技术成套设备进口和出口、补偿贸易、加工装配、易货贸易以及中外合资、合作和外商独资企业的进口和出口等。我国规定进口按到岸价格(CIF)计算，出口按离岸价格(FOB)计算。

利用外资 是指我国各级政府、部门、企业、中国银行和其他单位通过对外借款、吸收外商直接投资和用其他方式的境外现汇、设备、技术等。

对外借款 是我国利用外资的主要部分，包括我国通过外国政府贷款、国际金融组织贷款、外国银行商业贷款、出口信贷以及对外发行证券等方式，从国外和港澳地区筹措的资金。

外商直接投资 是指外国企业和经济组织或个人（包括华侨、港澳同胞以及我国在境外注册的企业）按我国有关政策、法规，用现汇、实物、技术等在我国境内开办外商独资企业、与我国境内的企业或经济组织共同举办中外合资经营企业、合作经营企业或合作开发资源的投资（包括外商投资收益的再投资）以及政府有关部门批准的项目投资总额内，企业从境外借人的资金。

外商其他投资 指对外借款和外商直接投资以外，用其他方式吸收的外资，包括补偿贸易、加工装配以及国际租赁等。

入境旅游者 指来中国（大陆）观光、度假、探亲访友、就医疗养、购物、参加会议或从事经济、文化、体育、宗教活动的外国人、港澳台同胞等游客（即入境旅游人数）中在中国（大陆）的旅游住宿设施内至少停留一夜的外国人、港澳台同胞。

入境旅游者不包括下列人员:

(1)应邀来华访问的政府部长以上官员及其随行人员;

(2)外国驻华使领官员、外交人员以及随行的家庭服务人员和受赡养者;

(3)常驻中国（大陆）一年以上的外国专家、留学生、记者、商务机构人员等;

(4)乘坐国际航班过境不需要通过护照检查进入中国（大陆）口岸的中转旅客;

(5)边境地区往来的边民;

(6)回大陆定居的港澳台同胞;

(7)已在中国（大陆）定居的外国人和原已出境又返回在中国（大陆）定居的外国侨民;

(8)归国的中国（大陆）出国人员。

国内旅游者 指中国（大陆）居民离开惯常居住地在境内其他地方的旅游住宿设施内至少停留一夜，最长不超过 12 个月的国内游客。

国内旅游者应包括在中国（大陆）境内常住一年以上的外国人、港澳台同胞。但不包括到各地巡视工作的部以上领导、驻外地办事机构的临时工作人员、调遣的武装人员、到外地学习的学生、到基层锻炼的干部、到境内其他地区定居的人员和无固定居住地的无业游民。

旅游收入 游客（入境游客和国内游客）在旅游过程中（由游客或游客的代表为游客）支付的一切旅游支出就是国家（省、区、市）的旅游收入。旅游支出应包括（过夜）旅游者和一日游游客在整个游程中食、住、行、游、购、娱，以及为亲友、家人购买纪念品、礼品等方面的旅游支出，不包括为商业目的购物、购买房、地、车、船等资本性或交易性的投资、馈赠亲友的现金及给公共机构的捐赠。旅游收入包括国际旅游（外汇）收入和国内旅游收入。

国际旅游（外汇）收入 入境游客在中国（大陆）境内旅行、游览过程中用于交通、参观游览、住宿、餐饮、购物、娱乐等全部花费。

国内旅游收入 指国内游客在国内旅行、游览过程中用于交通、参观游览、住宿、餐饮、购物、娱乐等全部花费。

人天数 指旅游者在旅游目的地停留天数之和，天数按过夜数统计。一个旅游者过一夜为一人天。计算公式为：人天数=人数×逗留（过夜）天数

星级宾馆 指符合中华人民共和国《旅游饭店星级的划分与评定国家标准》暨《旅游涉外饭店星级的划分与评定国家标准1997年版》并经过有关旅游管理权威部门评定（验收）后授予“星级”称号的宾馆、饭店。

十六、房 地 产

REAL ESTATE

本篇内容包括：

1. 房地产开发投资
2. 房地产施工及销售
3. 房地产企业财务状况
4. 房地产企业资金及土地
5. 各县区房地产开发

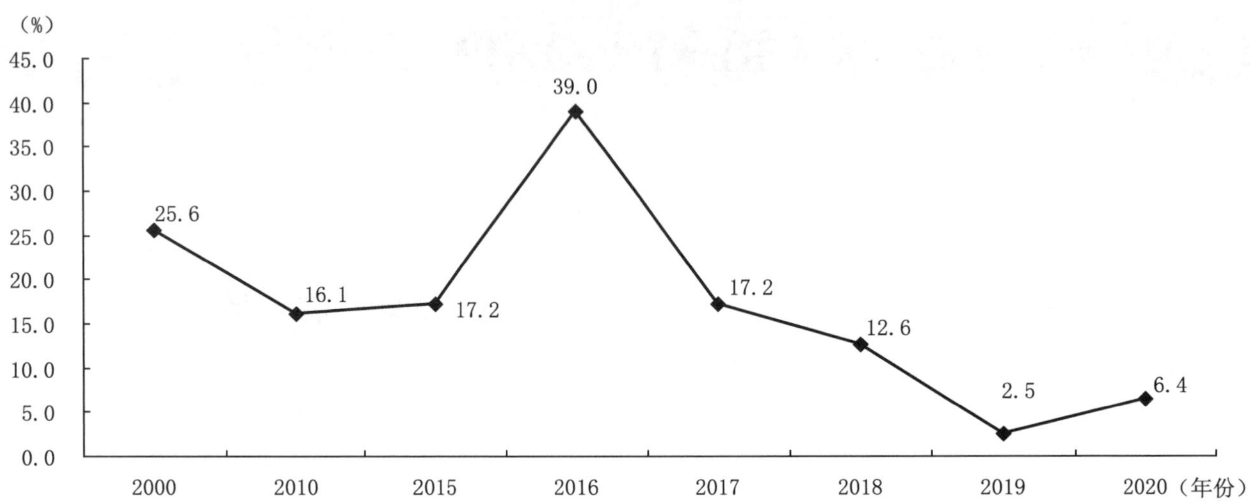
房地产开发投资增速
(%)
45.0
40.0
35.0
30.0
25.0
20.0
15.0
10.0
5.0
0.0
25.6
16.1
17.2
39.0
17.2
12.6
2.5
6.4
2000
2010
2015
2016
2017
2018
2019
2020（年份）

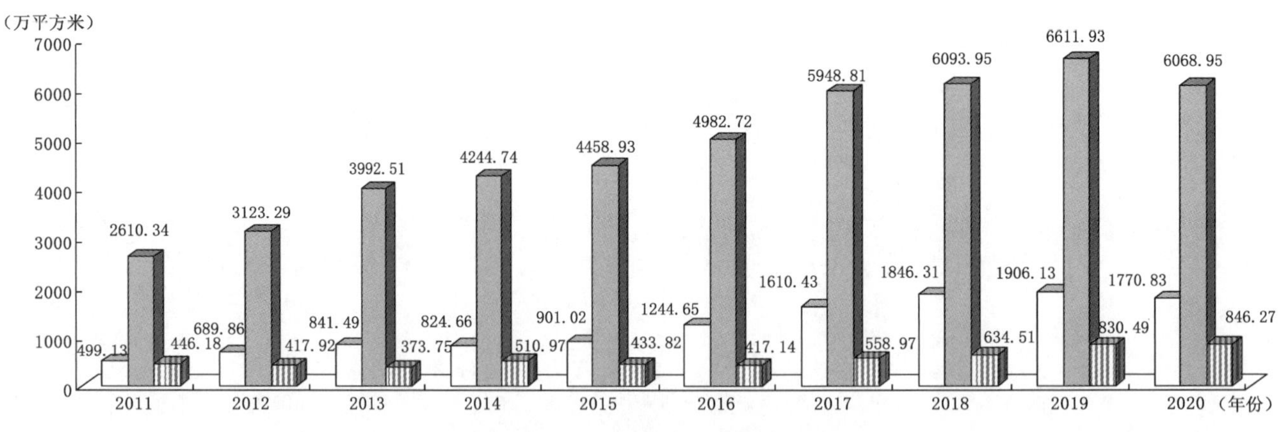
房地产施工销售情况
(万平方米)
7000
6000
5000
4000
3000
2000
1000
0
499.13
2610.34
446.18
689.86
3123.29
417.92
841.49
3992.51
373.75
824.66
4244.74
510.97
901.02
4458.93
433.82
1244.65
4982.72
417.14
1610.43
5948.81
558.97
1846.31
6093.95
634.51
1906.13
6611.93
830.49
1770.83
6068.95
846.27
2011
2012
2013
2014
2015
2016
2017
2018
2019
2020（年份）
商品房销售面积
房屋施工面积
房屋竣工面积

16-1　房地产开发情况（2020年）

指　标	企业数（个）	计划总投资比上年增长（%）	本年完成投资比上年增长（%）
按登记注册类型分	**558**	**7.2**	**6.4**
内资企业	518	5.9	2.9
国有企业	12	650.4	1242.9
集体企业	1		
国有独资公司	20	-14.4	-8.2
其他有限责任公司	256	10.6	8.6
股份有限公司	13	-29.4	-66.6
私营独资企业			
私营合伙企业			
私营有限责任公司	215	21.3	22.1
私营股份有限公司	1	-72.9	-98.9
其他企业			
港澳台商投资企业	30	35.4	75.5
与港澳台商合资经营企业	15	39.1	-4.6
与港澳台商合资合作经营企业	1		
港澳台商独资经营企业	14	23.1	147.3
其他港澳台投资			
外商投资企业	10	-8.2	380.7
中外合资经营企业	5	-46.8	107.6
外资企业	5	223.9	523.9
外商投资股份有限公司			
按控股情况分	**558**	**7.2**	**6.4**
国有控股	89	3.2	7.1
集体控股	4	-81.9	-65.6
私人控股	352	18.7	19.6
港澳台商控股	28	23.1	66.1
外商控股	6	63.4	438.8
其他	79	-8.1	-29.5
按资质等级分	**558**	**7.2**	**6.4**
一级	8	-7.4	60.3
二级	43	-10.3	1.1
三级	58	-22.5	-24.8
四级	36	9.6	15.5
暂定	379	14.4	6.2
其他	34	-0.5	15.7

16-2 房地产销售及待售情况（2020年）

指 标	合 计	住 宅	#90平米以下住房	144平米以上住房	别墅、高档公寓	办公楼	商业营业用房	其 他
房屋施工面积(平方米)	60689491	42386581	9622755	5115767		4083236	6562342	7657332
#本年新开工面积	10878461	7734455	1519520	1306748		782066	1011217	1350723
房屋竣工面积(平方米)	8462735	6228990	1883598	757059		598176	841249	794320
#不可销售面积	220489	130478	126939			5481	20463	64067
商品住宅竣工套数(套)		59983	22410	4035				
竣工房屋价值(万元)	2735707	1851853	499993	384035		287689	382078	214087
出租房屋面积(平方米)	26314						26314	
商品房销售面积(平方米)	17708267	13672444	2257436	2010654		1183775	2206144	645904
现房销售面积	1677123	1224547	155376	366673		152397	232204	67975
期房销售面积	16031144	12447897	2102060	1643981		1031378	1973940	577929
商品房销售额(万元)	19439446	14855994	2548207	2919641		1168627	3010344	404481
现房销售额	1547180	1141039	157716	607901		148281	231538	26322
期房销售额	17892266	13714955	2390491	2311740		1020346	2778806	378159
商品住宅销售套数(套)		121826	27965	11212				
现房销售套数		11067	2364	2002				
期房销售套数		110759	25601	9210				
待售面积(平方米)	1320479	659474	67471	152544		117288	451789	91928
#待售1-3年面积	490399	219006	21159	30889		39386	146252	85755
待售3年以上面积	397228	156320	24544	47243		34796	200239	5873

16-3 房地产企业财务指标（2020年）

单位:万元

指标	年初存货	流动资产合计	#存货
按登记注册类型分	**29757727**	**67524494**	**33244181**
内资企业	26610152	62188628	30278920
国有企业	154143	691838	183129
集体企业			
国有独资公司	3422857	10968430	5935403
其他有限责任公司	14680058	35708774	15704156
股份有限公司	1489210	2625456	1206661
私营合伙企业			
私营有限责任公司	6702436	12027554	7088200
私营股份有限公司	161446	166575	161370
其他企业			
港澳台商投资企业	2335482	3957203	2477347
与港澳台商合资经营企业	755000	1485960	868307
与港澳台商合资合作经营企业	3418	31084	20189
港澳台商独资经营企业	1577064	2440160	1588851
其他港澳台投资			
外商投资企业	812093	1378663	487915
中外合资经营企业	608370	958019	330098
外资企业	203723	420644	157817
外商投资股份有限公司			
按控股情况分	**29757727**	**67524494**	**33244181**
国有控股	6479071	20332166	8813834
集体控股	38331	248011	29893
私人控股	15587874	30842137	16144241
港澳台商控股	2017306	3535634	2101708
外商控股	274017	522011	176778
其他	5361128	12044535	5977727
按资质等级分	**29757727**	**67524494**	**33244181**
一级	731709	1793995	530465
二级	2833148	5711687	2914880
三级	3824260	11362514	5713321
四级	1906791	3923868	1680188
暂定	18835201	40965743	20953670
其他	1626619	3766688	1451657

指　　标	固定资产原　价	固定资产累计折旧	#本年折旧	在建工程
按登记注册类型分	**1451090**	**345986**	**89487**	**1427431**
内资企业	1185931	285955	77483	1419776
国有企业	20799	2601	353	4
集体企业	89	18	12	4960
国有独资公司	97881	12000	1677	574002
其他有限责任公司	703900	163382	35508	787512
股份有限公司	69699	24211	4504	1330
私营合伙企业				
私营有限责任公司	289263	82359	35265	51968
私营股份有限公司	4298	1384	165	
其他企业				
港澳台商投资企业	200497	50690	10794	7656
与港澳台商合资经营企业	32215	15766	3085	
与港澳台商合资合作经营企业	108	104	2	
港澳台商独资经营企业	168174	34820	7707	7656
其他港澳台投资				
外商投资企业	64663	9341	1211	
中外合资经营企业	57177	7079	905	
外资企业	7486	2262	305	
外商投资股份有限公司				
按控股情况分	**1451090**	**345986**	**89487**	**1427431**
国有控股	290974	40104	7037	1285404
集体控股	1967	1360	156	4960
私人控股	760683	213109	62876	77784
港澳台商控股	200289	50611	10736	7656
外商控股	61560	6402	1207	
其他	135618	34400	7476	51628
按资质等级分	**1451090**	**345986**	**89487**	**1427431**
一级	109458	29060	5051	
二级	242387	81357	14865	16001
三级	103839	30451	3588	569909
四级	436662	108032	23386	6907
暂定	403141	86377	39980	189809
其他	155603	10709	2617	644804

表1

单位:万元

资产总计	流动负债合　　计	非流动负债合　　计	负债总计	所有者权益合　　计	#实收资本
81635348	**47653052**	**15445199**	**63098251**	**18537097**	**8420273**
75107422	43882292	14829617	58711909	16395513	6960359
852037	679832	13000	692832	159206	65174
5679	7745		7745	-2066	
13897630	4423312	4977233	9400546	4497084	701316
43295200	27426644	7117283	34543927	8751273	4672620
3021693	1562418	845831	2408249	613444	322518
13738703	9712134	1872885	11585019	2153684	1155377
296480	70207	3385	73592	222888	43354
4989324	3069264	540661	3609926	1379398	987538
1690915	1039781	196614	1236395	454521	341853
31088	10629.1		10629.1	20458.9	10000
3267320	2018854	344048	2362902	904418	635685
1538603	701496	74921	776416	762187	472376
1058735	622567	59921	682488	376247	255254
479868	78928	15000	93928	385940	217122
81635348	**47653052**	**15445199**	**63098251**	**18537097**	**8420273**
26497633	12001402	6902554	18903956	7593677	2013209
255197	162543		162543	92654	10490
36225590	22920184	6141935	29062119	7163471	4200555
4530646	2843643	444976	3288619	1242027	847577
661537	103282	66743	170025	491513	290196
13464745	9621998	1888991	11510989	1953756	1058246
81635348	**47653052**	**15445199**	**63098251**	**18537097**	**8420273**
2336075	1574916	270384	1845300	490775	364441
7129697	3938935	926758	4865694	2264004	605593
14111796	5549343	4556205	10105548	4006247	624697
5589955	2958902	836315	3795217	1794738	509461
47047008	30704803	7267240	37972043	9074965	5925190
5420818	2926154	1588296	4514450	906368	390892

指　　标	营业收入	主营业务收入	土地转让收　入	商品房屋销售收入
按登记注册类型分	**11544113**	**10579121**	**13851**	**10296500**
内资企业	10151171	9196325	13851	8939260
国有企业	86976	84387		82912
集体企业				
国有独资公司	306509	248214	10249	204698
其他有限责任公司	7220812	6449148	3603	6258444
股份有限公司	325084	311255		309963
私营合伙企业				
私营有限责任公司	2209561	2101649		2081571
私营股份有限公司	2228	1673		1673
其他企业				
港澳台商投资企业	880737	870668		845727
与港澳台商合资经营企业	115786	105821		104599
与港澳台商合资合作经营企业	2071	2071		2071.4
港澳台商独资经营企业	762880	762775		739056
其他港澳台投资				
外商投资企业	512205	512128		511513
中外合资经营企业	417089	417011		416983
外资企业	95116	95116		94530
外商投资股份有限公司				
按控股情况分	**11544113**	**10579121**	**13851**	**10296500**
国有控股	1904865	1726230	10249	1523217
集体控股	6151	6137		6137
私人控股	6813322	6139952	2429	6088985
港澳台商控股	880737	870668		845727
外商控股	93604	93527		92940
其他	1845434	1742608	1173	1739494
按资质等级分	**11544113**	**10579121**	**13851**	**10296500**
一级	383805	382074		364818
二级	583501	566107	2429	552662
三级	680036	663102	10249	600605
四级	1350243	1302592		1296798
暂定	6902034	6233017	1173	6056664
其他	1644494	1432229		1424954

表2

单位:万元

自持物业收入	房屋出租收入	其他收入	营业成本	#主营业务成本	营业税金及附加	其他业务利润
75473	**50125**	**193297**	**8187286**	**7631785**	**476102**	**33699**
49971	45819	193243	7270807	6722110	368201	33470
93	93	1382	41566	38850	1471	410
					43	
5125	4163	28143	241735	195885	13595	
29368	26266	157733	5214992	4757494	266060	31085
1290	1290	2	173410	159465	24911	732
14095	14008	5984	1598741	1570052	63819	1243
			365	365	-1697	
24915	3719	25	574349	567544	67245	229
1222	1222		92793	89915	3565	
			1438.1	1438.1	364.8	
23693	2497	25	480118	476191	63315	229
587	587	29	342131	342131	40655	
		29	267012	267012	41219	
587	587		75119	75119	-563	
75473	**50125**	**193297**	**8187286**	**7631785**	**476102**	**33699**
23894	19975	168869	1450437	1326274	81116	4833
			4252	4252	-452	
24285	24195	24253	4756875	4450986	264299	12799
24915	3719	25	574349	567544	66944	229
587	587		74615	74615	-539	
1792	1649	149	1326759	1208114	64733	15838
75473	**50125**	**193297**	**8187286**	**7631785**	**476102**	**33699**
15042	1540	2214	312379	307536	10152	2627
10288	10286	728	323236	300999	22275	53
6855	6855	45394	490092	488550	42587	-930
1385	1385	4410	728218	628679	85340	96
37061	25360	138119	5088400	4687980	288173	31853
4842	4699	2433	1244962	1218041	27575	

指　　标	销售费用	管理费用	财务费用		利息支出	营业利润
				#利息收入		
按登记注册类型分	**487457**	**251444**	**275516**	**64778**	**214273**	**2058544**
内资企业	441205	223847	243951	59797	206815	1794039
国有企业	1470	4001	2679	267	2828	17311
集体企业	914	127	0			-1084
国有独资公司	4424	19512	43369	11778	37235	33514
其他有限责任公司	292868	98085	119838	44464	109691	1302314
股份有限公司	19193	10909	354	275	-25	110002
私营合伙企业						
私营有限责任公司	121241	88965	73216	2957	53727	278854
私营股份有限公司	1095	2248	4495	56	3359	53129
其他企业						
港澳台商投资企业	40020	20233	28231	1722	3257	162170
与港澳台商合资经营企业	7998	5285	4462	728	874	1826
与港澳台商合资合作经营企业	77	159	-9	8.9		41.6
港澳台商独资经营企业	31946	14790	23778	985	2383	160302
其他港澳台投资						
外商投资企业	6232	7363	3334	3259	4200	102335
中外合资经营企业	3111	3593	5149	191	2960	84676
外资企业	3122	3770	-1815	3068	1241	17660
外商投资股份有限公司						
按控股情况分	**487457**	**251444**	**275516**	**64778**	**214273**	**2058544**
国有控股	46912	49123	53830	21254	53919	380299
集体控股	3670	1842	-4308	4288	-26	868
私人控股	307965	124866	173577	31487	140412	1217995
港澳台商控股	36591	19431	28820	1008	3234	166107
外商控股	3276	4829	3106	3076	4199	10488
其他	89043	51352	20492	3665	12534	282788
按资质等级分	**487457**	**251444**	**275516**	**64778**	**214273**	**2058544**
一级	13142	9975	21418	3506	860	30657
二级	17182	37076	33421	5178	16165	238297
三级	34112	27521	27075	20672	44952	104827
四级	42164	41779	64951	168	64643	355876
暂定	347386	116171	112630	22118	74396	1012663
其他	33472	18922	16022	13136	13258	316224

表3

单位:万元

营业外收入	营业外支出	利润总额	应交增值税	本年应付职工薪酬	所得税费用	资产减值损失	公允价值变动收益	投资收益
33293	**30798**	**2064032**	**261561**	**238953**	**290498**	**29544**	**6881**	**211634**
31197	25184	1803045	224683	219305	219567	19388	6887	203190
1507	92	18706	920	3746	4198	0		2774
		-1084		268				
1814	7694	29374	17731	13326	7390	4222		37725
24430	13821	1313547	128340	133470	156793	14945	4352	87609
1555	721	110836	10593	5571	577	110	2349	14550
1891	2856	278537	66988	61780	50085	54		3935
	0	53129	111	1144	525	56	186	56598
1871	5278	158762	12571	15992	38260	-1		8436
65	4728	-2837	1312	5637	168			136
	2.4	39.2	42.7	300.3				
1806	548	161560	11216	10055	38093	-1		8301
225	336	102224	24307	3656	32671	10158	-6	8
77	201	84551	23978	1268	28686	12326	-6	
148	134	17673	330	2388	3985	-2168		8
33293	**30798**	**2064032**	**261561**	**238953**	**290498**	**29544**	**6881**	**211634**
7828	8432	384720	74148	37694	83691	12009		107228
763	9	1622	5030	4996	2405	280		
19474	13021	1222417	106711	140142	146296	10847	5785	84786
1867	5243	162730	10918	13410	38708	-1		8436
190	228	10449	334	2388	3983	-2168	-6	8
3171	3865	282094	64420	40323	15415	8578	1102	11176
33293	**30798**	**2064032**	**261561**	**238953**	**290498**	**29544**	**6881**	**211634**
3734	568	33823	9914	7384	5604	-988		12974
1243	973	238822	16446	18763	22262	3631	186	72115
2709	9851	97744	24442	17226	17987	-2965		42971
12123	660	368490	-14063	17307	26764	-55		3050
12483	18594	1008268	203968	166878	211663	30252	6695	81486
1001	153	316885	20854	11395	6220	-330	0	-960

16-4 房地产企业

指　　标	本年资金来源合计	上年末结余资金	本年资金来源小计
按登记注册类型分	**17562784**	**4090044**	**13472740**
内资企业	16537197	3755978	12781219
国有企业	129751	13299	116452
集体企业	11880	180	11700
国有独资公司	1238319	65717	1172602
其他有限责任公司	9443263	2487004	6956259
股份有限公司	418641	134161	284480
私营独资企业			
私营合伙企业			
私营有限责任公司	5286794	1049808	4236986
私营股份有限公司	8549	5809	2740
其他企业			
港澳台商投资企业	804272	162559	641713
与港澳台商合资经营企业	277869	49717	228152
与港澳台商合资合作经营企业	1960		1960
港澳台商独资经营企业	524443	112842	411601
其他港澳台投资			
外商投资企业	221315	171507	49808
中外合资经营企业	81517	80907	610
外资企业	139798	90600	49198
其他外商投资			
按控股情况分	**17562784**	**4090044**	**13472740**
国有控股	2839325	572625	2266700
集体控股	35109	9319	25790
私人控股	11020513	2527945	8492568
港澳台商控股	605024	130981	474043
外商控股	212677	163479	49198
其他	2850136	685695	2164441
按资质等级分	**17562784**	**4090044**	**13472740**
一级	155230	17619	137611
二级	1196727	308132	888595
三级	521269	113694	407575
四级	1071008	250684	820324
暂定	12711015	3250267	9460748
其他	1907535	149648	1757887

资金和土地情况（2020年）

单位:万元

国内贷款	银行贷款	非银行金融机构贷款	利用外资	自筹资金
2264869	**1872038**	**392831**		**4096263**
2168869	1776038	392831		3897277
				98006
4500	4500			7200
394208	247170	147038		297425
852682	725885	126797		1770464
11053	11053			30554
906426	787430	118996		1693628
96000	96000			175134
96000	96000			23570
				151564
				23852
				500
				23352
2264869	**1872038**	**392831**		**4096263**
420107	273069	147038		600814
4500	4500			8200
1616922	1371129	245793		3126787
				175134
				23352
223340	223340			161976
2264869	**1872038**	**392831**		**4096263**
40000		40000		46954
423838	276800	147038		65907
				168750
141143	64753	76390		113041
1502188	1376285	125903		2935503
157700	154200	3500		766108

指　　　标	本年资金来源小计		
	定金及预收款	个人按揭贷款	其他资金来源
按登记注册类型分	**3955698**	**2981810**	**174100**
内资企业	3835680	2706322	173071
国有企业	7407	9789	1250
集体企业			
国有独资公司	411444	32716	36809
其他有限责任公司	2406711	1816592	109810
股份有限公司	125604	113469	3800
私营独资企业			
私营合伙企业			
私营有限责任公司	881829	733701	21402
私营股份有限公司	2685	55	
其他企业			
港澳台商投资企业	108736	260814	1029
与港澳台商合资经营企业	75609	32973	
与港澳台商合资合作经营企业	588	1372	
港澳台商独资经营企业	32539	226469	1029
其他港澳台投资			
外商投资企业	11282	14674	
中外合资经营企业	110		
外资企业	11172	14674	
其他外商投资			
按控股情况分	**3955698**	**2981810**	**174100**
国有控股	847231	348439	50109
集体控股	5540	7550	
私人控股	2067908	1607672	73279
港澳台商控股	46583	251297	1029
外商控股	11172	14674	
其他	977264	752178	49683
按资质等级分	**3955698**	**2981810**	**174100**
一级	17357	33300	
二级	275261	119552	4037
三级	131675	101600	5550
四级	247545	312795	5800
暂定	2648110	2281655	93292
其他	635750	132908	65421

表

单位:万元

本年各项应付款合计	#工程款	待开发土地面积(平方米)	本年购置土地面积(平方米)	本年土地成交价款
3149416	**1887357**	**3006946**	**2285388**	**1704758**
2966181	1774658	2999592	2285388	1704758
25685	22251		69928	65998
1180	925			
177645	94353	31667	127501	119609
1950906	1191829	2615448	1206933	968069
34650	1730			
776115	463570	352477	881026	551082
158832	88692			
57883	52302			
100949	36390			
24403	24007	7354		
8542	8146			
15861	15861	7354		
3149416	**1887357**	**3006946**	**2285388**	**1704758**
449863	245354	93344	263204	219157
17980	17725			
1974471	1190560	1930595	2007784	1474601
117686	47546			
16530	16530	7354		
572886	369642	975653	14400	11000
3149416	**1887357**	**3006946**	**2285388**	**1704758**
75796	23458			
155716	101267	23000		
163879	79919	423021		
221653	196213			
2346410	1386666	2560925	2051706	1510804
185962	99834		233682	193954

指 标	全 市	东湖区	西湖区	青云谱区	青山湖区
企业个数(个)	**558**	**25**	**46**	**37**	**34**
投资比去年增长(%)	**6.4**	**-3.5**	**1.9**	**-26.7**	**47.7**
按构成分					
建筑工程	23.5	163.6	53.9	41.6	85.9
安装工程	-14.2	174.0	-0.6	55.1	7.7
设备工器具购置	17.0	3106.0	61.8	-63.6	66.6
其他费用	-6.8	-56.0	-31.1	-53.8	30.0
#土地购置费	2.5	-43.6	-28.6	-53.4	37.9
按工程用途分					
住 宅	4.1	-25.5	17.3	-29.5	18.2
#90平方米及以下住房	18.0	90.1	-23.2	-36.4	323.1
办公楼	60.5		-37.0	-17.7	377.5
商业营业用房	-1.7	13.4	-17.2	30.6	84.0
其 他	2.4	1456.3	-40.6	-64.3	214.1
本年新增固定资产(万元)	**3774409**	**21**	**203028**	**147298**	**2585**
房屋施工、竣工和销售、出租情况					
房屋施工面积(平方米)	**60689491**	**799010**	**3254792**	**3820148**	**2228189**
住 宅	42386581	489702	2414238	2725555	1656435
#90平方米及以下住房	9622755	122857	132117	413033	502357
办公楼	4083236	41062	206886	189369	173762
商业营业用房	6562342	112059	213887	334695	162210
其他	7657332	156187	419781	570529	235782
房屋新开工面积(平方米)	**10878461**	**327757**	**677840**	**650716**	**443884**
住 宅	7734455	141653	482480	387817	341569
#90平方米及以下住房	1519520	438	38312	11875	56692
办公楼	782066	26783	5500	57702	23483
商业营业用房	1011217	89856	26011	57916	30590
其 他	1350723	69465	163849	147281	48242

和经营指标（2020年）

新建区	红谷滩区	南昌县	安义县	进贤县	经济开发区	高新开发区	湾里管理局
31	**81**	**104**	**17**	**45**	**45**	**59**	**34**
-9.3	**56.7**	**-2.4**	**-10.6**	**1.1**	**9.7**	**-13.3**	**-17.6**
-19.4	75.0	-9.3	1.4	-4.3	-25.3	6.7	3.5
-48.0	-14.7	-11.7	-47.8	-34.7	-24.1	-4.2	-86.6
-0.2	42.5	2.6	31.5	-67.5	-17.8	176.4	9.4
3.3	56.5	7.4	-32.0	21.0	278.5	-29.8	-33.7
3.0	77.4	13.2	-2.2	98.4	598.4	-29.7	-23.7
3.9	78.5	7.6	-7.0	15.6	0.3	-21.3	-27.5
1.9	-1.1	49.8	-93.7	-83.6	-13.9	103.0	4.6
37.3	109.5	-66.1	-98.0		55.8	-15.0	-81.5
-83.4	5.3	-33.2	-78.0	-88.9	38.1	66.7	1.0
-15.1	21.9	-33.9	35.5	-95.6	-24.6	-3.2	107.2
9042	**1231212**	**976721**		**58424**	**211581**	**847127**	**87370**
4599636	**14377247**	**10857308**	**1091700**	**2461547**	**5049777**	**8997374**	**3152763**
3908451	9139438	8346420	828925	2218971	3788906	4451996	2417544
948120	2235419	2800923	2798	303276	1116663	339687	705505
143819	1612743	109120	140	2512	246530	1300212	57081
242630	2154592	1179197	39031	149364	328102	1427135	219440
304736	1470474	1222571	223604	90700	686239	1818031	458698
1076893	**2169393**	**1990374**	**397514**	**641723**	**770337**	**1060575**	**671455**
931032	1192374	1551563	360982	618443	575989	543268	607285
434995	255693	268391	1868	170161		103005	178090
18920	452643		140		85841	111054	
4068	256467	172989	1659	23280	67057	266475	14849
122873	267909	265822	34733		41450	139778	49321

指　　标	全　市	东湖区	西湖区	青云谱区	青山湖区
房屋竣工面积(平方米)	**8462735**		**437073**	**125294**	**10338**
住　宅	6228990		435123	116093	10338
#90平方米及以下住房	1883598		48174	44515	
办公楼	598176				
商业营业用房	841249		1950	9201	
其　他	794320				
竣工房屋价值(万元)	**2735707**		**153138**	**37845**	**2585**
住　宅	1851853		152138	34827	2585
#90平方米及以下住房	499993		14449	12909	
办公楼	287689				
商业营业用房	382078		1000	3018	
其　他	214087				
商品房销售面积(平方米)	**17708267**	**163603**	**421822**	**651701**	**362948**
住　宅	13672444	157864	384201	599359	264454
#90平方米及以下住房	2257436	24836	45622	58259	95735
办公楼	1183775	500	10305	16154	61999
商业营业用房	2206144	5239	22674	25645	32120
其　他	645904		4642	10543	4375
商品房销售额(万元)	**19439446**	**316101**	**726117**	**790044**	**419112**
住　宅	14855994	305091	672471	731650	329224
#90平方米及以下住房	2548207	37797	63313	68398	112022
办公楼	1168627	475	10754	19963	59886
商业营业用房	3010344	10535	39666	32635	28645
其　他	404481		3226	5796	1357
商品房待售面积(平方米)	**1320479**	**75493**	**70118**	**108202**	**57019**
住　宅	659474	61997	16004	46806	10106
#90平方米及以下住房	67471		1417	10967	3594
办公楼	117288		17238		2218
商业营业用房	451789	13496	31865	61396	31319
其　他	91928		5011		13376

表

新建区	红谷滩区	南昌县	安义县	进贤县	经济开发区	高新开发区	湾里管理局
16208	**1124414**	**3577721**		**135515**	**405066**	**2360242**	**270864**
16208	622324	2945548		118268	357217	1396242	211629
	66628	1276870			272299	108207	66905
	271811	85353				241012	
	226698	359688		197	5564	215676	22275
	3581	187132		17050	42285	507312	36960
9000	**741558**	**875125**		**58424**	**135829**	**653533**	**68670**
9000	341530	674304		56655	119848	409458	51508
	22293	307670			90824	42464	9384
	190166	30867				66656	
	208172	106191		200	1635	55418	6444
	1690	63763		1569	14346	122001	10718
2430205	**4418557**	**3845573**	**706364**	**1247276**	**1812612**	**1055660**	**591946**
2292830	2966082	2815513	566401	1132808	1184292	727665	580975
307412	788405	375795		63016	340685	92932	64739
46378	453091	318261			176367	98327	2393
78782	846865	656975	2664	86285	271409	169130	8356
12215	152519	54824	137299	28183	180544	60538	222
2228007	**5862696**	**4520420**	**442752**	**653912**	**1741385**	**1196118**	**542782**
2121586	4244489	2739570	405507	607009	1253801	912796	532800
267563	1056926	407338		47574	297092	132034	58150
37375	511322	291807			163346	72074	1625
65517	958869	1460747	715	29777	206822	168569	7847
3529	148016	28296	36530	17126	117416	42679	510
10500	**207666**	**384642**		**98415**	**58812**	**93020**	**156592**
10500	110519	162763		40740	35768	12771	151500
3202	136	7213		346			40596
	34367	19151		451		43863	
	49567	144448		57003	23044	34559	5092
	13213	58280		221		1827	

主要统计指标解释

房地产开发投资　是指房地产开发公司、商品房建设公司及其他房地产开发法人单位和附属于其他法人单位实际从事房地产开发或经营的活动单位统一开发的包括统筹待建、拆迁还建的住宅、厂房、仓库、饭店、宾馆、度假村、写字楼、办公楼等房屋建筑物和配套的服务设施，土地开发工程（如道路、给水、排水、供电、供热、通讯、平整场地等基础设施工程）的投资；不包括单纯的土地交易活动。

房地产开发投资按工程用途分　房地产开发投资按工程用途分为住宅、办公楼、商业营业用房和其他；住宅按照户型结构可以划分为90平方米以下住房、144平方米以上住房等。

(1)住宅：指专供居住的房屋，包括别墅、公寓、职工家属宿舍和集体宿舍（包括职工单身宿舍和学生宿舍）等，但不包括住宅楼中作为人防用、不住人的地下室等。

(2)90平方米以下住房：指在房地产开发企业（单位）投资建设的商品住宅中，套型建筑面积不超过90平方米（包括90平方米）的住房。

(3)144平方米以上住房：指在房地产开发企业（单位）投资建设的商品住宅中，套型建筑面积超过144平方米（不包括144平方米）的住房。

(4)办公楼：指企业、事业、机关、团体、学校、医院等单位使用的各类办公用房（又称写字楼）。

(5)商业营业用房：指商业、粮食、供销、饮食服务业等部门对外营业的用房，如度假村、饭店、商店、门市部、粮店、书店、供销店、菜店、加油站、日杂等房屋。

(6)其他：凡不属于上述各项用途的房屋建筑物，如中小学教学用房、托儿所、幼儿园、图书馆、体育馆等。

房屋建筑面积　房屋建筑面积是从房屋建筑物勒脚以上外墙外围的水平截面积，包括房屋建筑物的有效面积和结构面积，包括房屋结构（如柱、墙）占用的面积和地下室面积。多层建筑按各自然层面积计算，包括房屋内的楼隔层，突出墙面的眺望间、门斗、有柱雨罩的面积。不包括突出墙面结构的构件、艺术装饰等所占的面积，如台阶等。凹阳台、桃台按其水平投影面积一半计算建筑面积。

施工面积　是指报告期内施工的全部房屋建筑面积。包括本期新开工的面积和上期开工跨入本期继续施工的房屋面积，以及上期已停建在本期恢复施工的房屋面积。

新开工面积　指报告期内新开工建设的房屋面积，以单位工程为核算对象。不包括在上期开工跨入报告期继续施工的房屋建筑面积和上期停缓建而在本期复工的建筑面积。房屋的开工面积指整栋房屋的全部建筑面积，不能分割计算。

竣工面积　指报告期内房屋建筑按照设计要求已全部完工，达到住人和使用条件，经验收鉴定合格或达到竣工验收标准，可正式移交使用单位的各栋房屋建筑面积的总和。

销售面积　指报告期内出售商品房屋的合同总面积（即双方签署的正式买卖合同中所确定的建筑面积）。由现房销售面积和期房销售面积两部分组成。

待售面积　指报告期末已竣工的可供销售或出租的商品房屋建筑面积中，尚未销售或出租的商品房屋建筑面积，包括以前年度竣工和本期竣工的房屋面积，但不包括报告期已竣工的拆迁还建、统建代建、公共配套建筑、房地产公司自用及周转房等不可销售或出租的房屋面积。

十七、科技·教育·文化

SCI-TECH, EDUCATION AND CULTURE

本篇内容包括:

1. 科技事业情况
2. 教育事业情况
3. 文化事业情况

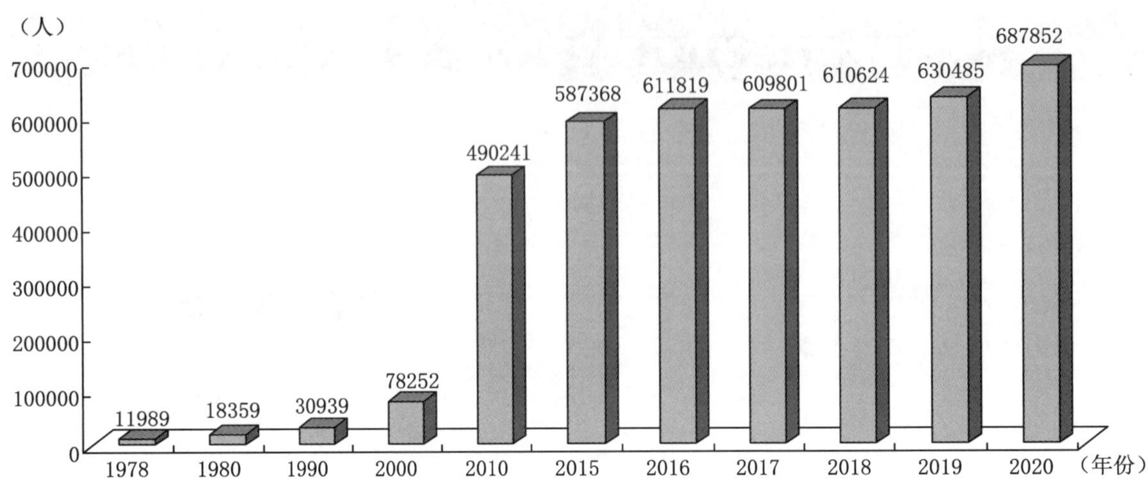

中等专业学校在校学生数

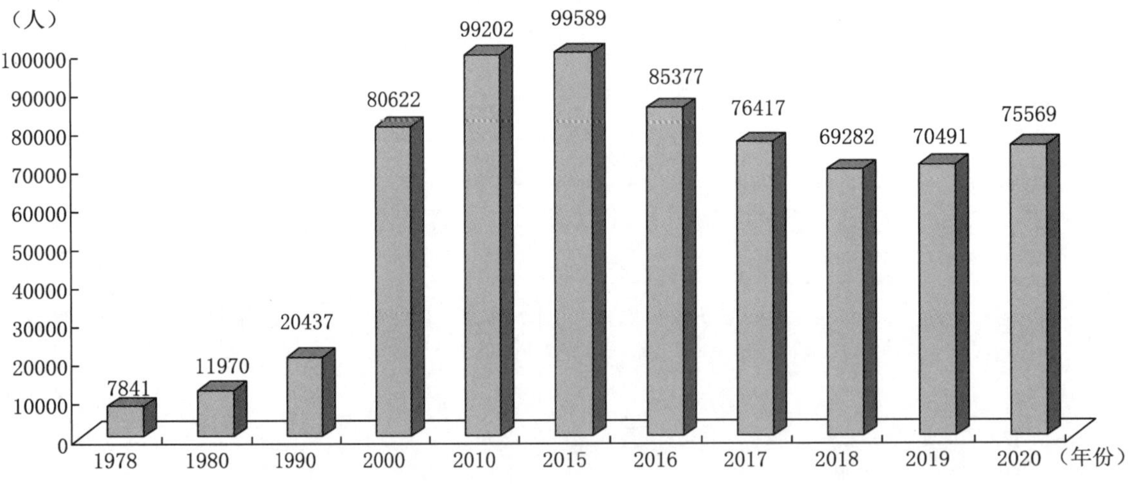

17-1 R&D 经费内部支出

年　份	R&D经费内部支出(亿元)	规上工业企业	R&D经费内部支出与GDP比值(%)
2010	42.89	25.96	1.94
2011	44.20	28.14	1.64
2012	46.74	30.03	1.56
2013	53.54	33.11	1.58
2014	59.41	39.72	1.60
2015	63.72	43.35	1.59
2016	71.42	50.49	1.62
2017	81.02	56.78	1.68
2018	89.65	61.81	1.70
2019	101.24	70.26	1.81
2020	111.77	70.01	1.95

17-2 规模以上工业企业研究与试验发展情况

指　　标	2020	2019
企业基本情况		
企业数(个)	1644	1520
#有R&D活动企业数	461	376
#有研发机构企业数	218	171
R&D人员情况		
R&D人员合计(人)	23788	27664
R&D人员折合全时当量合计(人年)	16227	16944
R&D经费支出情况		
R&D经费内部支出合计(万元)	700102	702596
R&D经费外部支出合计(万元)	26021	25266
企业办研发机构情况		
期末机构数(个)	284	236
机构人员合计(人)	14229	18095
机构经费支出(万元)	544916	659614
科技活动产出及相关情况		
自主知识产权情况		
专利申请数(件)	6609	5788
#发明专利	1995	1632
期末有效发明专利数(件)	6708	4219
新产品开发、生产及销售情况		
新产品开发项目数(项)	4002	3479
新产品开发经费支出(万元)	1016776	1111302
新产品销售收入(万元)	16998859	14507268
其他情况		
发表科技论文(篇)	660	551
期末拥有注册商标(件)	3897	3654
形成国家或行业标准(项)	102	87

17-3 技术市场基本情况（2020年）

指　　标	登记合同数（份）	合同成交总金额（万元）	#技术交易额	所含卖方数量（份）
合　　计	**1892**	**729223.35**	**410207.32**	**255**
技术开发	717	89195.86	70302.41	132
技术转让	74	2784.52	2782.52	16
技术咨询	257	30719.04	29429.40	26
技术服务	844	606523.93	307693.00	128

注：本表数据由市科技局提供。

17-4 专利申请受理量和授权量（2020年）

单位：项

项　　目	专利申请量				专利授权量				发　明有效量
	合计	发明	实用新型	外观设计	合计	发明	实用新型	外观设计	
合　　计	**30006**	**8533**	**19312**	**2161**	**17910**	**1675**	**13913**	**2322**	**6806**
个　　人	8421	2601	4955	865	2993	60	1959	974	303
大专院校	6317	2388	3546	383	3872	754	2717	401	2371
科研机构	966	579	373	14	449	170	272	7	578
企　　业	13893	2841	10163	889	10411	675	8806	930	3531
事业单位	409	124	275	10	185	16	159	10	23

注：1.本表数据由市市场监督管理局提供；
2.国家知识产权局和江西省知识产权局仅下发发明专利有效量，实用新型和外观设计无数据。

17-5 各类专业技术人员（2020年）

（事业单位、公有经济企业专业技术人才）

项　目	合　计		女　性	
	人数 （人）	比重 （%）	人数 （人）	比重 （%）
总　计	**64386**	**100**	**37026**	**100**
按职称分				
高级岗位(职务)	10618	16.5	4408	11.9
中级岗位(职务)	24607	38.2	13686	37.0
初级岗位(职务)	29161	45.3	18657	50.4
按类别分				
工程技术人员	12017	19.3	2648	7.4
农业技术人员	781	1.3	250	0.7
科学研究人员	263	0.4	117	0.3
卫生技术人员	12234	19.7	8228	23.1
教学人员	36853	59.3	24378	68.4

注：本表数据由市人社局提供。

17-6 专业技术人员学历状况（2020年）

（事业单位、公有经济企业专业技术人才）

单位：人

项 目	合 计	研究生	大学本科	大学专科	中专	高中及以 下
总 计	**64386**	**3877**	**41185**	**15256**	**2756**	**1312**
按职称分						
高级岗位(职务)	10618	513	7621	2424	108	8
中级岗位(职务)	24607	1758	15260	6198	1003	383
初级岗位(职务)	29161	1606	18304	6634	1645	921
按类别分						
工程技术人员	12017	1121	6918	2249	615	983
农业技术人员	781	58	339	291	57	15
科学研究人员	263	48	160	32	27	
卫生技术人员	12234	1085	6378	3449	1167	114
教学人员	36853	1419	26133	8550	710	42

注：本表数据由市人社局提供。

17-7 专业技术人员年龄状况（2020年）

（事业单位、公有经济企业专业技术人才）

单位：人

项　目	合　计	35岁以下	36岁至40岁	41岁至45岁	46岁至50岁	51岁至54岁	55岁及以上
总　计	**64386**	**24409**	**10392**	**9969**	**8157**	**5960**	**5499**
按职称分							
高级岗位(职务)	10618	78	357	1497	2635	2729	3322
中级岗位(职务)	24607	3999	6390	6154	4049	2457	1558
初级岗位(职务)	29161	20332	3645	2318	1473	774	619
按类别分							
工程技术人员	12017	4603	2043	1977	1629	978	746
农业技术人员	781	98	71	215	148	103	146
科学研究人员	263	108	35	55	25	20	20
卫生技术人员	12234	5016	2053	1857	1351	930	1018
教学人员	36853	14326	5980	5337	3836	2963	2884

注：本表数据由市人社局提供。

17-8 专业技术人员行业状况（2020年）

（事业单位、公有经济企业专业技术人才）　　单位：人

指　　标	合计	博　士	硕　士	大学本科	大学专科	中　专	高中及以下
总　　计	**64386**	**435**	**3442**	**41185**	**15256**	**2756**	**1312**
农林牧渔业	893	5	82	400	280	45	81
制造业	5212	4	729	2741	678	169	891
电力、燃气及水的生产和供应业	478	3	26	332	105	3	9
建筑业	2820	7	168	1476	740	360	69
交通运输、仓储和邮政业	1146	1	78	826	227	13	1
信息传输、软件和信息技术服务业	104		8	69	25	1	1
批发和零售业	10		1	7	2		
住宿和餐饮业							
金融业	114		6	75	30	2	1
房地产业	257		8	146	94	9	
租赁和商务服务业	73		9	37	20	5	2
科学研究、技术服务业	311	3	64	169	60	13	2
水利、环境和公共设施管理业	1428		54	889	391	81	13
居民服务、修理和其他服务	6		2	4			
教　育	36977	1	730	26626	8838	764	18
卫生和社会工作	12805	410	1365	6363	3379	1112	176
文化体育和娱乐业	1020	1	60	590	174	158	37
公共管理、社会保障和社会组织	732		52	435	213	21	11

注：本表数据由市人社局提供。

17-9 各类全日制学校基本情况（2020年）

单位：人

项目	学校数（个）	招生数	毕业生	在校学生	教职员工	#专任教师
合计	**873**	**456717**	**368883**	**1565517**	**106366**	**88361**
普通高等学校	52	229516	168172	687852	50168	35762
普通中等学校	27	27322	20768	75569	2895	2115
技工学校	21	12469	5803	28219	2034	1822
普通中学	304	107378	101770	321771	32121	30252
职业高中	16	7114	4818	15492	1101	596
小学	445	72655	67321	435424	17802	17573
特教学校	8	263	231	1190	245	241

注：本表数据由市教育局、市人社局提供。

17-10 普通中学基本情况（2020年）

单位：人

类　别	招生数	毕业生	在校学生数	教职员工数	#专任教师
合　计	**107378**	**101770**	**321771**	**32121**	**30252**
#女　性	48741	45646	145533	20554	19619
按城乡分					
城　市	62786	59455	185890	19206	18146
县　镇	38496	34912	114759	10465	9993
农　村	6096	7403	21122	2450	2113
按层次分					
初　中	67245	66051	209614	19251	18748
城　市	38015	35447	114461	9901	9654
县　镇	24054	23745	76339	7476	7259
农　村	5176	6859	18814	1874	1835
高　中	40133	35719	112157	12870	11504
城　市	24771	24008	71429	9305	8492
县　镇	14442	11167	38420	2989	2734
农　村	920	544	2308	576	278
按地区分					
市　区	67553	63571	199377	21352	20168
南昌县	20358	17389	59054	5517	5302
安义县	4648	4280	13855	933	892
进贤县	14819	16530	49485	4319	3890
按部门分					
教育部门办	85527	83889	263452	26156	25662
社会力量办	21696	17635	57720	5777	4437
其他部门办	155	246	599	188	153

注：本表数据由市教育局提供。

17-11 职业高中基本情况（2020年）

单位：人

类别	招生数	毕业生	在校学生数	教职员工数	
					#专任教师
合计	**7114**	**4818**	**15492**	**1101**	**596**
#女性	2426	1820	5074	495	253
按城乡分					
城市	6162	4773	14304	1021	519
县镇	952	45	1188	80	77
农村					
按部门分					
教育部门办	1347	199	1959	128	107
社会力量办	5692	4498	13236	940	457
其他部门办	75	121	297	33	32

注：本表数据由市教育局提供。

17-12　小学、特殊教育学校基本情况（2020年）

单位：人

类　　别	招生数	毕业生	在　校 学生数	教　职 员工数	
					#专任教师
一、小学	**72655**	**67321**	**435424**	**17802**	**17573**
#女性	33616	30534	200634	13418	13311
按城乡分					
城　市	42649	37452	248758	8709	8593
县　镇	23970	21830	144657	5132	5031
农　村	6036	8039	42009	3961	3949
按县、区分					
市　区	47502	42574	278052	10699	10571
南昌县	15502	12948	90919	3664	3593
安义县	2464	3048	17122	1144	1120
进贤县	7187	8751	49331	2295	2289
按部门分					
教育部门	67088	61150	399956	17135	17003
社会力量办	5251	5780	33345	542	450
其他部门办	316	391	2123	125	120
二、特殊教育					
特教学校	263	231	1190	245	241

注：本表数据由市教育局提供。

17-13 幼儿园基本情况（2020年）

单位：人

类 别	幼儿园（个）	在园幼儿	教职员工数	
				#教 师
总 计	**1052**	**202144**	**24058**	**14086**
#女 性		93299	23065	13954
按城乡分				
城 市	506	111378	14474	8276
县 镇	383	77553	8400	5098
农 村	163	13213	1184	712
按部门分				
教育部门和集体办	308	82550	8343	5109
社会力量办	624	91281	11955	6777
其他部门办	120	28313	3760	2200

注：本表数据由市教育局提供。

17-14 广播电视情况（2020年）

项　　目	2020
一、广播	
1.广播电台(座)	3
2.中短波发射台和转播台(座)	1
3.调频广播台和传输台(座)	2
4.广播覆盖率(%)	100.0
二、电视	
1.电视台(座)	6
2.电视转播发射台和差转台(座)	2
3.卫星电视地面站(个)	
4.全年自制电视节目(小时)	3249
5.电视覆盖率(%)	100.0
6.有线电视用户(万户)	93.29
其中:数字电视(万户)	92.94
7.南昌农村直卫星用户(万户)	9.18

注：1.本表数据由市文广新旅局提供。
2.“电视”含有线电视台，不含教育台。
3.调频广播台和传输台包括了乡村的小调频台。

17-15　艺术剧团和剧院（2020年）

项　　目	合 计	市　　级	县　　级
艺术表演团体			
剧团个数(个)	4	2	2
职工人数(人)	273	200	73
演出场次(场)	158	84	74
年末固定资产原值(万元)	7584.68	7497.47	87.21
当年创作首演剧目(个)	8	5	3
全年收入(万元)	5630.88	5071.40	559.48
#演出收入	138.49	109.60	28.89
全年支出(万元)	6305.13	5683.40	621.73

注:本表数据由市文广新旅局提供。

17-16　群众艺术馆和文化馆（2020年）

项　　目	合 计	市　　级	县　　级
群艺馆、文化馆数(个)	10	1	9
举办展览(次)	43	4	39
组织文艺活动次数(次)	722	137	585
举办训练班结业人数(人次)	12996	2150	10846
公用房屋建筑面积(平方米)	52151	20000	32151
职工人数(人)	126	37	89

注:本表数据由市文广新旅局提供。

17-17 博　物　馆（2020年）

项　目	合 计	市　级	县　级
博物馆(个)	22	18	4
公用房屋面积(平方米)	147834	135191	12643
藏品(件)	43244	36437	6807
陈列个数(个)	58	53	5
展览个数(个)	58	53	5
参观人次(万人次)	237.93	226.73	11.20
职工(人)	585	523	62

注:本表数据由市文广新旅局提供。

17-18 公 共 图 书 馆（2020年）

项　目	合 计	市　级	县　级
图书馆(个)	10	1	9
藏书(万册)	351.20	107.00	244.20
公用房屋建筑面积(平方米)	43535	15000	28535
发放借书证(个)	30210	8730	21480
总流通人次(万人次)	258.67	103.23	155.44
书刊外借册数(万册次)	139.40	41.20	98.20
经费支出合计(万元)	4889.31	2983.06	1906.25
#购书支出	1031.50	470.00	561.50
职工(人)	127	50	77

注:本表数据由市文广新旅局提供。

主要统计指标解释

R&D 指在科学技术领域，为增加知识总量，以及运用这些知识去创造新的应用进行的系统的创造性的活动，包括基础研究、应用研究、试验发展三类活动。国际上通常采用 R&D 活动的规模和强度指标反映一国的科技实力和核心竞争力。

R&D 人员 指参与研究与试验发展项目研究、管理和辅助工作的人员，包括项目(课题)组人员，企业科技行政管理人员和直接为项目(课题)活动提供服务的辅助人员。反映投入从事拥有自主知识产权的研究开发活动的人力规模。

R&D 经费支出 指企业用于 R&D 活动的费用合计，包括人员人工费用、直接投入费用、折旧费用与长期待摊费用、无形资产摊销费用、设计费用、装备调试费用与试验费用、委托外部研究开发费用及其他费用。

期末机构数 指企业自办（或与外单位合办），管理上同生产系统相对独立（或单独核算）的专门研究开发活动机构，如企业办的技术中心、研究院所、开发中心、开发部、实验室、中试车间、试验基地等。

新产品 指采用新技术原理、新设计构思研制、生产的全新产品，或在结构、材质、工艺等某一方面比原有产品有明显改进，从而显著提高了产品性能或扩大了使用功能的产品。

专业技术人员 指从事专业技术工作和专业技术管理工作 的人员，即企事业单位中已经聘任专业技术职务从事专业技 术工作和专业技术管理工作的人员，以及未聘任专业技术职 务，现在专业技术岗位上工作的人员。包括工程技术人员， 农业技术人员，科学研究人员，卫生技术人员，教学人员， 经济人员，会计人员，统计人员，翻译人员，图书资料、档 案、文博人员，新闻出版人员，律师、公证人员，广播电视 播音人员，工艺美术人员，体育人员，艺术人员及企业政治思想工作人员，共十七个专业技术职务类别。用来反映科技 人力资源情况。

专利 是专利权的简称，是对发明人的发明创造经审查合格 后，由专利局依据专利法授予发明人和设计人对该项发明创 造享有的专有权。包括发明、实用新型和外观设计。反映拥 有自主知识产权的科技和设计成果情况。

普通高等学校 指按照国家规定的设置标准和审批程序批 准举办的，通过全国普通高等学校统一招生考试，招收高中 毕业生为主要培养对象，实施高等教育的全日制大学、独立 设置的学院和高等专科学校、高等职业学校和其他机构。

成人高等学校 指按照国家规定的设置标准和审批程序批 准举办的，通过全国成人高等学校统一招生考试，招收具有 高中毕业或同等学历的在职从业人员为主要培养对象，利用 函授、业余、脱产等多种形式对其实施高等学历教育的学校。 包括职工高等学校、农民高等学校、管理干部学院、教育学 院、独立函授学院、广播电视大学、其他机构等。其他机构 是承担国家成人招生计划任务不计校数的机构。

文化事业机构 指从事专业文化工作和为专业文化工作服务的独立建制的单位。不包括这些单位另外举办独立核算的 其他机构和各部门的业余文化组织。该指标主要反映文化事 业机构发展规模水平。

艺术表演团体 指从事戏曲、音乐、舞蹈、杂技等专业艺术表演，有独立帐户的单位，不包括半工半艺、半农半艺和民间职业剧团。该指标主要反映专业艺术表演团体发展规模水平。

艺术表演观众人数 指售票、包场演出或民族地区免费演出 的艺术表演观众人次数，不包括彩排审查和内部观摩演出的观看人次数。该指标主要反映观看专业艺术表演团体演出的效益规模。

十八、卫生·体育·其他

PUBLIC HEALTH, SPORTS AND OTHERS

本篇内容包括:

1. 医疗卫生事业情况
2. 体育事业
3. 婚姻情况
4. 民政事业
5. 社会保险情况
6. 司法情况
7. 交通事故、火灾事故、职工伤亡事故

卫生技术人员数

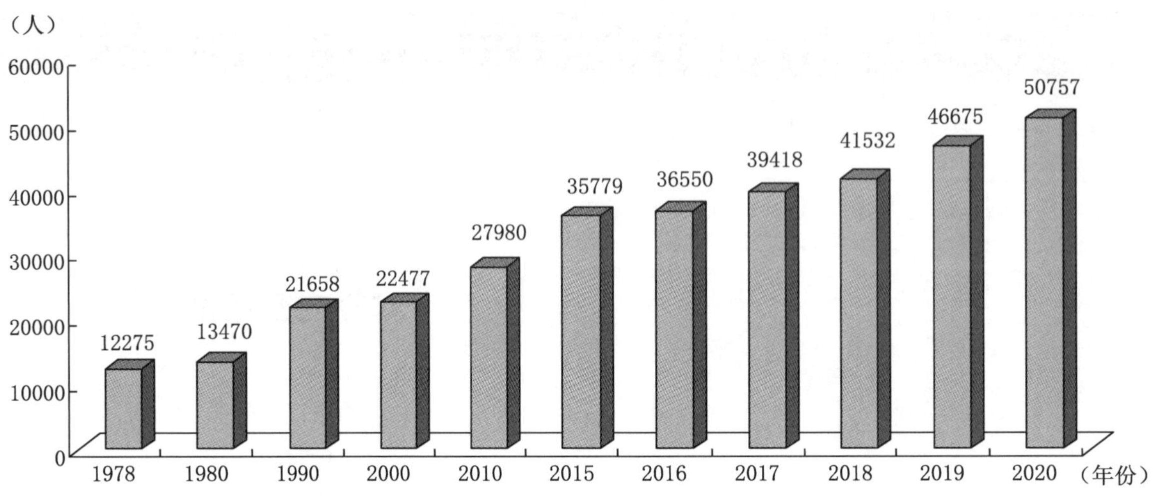

医疗卫生机构病床数

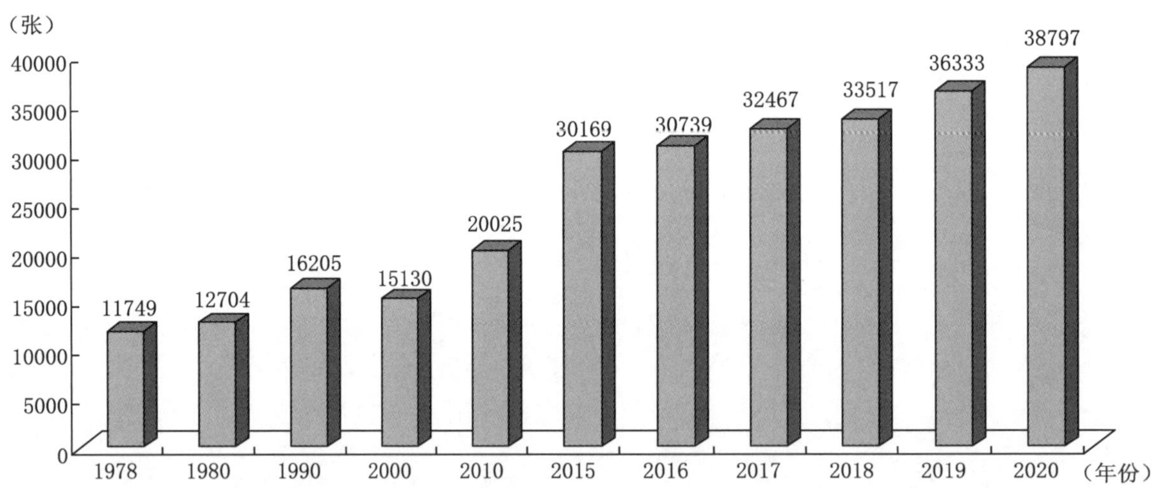

18-1　卫生机构、床位、人员数（2020年）

类　别	机构数(个)	床位数(张)	人员数(人)	#卫生技术人　员	#医　生	注册护士
总　计	**2686**	**44206**	**63148**	**50757**	**17857**	**24266**
一、医　院	**136**	**38797**	**42072**	**35837**	**11502**	**18839**
#综合医院	67	24390	24693	21528	6789	11503
中医医院	11	3599	4453	3860	1451	1697
中西医结合医院	3	1022	1678	1498	524	740
专科医院	53	9637	11157	8899	2718	4872
二、基层医疗卫生机构	**2460**	**3860**	**14248**	**9945**	**4734**	**3826**
#社区卫生服务中心(站)	142	570	2478	2148	826	988
卫生院	94	3228	3284	2696	1080	840
村卫生室	1164		3517	704	594	110
门诊部	359	62	3037	2546	1219	1141
诊所、卫生所、医务室	701		1932	1851	1015	747
三、专业公共卫生机构	**47**	**1464**	**4354**	**3588**	**1239**	**1220**
#疾病预防控制中心	12		898	723	364	94
专科医病防治院(所、站)	7	350	278	216	91	62
妇幼保健院(所、站)	11	1114	2349	2115	730	909
卫生监督所(所、站)	11		351	239		
其他	6		478	295	54	155
四、其他卫生机构	**43**	**85**	**2474**	**1387**	**382**	**381**

注：本表数据由市卫健委提供。

18-2 体　育　事　业（2020年）

项　　目	2020
一、举办综合(单项)运动会次数(次)	35
二、参加运动会人数(百人次)	500
三、等级裁判员发展人数(人)	252
四、等级运动员发展人数(人)	318
五、参加省级及其以上和同等城市比赛次数(次)	50
六、参加比赛人数(人次)	2000
七、获得奖牌数(枚)	441
金牌	192
银牌	137

注：本表数据由市体育局提供。

18-3 市属共青团组织情况

年　　份	基层团支部(个)	共青团(人)		专职干部(人)
			#女团员	
2000	5636	113758	47461	1402
2010	5996	127529	51038	1053
2011	6170	137326	54958	926
2012	6385	142657	57091	962
2013	8379	160177	71408	999
2014	8456	166076	73954	1026
2015	6321	171885	70792	85
2016	6319	165268	71264	189
2017	6745	159323		187
2018	7002	155257		224
2019	6371	267778		151
2020	8279	263498		119

注：本表数据由共青团南昌市委提供。

18-4　妇联系统组织情况

单位：个

项　目	2000	2011	2012	2013	2014	2015	2016	2017	2018	2019	2020
城镇街道基层妇代会	792	446	440	446	497	579	675				
社区妇联								649	705	698	705
农村基层妇代会	1197	1037	1037	1050	1051	1154	1146	80			
农村妇联								1080	1146	1143	1148
乡镇(街办)妇联(含乡级单位)	137	111	111	122	111	120	133	105	123	125	123
机关、事业单位妇委会	72	286	341	334	364	375	359	360	360	360	360

注：本表数据由市妇联提供。

18-5　工 会 组 织 情 况

单位：个、万人

项　目	2000	2011	2012	2013	2014	2015	2016	2017	2018	2019	2020
工会基层组织数(含法人、行政事业单位)	1713	12879	13779	14936	16001	17016	18021	18503	18930	19361	19856
已建工会组织的基层单位职工人数	37.01	78.82	80.92	82.08	85.16	86.18	87.24	91.44	93.97	96.50	97.13
已建工会组织的基层单位工会人数	33.01	65.87	67.75	68.90	71.88	72.90	73.96	78.16	80.69	83.22	85.75

注：本表数据由市总工会提供。

18-6 历届南昌市人民

项　目	一届 (1954)	二届 (1956)	三届 (1958)	四届 (1960)	五届 (1963)	六届 (1965)	七届 (1968)
代表总数	**233**	**239**	**253**	**307**	**375**	**385**	**724**
代表中							
女代表	52	49	68	77	99		
占代表总数%	22.3	20.5	27	25.1	26.4		
代表中							
少数民族代表							
占代表总数%							

注：1.本表数据由市人大常委会提供。
2.国家政治生活处于不正常的“文化大革命”时期，1968年2月18日成立了南昌市革命委员会。根据江西省人民代表表、群众组织推举的代表。

18-7 历届南昌市

项　目	一届 (1955)	二届 (1958)	三届 (1959)	四届 (1962)	五届 (1963)	六届 (1965)
委员总数	**129**	**189**	**299**	**288**	**300**	**302**
委员中						
中国共产党代表	22	47	63	81	82	87
占代表总数%	17.05	24.87	21.07	28.13	27.33	28.81
委员中						
少数民族代表	3	3	3	3	4	4
占代表总数%	2.33	1.58	1	1.04	1.33	1.32
委员中						
女性代表	20	29	54	54	58	64
占代表总数%	15.50	15.34	18.06	18.75	19.33	21.19

注：本表数据由市政协提供。

代表大会的代表人数

单位：人

八届 (1982)	九届 (1987)	十届 (1992)	十一届 (1997)	十二届 (2001)	十三届 (2006)	十四届 (2011)	十五届 (2016)
555	**495**	**489**	**434**	**421**	**438**	**433**	**428**
150	102	98	89	90	90	94	111
27	20.6	20	20.5	21.4	20.5	21.7	25.9
		8	7	8	9	7	6
		1.6	1.6	1.9	2.1	1.6	1.4

大会常务委员会的规定，将革命委员会作为南昌市第七届人民代表大会。七届代表构成为革命委员会成员、人民解放军代

政治协商会议的委员人数

单位：人

七届 (1982)	八届 (1987)	九届 (1992)	十届 (1997)	十一届 (2001)	十二届 (2006)	十三届 (2011)	十四届 (2016)
458	**405**	**413**	**403**	**405**	**419**	**427**	**422**
175	171	169	157	149	165	170	184
38.21	42.22	40.92	38.9	36.8	39.4	39.81	43.6
6	8	10	11	6	6	6	5
1.31	1.98	2.42	2.7	1.5	1.43	1.41	1.18
108	100	89	103	119	115	125	139
21.19	24.69	20.09	25.60	29.40	27.4	29.27	32.94

18-8　社会福利事业单位基本情况（2020年）

项　　目	院　数 (个)	工作人员 (人)	床　位 (张)	年末在院人　数 (人)
全市总计	**115**	**1496**	**16100**	**5036**
社会福利院	5	278	1220	932
儿童福利机构	1	10	144	84
民办养老服务机构	41	809	10668	2584
农村敬老院	68	399	4068	1436

注：本表数据由市民政局提供。

18-9　城镇社区服务和农村服务网络（2020年）

单位：个

地　　区	城镇社区机构数
总　　计	**864**
东 湖 区	90
西 湖 区	138
青云谱区	76
青山湖区	158
新 建 区	69
红谷滩区	91
南 昌 县	122
安 义 县	28
进 贤 县	71
湾里管理局	21

注：本表数据由市民政局提供。

18-10 享受国家补助、救济人员情况（2020年）

单位：人、户

项　目	2020
优抚对象	
抚恤、补助优抚对象总金人数	16120
享受定期抚恤金人数	2460
享受定期补助人数	13660
城市居民最低生活保障家庭数	18286
城市居民最低生活保障人数	32117
传统救济情况	
农村居民最低生活保障家庭数	43764
农村居民最低生活保障人数	77007

注：本表数据由市民政局、市退役军人事务局提供。

18-11 婚姻登记情况（2020年）

地　区	结婚登记（对）	#复婚	离婚登记（对）
南昌市	**63692**	**5868**	**15235**
东湖区	5286	692	1591
西湖区	5466	820	1740
青云谱区	2722	310	804
青山湖区	8348	1014	2229
新建区	10378	860	2003
红谷滩区	4126	382	1055
南昌县	15302	1178	3069
安义县	3274	142	740
进贤县	7772	386	1759
湾里管理局	1018	84	245

注：本表数据由市民政局提供。

18-12 婚姻登记情况(2005-2020年)

年份	结婚登记(对)	#复婚	离婚(对)
2005	29898	847	7447
2006	43424	286	8607
2007	45201	2153	9329
2008	55610	212	6747
2009	53979	1199	7326
2010	36444	300	7525
2011	50281		8579
2012	53283		10440
2013	78303		15034
2014	106024	6172	13439
2015	92494	6474	13455
2016	82672	6512	14553
2017	82056	6656	14761
2018	77496	6932	15349
2019	72112	7196	16473
2020	63692	5868	15235

注：本表数据由市民政局提供。

18-13 社 会 保 险 情 况

单位：人

项　　目	2019	2020
失业保险参保人数	**644316**	**651925**
企　　业	475540	480348
国有企业	146563	136398
集体企业	12049	9817
港、澳、台及外资企业	20760	19695
其他企业	296168	314438
事业单位	133072	133965
其他单位	35704	37612
领取失业保险金人数	**6921**	**8634**
基本养老保险参保人数	**2117652**	**2224822**
企　　业	1169830	1212960
国有企业	543809	525201
集体企业	136588	133652
其他企业	423358	482500
港、澳、台及外资企业	66075	71607
机关事业单位	146217	155353
其　　他	798610	856509

注：本表数据由市人社局提供。

18-14 律师、公证和人民调解基本情况（含省属）

项 目	2019	2020
一、律师工作		
律师事务所(个)	122	174
律师(人)	1715	2805
#专 职	1578	2574
兼 职	137	231
聘请担任常年法律顾问的单位(处)	3744	3435
刑事诉讼辩护及代理(件)	3964	2667
民事诉讼代理(件)	17587	17569
办理非诉讼法律事务(件)	2505	2559
解答法律咨询(件)	8414	9501
代理法律文书(件)	2101	2623
二、公证工作		
公证处(个)	12	12
公证人员(人)	201	207
#公证员	57	66
助理公证员	109	108
办理公证文书(件)	84651	70148
#经济合同文书	1315	1556
三、人民调解工作		
专职人民调解员(人)	2024	2339
人民调解委员会(个)	2097	2111
调解工作人员(人)	10424	12343
调解民间纠纷(件)	14464	11207

注：本表数据由市司法局提供。

18-15 南昌市消协

项　　目	2005	2006	2007	2008	2009	2010
一、投诉案件数	**1409**	**1447**	**1151**	**1176**	**1165**	**1025**
按行业分						
家用电器类	342	338	273	229	229	215
家用机械类	108	106	63	80	69	57
日用百货类	510	489	349	347	347	352
房屋及装修建材	129	127	109	94	94	89
服务类		27	12	298	298	267
农用生产资料类	151	248	211	6	6	
其它类	169	112	134	122	122	45
按内容分						
质量	940	905	688	518	513	537
价格		77	57	57	57	34
虚假广告	65	76	79	20	20	16
假冒商品	101	23	14	5	6	
计量	2	15	20	9	9	6
安全	48	32	9	139	139	98
其它	253	319	284	428	431	334
二、当年解决件数	**1372**	**1354**	**1100**	**1101**	**1039**	**989**
解决率(%)	97.4	93.6	94.0	93.6	89.2	96.5
三、消费者免受损失(万元)	**102.4**	**144**	**255.9**	**137**	**180**	**167**

注：本表数据由市市场监督管理局提供。

受理投诉情况

单位：件

2011	2012	2013	2014	2015	2016	2017	2018	2019	2020
1148	**2566**	**2673**	**2700**	**1161**	**1366**	**1977**	**1378**	**1467**	**1917**
97	597	652	670	344	375	613	368	368	384
78	178	341	381	50	47	141	96	76	61
352	852	563	573	90	312	442	312	412	451
95	195	124	135	120	210	459	221	203	203
405	405	226	178		172	242	21	31	134
26	26	182	76	60	21	11	5	9	5
95	313	585	687	497	229	69	355	368	679
557	657	686	818	524	597	721	434	550	751
95	259	384	397	120	105	101	54	63	274
16	335	206	216	56	71	113	152	178	166
2	248	152	167	78	92	112	71	83	59
8	256	168	101	81	61	61	47	55	72
89	292	386	215	30	61	63	21	24	23
381	519	691	786	272	379	806	599	514	572
1090	**2493**	**2593**	**2621**	**1047**	**1256**	**1789**	**1245**	**1341**	**1751**
95.0	97.0	97.0	97.0	90.1	91.9	90.4	90.3	91.4	91.3
180	**210**	**200**	**203**	**136**	**329**	**631**	**463**	**324**	**628**

18-16 南昌“12315”受理举报申诉情况

单位:件

项　　目	2019	2020
一、受理申诉	**24341**	**28221**
#商　　品	14474	16205
服　　务	9867	12016
二、申诉内容	**24341**	**28221**
质　　量	4090	5436
价　　格	7707	7619
广　　告	1926	1273
计　　量	190	189
售后服务	2990	6020
其　　他	7438	7684
三、挽回损失(万元)	**2653**	**1915**

注：本表数据由市市场监督管理局提供。

18-17 社会治安案件（2020年）

单位：件

项　　目	全　市	
		市　区
受　理　数	81252	69366
查　处　数	76848	66530

注：本表数据由市公安局提供。

18-18 交 通 事 故 (2020年)

项 目	合 计	市 区	三 县
一、交通事故次数(次)	402	207	195
二、死亡人数(人)	208	103	105
三、受伤人数(人)	295	134	161
四、经济损失(万元)	2128.4	1976.17	152.23

注：本表数据由市公安局提供。

18-19 火 灾 事 故 (2020年)

项 目	合 计	市 区	三 县
一、火灾次数(次)	1719	1272	447
二、死亡人数(人)	3	3	
三、受伤人数(人)	7	7	
四、经济损失(万元)	3455.81	2577.09	878.71

注：本表数据由市消防救援支队提供。

18-20 人民法院一审案件结案情况

单位：件

项　目	2006	2007	2008	2009	2010	2011	2012	2013	2014	2015	2016	2017	2018	2019	2020
合　计	**18524**	**14358**	**13845**	**15363**	**15904**	**16608**	**19668**	**22797**	**25310**	**35162**	**30622**	**42040**	**49712**	**58394**	**55629**
刑事案件	2397	2806	2536	2476	2811	2920	3836	3729	3736	5440	4812	5476	5708	6015	6818
民事案件	10049	11404	11182	12752	12996	13530	15717	18916	21434	29304	25168	35810	43926	52374	48807
行政案件	90	148	127	135	97	158	115	152	140	418	642	754	78	5	4

注：1.本表数据由市中级人民法院提供；
2.以上数据取自人民法院大数据管理和服务平台。自2017年10月1日起，南昌中院、东湖区、西湖区、青云谱区、湾里区、青山湖区、新建区、经开区、高新区人民法院不再受理行政一审案件，改由铁路运输两级法院受理。

18-21 安 全 事 故 情 况（2020年）

项　目	安全生产事故(起)	死亡人数(人)
全　市	**167**	**129**
工矿商贸	45	46
生产经营性道路交通	122	83

注：本表数据由市应急管理局提供。

主要统计指标解释

卫生机构 包括医疗机构、疾病预防控制中心(防疫站)、采 供血机构、卫生监督及监测(检验)机构、医学科研和在职培 训机构、健康教育所等。

医疗机构 包括医院、社区卫生服务中心(站)、疗养院、卫 生院、门诊部、诊所(卫生所、医务室)、妇幼保健院(所、站)、 专科疾病防治院(所、站)、急救中心(站)和临床检验中心。 医疗机构分为非营利性医疗机构和营利性医疗机构。

医院 包括综合医院、中医医院、中西医结合医院、民族医 院、各类专科医院和护理院。

卫生技术人员 指卫生机构中医生、护理人员 、药剂人员、 检验人员等卫生技术人员。

医生 指在医疗、预防保健机构工作且取得《执业医师证书》 的执业医师和执业助理医师。

社会福利事业单位 指集中收养社会孤老、残、幼的机构，包括由民政部门管理的社会福利院、儿童福利院、精神病人 福利院和城镇集体举办的福利院及农村集体举办的敬老院 以及优抚医院和具有收养能力的社区服务中心等。

社会福利事业单位收养人数 包括民政部门管理和城镇、农 村集体举办的社会福利事业单位中收养的老人、少年儿童、 缺乏生活自理能力的残疾人员和精神病人。

律师 指依法取得律师执业证书，担任法律顾问，民事(刑 事、行政)案件代理人、刑事案件辩护人、办理非诉讼业务， 解答法律询问，代写法律事务文书等，为社会提供法律服务的人员。

公证人员 指在公证处工作的人员总称，包括公证处主任、 副主任、公证员、公证员助理(助理公证员)和其他从事辅助性工作的人员。

公证文书 指公证处根据当事人申请，依照事实和法律，按 照法定程序制作的，具有法律效力的司法证明文书。根据公证书用途和使用地，公证书分为国内公证书、国内经济公证书、涉外民事公证书、涉外经济公证书四类。

调解员 指在人民调解委员会担负调解民间纠纷工作的人员，包括调解委员会的委员和调解小组的调解员。

调解民间纠纷 指调解委员会按照法律规定，根据自愿原则，用说服教育的方法调解民间发生的有关民事权利和义务争执的件数，包括调解成功数和调解未成功数。

十九、附　　录

APPENDIX

本篇内容包括：

1. 中华人民共和国 2020 年国民经济和社会发展统计公报
2. 江西省 2020 年国民经济和社会发展统计公报
3. 全国各省（市、区）主要经济指标
4. 全国各省会城市主要经济指标
5. 江西省各设区市主要经济指标

中华人民共和国2020年国民经济和社会发展统计公报[1]

国家统计局

2021年2月28日

2020年是新中国历史上极不平凡的一年。面对严峻复杂的国际形势、艰巨繁重的国内改革发展稳定任务特别是新冠肺炎疫情的严重冲击，以习近平同志为核心的党中央统揽全局，保持战略定力，准确判断形势，精心谋划部署，果断采取行动，付出艰苦努力，及时作出统筹疫情防控和经济社会发展的重大决策。各地区各部门坚持以习近平新时代中国特色社会主义思想为指导，全面贯彻党的十九大和十九届二中、三中、四中、五中全会精神，按照党中央、国务院决策部署，沉着冷静应对风险挑战，坚持高质量发展方向不动摇，统筹疫情防控和经济社会发展，扎实做好“六稳”工作，全面落实“六保”任务，我国经济运行逐季改善、逐步恢复常态，在全球主要经济体中唯一实现经济正增长，脱贫攻坚战取得全面胜利，决胜全面建成小康社会取得决定性成就，交出一份人民满意、世界瞩目、可以载入史册的答卷。

一、综合[2]

初步核算，全年国内生产总值[3]1015986亿元，比上年增长2.3%。其中，第一产业增加值77754亿元，增长3.0%；第二产业增加值384255亿元，增长2.6%；第三产业增加值553977亿元，增长2.1%。第一产业增加值占国内生产总值比重为7.7%，第二产业增加值比重为37.8%，第三产业增加值比重为54.5%。全年最终消费支出拉动国内生产总值下降0.5个百分点，资本形成总额拉动国内生产总值增长2.2个百分点，货物和服务净出口拉动国内生产总值增长0.7个百分点。

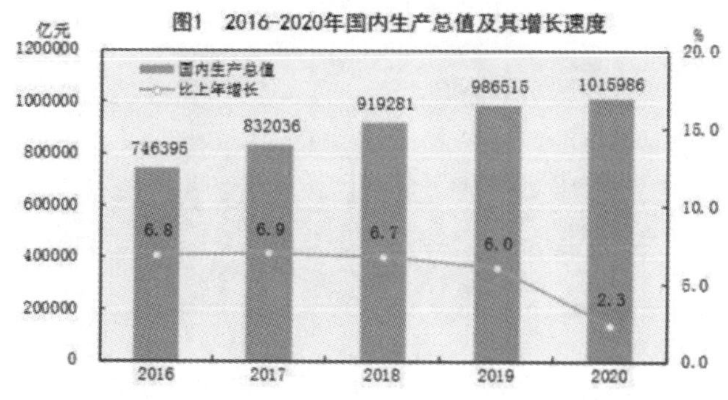

图1　2016-2020年国内生产总值及其增长速度

分季度看，一季度国内生产总值同比下降6.8%，二季度增长3.2%，三季度增长4.9%，四季度增长6.5%。预计全年人均国内生产总值72447元，比上年增长2.0%。国民总收入[4]1009151亿元，比上年增长1.9%。全国万元国内生产总值能耗[5]比上年下降0.1%。预计全员劳动生产率[6]为117746元/人，比上年提高2.5%。

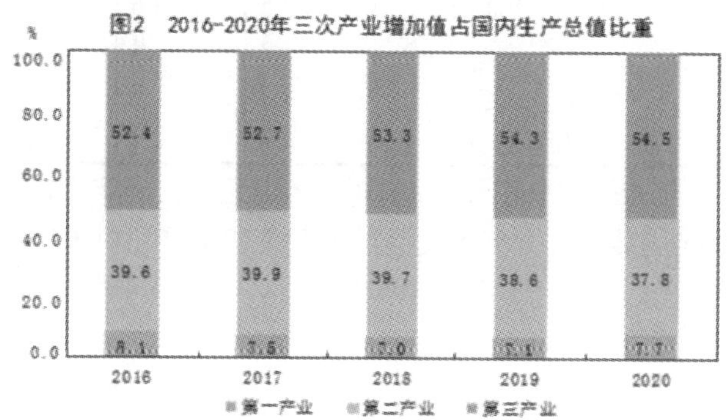

图2　2016-2020年三次产业增加值占国内生产总值比重

全年城镇新增就业1186万人，比上年少增166万人。年末全国城镇调查失业率为5.2%，城镇登记失业率为4.2%。全国农民工[7]总量28560万人，比上年下降1.8%。其中，外出农民工16959万人，下降2.7%；本地农民工11601万人，下降0.4%。

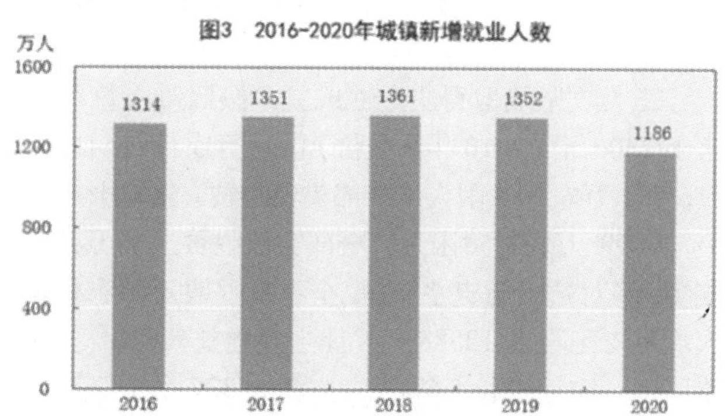

图3　2016-2020年城镇新增就业人数

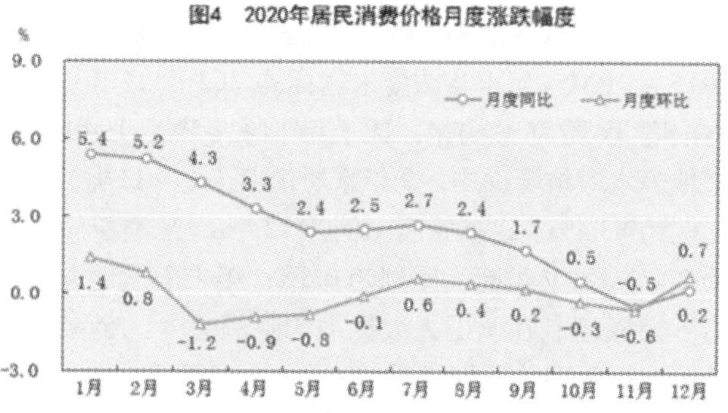

图4　2020年居民消费价格月度涨跌幅度

全年居民消费价格比上年上涨2.5%。工业生产者出厂价格下降 1.8%。工业生产者购进价格下降 2.3%。农产品生产者价格[8]上涨 15.0%。12 月份，70 个大中城市新建商品住宅销售价格同比上涨的城市个数为 60 个，下降的为 10 个。

表 1　2020 年居民消费价格比上年涨跌幅度

单位: %

指标	全国		
		城市	农村
居民消费价格	2.5	2.3	3.0
其中：食品烟酒	8.3	7.8	9.6
衣　着	-0.2	-0.2	-0.3
居　住[9]	-0.4	-0.4	-0.5
生活用品及服务	0.0	0.1	-0.1
交通和通信	-3.5	-3.6	-3.2
教育文化和娱乐	1.3	1.4	1.1
医疗保健	1.8	1.7	2.0
其他用品和服务	4.3	4.4	4.1

年末国家外汇储备 32165 亿美元，比上年末增加 1086 亿美元。全年人民币平均汇率为 1 美元兑 6.8974 元人民币，比上年升值 0.02%。

三大攻坚战取得决定性成就。按照每人每年生活水平 2300 元（2010 年不变价）的现行农村贫困标准计算，551 万农村贫困人口全部实现脱贫。党的十八大以来，9899 万农村贫困人口全部实现脱贫，贫困县全部摘帽，绝对贫困历史性消除。全年贫困地区[10]农村居民人均可支配收入 12588 元，比上年增长 8.8%，扣除价格因素，实际增长 5.6%。在监测的 337 个地级及以上城市中，全年空气质量达标的城市占 59.9%，未达标的城市占 40.1%。细颗粒物（$PM_{2.5}$）未达标城市（基于 2015 年 $PM_{2.5}$ 年平均浓度未达标的 262 个城市）年平均浓度 37 微克/立方米，比上年下降 7.5%。1940 个国家地表水考核断面中，全年水质优良（Ⅰ～Ⅲ类）断面比例为 83.4%，Ⅳ类断面比例为 13.6%，Ⅴ类断面比例为 2.4%，劣Ⅴ类断面比例为 0.6%。年末全国地方政府债务余额控制在全国人大批准的限额之内。金融风险处置取得重要阶段性成果。

新产业新业态新模式逆势成长。全年规模以上工业中，高技术制造业[11]增加值比上年增长 7.1%，占规模以上工业增加值的比重为 15.1%；装备制造业[12]增加值增长 6.6%，占规模以上工业增加值的比重为 33.7%。全年规模以上服务业[13]中，战略性新兴服务业[14]企业营业收入比上年增长 8.3%。全年高技术产业投资[15]比上年增长 10.6%。全年新能源汽车产量 145.6 万辆，比上年增长 17.3%；集成电路产量 2614.7 亿块，增长 29.6%。全年网上零售额[16]117601 亿元，按可比口径计算，比上年增长 10.9%。全年新登记市场主体 2502 万户，日均新登记企业 2.2 万户，年末市场主体总数达 1.4 亿户。

城乡区域协调发展稳步推进。年末常住人口城镇化率超过 60%。分区域看[17]，全年东部地区生产总值 525752 亿元，比上年增长 2.9%；中部地区生产总值 222246 亿元，增长 1.3%；西部地区生产总值 213292 亿元，增长 3.3%；东北地区生产总值 51125 亿元，增长 1.1%。全年京津冀地区生产总值 86393 亿元，比上年增长 2.4%；长江经济带地区生产总值 471580 亿元，增长 2.7%；长江三角洲地区生产总值 244714 亿元，增长 3.3%。粤港澳大湾区建设、黄河流域生态保护和高质量发展等区域重大战略深入实施。

二、农业

全年粮食种植面积 11677 万公顷，比上年增加 70 万公顷。其中，稻谷种植面积 3008 万公顷，增加 38 万公顷；小麦种植面积 2338 万公顷，减少 35 万公顷；玉米种植面积 4126 万公顷，减少 2 万公顷。棉花种植面积 317 万公顷，减少 17 万公顷。油料种植面积 1313 万公顷，增加 20 万公顷。糖料种植面积 157 万公顷，减少 4 万公顷。

全年粮食产量 66949 万吨，比上年增加 565 万吨，增产 0.9%。其中，夏粮产量 14286 万吨，增产 0.9%；早稻产量 2729 万吨，增产 3.9%；秋粮产量 49934 万吨，增产 0.7%。全年谷物产量 61674 万吨，比上年增产 0.5%。其中，稻谷产量 21186 万吨，增产 1.1%；小麦产量 13425 万吨，增产 0.5%；玉米产量 26067 万吨，持平略减。

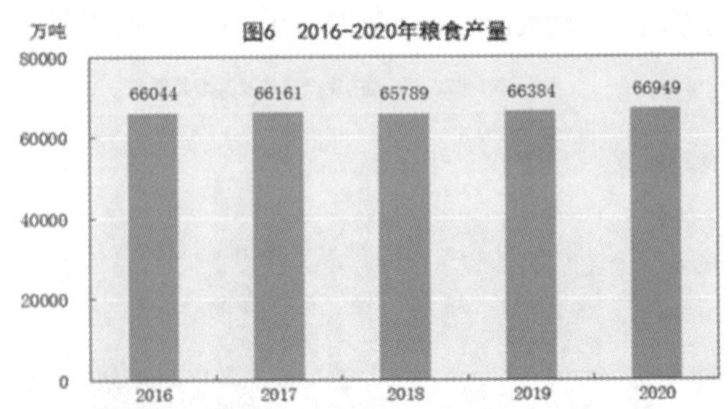

全年棉花产量 591 万吨，比上年增产 0.4%。油料产量 3585 万吨，增产 2.6%。糖料产量 12028 万吨，减产 1.2%。茶叶产量 297 万吨，增产 7.1%。

全年猪牛羊禽肉产量7639万吨，比上年下降0.1%。其中，猪肉产量4113万吨，下降3.3%；牛肉产量672万吨，增长0.8%；羊肉产量492万吨，增长1.0%；禽肉产量2361万吨，增长5.5%。禽蛋产量3468万吨，增长4.8%。牛奶产量3440万吨，增长7.5%。年末生猪存栏40650万头，比上年末增长31.0%；全年生猪出栏52704万头，比上年下降3.2%。

全年水产品产量6545万吨，比上年增长1.0%。其中，养殖水产品产量5215万吨，增长3.0%；捕捞水产品产量1330万吨，下降5.0%。

全年木材产量8727万立方米，比上年下降13.1%。

全年新增耕地灌溉面积43万公顷，新增高效节水灌溉面积160万公顷。

三、工业和建筑业

全年全部工业增加值313071亿元，比上年增长2.4%。规模以上工业增加值增长2.8%。在规模以上工业中，分经济类型看，国有控股企业增加值增长2.2%；股份制企业增长3.0%，外商及港澳台商投资企业增长2.4%；私营企业增长3.7%。分门类看，采矿业增长0.5%，制造业增长3.4%，电力、热力、燃气及水生产和供应业增长2.0%。

图7 2016-2020年全部工业增加值及其增长速度

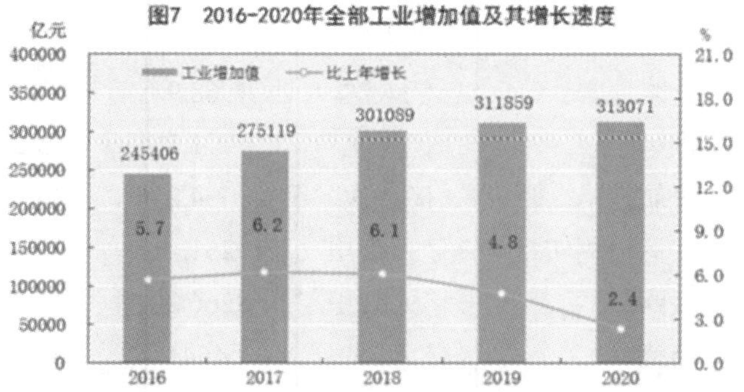

全年规模以上工业中，农副食品加工业增加值比上年下降1.5%，纺织业增长0.7%，化学原料和化学制品制造业增长3.4%，非金属矿物制品业增长2.8%，黑色金属冶炼和压延加工业增长6.7%，通用设备制造业增长5.1%，专用设备制造业增长6.3%，汽车制造业增长6.6%，电气机械和器材制造业增长8.9%，计算机、通信和其他电子设备制造业增长7.7%，电力、热力生产和供应业增长1.9%。

表2 2020年主要工业产品产量及其增长速度[18]

产品名称	单位	产量	比上年增长(%)
纱	万吨	2618.3	-7.4
布	亿米	460.3	-17.1
化学纤维	万吨	6126.5	4.1
成品糖	万吨	1431.3	3.0
卷烟	亿支	23863.7	0.9
彩色电视机	万台	19626.2	3.3
其中：液晶电视机	万台	19247.2	3.0
家用电冰箱	万台	9014.7	14.0
房间空气调节器	万台	21035.3	-3.8
一次能源生产总量	亿吨标准煤	40.8	2.8
原煤	亿吨	39.0	1.4
原油	万吨	19476.9	1.6
天然气	亿立方米	1925.0	9.8
发电量	亿千瓦小时	77790.6	3.7
其中：火电[19]	亿千瓦小时	53302.5	2.1
水电	亿千瓦小时	13552.1	3.9
核电	亿千瓦小时	3662.5	5.1
粗钢	万吨	106476.7	7.0
钢材[20]	万吨	132489.2	10.0
十种有色金属	万吨	6188.4	5.5
其中：精炼铜（电解铜）	万吨	1002.5	2.5
原铝（电解铝）	万吨	3708.0	5.6
水泥	亿吨	24.0	2.5
硫酸（折100%）	万吨	9238.2	1.3
烧碱（折100%）	万吨	3673.9	6.2
乙烯	万吨	2160.0	5.2
化肥（折100%）	万吨	5496.0	-4.1
发电机组（发电设备）	万千瓦	13226.2	38.3
汽车	万辆	2532.5	-1.4
#基本型乘用车（轿车）	万辆	923.9	-10.2
运动型多用途乘用车（SUV）	万辆	905.0	2.6
大中型拖拉机	万台	34.6	23.0
集成电路	亿块	2614.7	29.6
程控交换机	万线	702.5	-11.1
移动通信手持机	万台	146961.8	-13.3
微型计算机设备	万台	37800.4	10.6
工业机器人	万台(套)	21.2	20.7

年末全国发电装机容量220058万千瓦，比上年末增长9.5%。其中[21]，火电装机容量124517万千瓦，增长4.7%；水电装机容量37016万千瓦，增长3.4%；核电装机容量4989万千瓦，增长2.4%；并网风电装机容量28153万千瓦，增长34.6%；并网太阳能发电装机容量25343万千瓦，增长24.1%。

全年规模以上工业企业利润64516亿元，比上年增长4.1%[22]。分经济类型看，国有控股企业利润14861亿元，比上年下降2.9%；股份制企业45445亿元，增长 3.4%，外商及港澳台商投资企业 18234 亿元，增长 7.0%；私营企业 20262 亿元，增长 3.1%。分门类看，采矿业利润 3553 亿元，比上年下降 31.5%；制造业 55795 亿元，增长 7.6%；电力、热力、燃气及水生产和供应业 5168 亿元，增长 4.9%。全年规模以上工业企业每百元营业收入中的成本为 83.89 元，比上年减少 0.11 元；营业收入利润率为 6.08%，提高 0.20 个百分点。年末规模以上工业企业资产负债率为 56.1%，比上年末下降 0.3 个百分点。全年全国工业产能利用率[23]为 74.5%，其中一、二、三、四季度分别为 67.3%、74.4%、76.7%、78.0%。

全年全社会建筑业增加值 72996 亿元，比上年增长 3.5%。全国具有资质等级的总承包和专业承包建筑业企业利润 8303 亿元，比上年增长 0.3%，其中国有控股企业 2871 亿元，增长 4.7%。

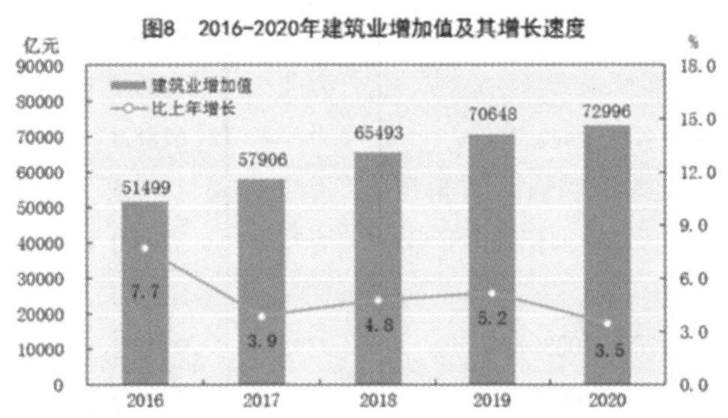

四、服务业

全年批发和零售业增加值 95686 亿元，比上年下降 1.3%；交通运输、仓储和邮政业增加值 41562 亿元，增长 0.5%；住宿和餐饮业增加值 15971 亿元，下降 13.1%；金融业增加值 84070 亿元，增长 7.0%；房地产业增加值 74553 亿元，增长 2.9%；信息传输、软件和信息技术服务业增加值 37951 亿元，增长 16.9%；租赁和商务服务业增加值 31616 亿元，下降 5.3%。全年规模以上服务业企业营业收入比上年增长 1.9%，利润总额下降 7.0%。

全年货物运输总量[24]463 亿吨，货物运输周转量 196618 亿吨公里。全年港口完成货物吞吐量 145 亿吨，比上年增长 4.3%，其中外贸货物吞吐量 45 亿吨，增长 4.0%。港口集装箱吞吐量 26430 万标准箱，增长 1.2%。

表 3　2020 年各种运输方式完成货物运输量及其增长速度

指标	单位	绝对数	比上年增长（%）
货物运输总量	亿吨	463.4	-0.5
铁路	亿吨	44.6	3.2
公路	亿吨	342.6	-0.3
水运	亿吨	76.2	-3.3
民航	万吨	676.6	-10.2
货物运输周转量	亿吨公里	196618.3	-1.0
铁路	亿吨公里	30371.8	1.0
公路	亿吨公里	60171.8	0.9
水运	亿吨公里	105834.4	-2.5
民航	亿吨公里	240.2	-8.7

全年旅客运输总量 97 亿人次，比上年下降 45.1%。旅客运输周转量 19251 亿人公里，下降 45.5%。

表 4　2020 年各种运输方式完成旅客运输量及其增长速度

指标	单位	绝对数	比上年增长(%)
旅客运输总量	亿人次	96.7	-45.1
铁路	亿人次	22	-39.8
公路	亿人次	68.9	-47
水运	亿人次	1.5	-45.2
民航	亿人次	4.2	-36.7
旅客运输周转量	亿人公里	19251.4	-45.5
铁路	亿人公里	8266.2	-43.8
公路	亿人公里	4641	-47.6
水运	亿人公里	33	-58
民航	亿人公里	6311.2	-46.1

年末全国民用汽车保有量 28087 万辆（包括三轮汽车和低速货车 748 万辆），比上年末增加 1937 万辆，其中私人汽车保有量 24393 万辆，增加 1758 万辆。民用轿车保有量 15640 万辆，增加 996 万辆，其中私人轿车保有量 14674 万辆，增加 973 万辆。

全年完成邮政行业业务总量[25]21053 亿元，比上年增长 29.7%。邮政业全年完成邮政函件业务 14.2 亿件，包裹业务 0.2 亿件，快递业务量 833.6 亿件，快递业务收入 8795 亿元。全年完成电信业务总量[26]136758 亿元，比上年增长 28.1%。年末全国电话用户总数 177598 万户，其中移动电话用户 159407 万户。移动电话普及率为 113.9 部/百人。固定互联网宽带接入用户[27]48355 万户，比上年末增加 3427 万户，其中固定互联网光纤宽带接入用户[28]45414 万户，增加 3675 万户。全年移动互联网用户接入流量 1656 亿 GB，比上年增长 35.7%。

年末互联网上网人数 9.89 亿人，其中手机上网人数[29]9.86 亿人。互联网普及率为 70.4%，其中农村地区互联网普及率为 55.9%。全年软件和信息技术服务业[30]完成软件业务收入 81616 亿元，按可比口径计算，比上年增长 13.3%。

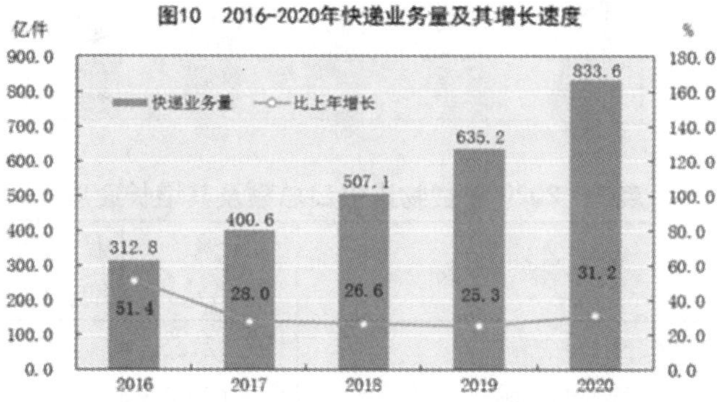

图10 2016-2020年快递业务量及其增长速度

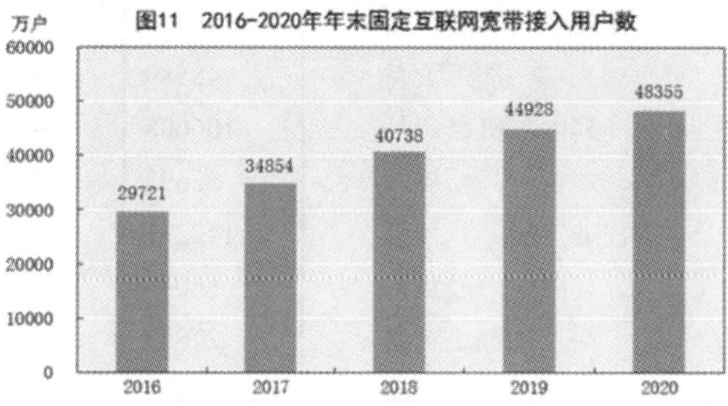

图11 2016-2020年年末固定互联网宽带接入用户数

五、国内贸易

全年社会消费品零售总额 391981 亿元，比上年下降 3.9%。按经营地统计，城镇消费品零售额 339119 亿元，下降 4.0%；乡村消费品零售额 52862 亿元，下降 3.2%。按消费类型统计，商品零售额 352453 亿元，下降 2.3%；餐饮收入额 39527 亿元，下降 16.6%。

图 12　2016-2020 年社会消费品零售总额[31]

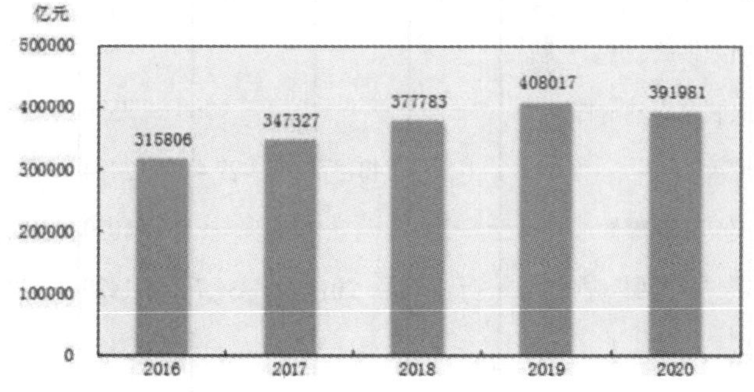

全年限额以上单位商品零售额中，粮油、食品类零售额比上年增长 9.9%，饮料类增长 14.0%，烟酒类增长 5.4%，服装、鞋帽、针纺织品类下降 6.6%，化妆品类增长 9.5%，金银珠宝类下降 4.7%，日用品类增长 7.5%，家用电器和音像器材类下降 3.8%，中西药品类增长 7.8%，文化办公用品类增长 5.8%，家具类下降 7.0%，通讯器材类增长 12.9%，建筑及装潢材料类下降 2.8%，石油及制品类下降 14.5%，汽车类下降 1.8%。

全年实物商品网上零售额 97590 亿元，按可比口径计算，比上年增长 14.8%，占社会消费品零售总额的比重为 24.9%，比上年提高 4.0 个百分点。

六、固定资产投资

全年全社会固定资产投资[32]527270 亿元，比上年增长 2.7%。其中，固定资产投资（不含农户）518907 亿元，增长 2.9%。分区域看[33]，东部地区投资比上年增长 3.8%，中部地区投资增长 0.7%，西部地区投资增长 4.4%，东北地区投资增长 4.3%。

在固定资产投资（不含农户）中，第一产业投资 13302 亿元，比上年增长 19.5%；第二产业投资 149154 亿元，增长 0.1%；第三产业投资 356451 亿元，增长 3.6%。民间固定资产投资[34]289264 亿元，增长 1.0%。基础设施投资[35]增长 0.9%。

图13 2020年三次产业投资占固定资产投资（不含农户）比重

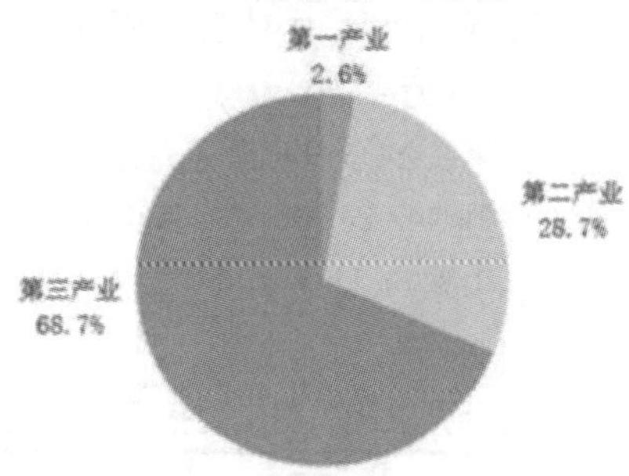

表 5　2020 年分行业固定资产投资（不含农户）增长速度

行　业	比上年增长(%)
总计	2.9
农、林、牧、渔业	19.1
采矿业	-14.1
制造业	-2.2
电力、热力、燃气及水生产和供应业	17.6
建筑业	9.2
批发和零售业	-21.5
交通运输、仓储和邮政业	1.4
住宿和餐饮业	-5.5
信息传输、软件和信息技术服务业	18.7
金融业	-13.3
房地产业[36]	5.0
租赁和商务服务业	5.0
科学研究和技术服务业	3.4
水利、环境和公共设施管理业	0.2
居民服务、修理和其他服务业	-2.9
教育	12.3
卫生和社会工作	26.8
文化、体育和娱乐业	1.0
公共管理、社会保障和社会组织	-6.4

表 6　2020 年固定资产投资新增主要生产与运营能力

指标	单位	绝对数
新增 220 千伏及以上变电设备	万千伏安	22288
新建铁路投产里程	公里	4933
其中：高速铁路	公里	2521
增、新建铁路复线投产里程	公里	3380
电气化铁路投产里程	公里	5480
新改建高速公路里程	公里	12713
港口万吨级码头泊位新增通过能力	万吨/年	30562
新增民用运输机场	个	3
新增光缆线路长度	万公里	428

全年房地产开发投资 141443 亿元，比上年增长 7.0%。其中住宅投资 104446 亿元，增长 7.6%；办公楼投资 6494 亿元，增长 5.4%；商业营业用房投资 13076 亿元，下降 1.1%。年末商品房待售面积 49850 万平方米，比上年末增加 29 万平方米。其中，商品住宅待售面积 22379 万平方米，减少 94 万平方米。

全年全国各类棚户区改造开工 209 万套，基本建成 203 万套。全面完成 74.21 万户[37]建档立卡贫困户脱贫攻坚农村危房改造扫尾工程任务。

表 7　2020 年房地产开发和销售主要指标及其增长速度

指标	单位	绝对数	比上年增长(%)
投资额	亿元	141443	7.0
其中：住宅	亿元	104446	7.6
房屋施工面积	万平方米	926759	3.7
其中：住宅	万平方米	655558	4.4
房屋新开工面积	万平方米	224433	-1.2
其中：住宅	万平方米	164329	-1.9
房屋竣工面积	万平方米	91218	-4.9
其中：住宅	万平方米	65910	-3.1
商品房销售面积	万平方米	176086	2.6
其中：住宅	万平方米	154878	3.2
本年到位资金	亿元	193115	8.1
其中：国内贷款	亿元	26676	5.7
个人按揭贷款	亿元	29976	9.9

七、对外经济

全年货物进出口总额 321557 亿元，比上年增长 1.9%。其中，出口 179326 亿元，增长 4.0%；进口 142231 亿元，下降 0.7%。货物进出口顺差 37096 亿元，比上年增加 7976 亿元。对“一带一路”[38]沿线国家进出口总额 93696 亿元，比上年增长 1.0%。其中，出口 54263 亿元，增长 3.2%；进口 39433 亿元，下降 1.8%。

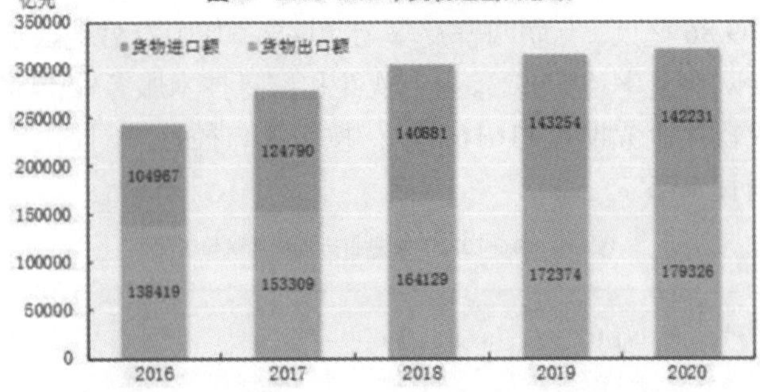

表 8　2020 年货物进出口总额及其增长速度

指　　标	金额（亿元）	比上年增长(%)
货物进出口总额	321557	1.9
货物出口额	179326	4.0
其中：一般贸易	106460	6.9
加工贸易	48589	-4.2
其中：机电产品	106608	6.0
高新技术产品	53692	6.5
货物进口额	142231	-0.7
其中：一般贸易	86048	-0.7
加工贸易	27853	-3.2
其中：机电产品	65625	4.8
高新技术产品	47160	7.2
货物进出口顺差	37096	—

表 9　2020 年主要商品出口数量、金额及其增长速度

商品名称	单位	数量	比上年增长(%)	金额(亿元)	比上年增长(%)
钢材	万吨	5367	-16.5	3151	-14.8
纺织纱线、织物及制品	—	—	—	10695	30.4
服装及衣着附件	—	—	—	9520	-6.0
鞋靴	万双	740137	-22.4	2454	-20.9
家具及其零件	—	—	—	4039	12.2
箱包及类似容器	万吨	201	-34.7	1429	-23.9
玩具	—	—	—	2317	7.7
塑料制品	—	—	—	5902	20.0
集成电路	亿个	2598	18.8	8056	15.0
自动数据处理设备及	—	—	—	14599	12.0
手机	万台	96640	-2.8	8647	0.4
集装箱	万个	198	-17.9	508	10.5
液晶显示板	万个	126747	-15.9	1370	-7.1
汽车（包括底盘）	万辆	108	-13.2	1090	-3.2

表10　2020年主要商品进口数量、金额及其增长速度

商品名称	单位	数量	比上年增长(%)	金额(亿元)	比上年增长(%)
大豆	万吨	10033	13.3	2743	12.5
食用植物油	万吨	983	3.1	515	17.7
铁矿砂及其精矿	万吨	117010	9.5	8229	17.8
煤及褐煤	万吨	30399	1.5	1411	-12.1
原油	万吨	54239	7.3	12218	-26.8
成品油	万吨	2835	-7.2	818	-30.4
天然气	万吨	10166	5.3	2315	-19.4
初级形状的塑料	万吨	4063	10.1	3628	-1.2
纸浆	万吨	3063	12.7	1088	-7.6
钢材	万吨	2023	64.4	1165	19.8
未锻轧铜及铜材	万吨	668	34.1	2988	33.4
集成电路	亿个	5435	22.1	24207	14.8
汽车（包括底盘）	万辆	93	-11.4	3242	-3.5

表11　2020年对主要国家和地区货物进出口金额、增长速度及其比重

国家和地区	出口额(亿元)	比上年增长(%)	占全部出口比重(%)	进口额(亿元)	比上年增长(%)	占全部进口比重(%)
东盟	26550	7.0	14.8	20807	6.9	14.6
欧盟[39]	27084	7.2	15.1	17874	2.6	12.6
美国	31279	8.4	17.4	9319	10.1	6.6
日本	9883	0.1	5.5	12090	2.1	8.5
韩国	7787	1.8	4.3	11957	0.0	8.4
中国香港	18830	-2.2	10.5	482	-22.9	0.3
中国台湾	4163	9.5	2.3	13873	16.2	9.8
巴西	2417	-1.5	1.3	5834	5.8	4.1
俄罗斯	3506	2.1	2.0	3960	-6.1	2.8
印度	4613	-10.5	2.6	1445	16.7	1.0
南非	1055	-7.5	0.6	1422	-20.4	1.0

全年服务进出口总额45643亿元，比上年下降15.7%。其中，服务出口19357亿元，下降1.1%；服务进口26286亿元，下降24.0%。服务进出口逆差6929亿元。

全年外商直接投资（不含银行、证券、保险领域）新设立企业38570家，比上年下降5.7%。实际使用外商直接投资金额10000亿元，增长6.2%，折1444亿美元，增长4.5%。其中“一带一路”沿线国家对华直接投资（含通过部分自由港对华投资）新设立企业4294家，下降23.2%；对华直接投资金额574亿元，下降0.3%，折83亿美元，下降1.8%。全年高技术产业实际使用外资2963亿元，增长11.4%，折428亿美元，增长9.5%。

表12　2020年外商直接投资（不含银行、证券、保险领域）及其增长速度

行业	企业数（家）	比上年增长(%)	实际使用金额(亿元)	比上年增长(%)
总计	38570	-5.7	10000	6.2
#农、林、牧、渔业	493	-0.4	40	4.9
制造业	3732	-30.8	2156	-10.8
电力、热力、燃气及水生产和供应业	260	-11.9	217	-9.4
交通运输、仓储和邮政业	592	0.2	347	12.1
信息传输、软件和信息技术服务业	3521	-18.0	1133	13.3
批发和零售业	10812	-21.9	819	33.3
房地产业	1190	13.3	1407	-12.5
租赁和商务服务业	7513	30.1	1838	22.6
居民服务、修理和其他服务业	447	23.8	21	-42.4

全年对外非金融类直接投资额7598亿元，比上年下降0.4%，折1102亿美元，下降0.4%。其中，对“一带一路”沿线国家非金融类直接投资额178亿美元，增长18.3%。

表13　2020年对外非金融类直接投资额及其增长速度

行业	金额（亿美元）	比上年增长(%)
总计	1101.5	-0.4
#农、林、牧、渔业	13.9	-9.7
采矿业	50.9	-32.3
制造业	199.7	-0.5
电力、热力、燃气及水生产和供应业	27.8	10.3
建筑业	51.6	-39.4
批发和零售业	160.7	27.8
交通运输、仓储和邮政业	26.5	-52.3
信息传输、软件和信息技术服务业	67.1	9.6
房地产业	27.3	-43.4
租赁和商务服务业	417.9	17.5

全年对外承包工程完成营业额10756亿元，比上年下降9.8%，折1559亿美元，下降9.8%。其中，对“一带一路”沿线国家完成营业额911亿美元，下降7.0%，占对外承包工程完成营业额比重为58.4%。对外劳务合作派出各类劳务人员30万人。

八、财政金融

全年全国一般公共预算收入182895亿元，比上年下降3.9%。其中税收收入154310亿元，下降2.3%。全国一般公共预算支出245588亿元，比上年增长2.8%。全年新增减税降费超过2.5万亿元。

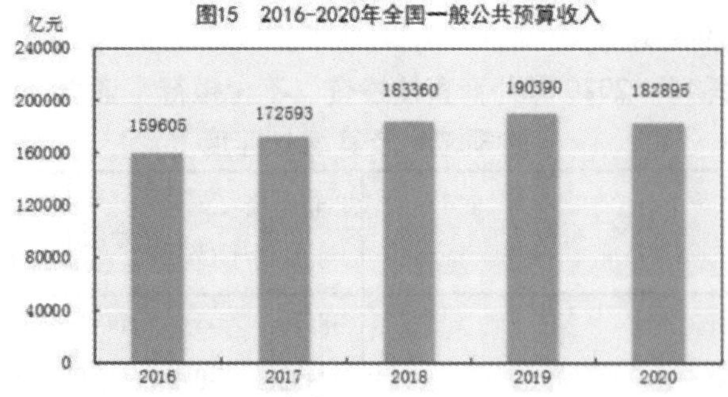

注：图中2016年至2019年数据为全国一般公共预算收入决算数，2020年为执行数。

年末广义货币供应量（M_2）余额218.7万亿元，比上年末增长10.1%；狭义货币供应量（M_1）余额62.6万亿元，增长8.6%；流通中货币（M_0）余额8.4万亿元，增长9.2%。

全年社会融资规模增量[40]34.9万亿元，按可比口径计算，比上年多9.2万亿元；年末社会融资规模存量[41]284.8万亿元，按可比口径计算，比上年末增长13.3%，其中对实体经济发放的人民币贷款余额171.6万亿元，增长13.2%。年末全部金融机构本外币各项存款余额218.4万亿元，比年初增加20.2万亿元，其中人民币各项存款余额212.6万亿元，增加19.6万亿元。全部金融机构本外币各项贷款余额178.4万亿元，增加19.8万亿元，其中人民币各项贷款余额172.7万亿元，增加19.6万亿元。人民币普惠金融贷款[42]余额21.5万亿元，增加4.2万亿元。

表14 2020年年末全部金融机构本外币存贷款余额及其增长速度

指　　标	年末数（亿元）	比上年末增长（%）
各项存款	2183744	10.2
其中：境内住户存款	934383	13.8
其中：人民币	925986	13.9
境内非金融企业存款	688218	10.8
各项贷款	1784034	12.5
其中：境内短期贷款	492682	4.3
境内中长期贷款	1137504	17.1

年末主要农村金融机构（农村信用社、农村合作银行、农村商业银行）人民币贷款余额215886亿元，比年初增加25210亿元。全部金融机构人民币消费贷款余额495668亿元，增加55994亿元。其中，个人短期消费贷款余额87774亿元，增加7177亿元；个人中长期消费贷款余额407894亿元，增加48817亿元。

全年沪深交易所A股累计筹资[43]15417亿元，比上年增加1883亿元。首次公开发行上市A股394只，筹资4742亿元，比上年增加2252亿元，其中科创板股票145只，筹资2226亿元；A股再融资（包括公开增发、定向增发、配股、优先股、可转债转股）10674亿元，减少370亿元。全年各类主体通过沪深交易所发行债券（包括公司债、可转债、可交换债、政策性金融债、地方政府债和企业资产支持证券）筹资84777亿元，比上年增加12791亿元。全国中小企业股份转让系统[44]挂牌公司8187家，全年挂牌公司累计股票筹资339亿元。

全年发行公司信用类债券[45]14.2万亿元，比上年增加3.5万亿元。

全年保险公司原保险保费收入[46]45257亿元，比上年增长6.1%。其中，寿险业务原保险保费收入23982亿元，健康险和意外伤害险业务原保险保费收入9347亿元，财产险业务原保险保费收入11929亿元。支付各类赔款及给付13907亿元。其中，寿险业务给付3715亿元，健康险和意外伤害险业务赔款及给付3237亿元，财产险业务赔款6955亿元。

九、居民收入消费和社会保障

全年全国居民人均可支配收入32189元，比上年增长4.7%，扣除价格因素，实际增长2.1%。全国居民人均可支配收入中位数[47]27540元，增长3.8%。按常住地分，城镇居民人均可支配收入43834元，比上年增长3.5%，扣除价格因素，实际增长1.2%。城镇居民人均可支配收入中位数40378元，增长2.9%。农村居民人均可支配收入17131元，比上年增长6.9%，扣除价格因素，实际增长3.8%。农村居民人均可支配收入中位数15204元，增长5.7%。城乡居民人均可支配收入比值为2.56，比上年缩小0.08。按全国居民五等份收入分组[48]，低收入组人均可支配收入7869元，中间偏下收入组人均可支配收入16443元，中间收入组人均可支配收入26249元，中间偏上收入组人均可支配收入41172元，高收入组人均可支配收入80294元。全国农民工人均月收入4072元，比上年增长2.8%。

全年全国居民人均消费支出21210元，比上年下降1.6%，扣除价格因素，实际下降4.0%。其中，人均服务性消费支出[49]9037元，比上年下降8.6%，占居民人均消费支出的比重为42.6%。按常住地分，城镇居民人均消费支出27007元，下降3.8%，扣除价格因素，实际下降6.0%；农村居民人均消费支出13713元，增长2.9%，扣除价格因素，实际下降0.1%。全国居民恩格尔系数为30.2%，其中城镇为29.2%，农村为32.7%。

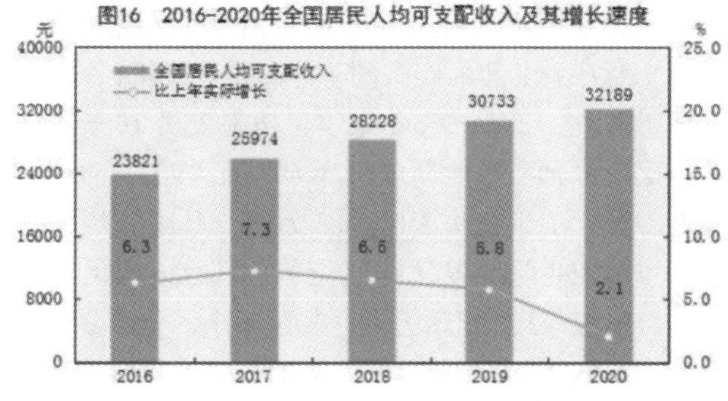

图16 2016-2020年全国居民人均可支配收入及其增长速度

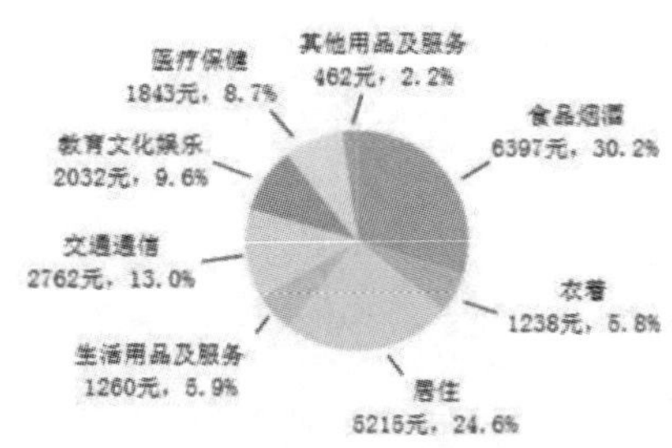

图17 2020年全国居民人均消费支出及其构成

年末全国参加城镇职工基本养老保险人数45638万人，比上年末增加2150万人。参加城乡居民基本养老保险人数54244万人，增加978万人。参加基本医疗保险人数136101万人，增加693万人。其中，参加职工基本医疗保险人数34423万人，增加1498万人；参加城乡居民基本医疗保险人数101678万人。参加失业保险人数21689万人，增加1147万人。年末全国领取失业保险金人数270万人。参加工伤保险人数26770万人，增加1291万人，其中参加工伤保险的农民工8934万人，增加318万人。参加生育保险人数23546万人，增加2129万人。年末全国共有805万人享受城市最低生活保障，3621万人享受农村最低生活保障，447万人享受农村特困人员[50]救助供养，全年临时救助[51]1341万人次。全年资助8990万人参加基本医疗保险，实施直接救助[52]7300万人次。全年国家抚恤、补助退役军人和其他优抚对象837万人。

年末全国共有各类提供住宿的社会服务机构4.1万个，其中养老机构3.8万个，儿童服务机构735个。社会服务床位[53]850.9万张，其中养老服务床位823.8万张，儿童服务床位9.8万张。年末共有社区服务中心2.9万个，社区服务站39.3万个。

十、科学技术和教育

全年研究与试验发展（R&D）经费支出24426亿元，比上年增长10.3%，与国内生产总值之比为2.40%，其中基础研究经费1504亿元。国家科技重大专项共安排198个项目（课题），国家自然科学基金共资助4.57万个项目。截至年末，正在运行的国家重点实验室522个，国家工程研究中心（国家工程实验室）350个，国家企业技术中心1636家，大众创业万众创新示范基地212家。国家级科技企业孵化器[54]1173家，国家备案众创空间[55]2386家。全年授予专利权363.9万件，比上年增长40.4%；PCT专利申请受理量[56]7.2万件。截至年末，有效专利1219.3万件，其中境内有效发明专利221.3万件，预计每万人口发明专利拥有量15.8件。全年商标注册576.1万件，比上年下降10.1%。全年共签订技术合同55万项，技术合同成交金额28252亿元，比上年增长26.1%。

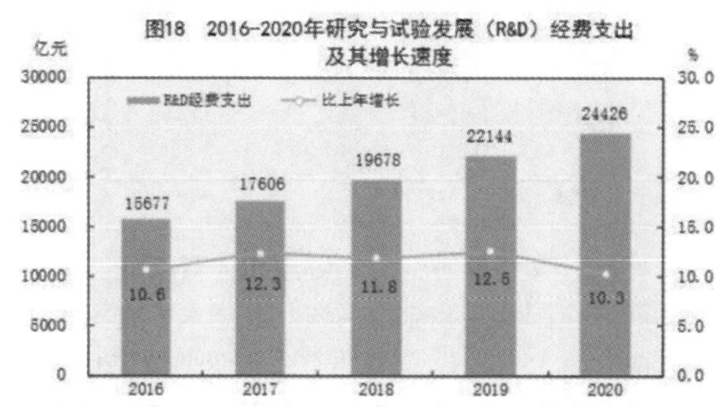

图18 2016-2020年研究与试验发展（R&D）经费支出及其增长速度

表15 2020年专利授权和有效专利情况

指标	专利数（万件）	比上年增长(%)
专利授权数	363.9	40.4
其中：境内专利授权	350.4	42.6
其中：发明专利授权	53.0	17.1
其中：境内发明专利	43.4	22.5
年末有效专利数	1219.3	25.4
其中：境内有效专利	1111.5	27.9
其中：有效发明专利	305.8	14.5
其中：境内有效发明专利	221.3	18.8

全年成功完成35次宇航发射。嫦娥五号发射成功，首次完成我国月表采样返回。我国首次火星探测任务“天问一号”探测器成功发射。500米口径球面射电望远镜（FAST）正式开放运行。北斗三号全球卫星导航系统正式开通。量子计算原型系统“九章”成功研制。全海深载人潜水器“奋斗者”号完成万米深潜。

年末全国共有国家质检中心852家。全国现有产品质量、体系和服务认证机构724个，累计完成对79万家企业的认证。全年制定、修订国家标准2252项，其中新制定1584项。全年制造业产品质量合格率[57]为93.39%。

全年研究生教育招生110.7万人，在学研究生314.0万人，毕业生72.9万人。普通本专科招生967.5万人，在校生3285.3万人，毕业生797.2万人。中等职业教育[58]招生644.7万人，在校生1663.4万人，毕业生484.9万人。普通高中招生876.4万人，在校生2494.5万人，毕业生786.5万人。初中招生1632.1万人，在校生4914.1

万人，毕业生 1535.3 万人。普通小学招生 1808.1 万人，在校生 10725.4 万人，毕业生 1640.3 万人。特殊教育招生 14.9 万人，在校生 88.1 万人，毕业生 12.1 万人。学前教育在园幼儿 4818.3 万人。九年义务教育巩固率为 95.2%，高中阶段毛入学率为 91.2%。

十一、文化旅游、卫生健康和体育

年末全国文化和旅游系统共有艺术表演团体 2027 个，博物馆 3510 个。全国共有公共图书馆 3203 个，总流通[59]56953 万人次；文化馆 3327 个。有线电视实际用户 2.10 亿户，其中有线数字电视实际用户 2.01 亿户。年末广播节目综合人口覆盖率为 99.4%，电视节目综合人口覆盖率为 99.6%。全年生产电视剧 202 部 7476 集，电视动画片 116688 分钟。全年生产故事影片 531 部，科教、纪录、动画和特种影片[60]119 部。出版各类报纸 277 亿份，各类期刊 20 亿册，图书 101 亿册（张），预计人均图书拥有量[61]7.24 册（张）。年末全国共有档案馆 4234 个，已开放各类档案 17659 万卷（件）。全年全国规模以上文化及相关产业企业营业收入 98514 亿元，按可比口径计算，比上年增长 2.2%。

全年国内游客 28.8 亿人次，比上年下降 52.1%。其中，城镇居民游客 20.7 亿人次，下降 53.8%；农村居民游客 8.1 亿人次，下降 47.0%。国内旅游收入 22286 亿元，下降 61.1%。其中，城镇居民游客花费 17967 亿元，下降 62.2%；农村居民游客花费 4320 亿元，下降 55.7%。

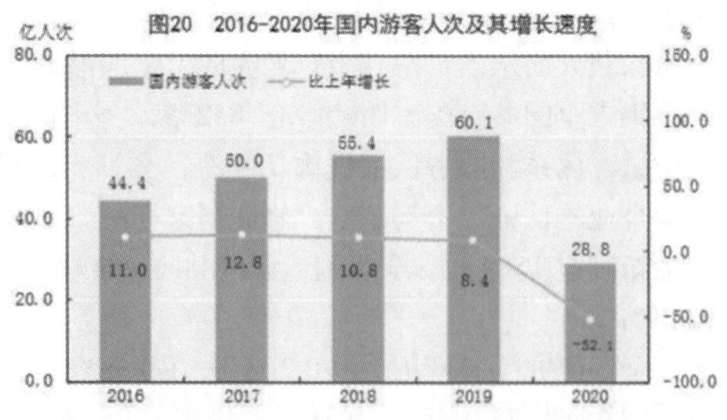

年末全国共有医疗卫生机构 102.3 万个，其中医院 3.5 万个，在医院中有公立医院 1.2 万个，民营医院 2.4 万个；基层医疗卫生机构 97.1 万个，其中乡镇卫生院 3.6 万个，社区卫生服务中心（站）3.5 万个，门诊部（所）29.0 万个，村卫生室 61.0 万个；专业公共卫生机构 1.4 万个，其中疾病预防控制中心 3384 个，卫生监督所（中心）2736 个。年末卫生技术人员 1066 万人，其中执业医师和执业助理医师 408 万人，注册护士 471 万人。医疗卫生机构床位 911 万张，其中医院 713 万张，乡镇卫生院 139 万张。全年总诊疗人次[62]78.2 亿人次，出院人数[63]2.3 亿人。截至年末，全国累计报告新型冠状病毒肺炎确诊病例 87071 例，累计治愈出院病例 82067 例，累计死亡 4634 人。全国共有 8177 家医疗卫生机构提供新型冠状病毒核酸检测服务，总检测能力达到 1153 万份/天。

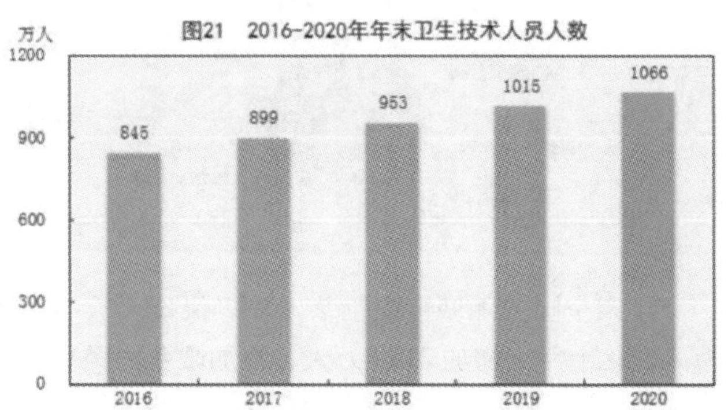

年末全国共有体育场地[64]371.3 万个，体育场地面积[65]31.0 亿平方米，预计人均体育场地面积 2.20 平方米。全年我国运动员在 3 个运动大项中获得 4 个世界冠军，共创 1 项世界纪录[66]。全年我国残疾人运动员在 6 项国际赛事中获得 24 个世界冠军[67]。全年全国 7 岁及以上人口中经常参加体育锻炼人数比例[68]达 37.2%。

十二、资源、环境和应急管理

全年全国国有建设用地供应总量[69]65.8 万公顷，比上年增长 5.5%。其中，工矿仓储用地 16.7 万公顷，增长 13.6%；房地产用地[70]15.5 万公顷，增长 9.3%；基础设施用地 33.7 万公顷，增长 0.3%。

全年水资源总量 30963 亿立方米。

全年完成造林面积 677 万公顷，其中人工造林面积 289 万公顷，占全部造林面积的 42.7%。种草改良面积[71]283 万公顷。截至年末，国家级自然保护区 474 个。新增水土流失治理面积 6.0 万平方公里。

初步核算，全年能源消费总量 49.8 亿吨标准煤，比上年增长 2.2%。煤炭消费量增长 0.6%，原油消费量增长 3.3%，天然气消费量增长 7.2%，电力消费量增长 3.1%。煤炭消费量占能源消费总量的 56.8%，比上年下降 0.9 个百分点；天然气、水电、核电、风电等清洁能源消费量占能源消费总量的 24.3%，上升 1.0 个百分点。重点耗能工业企业单位电石综合能耗下降 2.1%，单位合成氨综合能耗上升 0.3%，吨钢综合能耗下降 0.3%，单位电解铝综合能耗下降 1.0%，每千瓦时火力发电标准煤耗下降 0.6%。全国万元国内生产总值二氧化碳排放下降 1.0%。

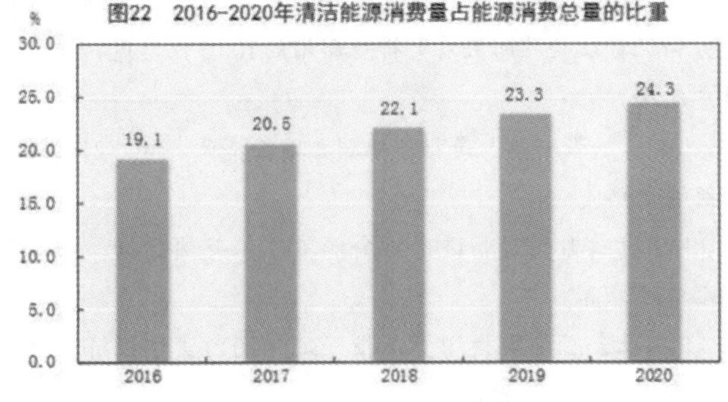

全年近岸海域海水水质[72]达到国家一、二类海水水质标准的面积占 77.4%，三类海水占 7.7%，四类、劣四类海水占 14.9%。

在开展城市区域声环境监测的 324 个城市中，全年声环境质量好的城市占 4.3%，较好的占 66.4%，一般的占 28.7%，较差的占 0.6%。

全年平均气温为 10.25℃，比上年下降 0.09℃。共有 5 个台风登陆。

全年农作物受灾面积 1996 万公顷，其中绝收 271 万公顷。全年因洪涝和地质灾害造成直接经济损失 2686 亿元，因旱灾造成直接经济损失 249 亿元，因低温冷冻和雪灾造成直接经济损失 154 亿元，因海洋灾害造成直接经济损失 8 亿元。全年大陆地区共发生 5.0 级以上地震 20 次，成灾 5 次，造成直接经济损失约 18 亿元。全年共发生森林火灾 1153 起，受害森林面积约 0.9 万公顷。

全年各类生产安全事故共死亡 27412 人。工矿商贸企业就业人员 10 万人生产安全事故死亡人数 1.301 人，比上年下降 11.7%；煤矿百万吨死亡人数 0.059 人，下降 28.9%。道路交通事故万车死亡人数 1.66 人，下降 7.8%。

注释

[1]本公报中数据均为初步统计数。各项统计数据均未包括香港特别行政区、澳门特别行政区和台湾省。部分数据因四舍五入的原因，存在总计与分项合计不等的情况。

[2]2020年开展第七次全国人口普查，相关数据拟于2021年4月份发布，公报中不再单独发布人口和就业人员相关数据。公报中涉及的人均指标根据人口预计数计算得到。

[3]国内生产总值、三次产业及相关行业增加值、地区生产总值、人均国内生产总值和国民总收入绝对数按现价计算，增长速度按不变价格计算。

[4]国民总收入，原称国民生产总值，是指一个国家或地区所有常住单位在一定时期内所获得的初次分配收入总额，等于国内生产总值加上来自国外的初次分配收入净额。

[5]万元国内生产总值能耗按2015年价格计算。

[6]全员劳动生产率为国内生产总值（按2015年价格计算）与全部就业人员的比率。2020年就业人员数据为预计数。

[7]年度农民工数量包括年内在本乡镇以外从业6个月及以上的外出农民工和在本乡镇内从事非农产业6个月及以上的本地农民工。

[8]农产品生产者价格是指农产品生产者直接出售其产品时的价格。

[9]居住类价格包括租赁房房租、住房保养维修及管理、水电燃料等价格。

[10]贫困地区包括集中连片特困地区和片区外的国家扶贫开发工作重点县，原共有832个县。2017年开始将新疆阿克苏地区纳入贫困监测范围。

[11]高技术制造业包括医药制造业，航空、航天器及设备制造业，电子及通信设备制造业，计算机及办公设备制造业，医疗仪器设备及仪器仪表制造业，信息化学品制造业。

[12]装备制造业包括金属制品业，通用设备制造业，专用设备制造业，汽车制造业，铁路、船舶、航空航天和其他运输设备制造业，电气机械和器材制造业，计算机、通信和其他电子设备制造业，仪器仪表制造业。

[13]规模以上服务业统计范围包括：年营业收入2000万元及以上的交通运输、仓储和邮政业，信息传输、软件和信息技术服务业，水利、环境和公共设施管理业，卫生行业法人单位；年营业收入1000万元及以上的房地产业（不含房地产开发经营），租赁和商务服务业，科学研究和技术服务业，教育行业法人单位；以及年营业收入500万元及以上的居民服务、修理和其他服务业，文化、体育和娱乐业，社会工作行业法人单位。

[14]战略性新兴服务业包括新一代信息技术产业，高端装备制造产业，新材料产业，生物产业，新能源汽车产业，新能源产业，节能环保产业和数字创意产业等八大产业中的服务业相关行业，以及新技术与创新创业等相关服务业。2020年战略性新兴服务业企业营业收入增速按可比口径计算。

[15]高技术产业投资包括医药制造、航空航天器及设备制造等六大类高技术制造业投资和信息服务、电子商务服务等九大类高技术服务业投资。

[16]网上零售额是指通过公共网络交易平台（主要从事实物商品交易的网上平台，包括自建网站和第三方平台）实现的商品和服务零售额。

[17]东部地区是指北京、天津、河北、上海、江苏、浙江、福建、山东、广东和海南10省（市）；中部地区是指山西、安徽、江西、河南、湖北和湖南6省；西部地区是指内蒙古、广西、重庆、四川、贵州、云南、西藏、陕西、甘肃、青海、宁夏和新疆12省（区、市）；东北地区是指辽宁、吉林和黑龙

江3省。

[18]2019年部分产品产量数据进行了核实调整，2020年产量增速按可比口径计算。

[19]火电包括燃煤发电量，燃油发电量，燃气发电量，余热、余压、余气发电量，垃圾焚烧发电量，生物质发电量。

[20]钢材产量数据中含企业之间重复加工钢材约30566万吨。

[21]少量发电装机容量（如地热等）公报中未列出。

[22]由于统计调查制度规定的口径调整、统计执法、剔除重复数据等因素，2020年规模以上工业企业财务指标增速及变化按可比口径计算。

[23]产能利用率是指实际产出与生产能力（均以价值量计量）的比率。企业的实际产出是指企业报告期内的工业总产值；企业的生产能力是指报告期内，在劳动力、原材料、燃料、运输等保证供给的情况下，生产设备（机械）保持正常运行，企业可实现并能长期维持的产品产出。

[24]货物运输总量及周转量包括铁路、公路、水路和民航四种运输方式完成量，2020年增速按可比口径计算。因新组建国家管网集团，部分油气运输管线统计归口发生变化等原因，管道运输相关数据尚在核实。

[25]邮政行业业务总量按2010年价格计算。

[26]电信业务总量按2015年价格计算。

[27]固定互联网宽带接入用户是指报告期末在电信企业登记注册，通过 xDSL、FTTx+LAN、FTTH/O 以及其他宽带接入方式和普通专线接入公众互联网的用户。

[28]固定互联网光纤宽带接入用户是指报告期末在电信企业登记注册，通过 FTTH 或 FTTO 方式接入公众互联网的用户。

[29]手机上网人数是指过去半年通过手机接入并使用互联网的人数。

[30]软件和信息技术服务业包括软件开发，集成电路设计，信息系统集成和物联网技术服务，运行维护服务，信息处理和存储支持服务，信息技术咨询服务，数字内容服务和其他信息技术服务等行业。

[31]根据第四次全国经济普查结果及有关制度规定，对2016−2019年社会消费品零售总额数据进行了修订。

[32]根据第四次全国经济普查、统计执法检查、统计调查方法改革和制度规定，对2019年固定资产投资数据进行修订，2020年增速按可比口径计算。

[33]见注释[17]。

[34]民间固定资产投资是指具有集体、私营、个人性质的内资调查单位以及由其控股（包括绝对控股和相对控股）的调查单位建造或购置固定资产的投资。

[35]基础设施投资包括交通运输、邮政业，电信、广播电视和卫星传输服务业，互联网和相关服务业，水利、环境和公共设施管理业投资。

[36]房地产业投资除房地产开发投资外，还包括建设单位自建房屋以及物业管理、中介服务和其他房地产投资。

[37]数据包括2019年全国64.16万户建档立卡贫困户存量危房和脱贫攻坚“回头看”排查新增的10.05万户建档立卡贫困户危房。

[38]“一带一路”是指“丝绸之路经济带”和“21世纪海上丝绸之路”。

[39]对欧盟的货物进出口金额不包括英国数据，增速按可比口径计算。

[40]社会融资规模增量是指一定时期内实体经济从金融体系获得的资金总额。

[41]社会融资规模存量是指一定时期末（月末、季末或年末）实体经济（境内非金融企业和个人）从金融体系获得的资金余额。

[42]普惠金融贷款包括单户授信小于1000万元的小微型企业贷款、个体工商户经营性贷款、小微企业主经营性贷款、农户生产经营贷款、建档立卡贫困人口消费贷款、创业担保贷款和助学贷款。

[43]沪深交易所股票筹资额按上市日统计，筹资额包括了可转债实际转股金额，2019年、2020年可转债实际转股金额分别为995亿元和1195亿元。

[44]全国中小企业股份转让系统又称“新三板”，是2012年经国务院批准的全国性证券交易场所。全年全国中小企业股份转让系统挂牌公司累计筹资不含优先股，股票筹资按发行报告书的披露日统计。

[45]公司信用类债券包括非金融企业债务融资工具、企业债券以及公司债、可转债等。

[46]原保险保费收入是指保险企业确认的原保险合同保费收入。

[47]人均收入中位数是指将所有调查户按人均收入水平从低到高（或从高到低）顺序排列，处于最中间位置调查户的人均收入。

[48]全国居民五等份收入分组是指将所有调查户按人均收入水平从低到高顺序排列，平均分为五个等份，处于最低20%的收入家庭为低收入组，依此类推依次为中间偏下收入组、中间收入组、中间偏上收入组、高收入组。

[49]服务性消费支出是指住户用于餐饮服务、教育文化娱乐服务和医疗服务等各种生活服务的消费支出。

[50]农村特困人员是指无劳动能力，无生活来源，无法定赡养、抚养、扶养义务人或者其法定义务人无履行义务能力的农村老年人、残疾人以及未满16周岁的未成年人。

[51]临时救助是指国家对遭遇突发事件、意外伤害、重大疾病或其他特殊原因导致基本生活陷入困境，其他社会救助制度暂时无法覆盖或救助之后基本生活暂时仍有严重困难的家庭或个人给予的应急性、过渡性的救助。

[52]包括医保部门实施的住院救助、门诊救助和其他有

关部门实施的直接救助。

[53]社会服务床位数除收养性机构外，还包括救助类机构、社区类机构的床位。

[54]国家级科技企业孵化器是指符合《科技企业孵化器管理办法》规定的，以促进科技成果转化、培育科技企业和企业家精神为宗旨，提供物理空间、共享设施和专业化服务的科技创业服务机构，且经过科技部批准确定的科技企业孵化器。

[55]国家备案众创空间是指符合《发展众创空间工作指引》规定的新型创新创业服务平台，且按照《国家众创空间备案暂行规定》经科技部审核备案的众创空间。

[56]PCT专利申请受理量是指国家知识产权局作为PCT专利申请受理局受理的PCT专利申请数量。PCT（PatentCooperationTreaty）即专利合作条约，是专利领域的一项国际合作条约。

[57]制造业产品质量合格率是指以产品质量检验为手段，按照规定的方法、程序和标准实施质量抽样检测，判定为质量合格的样品数占全部抽样样品数的百分比，统计调查样本覆盖制造业的29个行业。

[58]中等职业教育包括普通中专、成人中专、职业高中和技工学校。

[59]总流通人次是指本年度内到图书馆场馆接受图书馆服务的总人次，包括借阅书刊、咨询问题以及参加各类读者活动等。

[60]特种影片是指采用与常规影院放映在技术、设备、节目方面不同的电影展示方式，如巨幕电影、立体电影、立体特效（4D）电影、动感电影、球幕电影等。

[61]人均图书拥有量是指在一年内全国平均每人能拥有的当年出版图书册数。

[62]总诊疗人次是指所有诊疗工作的总人次数，包括门诊、急诊、出诊、预约诊疗、单项健康检查、健康咨询指导（不含健康讲座）人次。

[63]出院人数是指报告期内所有住院后出院的人数，包括医嘱离院、医嘱转其他医疗机构、非医嘱离院、死亡及其他人数，不含家庭病床撤床人数。

[64]体育场地调查对象不包括军队、铁路系统所属体育场地。

[65]体育场地面积是指体育训练、比赛、健身场地的有效面积。

[66]受新型冠状病毒肺炎疫情影响，2020年国际级体育赛事大幅减少，我国运动员获世界冠军数和创世界纪录数比往年有所减少。

[67]2020年1-3月份的国际赛事数据（受新型冠状病毒肺炎疫情影响，2020年4月份以后停止参加国际赛事）。

[68]经常参加体育锻炼人数比例来源于2020年全民健身活动状况调查。经常参加体育锻炼的人是指每周参加体育锻炼频度3次及以上，每次体育锻炼持续时间30分钟及以上，每次体育锻炼的运动强度达到中等及以上的人。

[69]国有建设用地供应总量是指报告期内市、县人民政府根据年度土地供应计划依法以出让、划拨、租赁等方式与用地单位或个人签订出让合同或签发划拨决定书、完成交易的国有建设用地总量。

[70]房地产用地是指商服用地和住宅用地的总和。

[71]种草改良面积是指通过实施播种、栽种等措施增加牧草数量的面积以及通过压盐压碱压沙、土壤改良、围栏封育等措施使草原原生植被、生态得到改善的面积之和。

[72]近岸海域海水水质采用面积法进行评价。

资料来源：

本公报中城镇新增就业、城镇登记失业率、社会保障、技工学校数据来自人力资源和社会保障部；外汇储备、汇率数据来自国家外汇管理局；环境监测、万元国内生产总值二氧化碳排放等数据来自生态环境部；财政数据来自财政部；市场主体、质量检验、国家标准制定修订、制造业产品质量合格率数据来自国家市场监督管理总局；水产品产量、新增高效节水灌溉面积数据来自农业农村部；木材产量、造林面积、种草改良面积、国家级自然保护区数据来自国家林业和草原局；新增耕地灌溉面积、水资源总量、新增水土流失治理面积数据来自水利部；发电装机容量、新增220千伏及以上变电设备、电力消费量数据来自中国电力企业联合会；港口货物吞吐量、港口集装箱吞吐量、公路运输、水运、新改建高速公路里程、港口万吨级码头泊位新增通过能力数据来自交通运输部；铁路运输、新建铁路投产里程、增新建铁路复线投产里程、电气化铁路投产里程数据来自中国国家铁路集团有限公司；民航、新增民用运输机场数据来自中国民用航空局；民用汽车、道路交通事故数据来自公安部；邮政业务数据来自国家邮政局；通信业、软件业务收入、新增光缆线路长度等数据来自工业和信息化部；互联网上网人数、互联网普及率数据来自中国互联网络信息中心；棚户区改造、建档立卡贫困户脱贫攻坚农村危房改造数据来自住房和城乡建设部；货物进出口数据来自海关总署；服务进出口、外商直接投资、对外直接投资、对外承包工程、对外劳务合作等数据来自商务部；减税降费数据来自国家税务总局；货币金融、公司信用类债券数据来自中国人民银行；境内交易场所筹资数据来自中国证券监督管理委员会；保险业数据来自中国银行保险监督管理委员会；医疗保险、生育保险、资助参加基本医疗保险、实施直接救助数据来自国家医疗保障局；城乡低保、农村特困人员救助供养、临时救助、社会服务数据来自民政部；优抚对象数据来自退役军人事务部；国家科技重大专项、国家重点实验室、国家级科技企业孵化器、国家备案众创空间、技术合同等数据来自科学技术部；国家自然科学基金资助项目数据来自国家自然科学基金委员会；国家工程研究中心（国家工程实验室）、国家企业技术中心、大众创业万众创新示范基地等数据来自国家发展和改革委员会；专利、商标数据来自国家知识产权局；宇航发射数据来自国家国防科技工业局；教育数据来自教育部；艺术表演团体、博物馆、公共图书馆、文化馆、旅游数据来自文化和旅游部；电视、广播数据来自国家广播电视总局；电影数据来自国家电影局；报纸、期刊、图书数据来自国家新闻出版署；档案数据来自国家档案局；医疗卫生数据来自国家卫生健康委员会；体育数据来自国家体育总局；残疾人运动员数据来自中国残疾人联合会；国有建设用地供应、海洋灾害造成直接经济损失数据来自自然资源部；平均气温、台风登陆数据来自中国气象局；农作物受灾面积、洪涝和地质灾害造成直接经济损失、旱灾造成直接经济损失、低温冷冻和雪灾造成直接经济损失、森林火灾、受害森林面积、生产安全事故数据来自应急管理部；地震次数、地震灾害造成直接经济损失数据来自中国地震局；其他数据均来自国家统计局。

江西省2020年国民经济和社会发展统计公报[1]

江西省统计局　国家统计局江西调查总队

2021年3月23日

2020 年，面对复杂严峻的国内外形势，特别是突如其来的新冠肺炎疫情和鄱阳湖流域超历史大洪水，在以习近平同志为核心的党中央坚强领导下，全省上下坚持以习近平新时代中国特色社会主义思想为指导，认真贯彻党的十九大和十九届二中、三中、四中、五中全会精神，全面落实习近平总书记视察江西重要讲话精神，坚持稳中求进工作总基调，坚持新发展理念，坚持高质量跨越式发展，扎实做好“六稳”工作、全面落实“六保”任务，全省统筹疫情防控、抗洪救灾和经济社会发展成果显著。经济持续稳定恢复，趋于常态；社会发展有序和谐，大局平稳；“十三五”规划顺利收官；全面建成小康社会取得决定性成就。

一、综合[2]

经国家统计局统一核算，全年全省地区生产总值[3]25691.5 亿元，比上年增长 3.8%。其中，第一产业增加值 2241.6 亿元，增长 2.2%；第二产业增加值 11084.8 亿元，增长 4.0%；第三产业增加值 12365.1 亿元，增长 4.0%。三次产业结构为 8.7:43.2:48.1，三次产业对 GDP 增长的贡献率分别为 5.0%、52.1%和 43.0%。

图1　2016-2020年生产总值及其增长速度

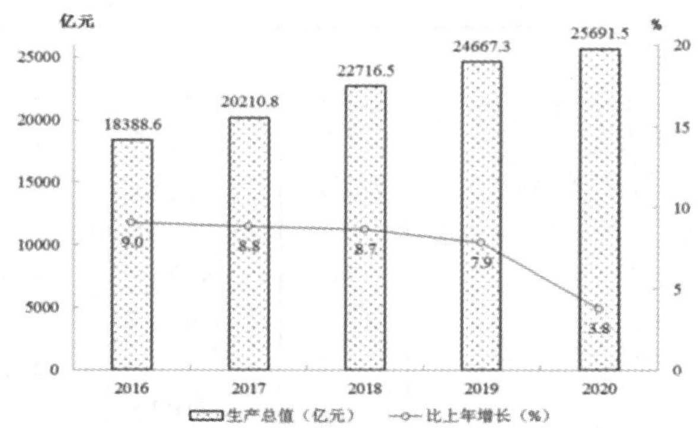

图2　2016-2020年三次产业增加值占生产总值比重

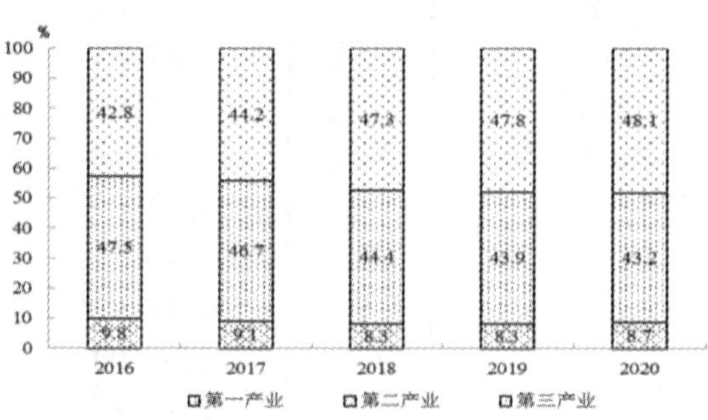

全年全省城镇新增就业 46.2 万人，比上年少增 8.2 万人；新增转移农村劳动力 58.9 万人；失业人员再就业 17.7 万人；就业困难人员就业 4.7 万人。全省农民工[4]总量为 1237.3 万人，比上年下降 1.6%。其中，本地农民工 420.2 万人，比上年下降 4.7%；外出农民工 817.1 万，与上年持平。年末城镇登记失业率 3.2%，比上年上升 0.2 个百分点。

全年全省居民消费价格（CPI）比上年上涨 2.6%，涨幅比去年低 0.3 个百分点。其中：城市上涨 2.4%，农村上涨 3.0%。分类别看，八大类商品和服务价格“三涨五降”，食品烟酒类上涨 8.8%，其他用品和服务类上涨 4.9%，教育文化和娱乐类上涨 2.1%，居住类下降 0.6%，医疗保健类下降 0.1%，衣着类下降 0.8%，生活用品及服务类下降 0.3%，交通和通信类下降 3.7%。全年工业生产者出厂价格（PPI）下降 1.7%。工业生产者购进价格（IPI）下降 3.0%。农产品生产者价格[5]上涨 11.0%。

图3　2020年居民消费价格月度同比涨跌幅度

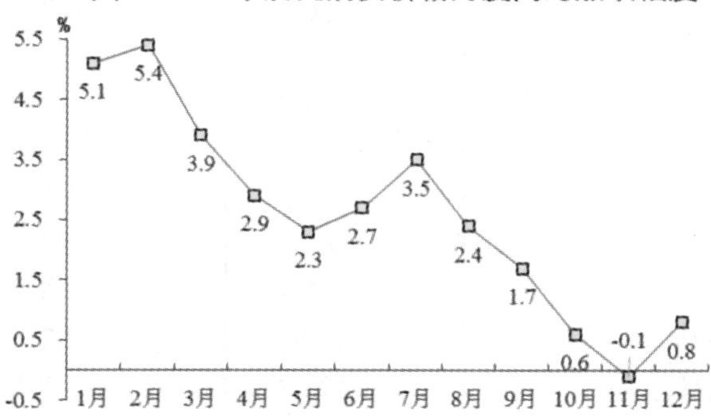

表 1　2020 年居民消费价格分类别涨跌幅度

类　　别	比上年上涨（%）
居民消费价格指数	2.6
食品烟酒	8.8
衣着	-0.8
居住	-0.6
生活用品及服务	-0.3
交通和通信	-3.7
教育文化和娱乐	2.1
医疗保健	-0.1
其他用品和服务	4.9

二、农业

全年全省农林牧渔业总产值3820.7亿元，比上年增长2.7%。粮食种植面积3772.4千公顷，增长2.9%。其中，谷物种植面积3510.0千公顷，增长2.8%。油料种植面积678.4千公顷，增长0.2%。其中，油菜籽475.4千公顷，下降1.4%。蔬菜种植面积661.0千公顷，增长2.6%。棉花种植面积35.0千公顷，下降19.5%。甘蔗种植面积13.6千公顷，下降2.7%。

全年全省粮食产量2163.9万吨，比上年增长0.3%。油料产量122.7万吨，增长1.6%。蔬菜及食用菌产量1642.7万吨，增长3.8%。棉花产量5.3万吨，下降19.5%。甘蔗产量61.2万吨，下降2.0%。烟叶产量2.7万吨，增长18.6%。茶叶产量7.2万吨，增长7.2%。园林水果产量493.2万吨，增长4.0%。

全年全省猪牛羊禽肉产量283.0万吨，比上年下降5.1%。其中，猪肉产量180.7万吨，下降12.6%；牛肉产量15.2万吨，增长15.7%；羊肉产量2.6万吨，增长11.7%；禽肉产量84.5万吨，增长11.3%。禽蛋产量61.2万吨，增长7.1%。牛奶产量9.1万吨，增长25.1%。水产品产量262.7万吨，增长1.5%。年末生猪存栏1569.9万头，比上年末增长56.0%；生猪出栏2218.3万头，下降12.9%。

表2　2020年主要农产品产量及其增长速度

产品名称	产量（万吨）	比上年增长（%）
粮食	2163.9	0.3
其中：谷物	2076.3	0.2
油料	122.7	1.6
其中：油菜籽	67.8	-1.5
蔬菜及食用菌	1642.7	3.8
棉花	5.3	-19.5
甘蔗	61.2	-2.0
烟叶	2.7	18.6
茶叶	7.2	7.2
园林水果	493.2	4.0
猪牛羊禽肉	283.0	-5.1
水产品	262.7	1.5

三、工业和建筑业

全年全省全部工业增加值8952.7亿元，比上年增长4.0%；规模以上工业[6]增加值增长4.6%。规模以上工业增加值中，分轻重工业看，轻工业下降1.8%，重工业增长7.8%。分经济类型看，国有企业下降15.4%，集体企业增长19.2%，股份合作企业增长7.3%，股份制企业增长4.9%，私营企业增长5.1%，外商及港澳台商投资企业增长2.5%，其他经济类型企业下降1.3%。高质量发展向前迈进。全省38个工业大类行业中，21个大类行业增加值实现增长，增长面为55.3%，其中7个行业实现两位数增长。高新技术产业增加值增长11.2%，高于全省平均6.6个百分点，占规上工业增加值的比重为38.2%，比上年提高2.1个百分点。装备制造业增加值增长9.4%，高于全省平均4.8个百分点，占比为28.5%，比上年提高0.8个百分点。战略性新兴产业增加值增长6.6%，高于全省平均2.0个百分点，占比为22.1%，比上年提高0.9个百分点。高耗能行业增加值增长5.4%，占比为39.1%，比上年提高0.4个百分点。非公工业贡献突出。非公有制工业增加值增长5.3%，占规模以上工业增加值的81.8%，对规模以上工业增长的贡献率为90.5%。其中，私营企业增长5.1%，占规模以上工业增加值的45.3%，对规模以上工业增长的贡献率为48.8%。

图4　2016-2020年规模以上工业增加值增长速度

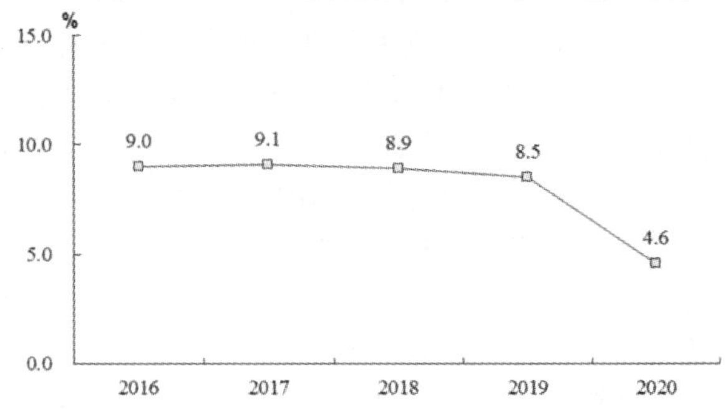

全省重点监测的397种主要工业产品中有207种产品产量同比增长，增长面52.1%。工业新产品中，智能手机同比增长19.2%；集成电路增长16.4%；太阳能电池增长14.9%。

表3　2020年规模以上工业主要产品产量及其增长速度

产品名称	单位	产量	比上年增长(%)
多晶硅	万千克	959.4	-19
单一稀土金属	万千克	1452.4	-6.2
中成药	万吨	11.7	-18.2
白酒(折65度商品量)	万千升	8.3	-37.4
啤酒	万千升	70	-1.8
精制茶	吨	64574.9	-9.4
卷烟	亿支	630.7	-1.1
化学纤维	万吨	86.9	38.1
布	万米	77102.8	-20.1
服装	万件	90379.7	-24.6
机制纸及纸板	万吨	291.1	1.6
饲料	万吨	2098.7	11.6
硫酸(折100%)	万吨	287.5	-0.8
农用氮、磷、钾化学肥料	万吨	19.6	-4.1
化学原料药	吨	72207.5	-11
水泥	万吨	9769.7	1.3
瓷质砖	万平方	108208.3	8.1
粗钢	万吨	2682.1	6.2
钢材	万吨	3093.9	10.5

产品名称	单位	产量	比上年增长(%)
十种有色金属	万吨	202.5	6.5
其中:精炼铜(电解铜)	万吨	150.7	3.7
铜材	万吨	384.8	4.7
汽车	万辆	45.1	1.4
家用电冰箱	万台	78.1	-16.2
太阳能电池	万千瓦	940.9	14.9
房间空气调节器	万台	486.6	-23

全年全省规模以上工业企业实现营业收入37909.2亿元，比上年增长7.9%；实现利润总额2438.1亿元，增长12.2%；每百元营业务收入中的成本为86.4元，比上年减少0.09元。年末规上工业资产负债率为53.7%，比上年末提高1.1个百分点。

年末全省开发区投产工业企业14257家，比上年末增加1243家；实际开发面积677.0平方公里，完成基础设施投入1909.9亿元。全年开发区工业增加值增长5.5%，增速高于规模以上工业0.9个百分点；实现出口交货值2098.1亿元，增长8.2%。招商签约资金12380.4亿元，增长47.2%；招商实际到位资金8443.7亿元，招商资金实际到位率为68.2%。实现营业收入32379.3亿元，增长10.1%，增速高于规模以上工业2.2个百分点；实现利润总额2265.4亿元，增长15.4%。营业收入超100亿的开发区73个，较上年增加7个；超200亿的开发区55个，增加7个；超500亿的开发区20个，增加3个；超1000亿的开发区5个，分别是南昌高新技术产业开发区、南昌经济技术开发区、九江经济技术开发区、南昌小蓝经济技术开发区和上饶经济技术开发区。

全年全省规模以上工业生产原煤281.2万吨，比上年下降33.7%；原煤消费库存量284.2万吨，下降11.9%。原油加工量701.9万吨，下降10.8%。其中，汽油产量211.6万吨，下降13.4%；煤油产量54.2万吨，下降23.3%；柴油产量236.7万吨，下降19.4%。发电量1320.6亿千瓦时，增长5.2%。其中，火力发电1160.8亿千瓦时，增长5.6%；风力发电51.8亿千瓦时，增长25.2%；太阳能发电34.3亿千瓦时，增长3.7%；水力发电73.7亿千瓦时，下降9.2%。

全年全省总承包和专业承包建筑业总产值完成8649.2亿元，比上年增长8.9%。其中，建筑工程产值完成7436.6亿元，增长8.1%，占建筑业总产值的比重为86.0%；安装工程产值完成652.2亿元，增长16.7%，占比7.5%；其他产值完成560.3亿元，增长11.0%，占比6.5%。资质以上总、专包建筑业企业共3869家，比上年增加646家。其中，总承包企业3396家，增加599家；专业承包企业473家，增加47家。按资质等级划分，资质等级为特、一级总、专包企业425家，增加32家；二级企业1030家，增加73家；三级及其他企业2414家，增加541家。

四、服务业

全年全省服务业实现增加值12365.1亿元，比上年增长4.0%。其中，批发和零售业增加值2176.2亿元，增长2.4%；交通运输、仓储和邮政业增加值1104.9亿元，增长1.1%；住宿和餐饮业增加值429.1亿元，下降8.0%；金融业增加值1808.6亿元，增长10.0%；房地产业增加值1925.1亿元，增长4.3%；信息传输、软件和信息技术服务业增加值489.6亿元，增长16.3%。

图5 2016-2020年服务业增加值增长速度

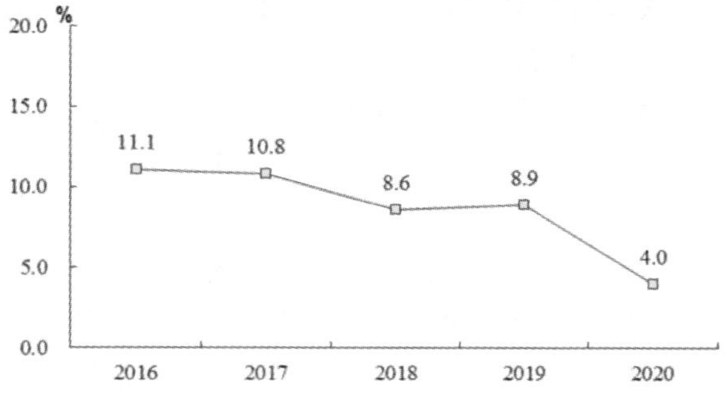

全年全省规模以上服务业[7]企业营业收入2907.5亿元，比上年增长8.5%；营业利润162.4亿元，下降19.2%。分行业看，信息传输、软件和信息技术服务业营业收入增长8.5%，其中，互联网和相关服务增长21.6%，软件和信息技术服务业下降1.9%；科学研究和技术服务业增长18.1%；交通运输、仓储和邮政业增长5.4%；租赁和商务服务业增长15.1%；水利、环境和公共设施管理业增长17.4%。

全年全省货物运输总量157166.9万吨，比上年增长4.1%；货物运输周转量4010.8亿吨公里，增长3.9%。南昌港完成货物吞吐量4865.9万吨，增长27.2%；完成集装箱吞吐量14.0万标准箱，下降25.8%。九江港完成货物吞吐量12046.8万吨，增长6.1%；完成集装箱吞吐量61.0万标准箱，增长17.2%。

表4 2020年各种运输方式货物运输量及其增长速度

指　标	单　位	绝对值	比上年增长(%)
货物运输量	万吨	157166.9	4.1
铁路	万吨	4552.5	-10.1
公路	万吨	141899	4.7
水运	万吨	10696.7	3.5
空运	万吨	18.7	44.3
货物运输周转量	亿吨公里	4010.8	3.9
铁路	亿吨公里	497.3	-11.9
公路	亿吨公里	3247.1	6.8
水运	亿吨公里	266.4	4.3

旅客运输量43186.0万人，比上年下降27.9%；旅客运输周转量631.4亿人公里，下降35.9%。昌北国际

机场旅客吞吐量942.7万人次，下降30.9%。

表5　2020年各种运输方式旅客运输量及其增长速度

指　标	单　位	绝对值	比上年增长(%)
旅客运输量	万人	43186	-27.9
铁路	万人	8157.1	-31.7
公路	万人	33643	-26.8
水运	万人	113.2	-42.7
空运	万人	1272.8	-31
旅客运输周转量	亿人公里	631.4	-35.9
铁路	亿人公里	450.3	-39.1
公路	亿人公里	180.9	-25.9
水运	亿人公里	0.2	-35.8

年末全省公路通车里程210641.5公里，其中高速公路通车里程6234.1公里。铁路营运里程4546.3公里。年末全省民用汽车保有量661.8万辆，比上年增长8.9%；民用轿车保有量377.6万辆，增长9.3%，其中私人轿车363.5万辆，增长9.7%。

全年全省邮电业务总量[8]3851.2亿元，比上年增长25.5%。其中，邮政业务总量311.3亿元，增长35.3%；电信业务总量[9]3539.9亿元，增长24.7%。完成邮政函件业务1183.9万件，下降29.7%；包裹业务36.7万件，下降16.0%。快递服务企业业务量11.2亿件，增长44.1%；业务收入114.7亿元，增长36.0%。

年末固定电话用户482.4万户，比上年末增长5.5%。移动电话用户4249.4万户，增长2.2%。年末4G用户占移动电话用户比重为77.7%。年末互联网宽带接入用户(计算机互联网用户)1510.5万户，增长4.3%。年末移动互联网用户3599.3万户，增长2.6%。

五、固定资产投资

全年全省固定资产投资[6]比上年增长8.2%。分产业看，第一产业投资增长24.4%，占全部投资的2.2%；第二产业投资增长8.0%，占全部投资的49.6%；第三产业投资增长7.8%，占全部投资的48.2%。分经济类型看，国有投资增长9.1%，占全部投资的24.4%；非国有投资增长7.9%，占全部投资的75.6%，其中，民间投资增长3.6%，占全部投资的65.2%。从投资主要构成看，基础设施投资增长4.2%，占全部投资的16.5%；工业投资增长8.0%，占全部投资的49.6%，其中，工业技改投资增长16.4%，高新技术产业投资增长18.3%。

图6　2016-2020年固定资产投资增长速度

表6　2020年分行业固定资产投资增长速度及构成

行　业	比上年增长(%)	构成(%)(以投资额为100)
总　计	**8.0**	**100.0**
第一产业	24.4	2.2
第二产业	8.0	49.6
工业	8.0	49.6
采矿业	17.5	0.9
制造业	7	45.2
电力、热力、燃气及水生产和供应业	20.8	3.4
建筑业	-3.2	0.1
第三产业	7.8	48.2
批发和零售业	-40.1	1.1
交通运输、仓储和邮政业	14.4	4.2
住宿和餐饮业	4	0.5
信息传输、软件和信息技术服务业	63.5	0.8
金融业	-19.2	0.1
房地产业	11.1	19.3
租赁和商务服务业	8	2.4
科学研究和技术服务业	4.7	0.6
水利、环境和公共设施管理业	2.3	12.5
居民服务、修理和其他服务业	-8.4	0.3
教育	16.4	1.8
卫生和社会工作业	27.3	1.2
文化、体育和娱乐业	25.3	1.4
公共管理、社会保障和社会组织	10.8	1.9

全年全省施工项目18285个，比上年减少501个。其中，新开工项目9344个，增加511个，完成投资占全部固定资产投资的35.2%。施工项目中，全省亿元以上施工项目7986个，完成投资增长18.5%。其中，亿元以上新开工项目2858个，完成投资增长89.7%。民生类项目共681个，增加181个，完成投资增长21.9%。其中，教育投资增长16.4%；卫生和社会工作投资增长27.3%；文化、体育娱乐业投资增长25.3%。

全年全省房地产开发投资比上年增长6.2%，其中住宅投资增长7.2%。商品房销售面积6732.7万平方米，增长4.2%，其中住宅销售面积5853.1万平方米，增长3.1%，增幅较上年回落2.3个百分点。商品房销售额5222.8亿元，增长10.9%，其中，住宅销售额4425.2亿元，增长9.6%。年末商品房待售面积803.5万平方米，比上年末下降1.8%，其中住宅待售面积408.9万平方米，提高2.8%。全省商品房单位面积销售额7757元/平方米，增长6.4%。

全年全省棚户区改造开工20.42万套，纳入2019年国家计划的686个老旧小区改造全面完工。

六、国内贸易

全年全省实现社会消费品零售总额10371.8亿元，比上年增长3.0%。其中，限额以上消费品零售额3302.2亿元，增长5.5%。按经营单位所在地分，城镇消费品零售额 8746.6 亿元，增长 2.7%，其中城区 5156.1 亿元，增长 2.8%；乡村消费品零售额 1625.2 亿元，增长 4.5%。按消费类型分，商品零售 9516.1 亿元，增长 3.3%；餐饮收入 855.6 亿元，增长 0.5%。

图7 2016-2020年社会消费品零售总额增长速度

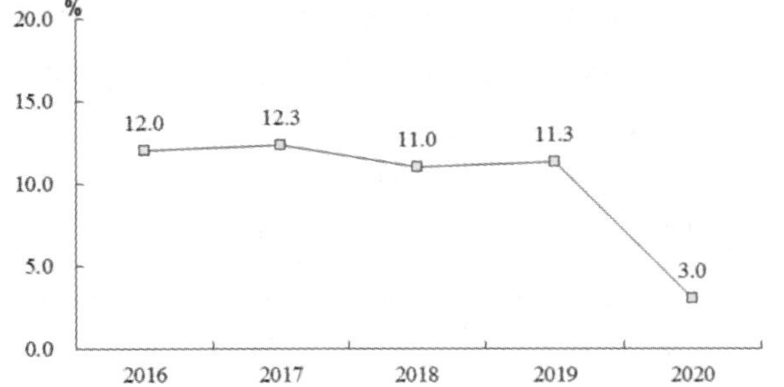

在限额以上单位商品零售额中，基本生活类商品销售保持较快增长，粮油食品类、日用品类、中西药类商品零售额分别增长 19.9%、17.4%、28.1%。消费升级类商品中通讯器材类，体育、娱乐用品类商品零售额分别增长 50.0%、13.5%。网上零售增势强劲，限额以上批发零售业通过公共网络实现商品零售额 329.6 亿元，增长 38.6%。

表 7 2020 年限额以上单位按商品分类零售额及其增长速度

类　别	零售额（亿元）	比上年增长(%)
合　　计	**3153.2**	**6.2**
#通过公共网络实现的商品销售	329.6	38.6
粮油、食品类	435.1	19.9
饮料类	47.4	11.3
烟酒类	74.8	10.4
服装、鞋帽、针纺织品类	181.6	4.3
化妆品类	34.4	13.0
金银珠宝类	41.2	1.0
日用品类	128.0	17.4
五金、电料类	18.4	11.5
体育、娱乐用品类	4.7	13.5
书报杂志类	58.8	18.4
电子出版物及音像制品类	2.9	-17.8
家用电器和音像器材类	135.5	-4.3
中西药品类	150.4	28.1
文化办公用品类	40.2	21.2
家具类	49.0	0.1
通讯器材类	50.2	50.0
煤炭及制品类	8.1	2.6
石油及制品类	477.1	-8.8
建筑及装潢材料类	69.2	12.8
机电产品及设备类	12.9	-0.5
汽车类	1009.5	2.8
棉麻类	0.9	59.3
其他类	123.0	19.9

七、对外经济

全年全省货物贸易进出口总值 4010.1 亿元，比上年增长 14.3%。其中，出口值 2920.4 亿元，增长 17.0%；进口值 1089.8 亿元，增长 7.5%。从贸易方式看，一般贸易出口 2242.0 亿元，增长 11.5%；加工贸易出口 633.4 亿元，增长 37.8%。从主要产品出口看，机电产品出口 1611.6 亿元，增长 29.5%，占全省出口值的 55.2%；高新技术产品出口 972.7 亿元，增长 37.1%。从贸易对象看，对东盟出口 541.6 亿元，列第一位，增长 11.0%；对美国出口 486.4 亿元，列第二位，增长 36.5%；对欧盟出口 392.7 亿元，列第三位，增长 16.4%；对"一带一路"沿线国家出口 1030.0 亿元，增长 14.0%。

图8 2016-2020年货物进出口总值

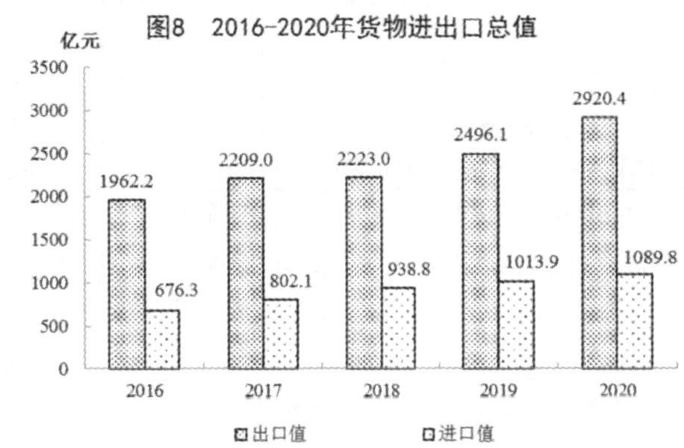

表 8 2020 年货物贸易进出口总值及其增长速度

指　标	金额（亿元）	比上年增长(%)
进出口总值	**4010.1**	**14.3**
出口值	2920.4	17.0
其中：一般贸易	2242.0	11.5
加工贸易	633.4	37.8
其中：机电产品	1611.6	29.5
高新技术产品	972.7	37.1
进口值	1089.8	7.5
其中：一般贸易	583.8	1.6
加工贸易	431.6	0.8
其中：机电产品	599.1	10.7
高新技术产品	500.4	10.2

表 9 2020 年对主要国家（地区）出口值及其增长速度

国家（地区）	出口值（亿元）	比上年增长（%）
东盟	541.6	11.0
美国	486.4	36.5
欧盟	392.7	16.4
中国香港	324.5	20.2
越南	141.3	50.1
韩国	135.0	21.4
日本	129.5	23.2
马来西亚	99.4	-4.0
印度	79.4	3.5
印度尼西亚	58.6	-10.6
中国台湾	45.6	23.6

全年全省新设外商投资企业 565 家，比上年增长 3.9%；合同金额 123.2 亿美元，增长 13.7%；实际使用外商直接投资金额 146.0 亿美元，增长 7.5%。利用省外项目实际进资 8751.6 亿元，增长 8.9%。

表 10 2020 年分行业实际使用外商直接投资金额及其增长速度

行　　业	金额（亿美元）	比上年增长(%)
总　　计	146.0	7.5
#农、林、牧、渔业	3.1	-51.7
制造业	83.2	6.6
电力、热力、燃气及水生产和供应业	8.1	116.7
交通运输、仓储和邮政业	0.2	-82.7
信息传输、软件和信息技术服务业	4.7	2.9
批发和零售业	13.1	27.8
房地产业	19.1	6.9
租赁和商务服务业	7.4	-6.6
科学研究技术服务和地质勘查业	3.0	40.3

全年对外承包工程新签合同 155 份，比上年下降 8.8%；合同金额 39.0 亿美元，增长 4.0%；完成营业额 40.6 亿美元，下降 9.5%。对外承包工程和对外劳务合作派出各类劳务人员 1267 人，下降 77.5%。对外直接投资额 8.7 亿美元，下降 52.9%。

八、财政金融

全年全省财政总收入 4048.3 亿元，比上年增长 1.2%，同比回落 4.2 个百分点。一般公共预算收入 2507.5 亿元，增长 0.8%，其中地方税收收入 1702.0 亿元，下降 2.6%。分税种看，增值税 766.4 亿元，下降 4.3%，比上年回落 16.5 个百分点；企业所得税 232.5 亿元，下降 5.0%，比上年回落 14.9 个百分点；个人所得税 62.8 亿元，增长 11.0%。全年一般公共预算支出 6666.1 亿元，增长 4.4%。其中，教育支出 1218.9 亿元，增长 6.1%；社会保障和就业支出 866.7 亿元，增长 6.0%；城乡社区支出 728.5 亿元，下降 30.4%。

图9　2016-2020年财政总收入及其增长速度

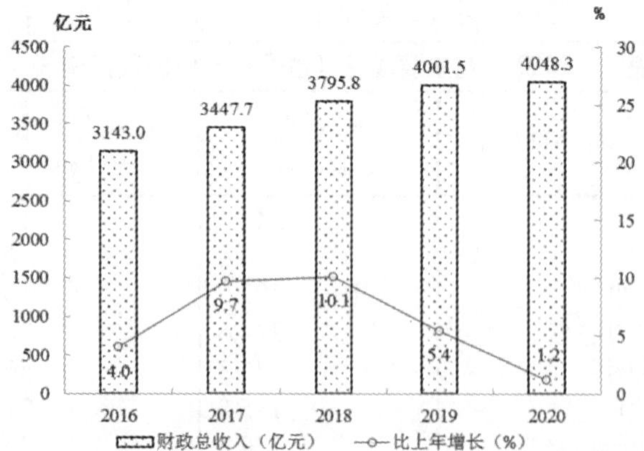

年末全省金融机构人民币各项存款余额 43608.2 亿元，比上年末增长 12.0%，比年初增加 4655.6 亿元，同比多增 780.1 亿元。其中，住户存款 22741.1 亿元，比年初增加 3075.2 亿元，同比多增 601.0 亿元；非金融企业存款 12942.8 亿元，比年初增加 1464.9 亿元，同比多增 402.5 亿元。金融机构人民币各项贷款余额 41409.2 亿元，比上年末增长 16.7%，比年初增加 5915.4 亿元，同比多增 875.4 亿元。其中，住户贷款 16301.6 亿元，比年初增加 1929.6 亿元，同比少增 204.9 亿元；非金融机构及机关团体贷款 25035.4 亿元，比年初增加 3987.2 亿元，同比多增 1090.9 亿元。

年末全省辖区内共有境内上市公司 55 家，其中，主板公司 29 家，中小板公司 10 家，创业板公司 13 家，科创板公司 3 家。辖区内证券公司 2 家，分公司 43 家，证券营业部 310 家，证券交易额 7.73 万亿元；期货公司 1 家，期货营业部 32 家，期货代理成交金额 3.53 万亿元。

全年全省保险公司保费收入 927.9 亿元，比上年增长 11.1%。其中，财产险保费收入 332.9 亿元，增长 8.5%；寿险保费收入 594.9 亿元，增长 12.6%；健康险保费收入 179.6 亿元，增长 13.7%；意外伤害险保费收入 24.6 亿元，增长 14.0%。支付各类赔款及给付 311.3 亿元，增长 10.9%。其中，财产险赔款及给付 191.1 亿元，增长 11.2%；人寿险赔款及给付 120.2 亿元，增长 10.3%；健康险赔款和给付 83.9 亿元，增长 16.0%；意外伤害险赔款和给付 6.1 亿元，增长 5.3%。

九、居民收入消费和社会保障

全年全省居民人均可支配收入 28017 元，比上年增长 6.7%，扣除价格因素，实际增长 4.0%。其中，城镇居民人均可支配收入 38556 元，增长 5.5%，扣除价格因素，实际增长 3.0%；农村居民人均可支配收入 16981 元，增长 7.5%，扣除价格因素，实际增长 4.4%。城乡居民收入比 2.27∶1，比上年缩小 0.04。

图10　2016-2020年城镇、农村居民人均可支配收入及城乡居民收入比

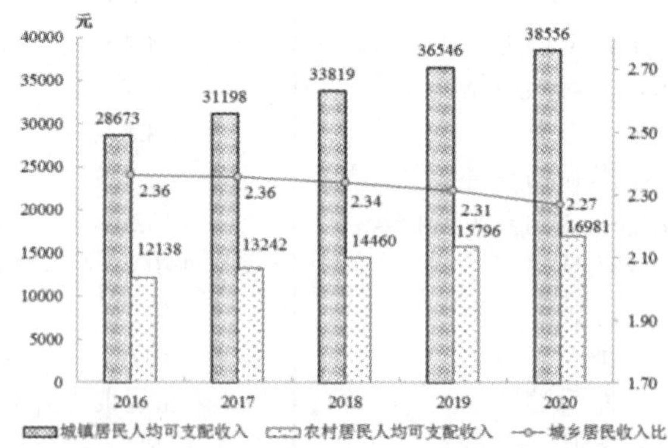

全年全省居民人均消费支出 17955 元，比上年增长 1.7%。其中，城镇居民人均消费支出 22134 元，下降 2.6%；农村居民人均消费支出 13579 元，增长 8.7%。城、乡居民消费恩格尔系数分别为 31.4%、33.6%，分别比上年回升 2.3、3.2 个百分点。

年末全省参加城镇职工基本养老保险人数1168.2万人，比上年末增加71.3万人。参加城乡居民基本养老保险人数2078.0万人，增加189.1万人。参加基本医疗保险人数4780.0万人，减少2.45万人。其中，参加职工基本医疗保险人数599.0万人，增加20.0万人；参加城乡居民基本医疗保险人数4180.9万人。参加失业保险人数291.9万人，增加2.2万人。全省领取失业保险金人数3.6万人。参加工伤保险人数553.4万人，增加14.0万人。参加生育保险人数372.2万人，增加68.9万人。城市居民纳入政府最低生活保障人数33.8万人，城市低保标准705元/人月，向城市低保户发放低保金20.5亿元，月人均补差450元；农村居民纳入政府最低生活保障人数147.2万人，农村低保标准470元/人月，向农村低保户发放低保金58.4亿元，月人均补差325元。农村、城市特困供养标准分别为615元/人月、915元/人月。

全年全省义务教育阶段免除学杂费的学生数626.7万人，义务教育阶段补助家庭经济困难寄宿生活费学生数30.1万人，资助普通高中家庭经济困难学生数28.4万人，资助考入大学(含民办高校独立学院)家庭经济困难学生数3.0万人，资助中等职业教育(不含技工学校)家庭经济困难学生数39.5万人。

年末全省共有提供住宿的社会福利机构1883个，床位数17.2万张，收养人数8.4万人。社区服务机构和设施总数43489个，其中社区服务中心1123个。全年销售社会福利彩票25.3亿元，筹集福利彩票公益金8.0亿元，直接接受社会捐赠8.1亿元。

全年省级扶贫发展资金投入40.1亿元。全省最后7个贫困县摘帽，剩余9.6万贫困人口全部脱贫，25.58万城镇贫困群众脱困退出，35.4万存量对象全部纳入兜底保障。“十三五”时期，全省25个贫困县、3058个贫困村全部“摘帽”退出，江西老区的区域性整体贫困问题得到根本解决。

十、教育和科学技术

全年全省研究生教育招生2.0万人，在校生5.1万人，毕业生1.3万人。普通高等教育招生42.2万人，在校生124.2万人，毕业生30.9万人。成人高等教育招生13.7万人，在校生30.3万人，毕业生5.1万人。中等职业教育招生17.7万人，在校生44.6万人，毕业生10.8万人。普通高中招生38.5万人，在校生110.5万人，毕业生33.3万人。初中学校招生68.6万人，在校生220.4万人，毕业生68.7万人。普通小学招生61.8万人，在校生406.3万人，毕业生68.2万人。民办学校9158所，在校学生184.8万人。特殊教育在校生4.0万人，幼儿园在园幼儿170.0万人。学前教育毛入园率87.6%，小学毛入学率101.7%，初中阶段毛入学率109.5%，高中阶段教育毛入学率92.5%。普通高考录取率84.4%，高等教育毛入学率52.0%。

表11　2020各类学校招生、在校生和毕业生人数

单位：万人

指　标	招生数	在校生数	毕业生数
研究生教育	2.0	5.1	1.3
普通高等教育	42.2	124.2	30.9
成人高等教育	13.7	30.3	5.1
中等职业教育	17.7	44.6	10.8
普通高中	38.5	110.5	33.3
初中学校	68.6	220.4	68.7
普通小学	61.8	406.3	68.2

全年全省研究与试验发展(R&D)经费支出占GDP的比重为1.75%，比上年提高0.2个百分点。年末共有国家工程（技术）研究中心8个，省工程（技术）研究中心370个；国家级重点实验室5个，省级重点实验室218个。全年受理专利申请114299件，授权专利80239件；签订技术合同4086项，技术市场合同成交金额233.4亿元。其中，技术开发合同成交额77.1亿元，技术转让合同成交额36.8亿元。

年末全省共有获省级检验检测机构资质认定的机构1541个。其中，国家产品质量监督检验中心10个，法定计量技术机构331个。全年强制检定计量器具127.6万台（件），开展产品质量监督抽查7681批次。累计获得CCC认证证书的企业598家，获得CCC认证证书4113张。累计发放自愿性产品认证证书7739张，发放工业产品生产许可证755张。测绘部门为经济社会发展提供各种基本比例尺地形图10960张，测绘基准成果2504点，遥感影像成果16.9万平方公里。

十一、文化旅游、卫生健康和体育

年末全省共有艺术表演团体79个，文化馆118个，公共图书馆114个，博物馆170个。广播电视台94座，中、短波转播发射台25座。有线电视实际用户537万户，其中，数字电视实际用户521万户。年末广播综合人口覆盖率99.0%，电视综合人口覆盖率99.5%。全年出版各种图书、期刊、报纸9500种，出版各类图书25793万册、期刊7006万册、报纸74377万份。

全年全省接待国内旅游者55681.8万人次，比上年下降29.6%；国内旅游收入5420.1亿元，下降43.5%。接待入境旅游者13.0万人次，下降93.4%；国际旅游外汇收入0.37亿美元，下降95.7%。

年末全省共有各类医疗卫生机构(不含村卫生室)9345个。其中，医院、卫生院2452个，妇幼保健院（所、站）114个，专科疾病防治院（所、站）110个，疾病预防控制中心152个，卫生监督所(中心)111个。

卫生技术人员 28.6 万人。其中，执业医师和执业助理医师 10.5 万人，注册护士 12.9 万人。医院、卫生院床位数 26.5 万张，其中乡镇卫生院床位数 5.8 万张。

年末全省共有青少年俱乐部 138 个，青少年户外活动营地 4 个；国家级体育传统项目学校 15 所，省级体育传统项目学校 237 所，省级单项体育后备人才基地 37 个。全年新建村级农民体育健身工程 243 个，乡镇农民体育健身工程 22 个。在国际和国内的重大比赛中共获得 18 枚金牌、14 枚银牌和 28 枚铜牌。

十二、资源、环境和应急管理

全年全省 $PM_{2.5}$ 浓度为 30 微克/立方米，比上年下降 14.3%，平均浓度达国家二级标准。全年优良天数比例为 94.7%，比上年上升 5.0 个百分点，优良天数增加 20 天。空气中的 SO_2、PM_{10}、NO_2 浓度均达到国家二级标准，SO_2 与上年持平，PM_{10}、NO_2 浓度分别下降 13.6% 和 8.3%。

全年全省地表水断面水质优良比例为 94.7%，比上年上升 2.3 个百分点，V 类及劣 V 类水断面比例为 0。其中，国家考核断面水质优良率 96.0%，上升 2.7 个百分点。长江干流江西段所有水质断面全部达到Ⅱ类标准；设区城市集中式生活饮用水水源地水质达标率为 100%。全省 10 条主要河流中，信江、抚河、修河、饶河、长江九江段、袁水、萍水河、东江、环鄱阳湖区河流水质优良比例 100%，赣江水质优良比例 98.3%。

全年全省完成造林面积 109.8 万亩，改造低产低效林 178.4 万亩，森林覆盖率稳定在 63.1%。共建立自然保护区 191 处，其中，国家级 16 处、省级 39 处、市县级 136 处。自然保护区面积 110.0 万公顷，占全省国土面积的 6.6%。

全省平均降水量 1896.8 毫米，较常年偏多 13%，为 1961 年以来第 12 高位。平均气温 19.0℃，较常年偏高 0.98℃，为 1961 年以来第 1 高位。平均日照时数 1478.6 小时，较常年偏少 153.9 小时，为 1961 年以来第 4 少位。

全年全省规模以上工业综合能源消费量 5817.2 万吨标准煤，增长 2.9%；万元规模以上工业增加值能耗[10]下降 1.6%。

全年全省共发生生产安全事故 1746 起，比上年减少 347 起，其中，道路运输业事故 1485 起，工矿商贸事故 225 起，铁路运输业事故 32 起。生产安全事故死亡人数 1062 人，比上年减少 254 人。其中，道路运输业事故死亡 775 人，工矿商贸事故死亡 255 人，铁路运输业事故死亡 28 人。亿元生产总值生产安全事故死亡人数 0.041 人。全年未发生重大以上事故。

面对鄱阳湖流域超历史大洪水，及时启动防汛Ⅰ级应急响应，果断实行 213 座单退圩堤分洪，处置较大以上险情 2075 处，转移安置群众 71.5 万人。全年全省因各类自然灾害造成 957.3 万人受灾，直接经济损失 355.7 亿元。

注释：

[1]本公报中数据均为初步统计数。部分数据因四舍五入的原因，存在总计与分项合计不等的情况。

[2]2020 年开展第七次全国人口普查，公报中不再单独发布人口和就业人员相关数据，将另行发布。

[3]地区生产总值、各产业增加值绝对数按现价计算，增长速度按不变价格计算。

[4]年度农民工数量包括年内在本乡镇以外从业 6 个月及以上的外出农民工和在本乡镇内从事非农产业 6 个月及以上的本地农民工。

[5]农产品生产者价格是指农产品生产者直接出售其产品时的价格。

[6]规模以上工业统计范围为年主营业务收入 2000 万元及以上的工业企业。固定资产投资（不含农户）统计范围为计划总投资 500 万元及以上项目和房地产开发投资。限额以上批发和零售业、住宿和餐饮业统计范围为年主营业务收入 2000 万元及以上的批发业企业，年主营业务收入 500 万元及以上的零售业企业，年主营业务收入 200 万元及以上的住宿业、餐饮业企业。

[7]规模以上服务业统计范围包括：年营业收入 2000 万元及以上的交通运输、仓储和邮政业，信息传输、软件和信息技术服务业，水利、环境和公共设施管理业，卫生行业法人单位；年营业收入 1000 万元及以上的房地产业（不含房地产开发经营），租赁和商务服务业，科学研究和技术服务业，教育行业法人单位；以及年营业收入 500 万元及以上的居民服务、修理和其他服务业，文化、体育和娱乐业，社会工作行业法人单位。

[8]邮政行业业务总量按 2010 年价格计算。

[9]电信业务总量按 2015 年价格计算。

[10]万元规模以上工业增加值能耗按 2015 年价格计算。

资料来源：

本公报中民用汽车、道路交通事故数据来自省公安厅；城镇新增就业、登记失业率、社会保障数据来自省人力资源和社会保障厅；财政数据来自省财政厅；水产品产量数据来自省农业农村厅；保障性住房数据来自省住房和城乡建设厅；外贸数据来自南昌海关；利用外资和省外资金、对外承包工程数据来自省商务厅；铁路客货运输量、周转量数据来自中国铁路南昌局集团有限公司；公路、水路客货运输量、周转量数据来自省交通运输厅；机场旅客吞吐量数据来自省机场集团公司；电信业务量、移动电话用户数、固定电话用户数来自省通信管理局；邮政业务量、快递业务量数据来自省邮政管理局；存贷款数据来自人民银行南昌中心支行；证券、期货数据来自江西证监局；保险数据来自江西银保监局；教育数据来自省教育厅；科技数据来自省科技厅；专利数据来自省知识产权局；质量检测、行业标准数据来自省市场监督管理局；艺术表演团体、博物馆、公共图书馆、文化馆、旅游数据来自省文化和旅游厅；广播、电视数据来自省广播电视局；报纸、期刊、图书数据来自省委宣传部；测绘数据来自省自然资源厅；卫生数据来自省卫生健康委；体育数据来自省体育局；城乡低保、社会福利、社区服务、社会捐赠数据来自省民政厅；扶贫数据来自省扶贫办；造林、森林覆盖率数据来自省林业局；空气和地表水质量、污染物排放、自然保护区数据来自省生态环境厅；降水量、平均气温、日照时数数据来自省气象局；安全生产数据来自省应急管理厅；其他数据来自省统计局和国家统计局江西调查总队。

19-1 各省(市、区)按三次产业分法人单位数（2020年）

单位：个

地 区	法人单位	第一产业	第二产业	第三产业
全 国	**29389255**	**1827421**	**5904042**	**21657792**
北 京	1174904	6858	67254	1100792
天 津	371124	10684	69170	291270
河 北	1456954	106861	379431	970662
山 西	772765	97184	112411	563170
内蒙古	439523	60334	69478	309711
辽 宁	748782	50296	152619	545867
吉 林	237731	26302	38739	172690
黑龙江	344360	53748	50982	239630
上 海	532762	5200	76033	451529
江 苏	2540015	41935	743879	1754201
浙 江	2277240	48515	593845	1634880
安 徽	1160828	96705	254409	809714
福 建	1156978	54003	221019	881956
江 西	**765836**	**77906**	**155567**	**532363**
山 东	2842426	127605	666397	2048424
河 南	1652264	136573	281552	1234139
湖 北	1183265	67468	225063	890734
湖 南	831104	66175	138136	626793
广 东	3526206	40563	795214	2690429
广 西	754741	81140	99060	574541
海 南	140362	11535	17239	111588
重 庆	642720	78978	86191	477551
四 川	934554	93708	145612	695234
贵 州	543603	108209	92893	342501
云 南	741669	97737	105141	538791
西 藏	49889	2533	12397	34959
陕 西	689053	55017	134092	499944
甘 肃	302596	61979	35020	205597
青 海	112136	18304	15464	78368
宁 夏	133774	18974	19866	94934
新 疆	329091	24392	49869	254830

19-2 各省(市、区)生产总值（2020年）

地区	地区生产总值(亿元)	第一产业	第二产业	第三产业	地区生产总值指数(上年=100)	人均地区生产总值(元)	人均地区生产总值指数(上年=100)
全国	**1015986**	**77754**	**384255**	**553977**	**102.3**	**72000**	**101.7**
北京	36103	108	5716	30279	101.2	164889	101.2
天津	14084	210	4804	9069	101.5	101614	101.3
河北	36207	3880	13597	18730	103.9	48564	103.6
山西	17652	947	7675	9030	103.6	50528	103.7
内蒙古	17360	2025	6868	8467	100.2	72062	100.5
辽宁	25115	2285	9401	13429	100.6	58872	101.1
吉林	12311	1553	4326	6432	102.4	50800	104.1
黑龙江	13698	3438	3484	6777	101.0	42635	103.4
上海	38701	104	10289	28308	101.7	155768	101.4
江苏	102719	4537	44226	53956	103.7	121231	103.5
浙江	64613	2169	26413	36031	103.6	100620	102.0
安徽	38681	3185	15672	19824	103.9	63426	103.6
福建	43904	2732	20329	20843	103.3	105818	102.5
江西	**25691**	**2242**	**11085**	**12365**	**103.8**	**56871**	**103.8**
山东	73129	5364	28612	39153	103.6	72151	103.1
河南	54997	5354	22875	26768	101.3	55435	100.9
湖北	43443	4132	17024	22288	95.0	74440	96.4
湖南	41781	4240	15938	21603	103.8	62900	103.7
广东	110761	4770	43450	62541	102.3	88210	101.1
广西	22157	3556	7108	11492	103.7	44309	102.9
海南	5532	1136	1055	3341	103.5	55131	102.0
重庆	25003	1803	9992	13207	103.9	78170	103.1
四川	48599	5557	17571	25471	103.8	58126	103.4
贵州	17827	2540	6212	9075	104.5	46267	104.0
云南	24522	3599	8288	12635	104.0	51975	103.7
西藏	1903	151	798	954	107.8	52345	106.1
陕西	26182	2268	11363	12552	102.2	66292	101.9
甘肃	9017	1198	2852	4967	103.9	35995	104.2
青海	3006	334	1144	1528	101.5	50819	101.0
宁夏	3921	338	1609	1974	103.9	54528	103.1
新疆	13798	1981	4744	7072	103.4	53593	102.0

注：本表绝对量按当年价格计算，指数按不变价格计算。

19-3 各省(市、区)年末总人口

单位：万人

地　区	2013	2014	2015	2016	2017	2018	2019	2020
全　国	**136726**	**137646**	**138326**	**139232**	**140011**	**140541**	**141008**	**141178**
北　京	2125	2171	2188	2195	2194	2192	2190	2189
天　津	1410	1429	1439	1443	1410	1383	1385	1387
河　北	7288	7323	7345	7375	7409	7426	7447	7461
山　西	3535	3528	3519	3514	3510	3502	3497	3492
内蒙古	2455	2449	2440	2436	2433	2422	2415	2405
辽　宁	4365	4358	4338	4327	4312	4291	4277	4259
吉　林	2668	2642	2613	2567	2526	2484	2448	2407
黑龙江	3666	3608	3529	3463	3399	3327	3255	3185
上　海	2448	2467	2458	2467	2466	2475	2481	2487
江　苏	8192	8281	8315	8381	8423	8446	8469	8475
浙　江	5784	5890	5985	6072	6170	6273	6375	6457
安　徽	5988	5997	6011	6033	6057	6076	6092	6103
福　建	3885	3945	3984	4016	4065	4104	4137	4154
江　西	**4476**	**4480**	**4485**	**4496**	**4511**	**4513**	**4516**	**4519**
山　东	9746	9808	9866	9973	10033	10077	10106	10153
河　南	9573	9645	9701	9778	9829	9864	9901	9937
湖　北	5798	5816	5850	5885	5904	5917	5927	5775
湖　南	6600	6611	6615	6625	6633	6635	6640	6644
广　东	11270	11489	11678	11908	12141	12348	12489	12601
广　西	4731	4770	4811	4857	4907	4947	4982	5013
海　南	920	936	945	957	972	982	995	1008
重　庆	3011	3043	3070	3110	3144	3163	3188	3205
四　川	8109	8139	8196	8251	8289	8321	8351	8367
贵　州	3632	3677	3708	3758	3803	3822	3848	3856
云　南	4641	4653	4663	4677	4693	4703	4714	4721
西　藏	317	325	330	340	349	354	361	365
陕　西	3804	3827	3846	3874	3904	3931	3944	3953
甘　肃	2537	2531	2523	2520	2522	2515	2509	2502
青　海	571	576	577	582	586	587	590	592
宁　夏	666	678	684	695	705	710	717	720
新　疆	2285	2325	2385	2428	2480	2520	2559	2585

注：本表数据根据年度人口抽样调查推算。全国数据包括中国人民解放军现役军人数，但不包括香港、澳门特别行政区和台湾地区数据；分省数据中未包括中国人民解放军现役军人数。

19-4 各省(市、区)年末城镇人口比重

单位：%

地　区	2013	2014	2015	2016	2017	2018	2019	2020
全　国	**54.49**	**55.75**	**57.33**	**58.84**	**60.24**	**61.50**	**62.71**	**63.89**
北　京	86.39	86.50	86.71	86.76	86.93	87.09	87.35	87.55
天　津	82.29	82.55	82.88	83.27	83.57	83.95	84.31	84.70
河　北	48.02	49.36	51.67	53.87	55.74	57.33	58.77	60.07
山　西	52.88	54.30	55.87	57.27	58.59	59.85	61.29	62.53
内蒙古	59.82	60.97	62.09	63.40	64.60	65.51	66.46	67.48
辽　宁	66.45	67.05	68.05	68.87	69.49	70.26	71.21	72.14
吉　林	55.74	56.81	57.64	58.75	59.71	60.85	61.63	62.64
黑龙江	58.04	59.22	60.47	61.09	61.90	63.46	64.62	65.61
上　海	89.60	89.30	88.53	89.00	89.10	89.13	89.22	89.30
江　苏	64.39	65.70	67.49	68.93	70.18	71.19	72.47	73.44
浙　江	63.94	64.96	66.32	67.72	68.91	70.02	71.58	72.17
安　徽	47.87	49.31	50.97	52.62	54.29	55.65	57.02	58.33
福　建	60.80	61.99	63.22	64.39	65.78	66.98	67.87	68.75
江　西	**49.04**	**50.55**	**52.30**	**53.99**	**55.70**	**57.34**	**59.07**	**60.44**
山　东	53.46	54.77	56.97	59.13	60.79	61.46	61.86	63.05
河　南	43.60	45.05	47.02	48.78	50.56	52.24	54.01	55.43
湖　北	54.51	55.73	57.18	58.57	59.88	61.00	61.83	62.89
湖　南	47.63	48.98	50.79	52.70	54.62	56.09	57.45	58.76
广　东	68.09	68.62	69.51	70.15	70.74	71.81	72.65	74.15
广　西	45.11	46.54	47.99	49.24	50.59	51.82	52.98	54.20
海　南	52.28	53.30	54.91	56.70	58.04	59.13	59.37	60.27
重　庆	58.29	59.74	61.47	63.33	65.00	66.61	68.24	69.46
四　川	44.96	46.51	48.27	50.00	51.78	53.50	55.36	56.73
贵　州	37.89	40.24	42.96	45.56	47.76	49.54	51.48	53.15
云　南	39.99	41.21	42.93	44.64	46.29	47.44	48.67	50.05
西　藏	23.93	26.23	28.87	31.57	33.38	33.80	34.51	35.73
陕　西	51.57	53.01	54.74	56.39	58.07	59.65	61.28	62.66
甘　肃	40.50	42.28	44.24	46.07	48.12	49.69	50.70	52.23
青　海	49.29	50.84	51.67	53.55	55.45	57.27	58.78	60.08
宁　夏	52.84	54.82	56.98	58.74	60.95	62.15	63.63	64.96
新　疆	44.94	46.79	48.78	50.42	51.90	54.01	55.51	56.53

注：本表数据根据年度人口抽样调查推算。

19-5 各省(市、区)固定资产投资(不含农户)增长速度

单位：%

地 区	2017	2018	2019	2020
全 国	**7.2**	**5.9**	**5.4**	**2.9**
北 京	5.3	-5.4	-2.5	2.2
天 津	0.5	-4.9	13.1	3.0
河 北	5.3	5.7	6.5	3.2
山 西	6.3	5.7	9.3	10.6
内蒙古	-7.2	-28.3	6.7	-1.5
辽 宁	0.1	3.9	0.3	2.6
吉 林	1.4	1.4	-16.2	8.3
黑龙江	6.2	-4.7	6.3	3.6
上 海	7.2	5.2	5.1	10.3
江 苏	7.5	5.5	5.1	0.3
浙 江	8.6	7.2	10.0	5.4
安 徽	11.0	11.8	9.2	5.1
福 建	13.9	11.5	5.9	-0.4
江 西	**12.3**	**11.1**	**9.2**	**8.2**
山 东	7.3	3.8	-8.2	3.6
河 南	10.4	8.1	8.0	4.3
湖 北	11.0	10.9	10.7	-18.8
湖 南	13.1	10.0	10.1	7.6
广 东	13.5	10.7	11.1	7.2
广 西	12.8	10.7	9.6	4.2
海 南	10.1	-12.5	-9.2	8.0
重 庆	9.5	7.0	5.6	3.9
四 川	10.6	10.2	8.6	2.8
贵 州	20.1	15.8	0.9	3.2
云 南	18.0	11.6	8.5	7.7
西 藏	23.8	9.9	-2.2	5.4
陕 西	14.6	10.4	2.5	4.1
甘 肃	-40.3	-3.9	6.6	7.8
青 海	10.5	7.3	5.0	-12.2
宁 夏	3.0	-18.2	-10.3	4.0
新 疆	20.0	-25.2	2.5	16.2

19-6 各省(市、区)建筑业总产值和房屋建筑面积（2020年）

地　区	总产值(亿元)	施工面积(万平方米)	#新开工面积	竣工面积(万平方米)	#住　宅
全　国	**263947.0**	**1494743.4**	**512409.3**	**384819.8**	**259080.2**
北　京	12905.9	88593.7	23714.2	9588.1	5908.4
天　津	4388.2	15234.5	3922.1	2453.4	1651.4
河　北	5948.1	35081.6	11764.5	7316.0	5145.8
山　西	5113.6	19965.8	7010.1	4944.8	2979.8
内蒙古	1134.4	7016.7	3089.6	1411.0	1085.2
辽　宁	3816.2	16234.9	5426.3	4021.3	2877.7
吉　林	2005.8	8447.3	4430.1	2892.8	2282.7
黑龙江	1206.4	3285.4	1645.6	923.4	691.5
上　海	8277.0	53798.6	13548.0	8150.8	4845.2
江　苏	35251.6	267407.7	93079.8	77802.9	57034.4
浙　江	20938.6	180786.2	54452.0	40742.2	22588.5
安　徽	9365.1	49377.0	17414.8	14441.8	9719.5
福　建	14117.8	82579.1	26866.8	18202.3	12919.1
江　西	**8649.2**	**34235.5**	**16582.8**	**13911.9**	**8422.8**
山　东	14947.3	86160.1	32079.5	21309.6	14512.7
河　南	13122.6	65956.9	22979.4	19412.4	13892.4
湖　北	16136.1	85268.2	32487.0	26559.5	17899.4
湖　南	11863.8	67978.8	25938.9	21235.3	14354.1
广　东	18429.7	91890.6	29175.6	19264.2	12871.3
广　西	5853.2	28695.3	8453.3	8295.8	4935.6
海　南	391.4	1823.7	489.3	299.5	164.8
重　庆	8975.0	38122.6	15007.7	14050.1	10502.6
四　川	15612.7	67655.2	28123.2	22572.8	16419.8
贵　州	4080.2	17167.5	5998.2	3951.7	2781.9
云　南	6724.8	20128.8	7514.1	6238.4	4006.7
西　藏	294.7	477.2	247.3	205.1	155.6
陕　西	8501.1	37555.1	10758.5	7311.2	4833.2
甘　肃	2049.3	10903.3	3815.3	2382.8	1537.2
青　海	512.2	927.6	328.9	355.7	217.0
宁　夏	641.8	2107.7	1012.9	757.0	361.8
新　疆	2693.1	9881.0	5053.8	3816.2	1482.3

19-7 各省(市、区)房地产开发企业投资、土地购置面积和成交价款（2020年）

地　区	房地产开发投资(亿元)	#住　宅	#办公楼	#商业营业用房	#其　它	土地购置面积(万平方米)	土地成交价款(亿元)
全　国	**141442.9**	**104445.7**	**6494.1**	**13076.1**	**17427.0**	**25536.3**	**17268.8**
北　京	3938.7	2317.1	313.4	237.6	1070.6	147.1	741.3
天　津	2608.5	2084.8	50.2	175.3	298.2	267.1	321.3
河　北	4601.1	3746.7	116.7	342.1	395.5	693.4	221.1
山　西	1830.4	1431.8	40.3	148.6	209.7	602.5	200.3
内蒙古	1176.5	907.2	7.7	118.1	143.5	430.3	100.6
辽　宁	2978.9	2303.2	40.6	315.2	319.8	718.7	352.2
吉　林	1460.8	1047.9	70.5	165.3	177.1	485.1	158.1
黑龙江	982.9	702.1	17.6	154.5	108.8	418.7	119.0
上　海	4698.7	2418.8	833.1	559.9	887.0	270.7	352.9
江　苏	13171.3	10416.0	379.1	1019.7	1356.4	2388.2	2245.6
浙　江	11413.7	8089.6	479.7	802.2	2042.1	2042.8	2916.6
安　徽	7042.3	5636.8	145.2	701.7	558.6	2981.9	1367.6
福　建	6026.8	4372.1	214.6	482.0	958.2	598.5	653.2
江　西	**2378.1**	**1808.8**	**98.6**	**316.9**	**153.8**	**552.0**	**278.8**
山　东	9450.5	7296.4	426.0	795.7	932.4	2465.8	1054.6
河　南	7782.3	6453.0	208.5	639.3	481.5	831.3	506.7
湖　北	4888.9	3715.4	271.6	447.2	454.7	710.8	475.7
湖　南	4880.4	3615.1	175.3	605.2	484.8	922.0	320.8
广　东	17312.7	11910.4	1523.3	1468.6	2410.5	1565.3	2369.1
广　西	3845.6	2983.5	71.4	287.6	503.1	1434.5	523.3
海　南	1341.7	946.4	70.8	165.7	158.8	47.5	24.5
重　庆	4352.0	3189.1	89.5	446.2	627.2	812.9	320.0
四　川	7315.3	5330.1	296.7	828.7	859.8	988.0	620.7
贵　州	3418.7	2572.3	67.5	426.6	352.3	348.6	170.6
云　南	4505.2	3317.6	153.0	494.5	540.1	1055.3	361.1
西　藏	165.5	118.5	7.5	23.8	15.7	15.4	7.9
陕　西	4404.4	3225.4	243.2	414.3	521.4	413.8	204.9
甘　肃	1355.6	1010.3	34.9	153.9	156.6	204.7	57.4
青　海	421.3	292.3	11.1	55.4	62.5	111.4	37.8
宁　夏	433.3	308.6	4.1	61.9	58.7	172.9	49.3
新　疆	1260.9	878.4	32.4	222.4	127.7	839.1	135.8

19-8 各省(市、区)房地产开发企业房屋施工、竣工面积 (2020年)

单位：万平方米

地区	房屋施工面积	#住宅	#新开工面积	#住宅	房屋竣工面积	#住宅
全国	**926759.2**	**655557.7**	**224433.1**	**164328.5**	**91218.2**	**65910.0**
北京	13918.6	6715.3	3006.6	1716.4	1545.7	728.5
天津	12034.5	8518.2	2161.9	1566.7	1634.5	1256.4
河北	31408.4	24276.1	10232.2	7979.1	2367.2	1871.2
山西	21937.8	16419.9	5795.6	4468.4	1481.2	1131.7
内蒙古	15311.0	10780.0	3287.8	2485.5	841.3	614.2
辽宁	24002.8	17800.3	4404.1	3396.9	1848.2	1440.8
吉林	12340.6	8524.1	2662.4	1906.8	964.9	697.3
黑龙江	11261.9	8132.6	2222.0	1673.3	1438.0	1115.9
上海	15740.3	7712.3	3440.6	1756.4	2877.8	1627.6
江苏	67889.5	51020.1	17672.8	13538.2	11151.0	8272.6
浙江	56725.1	36070.4	15875.5	10443.7	6692.7	4266.8
安徽	44974.6	33686.7	11785.6	9243.7	5100.9	3874.4
福建	34556.8	22929.8	6638.0	4549.0	3804.1	2403.1
江西	**23580.8**	**17891.2**	**5301.8**	**4170.1**	**2238.5**	**1744.5**
山东	79791.9	58913.6	20204.1	15063.7	9325.9	7172.5
河南	58438.2	44943.2	14114.2	11371.0	5412.8	4278.1
湖北	35419.4	26598.1	8452.6	6514.2	2646.8	2166.1
湖南	40757.4	30017.0	10916.2	8307.2	3963.9	2962.0
广东	91642.4	62695.1	18407.8	12574.0	7763.7	5573.3
广西	32184.1	23779.1	7877.6	5912.3	2129.2	1561.9
海南	8588.9	5895.8	1064.9	677.2	687.5	547.0
重庆	27368.2	18241.8	5947.7	4106.6	3774.3	2585.3
四川	50755.5	33706.2	13939.7	9631.1	4545.9	3073.7
贵州	26922.7	18390.1	5441.1	4009.2	862.3	568.1
云南	25801.3	17482.4	7538.1	5286.8	1637.8	1163.0
西藏	945.3	684.0	222.8	145.7	28.0	15.5
陕西	28358.3	20702.4	5796.9	4488.4	1745.6	1301.3
甘肃	11328.3	7824.4	3534.1	2620.7	881.4	655.0
青海	2943.5	2021.9	923.2	652.3	153.6	99.5
宁夏	5562.7	3633.1	1039.2	784.8	772.3	513.5
新疆	14268.4	9552.6	4526.0	3289.4	901.5	629.2

19-9 各省(市、区)房地产开发企业商品房销售面积、销售额和待售面积(2020年)

地　区	商品房销售面积(万平方米)	#住　宅	商品房销售额(亿元)	#住　宅	商品房待售面积(万平方米)	#住　宅
全　国	**176086.2**	**154878.5**	**173612.7**	**154567.0**	**49849.8**	**22379.2**
北　京	970.9	733.6	3656.8	3131.3	2454.2	881.9
天　津	1307.0	1220.7	2113.6	2001.0	823.6	437.7
河　北	6028.4	5572.2	4950.4	4597.9	905.2	599.8
山　西	2685.3	2549.5	1885.9	1753.4	785.4	464.5
内蒙古	2045.9	1867.5	1365.5	1242.6	970.4	552.1
辽　宁	3743.2	3447.3	3366.3	3114.1	2902.0	1863.9
吉　林	1831.2	1653.6	1381.5	1238.2	1112.7	608.8
黑龙江	1494.4	1349.9	1064.2	946.1	1598.1	920.0
上　海	1789.2	1434.1	6047.0	5268.8	2535.7	688.9
江　苏	15427.0	13855.7	19408.9	18027.3	4285.9	1987.3
浙　江	10250.3	8832.4	17145.0	15584.8	2214.8	680.6
安　徽	9534.1	8695.4	7346.1	6760.9	1541.7	666.1
福　建	6607.2	5210.0	7497.7	6343.3	1807.4	479.4
江　西	**6732.7**	**5853.1**	**5222.8**	**4425.2**	**803.5**	**408.9**
山　东	13271.7	11904.7	11065.6	10109.6	2533.4	1435.2
河　南	14100.7	12831.2	9364.4	8402.5	2628.5	1721.7
湖　北	6587.8	5960.1	6087.9	5447.3	1198.2	617.6
湖　南	9437.4	8506.7	5947.1	5223.6	1333.8	641.2
广　东	14908.3	12930.7	22572.5	19829.6	5978.5	2625.4
广　西	6729.0	6007.4	4251.5	3803.6	1281.2	668.8
海　南	751.5	626.2	1232.1	1048.9	570.6	411.5
重　庆	6143.5	4814.5	5071.3	4293.2	2082.1	390.4
四　川	13257.7	10902.4	10394.3	8767.0	2093.5	478.4
贵　州	5552.5	4929.9	3224.2	2760.7	557.4	186.3
云　南	4857.3	4175.9	3969.9	3452.0	1159.5	470.8
西　藏	93.3	81.6	83.9	72.0	31.7	7.1
陕　西	4452.1	3902.4	4375.3	3755.8	592.8	262.4
甘　肃	1967.9	1863.8	1293.4	1205.4	598.9	312.3
青　海	469.7	420.6	383.3	343.4	134.1	53.2
宁　夏	1095.5	971.9	698.4	626.3	993.1	330.8
新　疆	1963.7	1773.6	1145.8	991.1	1342.1	526.2

19-10 各省(市、区)社会消费品零售总额

单位：亿元

地区	2015	2016	2017	2018	2019	2020
全国	**286588**	**315806**	**347327**	**377783**	**408017**	**391981**
北京	12272	13135	13934	14422	15064	13716
天津	3963	4188	4210	4231	4218	3583
河北	9368	10191	11139	11974	12986	12705
山西	5345	5699	6059	6523	7031	6746
内蒙古	4104	4416	4643	4852	5051	4760
辽宁	8365	8597	8696	9113	9671	8961
吉林	3572	3813	3992	4074	4213	3824
黑龙江	4471	4794	5077	5275	5604	5092
上海	11606	12588	13700	14875	15848	15933
江苏	26710	29613	32818	35473	37673	37086
浙江	18911	20917	23121	25162	27344	26630
安徽	11191	12663	14329	16156	17862	18334
福建	12273	13703	15394	17178	18897	18626
江西	**6420**	**7199**	**8118**	**9046**	**10068**	**10372**
山东	21551	23482	25528	27480	29251	29248
河南	15476	17275	19289	21268	23476	22503
湖北	14848	16602	18520	20598	22722	17985
湖南	11241	12500	13794	15134	16684	16258
广东	30327	33303	36599	39767	42952	40208
广西	5772	6350	7038	7664	8201	7831
海南	1409	1547	1729	1853	1951	1975
重庆	7668	8728	9769	10705	11632	11787
四川	13834	15520	17404	19341	21343	20825
贵州	4925	5652	6449	7105	7468	7833
云南	6391	7223	8195	9197	10158	9793
西藏	477	539	619	712	773	746
陕西	6859	7681	8611	9510	10213	9606
甘肃	2737	2984	3206	3436	3700	3632
青海	695	770	843	900	949	877
宁夏	1040	1131	1254	1330	1399	1301
新疆	2770	3005	3250	3429	3617	3063

19-11 各省(市、区)网上零售额（2020年）

地区	网上零售额(亿元)	比上年增长(%)	其中：实物网上零售额(亿元)	比上年增长(%)
全国	**117601**	**10.9**	**97590**	**14.8**
北京	9704	9.5	7704	18.2
天津	1747	-23.6	1510	-23.3
河北	2736	16.0	2505	17.8
山西	684	28.1	430	35.5
内蒙古	418	12.2	267	36.5
辽宁	1500	10.1	1271	18.1
吉林	495	9.1	326	14.3
黑龙江	576	8.2	418	13.4
上海	11992	13.8	10129	20.7
江苏	10602	10.0	9233	13.9
浙江	17800	8.6	14068	9.6
安徽	2776	20.1	2375	24.3
福建	5693	18.2	5088	18.6
江西	**1642**	**7.7**	**1375**	**7.5**
山东	4613	13.8	4043	17.5
河南	2744	23.7	2280	29.2
湖北	2867	1.6	2449	4.6
湖南	1977	17.7	1591	21.6
广东	25782	10.1	22321	11.1
广西	934	23.9	615	37.7
海南	394	21.5	194	91.0
重庆	1180	13.1	870	25.8
四川	3743	11.1	3088	23.7
贵州	492	18.9	317	28.6
云南	907	18.6	618	41.0
西藏	117	34.6	43	62.3
陕西	1174	15.8	905	28.7
甘肃	330	21.3	171	48.5
青海	116	13.0	36	28.4
宁夏	209	10.3	63	39.5
新疆	309	27.6	213	35.8

19-12 各省(市、区)货物进出口总额

地区	亿元人民币			亿美元		
	2018	2019	2020	2018	2019	2020
全国	**305008**	**315627**	**321557**	**46224**	**45779**	**46463**
北京	27186	28690	23216	4125	4165	3350
天津	8080	7346	7341	1226	1066	1059
河北	3553	4002	4410	539	580	638
山西	1369	1448	1506	208	210	219
内蒙古	1035	1097	1043	157	159	151
辽宁	7558	7259	6544	1146	1053	945
吉林	1363	1303	1280	207	189	185
黑龙江	1750	1867	1537	264	271	222
上海	34012	34054	34828	5157	4939	5032
江苏	43793	43383	44500	6639	6295	6428
浙江	28512	30838	33808	4324	4472	4879
安徽	4142	4737	5406	628	687	780
福建	12346	13309	14036	1874	1931	2027
江西	**3162**	**3510**	**4010**	**482**	**509**	**578**
山东	19303	20471	22009	2924	2970	3184
河南	5512	5715	6655	828	825	969
湖北	3486	3946	4294	528	572	621
湖南	3076	4340	4874	465	628	705
广东	71602	71488	70845	10845	10366	10236
广西	4104	4696	4861	623	682	703
海南	848	906	933	127	132	135
重庆	5221	5792	6513	790	839	942
四川	5947	6790	8082	899	984	1168
贵州	501	453	547	76	66	79
云南	1971	2324	2680	299	337	389
西藏	48	49	21	7	7	3
陕西	3513	3515	3772	533	510	545
甘肃	395	380	373	60	55	54
青海	48	38	23	7	5	3
宁夏	249	241	123	38	35	18
新疆	1325	1641	1484	200	237	214

19-13 各省(市、区)货物进口额

地区	亿元人民币			亿美元		
	2018	2019	2020	2018	2019	2020
全国	**140880**	**143254**	**142231**	**21357**	**20784**	**20556**
北京	22313	23517	18561	3384	3414	2680
天津	4872	4328	4266	737	629	616
河北	1311	1632	1889	199	237	273
山西	559	641	629	85	93	91
内蒙古	656	721	694	99	105	100
辽宁	4343	4129	3892	658	599	561
吉林	1037	979	989	157	142	143
黑龙江	1456	1517	1176	220	220	170
上海	20347	20329	21103	3085	2949	3051
江苏	17140	16171	17056	2599	2347	2465
浙江	7337	7762	8628	1113	1126	1247
安徽	1756	1952	2245	266	283	325
福建	4733	5026	5561	719	729	803
江西	**939**	**1014**	**1090**	**142**	**147**	**157**
山东	8735	9341	8955	1323	1356	1294
河南	1933	1959	2580	290	283	376
湖北	1234	1460	1592	187	212	230
湖南	1051	1263	1568	159	183	227
广东	28896	28072	27347	4380	4072	3953
广西	1929	2098	2153	295	305	311
海南	550	562	657	82	82	95
重庆	1827	2079	2326	277	301	336
四川	2614	2886	3428	396	419	496
贵州	163	126	115	25	18	17
云南	1123	1286	1162	170	187	168
西藏	19	11	8	3	2	1
陕西	1434	1642	1842	217	238	266
甘肃	250	249	287	38	36	42
青海	17	17	11	3	3	2
宁夏	69	92	36	10	13	5
新疆	237	390	386	36	57	56

19-14 各省(市、区)货物出口额

地区	亿元人民币			亿美元		
	2018	2019	2020	2018	2019	2020
全国	**164128**	**172374**	**179326**	**24867**	**24995**	**25906**
北京	4872	5172	4655	741	751	670
天津	3208	3018	3075	488	438	444
河北	2242	2371	2522	340	344	365
山西	810	807	877	123	117	127
内蒙古	378	377	349	57	55	50
辽宁	3214	3130	2652	488	454	383
吉林	326	324	291	49	47	42
黑龙江	294	350	361	44	51	52
上海	13665	13725	13725	2071	1990	1981
江苏	26653	27212	27444	4040	3948	3963
浙江	21175	23076	25180	3210	3346	3633
安徽	2386	2785	3161	362	404	456
福建	7613	8283	8474	1155	1202	1224
江西	**2223**	**2496**	**2920**	**339**	**362**	**421**
山东	10568	11130	13055	1601	1614	1890
河南	3579	3756	4075	538	542	593
湖北	2252	2486	2702	341	360	391
湖南	2025	3077	3306	305	445	479
广东	42707	43415	43498	6465	6295	6284
广西	2176	2598	2708	328	377	392
海南	298	344	276	45	50	40
重庆	3394	3713	4187	514	538	605
四川	3333	3904	4654	504	565	672
贵州	338	327	432	51	47	62
云南	848	1037	1519	128	150	221
西藏	29	37	13	4	5	2
陕西	2079	1873	1930	316	272	279
甘肃	146	131	86	22	19	12
青海	31	20	12	5	3	2
宁夏	180	149	87	27	22	13
新疆	1089	1250	1099	164	180	158

19-15 各省(市、区)电力消费量

单位：亿千瓦小时

地 区	2014	2015	2016	2017	2018	2019	2020
北 京	937.1	952.7	1020.3	1066.9	1142.4	1166.4	1140.0
天 津	794.4	800.6	807.9	805.6	855.1	878.4	874.6
河 北	3314.1	3175.7	3264.5	3441.7	3665.7	3856.1	3933.9
山 西	1822.6	1737.2	1797.2	1990.6	2160.5	2261.9	2341.7
内蒙古	2416.7	2542.9	2605.0	2891.9	3353.4	3653.0	3900.5
辽 宁	2038.7	1984.9	2037.4	2135.5	2302.4	2401.5	2423.4
吉 林	667.8	652.0	667.6	703.0	750.6	780.4	805.4
黑龙江	859.4	869.0	896.6	928.6	973.9	995.6	1014.4
上 海	1369.0	1405.5	1486.0	1526.8	1566.7	1568.6	1576.0
江 苏	5012.5	5114.7	5458.9	5807.9	6128.3	6264.4	6373.7
浙 江	3506.4	3553.9	3873.2	4192.6	4532.8	4706.2	4829.7
安 徽	1585.2	1639.8	1795.0	1921.5	2135.1	2300.7	2427.5
福 建	1855.8	1851.9	1968.6	2112.7	2313.8	2402.3	2483.0
江 西	**1018.5**	**1087.3**	**1182.5**	**1294.0**	**1428.8**	**1535.7**	**1626.8**
山 东	4223.5	5117.0	5390.7	5430.2	6083.9	6218.7	6939.8
河 南	2919.6	2879.6	2989.2	3166.2	3417.7	3364.2	3391.9
湖 北	1656.5	1665.2	1763.1	1869.0	2071.4	2214.3	2144.2
湖 南	1430.9	1447.6	1495.7	1581.5	1745.2	1864.3	1929.3
广 东	5235.2	5310.7	5610.1	5959.0	6323.4	6695.9	6926.1
广 西	1308.0	1334.3	1359.6	1444.9	1703.0	1907.3	2025.3
海 南	251.9	272.4	287.3	305.0	326.8	354.9	362.1
重 庆	867.2	875.4	924.9	996.5	1118.8	1160.3	1186.5
四 川	2014.8	1992.4	2101.0	2205.2	2459.5	2635.8	2865.2
贵 州	1173.7	1174.2	1241.8	1384.9	1482.1	1540.7	1586.1
云 南	1529.4	1438.6	1410.5	1538.1	1679.1	1812.3	2025.7
西 藏	34.0	40.5	49.2	58.2	69.0	77.6	82.5
陕 西	1226.0	1221.7	1357.1	1494.7	1594.2	1912.3	1740.9
甘 肃	1095.5	1098.7	1065.2	1164.4	1289.5	1288.0	1375.7
青 海	723.2	658.0	637.5	687.0	738.3	716.5	742.0
宁 夏	848.8	878.3	886.9	978.3	1064.8	1083.9	1038.2
新 疆	1900.2	2160.3	2316.5	2542.8	2686.5	2867.6	2998.3

19-16 各省(市、区)一般公共预算收入

单位：亿元

地 区	2015	2016	2017	2018	2019	2020
地方合计	**83002**	**87239**	**91469**	**97903**	**101081**	**100124**
北 京	4724	5081	5431	5786	5817	5484
天 津	2667	2724	2310	2106	2410	1923
河 北	2649	2850	3234	3514	3739	3826
山 西	1642	1557	1867	2293	2348	2297
内蒙古	1964	2016	1703	1858	2060	2051
辽 宁	2127	2200	2393	2616	2652	2656
吉 林	1229	1264	1211	1241	1117	1085
黑龙江	1166	1148	1243	1283	1263	1152
上 海	5520	6406	6642	7108	7165	7046
江 苏	8029	8121	8172	8630	8802	9059
浙 江	4810	5302	5804	6598	7049	7248
安 徽	2454	2673	2812	3049	3183	3216
福 建	2544	2655	2809	3007	3053	3079
江 西	**2166**	**2151**	**2247**	**2373**	**2487**	**2508**
山 东	5529	5860	6099	6485	6527	6560
河 南	3016	3153	3407	3766	4042	4155
湖 北	3006	3102	3248	3307	3389	2512
湖 南	2515	2698	2758	2861	3007	3009
广 东	9367	10390	11320	12105	12655	12922
广 西	1515	1556	1615	1681	1812	1717
海 南	628	638	674	753	814	816
重 庆	2155	2228	2252	2266	2135	2095
四 川	3355	3389	3578	3911	4071	4258
贵 州	1503	1561	1614	1727	1767	1787
云 南	1808	1812	1886	1994	2074	2117
西 藏	137	156	186	230	222	221
陕 西	2060	1834	2007	2243	2288	2257
甘 肃	744	787	816	871	850	875
青 海	267	239	246	273	282	298
宁 夏	373	388	418	437	424	419
新 疆	1331	1299	1467	1531	1578	1477

注：本表数据为地方财政本级收入。

19-17 各省(市、区)一般公共预算支出

单位：亿元

地 区	2015	2016	2017	2018	2019	2020
地方合计	**150336**	**160351**	**173228**	**188196**	**203743**	**210492**
北 京	5738	6407	6825	7471	7408	7116
天 津	3232	3699	3283	3103	3556	3151
河 北	5632	6050	6639	7726	8309	9022
山 西	3423	3429	3756	4284	4711	5111
内蒙古	4253	4513	4530	4831	5101	5268
辽 宁	4482	4577	4879	5338	5745	6002
吉 林	3217	3586	3726	3790	3933	4127
黑龙江	4021	4227	4641	4677	5012	5449
上 海	6192	6919	7548	8352	8179	8102
江 苏	9688	9982	10621	11657	12574	13682
浙 江	6646	6974	7530	8630	10053	10082
安 徽	5239	5523	6204	6572	7392	7471
福 建	4002	4275	4684	4833	5078	5215
江 西	**4413**	**4617**	**5111**	**5668**	**6387**	**6666**
山 东	8250	8755	9258	10101	10740	11231
河 南	6799	7454	8216	9218	10164	10383
湖 北	6133	6423	6801	7258	7970	8439
湖 南	5729	6339	6869	7480	8034	8403
广 东	12828	13446	15037	15729	17298	17485
广 西	4066	4442	4909	5311	5851	6155
海 南	1239	1376	1444	1691	1859	1974
重 庆	3792	4002	4336	4541	4848	4894
四 川	7498	8009	8695	9708	10348	11201
贵 州	3939	4262	4613	5030	5949	5723
云 南	4713	5019	5713	6075	6770	6974
西 藏	1381	1588	1682	1971	2188	2208
陕 西	4376	4389	4833	5302	5719	5934
甘 肃	2958	3150	3304	3772	3952	4155
青 海	1515	1525	1530	1647	1864	1933
宁 夏	1138	1255	1373	1419	1438	1483
新 疆	3805	4138	4637	5012	5315	5454

注：本表数据为地方财政本级支出。

19-18　各省(市、区)各类价格指数（2020年）

（上年=100）

地　区	居民消费价格指数	农业生产资料价格指数	农产品生产者价格指数
全　国	**102.5**	**106.1**	**115.0**
北　京	101.7		110.9
天　津	102.0		114.9
河　北	102.1	104.3	111.5
山　西	102.9	108.1	109.4
内蒙古	101.9	103.2	111.0
辽　宁	102.4	104.9	108.1
吉　林	102.3	100.0	117.1
黑龙江	102.3	103.7	118.5
上　海	101.7		106.7
江　苏	102.5	105.7	107.5
浙　江	102.3	106.1	107.3
安　徽	102.7	104.8	115.6
福　建	102.2	103.3	102.3
江　西	**102.6**	**107.2**	**111.0**
山　东	102.8	105.6	108.7
河　南	102.8	103.6	116.8
湖　北	102.7	106.4	118.1
湖　南	102.3	103.5	123.3
广　东	102.6	108.8	104.7
广　西	102.8	109.7	115.5
海　南	102.3	104.4	112.8
重　庆	102.3		113.6
四　川	103.2	120.9	116.1
贵　州	102.6	112.2	122.6
云　南	103.6	106.7	120.2
西　藏	102.2	99.6	
陕　西	102.5	104.6	112.3
甘　肃	102.0	100.7	106.6
青　海	102.6	109.0	122.6
宁　夏	101.5	103.8	113.1
新　疆	101.5	106.2	111.0

19-19 各省(市、区)全体居民人均可支配收入

单位：元

地区	2015	2016	2017	2018	2019	2020
全国总计	**21966**	**23821**	**25974**	**28228**	**30733**	**32189**
北京	48458	52530	57230	62361	67756	69434
天津	31291	34074	37022	39506	42404	43854
河北	18118	19725	21484	23446	25665	27136
山西	17854	19049	20420	21990	23828	25214
内蒙古	22310	24127	26212	28376	30555	31497
辽宁	24576	26040	27835	29701	31820	32738
吉林	18684	19967	21368	22798	24563	25751
黑龙江	18593	19838	21206	22726	24254	24902
上海	49867	54305	58988	64183	69442	72232
江苏	29539	32070	35024	38096	41400	43390
浙江	35537	38529	42046	45840	49899	52397
安徽	18363	19998	21863	23984	26415	28103
福建	25404	27608	30048	32644	35616	37202
江西	**18437**	**20110**	**22031**	**24080**	**26262**	**28017**
山东	22703	24685	26930	29205	31597	32886
河南	17125	18443	20170	21964	23903	24810
湖北	20026	21787	23757	25815	28319	27881
湖南	19317	21115	23103	25241	27680	29380
广东	27859	30296	33003	35810	39014	41029
广西	16873	18305	19905	21485	23328	24562
海南	18979	20653	22553	24579	26679	27904
重庆	20110	22034	24153	26386	28920	30824
四川	17221	18808	20580	22461	24703	26522
贵州	13697	15121	16704	18430	20397	21795
云南	15223	16720	18348	20084	22082	23295
西藏	12254	13639	15457	17286	19501	21744
陕西	17395	18874	20635	22528	24666	26226
甘肃	13467	14670	16011	17488	19139	20335
青海	15813	17302	19001	20757	22618	24037
宁夏	17329	18832	20562	22400	24412	25735
新疆	16859	18355	19975	21500	23103	23845

19-20 各省(市、区)全体居民人均消费支出

单位：元

地区	2015	2016	2017	2018	2019	2020
全国总计	**15712**	**17111**	**18322**	**19853**	**21559**	**21210**
北京	33803	35416	37425	39843	43038	38903
天津	24162	26129	27841	29903	31854	28461
河北	13031	14247	15437	16722	17987	18037
山西	11729	12683	13664	14810	15863	15733
内蒙古	17179	18072	18946	19665	20743	19794
辽宁	17200	19853	20463	21398	22203	20672
吉林	13764	14773	15632	17200	18075	17318
黑龙江	13403	14446	15577	16994	18111	17056
上海	34784	37458	39792	43351	45605	42536
江苏	20556	22130	23469	25007	26697	26225
浙江	24117	25527	27079	29471	32026	31295
安徽	12840	14712	15752	17045	19137	18877
福建	18850	20167	21249	22996	25314	25126
江西	**12403**	**13259**	**14459**	**15792**	**17650**	**17955**
山东	14578	15926	17281	18780	20427	20940
河南	11835	12712	13730	15169	16332	16143
湖北	14316	15889	16938	19538	21567	19246
湖南	14267	15750	17160	18808	20479	20998
广东	20976	23448	24820	26054	28995	28492
广西	11401	12295	13424	14935	16418	16357
海南	13575	14275	15403	17528	19555	18972
重庆	15140	16385	17898	19248	20774	21678
四川	13632	14839	16180	17664	19338	19783
贵州	10414	11932	12970	13798	14780	14874
云南	11005	11769	12658	14250	15780	16792
西藏	8246	9319	10320	11520	13029	13225
陕西	13087	13943	14900	16160	17465	17418
甘肃	10951	12254	13120	14624	15879	16175
青海	13611	14775	15503	16557	17545	18284
宁夏	13816	14965	15350	16715	18297	17506
新疆	12867	14066	15087	16189	17397	16512

19-21 各省(市、区)城镇居民人均可支配收入

单位：元

地区	2015	2016	2017	2018	2019	2020
全国总计	**31195**	**33616**	**36396**	**39251**	**42359**	**43834**
北京	52859	57275	62406	67990	73849	75602
天津	34101	37110	40278	42976	46119	47659
河北	26152	28249	30548	32977	35738	37286
山西	25828	27352	29132	31035	33262	34793
内蒙古	30594	32975	35670	38305	40782	41353
辽宁	31126	32876	34993	37342	39777	40376
吉林	24901	26530	28319	30172	32299	33396
黑龙江	24203	25736	27446	29191	30945	31115
上海	52962	57692	62596	68034	73615	76437
江苏	37173	40152	43622	47200	51056	53102
浙江	43714	47237	51261	55574	60182	62699
安徽	26936	29156	31640	34393	37540	39442
福建	33275	36014	39001	42121	45620	47160
江西	**26500**	**28673**	**31198**	**33819**	**36546**	**38556**
山东	31545	34012	36789	39549	42329	43726
河南	25576	27233	29558	31874	34201	34750
湖北	27051	29386	31889	34455	37601	36706
湖南	28838	31284	33948	36698	39842	41698
广东	34757	37684	40975	44341	48118	50257
广西	26416	28324	30502	32436	34745	35859
海南	26356	28453	30817	33349	36017	37097
重庆	27239	29610	32193	34889	37939	40006
四川	26205	28335	30727	33216	36154	38253
贵州	24580	26743	29080	31592	34404	36096
云南	26373	28611	30996	33488	36238	37500
西藏	25457	27802	30671	33797	37410	41156
陕西	26420	28440	30810	33319	36098	37868
甘肃	23767	25693	27763	29957	32323	33822
青海	24542	26757	29169	31515	33830	35506
宁夏	25186	27153	29472	31895	34328	35720
新疆	26275	28463	30775	32764	34664	34838

19-22 各省(市、区)城镇居民人均消费支出

单位：元

地　区	2015	2016	2017	2018	2019	2020
全国总计	**21392**	**23079**	**24445**	**26112**	**28063**	**27007**
北　京	36642	38256	40346	42926	46358	41726
天　津	26230	28345	30284	32655	34811	30895
河　北	17587	19106	20600	22127	23483	23167
山　西	15819	16993	18404	19790	21159	20332
内蒙古	21876	22744	23638	24437	25383	23888
辽　宁	21557	24996	25379	26448	27355	24849
吉　林	17973	19166	20051	22394	23394	21623
黑龙江	17152	18145	19270	21035	22165	20397
上　海	36946	39857	42304	46015	48272	44839
江　苏	24966	26433	27726	29462	31329	30882
浙　江	28661	30068	31924	34598	37508	36197
安　徽	17234	19606	20740	21523	23782	22683
福　建	23520	25006	25980	28145	30946	30487
江　西	**16732**	**17696**	**19244**	**20760**	**22714**	**22134**
山　东	19854	21495	23072	24798	26731	27291
河　南	17154	18088	19422	20989	21972	20645
湖　北	18192	20040	21276	23996	26422	22885
湖　南	19501	21420	23163	25064	26924	26796
广　东	25673	28613	30198	30924	34424	33511
广　西	16321	17268	18349	20159	21591	20907
海　南	18448	19015	20372	22971	25317	23560
重　庆	19742	21031	22759	24154	25785	26464
四　川	19277	20660	21991	23484	25367	25133
贵　州	16914	19202	20348	20788	21402	20587
云　南	17675	18622	19560	21626	23455	24569
西　藏	17022	19440	21088	23029	25637	24927
陕　西	18464	19369	20388	21966	23514	22866
甘　肃	17451	19539	20659	22606	24454	24615
青　海	19201	20853	21473	22998	23799	24315
宁　夏	18984	20364	20219	21977	24161	22379
新　疆	19415	21229	22797	24191	25594	22952

19-23 各省(市、区)农村居民人均可支配收入

单位：元

地区	2015	2016	2017	2018	2019	2020
全国总计	**11422**	**12363**	**13432**	**14617**	**16021**	**17131**
北京	20569	22310	24240	26490	28928	30126
天津	18482	20076	21754	23065	24804	25691
河北	11051	11919	12881	14031	15373	16467
山西	9454	10082	10788	11750	12902	13878
内蒙古	10776	11609	12584	13803	15283	16567
辽宁	12057	12881	13747	14656	16108	17450
吉林	11326	12123	12950	13748	14936	16067
黑龙江	11095	11832	12665	13804	14982	16168
上海	23205	25520	27825	30375	33195	34911
江苏	16257	17606	19158	20845	22675	24198
浙江	21125	22866	24956	27302	29876	31930
安徽	10821	11720	12758	13996	15416	16620
福建	13793	14999	16335	17821	19568	20880
江西	**11139**	**12138**	**13242**	**14460**	**15796**	**16981**
山东	12930	13954	15118	16297	17775	18753
河南	10853	11697	12719	13831	15164	16108
湖北	11844	12725	13812	14978	16391	16306
湖南	10993	11930	12936	14093	15395	16585
广东	13360	14512	15780	17168	18818	20143
广西	9467	10359	11325	12435	13676	14815
海南	10858	11843	12902	13989	15113	16279
重庆	10505	11549	12638	13781	15133	16361
四川	10247	11203	12227	13331	14670	15929
贵州	7387	8090	8869	9716	10756	11642
云南	8242	9020	9862	10768	11902	12842
西藏	8244	9094	10330	11450	12951	14598
陕西	8689	9396	10265	11213	12326	13316
甘肃	6936	7457	8076	8804	9629	10344
青海	7933	8664	9462	10393	11499	12342
宁夏	9119	9852	10738	11708	12858	13889
新疆	9425	10183	11045	11975	13122	14056

19-24 各省(市、区)农村居民人均消费支出

单位：元

地　区	2015	2016	2017	2018	2019	2020
全国总计	**9223**	**10130**	**10955**	**12124**	**13328**	**13713**
北　京	15811	17329	18810	20195	21881	20913
天　津	14739	15912	16386	16863	17843	16844
河　北	9023	9798	10536	11383	12372	12644
山　西	7421	8029	8424	9172	9728	10290
内蒙古	10637	11463	12184	12661	13816	13594
辽　宁	8873	9953	10787	11455	12030	12311
吉　林	8783	9521	10279	10826	11457	11864
黑龙江	8391	9424	10524	11417	12495	12360
上　海	16152	17071	18090	19965	22449	22095
江　苏	12883	14428	15612	16567	17716	17022
浙　江	16108	17359	18093	19707	21352	21555
安　徽	8975	10287	11106	12748	14546	15024
福　建	11961	12911	14003	14943	16281	16339
江　西	**8486**	**9128**	**9870**	**10885**	**12497**	**13579**
山　东	8748	9519	10342	11270	12309	12660
河　南	7887	8587	9212	10392	11546	12201
湖　北	9803	10938	11633	13946	15328	14472
湖　南	9691	10630	11534	12721	13969	14974
广　东	11103	12415	13200	15411	16949	17132
广　西	7582	8351	9437	10617	12045	12431
海　南	8210	8921	9599	10956	12418	13169
重　庆	8938	9954	10936	11977	13112	14140
四　川	9251	10192	11397	12723	14056	14953
贵　州	6645	7533	8299	9170	10222	10818
云　南	6830	7331	8027	9123	10260	11069
西　藏	5580	6070	6691	7452	8418	8917
陕　西	7901	8568	9306	10071	10935	11376
甘　肃	6830	7487	8030	9065	9694	9923
青　海	8566	9222	9903	10352	11343	12134
宁　夏	8415	9138	9982	10790	11465	11724
新　疆	7698	8277	8713	9421	10318	10778

19-25 各省(市、区)农林牧渔业总产值及增长速度（2020年）

地区	农林牧渔业总产值(亿元)	#农业	林业	牧业	渔业	农林牧渔业总产值比上年增长（%）
全国	**137782**	**71748**	**5962**	**40267**	**12776**	**3.4**
北京	263	108	98	45	4	-6.7
天津	476	229	16	145	68	1.4
河北	6742	3413	255	2310	243	3.5
山西	1936	1076	137	606	7	5.8
内蒙古	3472	1699	90	1603	28	1.8
辽宁	4583	2057	121	1605	617	3.0
吉林	2976	1232	72	1547	41	1.8
黑龙江	6438	4044	192	1913	116	2.6
上海	280	138	15	55	51	-7.0
江苏	7953	4102	173	1316	1774	2.0
浙江	3497	1594	190	473	1131	1.7
安徽	5681	2525	387	1900	543	2.7
福建	4901	1818	391	1141	1373	3.3
江西	**3821**	**1690**	**368**	**1125**	**473**	**2.7**
山东	10191	5168	214	2572	1432	3.0
河南	9956	6245	127	2856	118	2.7
湖北	7304	3493	245	1865	1157	0.7
湖南	7512	3365	428	2722	478	4.1
广东	7902	3769	414	1778	1582	4.0
广西	5913	3269	437	1424	508	5.0
海南	1821	875	121	357	391	2.4
重庆	2749	1596	126	872	107	5.0
四川	9216	4702	380	3614	288	5.6
贵州	4359	2782	294	1019	61	6.5
云南	5921	2902	429	2315	104	5.8
西藏	234	104	4	120	0	8.2
陕西	4057	2807	117	893	30	3.5
甘肃	2104	1424	32	495	2	5.2
青海	507	189	12	295	4	4.7
宁夏	703	398	11	247	19	3.6
新疆	4316	2936	66	1038	27	4.7

注：本表绝对数按当年价格计算，增长速度按可比价格计算。

19-26 各省(市、区)农村贫困人口（2010年标准）

单位：万人

地　区	2014	2015	2016	2017	2018	2019
全　国	**7017**	**5575**	**4335**	**3046**	**1660**	**551**
北　京	.	.	.	.	.	.
天　津	.	.	.	.	.	.
河　北	320	241	188	124	63	.
山　西	269	223	186	133	74	16
内蒙古	98	76	53	37	14	.
辽　宁	117	86	59	39	24	.
吉　林	81	69	57	41	26	9
黑龙江	96	86	69	50	27	.
上　海	.	.	.	.	.	.
江　苏	61	.	.	.	.	.
浙　江	45	.	.	.	.	.
安　徽	371	309	237	158	67	.
福　建	50	36	23	.	.	.
江　西	**276**	**208**	**155**	**107**	**63**	**.**
山　东	231	172	140	60	.	.
河　南	565	463	371	277	168	51
湖　北	271	216	176	114	67	.
湖　南	532	434	343	232	105	42
广　东	82	47	.	.	.	.
广　西	540	452	341	246	140	51
海　南	50	41	32	23	7	.
重　庆	119	88	45	21	13	.
四　川	509	400	306	212	98	52
贵　州	623	507	402	295	173	53
云　南	574	471	373	279	179	66
西　藏	61	48	34	20	13	4
陕　西	350	288	226	169	83	17
甘　肃	417	325	262	200	121	46
青　海	52	42	31	23	10	5
宁　夏	45	37	30	19	9	4
新　疆	212	180	147	113	64	20

注：1. “.”表示数值较小，统计上不显著。
2. 2020年我国现行农村贫困标准下的农村贫困人口全部脱贫。

19-27 各省(市、区)规模以上工业企业主要经济指标(一)(2020年)

单位：亿元

地区	营业收入	营业成本	销售费用	管理费用	财务费用	利润总额
全 国	**1061433.6**	**890435.0**	**30480.2**	**55318.4**	**11585.9**	**64516.1**
北 京	23283.5	19273.9	1214.3	1248.1	261.2	1785.0
天 津	18627.4	15981.6	433.2	873.8	120.7	961.3
河 北	42110.1	36729.4	939.1	1562.0	547.2	2038.1
山 西	20673.3	16946.8	619.9	1153.5	704.9	963.8
内蒙古	16640.4	13337.7	450.2	669.9	425.0	1315.1
辽 宁	29215.3	24782.7	731.4	1345.0	432.2	1286.7
吉 林	13147.0	10791.4	558.6	717.8	128.2	567.1
黑龙江	9825.8	8392.4	290.6	561.6	152.0	279.1
上 海	38595.2	31094.8	1420.2	2850.9	90.6	2810.2
江 苏	122206.8	102659.6	3673.2	7072.8	968.8	7365.3
浙 江	77695.4	64378.1	2356.0	4876.3	902.9	5544.6
安 徽	37925.9	32268.4	965.7	1849.5	367.7	2294.2
福 建	55475.4	47990.5	1268.5	2176.2	390.6	3470.1
江 西	**37909.2**	**32764.9**	**733.4**	**1428.5**	**272.0**	**2438.1**
山 东	84270.4	72890.4	2038.2	3586.9	975.9	4282.9
河 南	47292.7	41076.3	983.0	1717.7	602.0	2544.7
湖 北	40743.5	34080.0	1195.3	2012.3	350.2	2519.0
湖 南	38339.9	31193.4	1214.0	2650.7	357.1	2032.7
广 东	146856.9	121581.9	5021.4	9985.9	1033.8	9286.9
广 西	17639.6	15309.0	378.3	609.4	202.8	876.0
海 南	2089.6	1607.4	116.0	94.3	32.0	132.2
重 庆	22529.6	19172.5	633.3	1121.1	173.1	1318.8
四 川	45250.1	37557.2	1444.1	1941.3	511.5	3197.7
贵 州	8832.3	6417.2	297.1	442.0	196.9	1029.4
云 南	14550.3	11400.8	377.3	589.2	290.8	1005.4
西 藏	322.0	250.5	15.0	28.1	9.6	18.9
陕 西	23435.3	19000.3	576.9	1080.7	347.1	1942.3
甘 肃	7290.3	6136.6	131.4	249.9	159.7	284.3
青 海	2421.0	2005.5	45.9	120.3	100.3	93.1
宁 夏	4713.0	3958.3	84.1	200.6	174.9	203.9
新 疆	11526.3	9405.2	274.6	502.5	304.4	629.1

注：本表为快报数据。

19-28 各省(市、区)规模以上工业企业主要经济指标(二)(2020年)

单位：亿元

地区	亏损企业亏损总额	流动资产合计	应收账款	存货	产成品	资产总计	负债合计
全国	**9855.1**	**631504.6**	**164128.6**	**122330.6**	**46018.6**	**1267550.2**	**710582.5**
北京	291.6	21093.8	4517.3	2788.8	1063.0	55276.9	23838.7
天津	298.7	10487.2	2731.6	2172.2	785.6	21375.9	11623.7
河北	392.8	23688.9	5034.0	4569.3	1626.8	49838.6	30024.8
山西	521.5	18396.3	3552.8	2182.0	869.4	45287.9	32458.5
内蒙古	340.5	10899.6	2281.5	1674.5	559.6	32420.1	19231.2
辽宁	613.4	20077.9	4282.2	4315.6	1450.2	40050.9	24944.8
吉林	429.5	7386.9	1531.9	1592.4	594.9	17202.5	9049.9
黑龙江	281.5	7613.3	1605.3	1462.8	441.0	17074.9	10213.4
上海	346.7	27915.2	7434.5	5277.7	1874.4	47965.7	22934.3
江苏	999.7	77201.8	25624.2	15599.0	6228.7	130201.4	68845.0
浙江	510.6	53235.9	15757.5	10303.2	4119.8	95438.3	52090.3
安徽	199.6	21575.6	7000.7	4027.8	1616.1	41720.7	23803.2
福建	183.0	21159.9	5065.9	4659.4	1888.9	41501.5	20908.1
江西	**112.4**	**14266.7**	**3630.5**	**3209.7**	**1219.7**	**28392.1**	**15241.5**
山东	730.9	52936.0	11519.1	10724.3	4451.8	99591.1	62190.8
河南	336.1	24499.4	5728.0	4525.1	1611.1	51497.5	29360.3
湖北	327.0	20813.6	5050.0	4090.0	1524.1	43851.7	22859.0
湖南	213.8	14964.7	4357.9	3220.4	1177.4	31437.0	16168.4
广东	1018.0	89625.4	25669.5	17992.7	6680.7	149406.7	82985.5
广西	119.3	10074.9	2321.7	2072.3	805.7	20114.3	12965.1
海南	28.2	1556.8	322.6	227.9	75.1	3438.0	1813.0
重庆	150.5	11389.0	3620.9	1982.1	758.8	22307.8	12707.7
四川	217.0	21929.0	5647.3	4244.3	1539.7	50336.2	27646.1
贵州	158.7	7201.9	1182.9	1343.0	350.0	16315.1	9876.2
云南	162.3	8503.4	1519.7	2354.9	614.0	22613.9	12689.2
西藏	34.1	476.4	65.8	44.5	17.2	1998.6	992.6
陕西	229.8	14626.0	3042.0	2498.9	1038.5	37394.3	20307.6
甘肃	99.5	4273.4	977.6	983.5	266.2	11529.6	6805.2
青海	100.3	2100.0	487.3	313.9	100.8	6892.4	4679.8
宁夏	108.5	3344.7	773.7	543.4	209.1	10553.2	6565.3
新疆	299.6	8191.3	1792.9	1335.1	460.5	24525.4	14763.5

19-29 各省(市、区)货运量和货物周转量（2020年）

地　区	货运量(万吨)	#铁　路	公　路	水　运	货物周转量(亿吨公里)	#铁　路	公　路	水　运
全　国	**4735566**	**445761**	**3426413**	**761630**	**202069**	**30372**	**60172**	**105834**
北　京	22203	414	21789		1033	767	266	
天　津	52519	11124	32261	9134	2600	518	640	1442
河　北	247323	30806	211942	4575	13730	4972	8103	655
山　西	190232	92002	98206	24	5712	2927	2785	0
内蒙古	170547	61545	109002		4431	2543	1889	
辽　宁	167341	23975	138569	4797	5421	1297	2548	1576
吉　林	44848	6574	38274		1865	570	1295	
黑龙江	48662	12603	35521	538	1585	840	694	51
上　海	138839	494	46051	92294	32795	16	685	32095
江　苏	275209	7118	174624	93467	10890	327	3525	7039
浙　江	300276	4500	189582	106194	12324	231	2210	9883
安　徽	374503	7735	243529	123239	10242	734	3412	6096
福　建	140698	4543	91137	45018	9014	181	1022	7812
江　西	**157149**	**4553**	**141899**	**10697**	**4011**	**497**	**3247**	**266**
山　东	316831	31393	267230	18208	10377	1602	6784	1990
河　南	219939	11157	193632	15150	8833	2160	5573	1101
湖　北	160422	5363	114346	40713	5295	915	1640	2740
湖　南	200878	4592	176442	19844	2602	856	1351	395
广　东	344439	9510	231170	103759	27211	282	2524	24405
广　西	187444	9269	145323	32852	4160	754	1487	1919
海　南	20670	1135	6853	12682	3683	17	41	3625
重　庆	121692	2194	99679	19819	3527	201	1055	2271
四　川	171896	7771	157598	6527	2861	952	1618	292
贵　州	86444	5801	79412	1231	1265	618	610	38
云　南	121058	4919	115620	519	1580	471	1102	7
西　藏	4091	52	4039		157	40	117	
陕　西	165260	49056	116057	147	3697	1866	1831	1
甘　肃	67239	5966	61272	1	2517	1496	1020	
青　海	14291	3456	10835		415	290	125	
宁　夏	42850	8634	34216		698	215	484	
新　疆	57814	17509	40305		1708	1217	491	

19-30　各省(市、区)入境旅游情况

地　区	入境游客（万人次）			外汇收入（万美元）		
	2017	2018	2019	2017	2018	2019
北　京	392.56	400.41	376.90	512981	551639	519247
天　津	79.21	58.96	56.10	375147	110985	118254
河　北	91.01	98.86	97.08	57869	64667	74023
山　西	67.00	71.35	76.22	35014	37798	40995
内蒙古	184.83	188.08	195.83	124556	127210	134009
辽　宁	278.85	287.70	294.14	177806	173958	173903
吉　林	148.43	143.75	136.58	76579	68585	61496
黑龙江	103.88	109.16	110.69	47958	53706	64593
上　海	719.33	742.04	734.69	669865	726139	824351
江　苏	370.10	400.85	399.46	419472	464836	474356
浙　江	589.06	456.76	467.11	358644	259579	266824
安　徽	351.09	370.75	379.74	288078	318757	338769
福　建	691.74	513.55	566.03	758803	282821	339845
江　西	**174.69**	**191.78**	**197.17**	**62992**	**74538**	**86538**
山　东	440.52	422.00	404.22	317404	329282	341314
河　南	155.89	167.25	180.35	66155	72323	94696
湖　北	368.14	405.11	450.02	210474	237969	265416
湖　南	322.28	365.08	466.95	129537	152041	225087
广　东	3654.52	3748.06	3731.39	1996040	2051174	2052131
广　西	512.44	562.33	623.96	239563	277773	351128
海　南	111.95	126.36	143.59	68102	77052	97237
重　庆	224.85	279.98	297.11	194759	218989	252483
四　川	336.17	369.82	414.78	144654	151165	202379
贵　州	32.40	39.69	47.18	28327	31763	34503
云　南	667.69	706.08	739.02	355033	441800	514736
西　藏	34.35	47.62	54.19	19751	24709	27907
陕　西	383.74	437.14	465.72	270440	312666	336765
甘　肃	7.88	10.01	19.82	2086	2830	5905
青　海	7.02	6.92	7.31	3829	3613	3336
宁　夏	6.53	8.82	12.66	3763	5587	6932
新　疆	77.41	99.30	34.67	81081	94637	45400

注：2020年数据暂未反馈。

19-31　各省会城市地区生产总值（2020年）

地　区	绝对值 (亿 元)	位次	比上年 增长(%)	位次
中　部				
南　昌	5745.51	16	3.6	13
合　肥	10045.72	9	4.3	7
长　沙	12142.52	6	4.0	8
郑　州	12003.04	7	3.0	16
武　汉	15616.06	4	-4.7	26
太　原	4153.25	20	2.6	18
东　部				
石家庄	5935.10	15	3.9	10
南　京	14817.95	5	4.6	6
杭　州	16106.00	3	3.9	11
福　州	10020.02	11	5.1	3
济　南	10140.90	8	4.9	5
广　州	25019.11	1	2.7	17
海　口	1791.58	25	5.3	1
东　北				
沈　阳	6571.56	14	0.8	22
长　春	6638.03	13	3.6	13
哈尔滨	5183.80	17	0.6	23
西　部				
呼和浩特	2800.68	23	0.2	25
成　都	17716.88	2	4.0	8
贵　阳	4311.65	19	5.0	4
昆　明	6733.79	12	2.3	20
西　安	10020.39	10	5.2	2
兰　州	2886.74	22	2.4	19
西　宁	1372.98	26	1.8	21
银　川	1964.37	24	3.2	15
南　宁	4726.30	18	3.7	12
乌鲁木齐	3337.32	21	0.3	24
拉　萨				

19-31 续表1

地　区	第一产业增加值			
	绝对值(亿元)	位次	比上年增长(%)	位次
中　部				
南　昌	235.28	17	2.2	16
合　肥	332.32	10	1.2	20
长　沙	423.46	7	4.0	7
郑　州	156.87	19	0.9	22
武　汉	402.18	8	-3.8	26
太　原	32.24	25	3.7	10
东　部				
石家庄	498.60	6	3.5	11
南　京	296.80	15	0.9	22
杭　州	326.00	11	-1.1	25
福　州	560.70	3	4.0	7
济　南	361.70	9	2.2	16
广　州	288.08	16	9.8	1
海　口	79.88	21	3.8	9
东　北				
沈　阳	303.58	14	2.9	14
长　春	533.82	5	2.4	15
哈尔滨	615.80	2	2.1	18
西　部				
呼和浩特	126.46	20	1.2	20
成　都	655.17	1	3.3	12
贵　阳	178.31	18	6.4	2
昆　明	312.35	13	5.6	3
西　安	312.75	12	3.0	13
兰　州	57.43	23	5.0	4
西　宁	57.17	24	4.3	6
银　川	75.72	22	0.7	24
南　宁	534.40	4	4.7	5
乌鲁木齐	27.05	26	1.4	19
拉　萨				

19-31 续表2

地　区	第二产业增加值			
	绝对值(亿元)	位次	比上年增长(%)	位次
中　部				
南　昌	2676.89	13	3.8	14
合　肥	3579.51	9	6.4	5
长　沙	4739.27	7	5.0	11
郑　州	4759.54	6	4.5	13
武　汉	5557.47	2	-7.3	26
太　原	1504.19	18	3.0	18
东　部				
石家庄	1745.50	16	3.1	17
南　京	5214.35	4	5.6	8
杭　州	4821.00	5	2.3	21
福　州	3840.77	8	6.2	6
济　南	3530.70	10	7.0	4
广　州	6590.39	1	3.3	16
海　口	269.56	26	0.6	25
东　北				
沈　阳	2160.41	14	2.9	19
长　春	2758.12	12	8.0	2
哈尔滨	1144.50	19	2.3	21
西　部				
呼和浩特	815.73	24	1.4	23
成　都	5418.50	3	4.8	12
贵　阳	1552.59	17	5.5	9
昆　明	2102.93	15	1.4	23
西　安	3328.27	11	7.4	3
兰　州	933.42	21	3.7	15
西　宁	418.72	25	6.1	7
银　川	832.62	23	2.8	20
南　宁	1084.30	20	5.3	10
乌鲁木齐	907.89	22	8.1	1
拉　萨				

19-31 续表3

地区	第三产业增加值			
	绝对值(亿元)	位次	比上年增长(%)	位次
中部				
南昌	2833.35	18	3.4	11
合肥	6133.89	10	3.0	13
长沙	6979.79	7	3.3	12
郑州	7086.63	6	1.7	18
武汉	9656.41	4	-3.1	26
太原	2616.82	19	2.3	16
东部				
石家庄	3691.00	14	4.3	5
南京	9306.80	5	4.1	7
杭州	10959.00	3	5.0	2
福州	5618.55	11	4.4	3
济南	6248.60	9	3.7	9
广州	18140.64	1	2.3	16
海口	1442.14	24	6.4	1
东北				
沈阳	4107.57	13	-0.6	24
长春	3346.09	16	0.3	20
哈尔滨	3423.60	15	-0.4	22
西部				
呼和浩特	1858.49	23	-0.5	23
成都	11643.00	2	3.6	10
贵阳	2580.75	20	4.4	3
昆明	4318.51	12	2.5	15
西安	6379.37	8	4.2	6
兰州	1895.90	22	1.5	19
西宁	897.09	26	-0.2	21
银川	1056.03	25	3.8	8
南宁	3107.70	17	2.9	14
乌鲁木齐	2402.38	21	-2.2	25
拉萨				

19-32　各省会城市规模以上工业增加值（2020年）

地　　区	比上年增长(%)	位次
中　　部		
南　　昌	4.7	11
合　　肥	8.3	3
长　　沙	5.1	9
郑　　州	6.1	7
武　　汉	-6.9	25
太　　原	3.2	16
东　　部		
石 家 庄	2.2	21
南　　京	6.5	6
杭　　州	3.8	14
福　　州	5.3	8
济　　南	12.2	1
广　　州	2.5	20
海　　口	-3.3	24
东　　北		
沈　　阳	2.8	19
长　　春	10.4	2
哈 尔 滨	4.2	13
西　　部		
呼和浩特	4.6	12
成　　都	5.0	10
贵　　阳		
昆　　明	0.9	23
西　　安	7.0	5
兰　　州	3.2	16
西　　宁	3.5	15
银　　川	1.6	22
南　　宁	3.0	18
乌鲁木齐	8.0	4
拉　　萨		

19-33 各省会城市固定资产投资（2020年）

地　　区	比上年增长(%)	位次
中　　部		
南　　昌	8.8	7
合　　肥	4.7	13
长　　沙	6.2	12
郑　　州	3.6	16
武　　汉	-11.8	24
太　　原	11.3	2
东　　部		
石 家 庄	-18.8	25
南　　京	6.6	11
杭　　州	6.8	10
福　　州	9.6	6
济　　南	4.0	15
广　　州	10.0	3
海　　口	9.9	4
东　　北		
沈　　阳	4.1	14
长　　春	8.8	7
哈 尔 滨	2.8	18
西　　部		
呼和浩特	-8.5	23
成　　都	9.9	4
贵　　阳	2.7	19
昆　　明	8.1	9
西　　安	12.8	1
兰　　州	3.4	17
西　　宁	-25.9	26
银　　川	1.1	20
南　　宁	-2.5	22
乌鲁木齐	0.3	21
拉　　萨		

19-34 各省会城市社会消费品零售总额（2020年）

地区	绝对值 (亿 元)	位次	比上年 增长(%)	位次
中　部				
南　昌	2452.74	16	3.0	3
合　肥	4513.76	8	3.1	2
长　沙	4469.76	9	-2.6	10
郑　州	5076.30	6	-4.7	17
武　汉	6149.84	4	-20.9	26
太　原	1655.11	20	-6.4	20
东　部				
石家庄	2382.70	17	-3.3	12
南　京	7203.03	3	0.9	6
杭　州	5973.00	5	-3.5	13
福　州	4225.61	11	0.6	7
济　南	4469.10	10	1.1	5
广　州	9218.66	1	-3.5	13
海　口	835.89	24	1.5	4
东　北				
沈　阳	3637.60	12	-5.4	18
长　春			-6.5	21
哈尔滨			-11.3	24
西　部				
呼和浩特	1032.93	23	-4.0	16
成　都	8118.50	2	-2.3	9
贵　阳	2188.26	18	6.6	1
昆　明	3070.44	13	-3.6	15
西　安	4989.33	7	-2.9	11
兰　州	1641.24	21	-1.8	8
西　宁	573.57	26	-9.3	23
银　川	770.87	25	-7.1	22
南　宁	2180.40	19	-6.3	19
乌鲁木齐	1043.50	22	-19.8	25
拉　萨				

注：在总量排位上南昌位次考虑空缺城市指标数据，增速排位为现有数据排位。

19-35 各省会城市地方一般公共预算收入（2020年）

地区	绝对值（亿 元）	位次	比上年增长(%)	位次
中 部				
南 昌	483.86	15	1.4	16
合 肥	762.90	9	2.3	13
长 沙	1100.09	7	3.0	10
郑 州	1259.21	5	3.0	10
武 汉	1230.29	6	-21.3	26
太 原	378.44	19	-2.1	22
东 部				
石家庄	632.20	14	11.1	2
南 京	1637.70	3	3.7	6
杭 州	2093.00	1	6.5	4
福 州	675.61	12	1.1	18
济 南	906.10	8	3.6	7
广 州	1721.59	2	1.4	16
海 口	186.05	24	0.4	20
东 北				
沈 阳	736.08	10	0.8	19
长 春	440.40	16	1.5	15
哈尔滨	339.60	21	-8.4	24
西 部				
呼和浩特	217.10	23	6.9	3
成 都	1520.40	4	2.5	12
贵 阳	398.13	17	-4.6	23
昆 明	650.47	13	3.2	8
西 安	724.13	11	3.1	9
兰 州	247.13	22	6.0	5
西 宁	133.51	26	31.2	1
银 川	157.25	25	1.6	14
南 宁	372.30	20	0.4	20
乌鲁木齐	392.64	18	-16.9	25
拉 萨				

19-36 各省会城市实际利用外资（2020年）

地　区	绝对值(亿美元)	位次	比上年增长(%)	位次
中　部				
南　昌	40.60	9	7.7	8
合　肥	35.95	10	6.0	9
长　沙	72.82	1	14.3	4
郑　州	46.59	3	5.7	10
武　汉				
太　原	1.02	16	5.0	11
东　部				
石家庄	18.30	12	12.7	5
南　京	45.15	4	10.1	7
杭　州	72.00	2	17.5	3
福　州				
济　南				
广　州				
海　口	17.23	13	156.6	1
东　北				
沈　阳				
长　春	3.80	15		
哈尔滨				
西　部				
呼和浩特				
成　都				
贵　阳	20.21	11	12.5	6
昆　明				
西　安				
兰　州				
西　宁				
银　川				
南　宁	4.40	14	41.9	2
乌鲁木齐				
拉　萨				

注：在总量排位上南昌位次考虑空缺城市指标数据，增速排位为现有数据排位。

19-37 各省会城市海关出口值（2020年）

地　区	绝对值(亿元)	位次	比上年增长(%)	位次
中　部				
南　昌	713.11	14	10.3	14
合　肥	1580.76	8	13.4	10
长　沙	1548.72	9	10.8	13
郑　州	2948.80	5	10.0	15
武　汉	1421.70	10	4.3	16
太　原	724.71	13	11.2	12
东　部				
石家庄	785.60	11	19.9	6
南　京	3398.92	4	13.0	11
杭　州	3693.20	3	2.1	19
福　州	1786.46	6	-1.1	20
济　南	755.00	12	17.2	7
广　州	5427.67	1	3.2	17
海　口	110.29	22	27.7	4
东　北				
沈　阳	274.40	19	-13.2	22
长　春	135.40	21	-9.3	21
哈尔滨	136.90	20	14.1	8
西　部				
呼和浩特	72.40	23	13.9	9
成　都	4106.85	2	23.7	5
贵　阳	357.98	17	47.3	2
昆　明	530.81	15	114.0	1
西　安	1775.98	7	2.6	18
兰　州	32.65	25	-54.6	25
西　宁	7.05	26	-51.7	24
银　川	45.27	24	-56.6	26
南　宁	470.82	16	29.2	3
乌鲁木齐	288.51	18	-13.7	23
拉　萨				

19-38 各省会城市城镇居民人均可支配收入（2020年）

地　　区	绝对值（元）	位次	比上年增长(%)	位次
中　部				
南　昌	46796	13	6.0	3
合　肥	48283	10	6.3	1
长　沙	57971	4	5.0	8
郑　州	42887	15	1.9	19
武　汉	50362	6	-2.6	24
太　原	38329	23	5.4	5
东　部				
石家庄	40247	18	4.4	12
南　京	67553	3	4.9	10
杭　州	68666	1	3.9	13
福　州	49300	8	2.9	16
济　南	53329	5	2.7	17
广　州	68304	2	5.0	8
海　口				
东　北				
沈　阳	47413	12	1.3	20
长　春				
哈尔滨	39791	20	-0.5	23
西　部				
呼和浩特	49789	7	0.8	21
成　都	48593	9	5.9	4
贵　阳	40305	17	5.4	5
昆　明	48018	11	3.7	14
西　安	43713	14	4.5	11
兰　州	40152	19	5.4	5
西　宁	36959	24	6.1	2
银　川	39416	21	3.1	15
南　宁	38542	22	2.3	18
乌鲁木齐	42769	16	0.2	22
拉　萨				

19-39 各省会城市农村居民人均可支配收入（2020年）

地区	绝对值 (元)	位次	比上年 增长(%)	位次
中部				
南昌	20921	11	7.3	13
合肥	24282	7	8.1	4
长沙	34754	2	7.5	11
郑州	24783	6	5.3	21
武汉	24057	8	-2.9	23
太原	19655	14	7.0	16
东部				
石家庄	16947	19	6.9	17
南京	29621	4	7.2	14
杭州	38700	1	6.7	18
福州	22669	10	6.3	20
济南	20432	13	5.0	22
广州	31266	3	8.3	2
海口				
东北				
沈阳	19598	16	8.1	4
长春				
哈尔滨	19631	15	7.6	10
西部				
呼和浩特	20489	12	8.0	7
成都	26432	5	8.5	1
贵阳	18674	17	8.1	4
昆明	17719	18	8.3	2
西安	15749	21	8.0	7
兰州	14652	22	7.7	9
西宁	13487	23	7.2	14
银川	16428	20	7.5	11
南宁				
乌鲁木齐	22829	9	6.4	19
拉萨				

19-40 各省会城市金融机构本外币存、贷款余额（2020年末）

地　区	存款余额 绝对值 （亿元）	位次	贷款余额 绝对值 （亿元）	位次
中　部				
南　昌	13676.82	17	16005.62	13
合　肥	18675.31	11	18166.57	11
长　沙	23316.81	8	24261.26	8
郑　州	25938.83	7	29566.30	6
武　汉	31005.89	5	36855.97	5
太　原	14587.57	14	15079.90	16
东　部				
石家庄	16611.00	13	13154.70	19
南　京	40056.45	4	38189.99	4
杭　州	54246.00	2	49799.00	2
福　州	17738.00	12	19651.40	10
济　南	21065.00	9	20720.20	9
广　州	67798.81	1	54387.64	1
海　口				
东　北				
沈　阳	19442.49	10	18128.98	12
长　春	14230.60	15	14535.40	17
哈尔滨	13856.70	16	12653.40	20
西　部				
呼和浩特	6165.53	22	8969.01	21
成　都	43654.00	3	41148.00	3
贵　阳	12523.52	18	15861.75	15
昆　明				
西　安	26045.87	6	25792.89	7
兰　州	9083.88	21	13167.60	18
西　宁	4382.50	24	5354.38	24
银　川	4500.56	23	5733.52	23
南　宁	11498.30	19	15868.80	14
乌鲁木齐	9667.16	20	8693.35	22
拉　萨				

19-41 副省级(非省会)城市主要经济指标 (2020年)

指 标	深 圳	大 连	宁 波	厦 门	青 岛
地区生产总值(亿元)	27670.24	7030.40	12408.70	6384.02	12400.56
比上年增长(%)	3.1	0.9	3.3	5.7	3.7
规模以上工业增加值比上年增长(%)	2.0	3.8	5.2	6.0	5.5
固定资产投资比上年增长(%)	8.2	0.1	5.5	8.8	3.2
社会消费品零售总额(亿元)	8664.83	1828.00	4238.30	2293.87	5203.50
比上年增长(%)	-5.2	-11.5	-0.7	1.6	1.5
海关出口值(亿元)	16972.66	1672.60	6407.00	3572.92	3876.80
比上年增长(%)	1.5	-13.8	7.3	1.2	13.7
实际利用外资(亿美元)	86.83	6.60	24.70		58.50
比上年增长(%)	11.2	2.2	4.4		0.2
地方一般公共预算收入(亿元)	3857.39	702.70	1510.80	783.94	1253.80
比上年增长(%)	2.2	1.4	2.9	2.0	1.0
规模以上工业总产值(亿元)					
比上年增长(%)	-0.4				
城镇居民人均可支配收入(元)	64878	47380	68008	61331	55905
比上年增长(%)	3.8	2.0	4.8	3.9	2.6
居民消费价格指数(以上年为100)	102.3	102.1	101.9	102.5	102.4

19-42　全省各设区市常住人口（2020年）

单位：万人

地　区	常住人口
全　省	**4519.45**
南昌市	625.58
景德镇市	161.92
萍乡市	180.50
九江市	460.09
新余市	120.27
鹰潭市	115.44
赣州市	897.12
吉安市	446.98
宜春市	500.83
抚州市	361.53
上饶市	649.19

19-43　全省各设区市地区生产总值（2020年）

单位：亿元

地　区	地　区 生产总值	第一产业	第二产业	第三产业
全　省	**25691.50**	**2241.59**	**11084.83**	**12365.08**
南昌市	5745.51	235.28	2676.89	2833.35
景德镇市	957.14	68.07	412.84	476.23
萍乡市	963.60	76.26	420.31	467.04
九江市	3240.50	228.56	1534.10	1477.84
新余市	1001.33	68.97	460.01	472.35
鹰潭市	982.66	73.44	502.63	406.58
赣州市	3645.20	414.64	1389.19	1841.37
吉安市	2168.83	235.41	960.40	973.02
宜春市	2789.87	323.38	1137.59	1328.90
抚州市	1572.51	221.38	588.85	762.28
上饶市	2624.34	296.20	1002.02	1326.13

19-44　全省各设区市规模以上工业增加值（2020年）

地　区	比上年增长(%)
全　　省	**4.6**
南 昌 市	4.7
景德镇市	4.3
萍 乡 市	4.5
九 江 市	4.2
新 余 市	4.8
鹰 潭 市	4.9
赣 州 市	4.6
吉 安 市	5.0
宜 春 市	4.7
抚 州 市	4.8
上 饶 市	5.0

19-45　全省各设区市规模以上服务业主要指标（2020年）

地　区	企业数(户)	营业收入(亿元)
全　　省	**4196**	**2907.52**
南 昌 市	925	928.33
景德镇市	172	96.90
萍 乡 市	85	51.77
九 江 市	443	279.32
新 余 市	89	35.36
鹰 潭 市	176	132.76
赣 州 市	480	247.34
吉 安 市	526	250.03
宜 春 市	425	245.00
抚 州 市	324	220.59
上 饶 市	549	420.00

注：本表数据为快报数。

19-46 全省各设区市社会消费品零售总额（2020年）

单位：亿元

地 区	社会消费品零售总额	比上年增长(%)
全 省	**10371.77**	**3.0**
南昌市	2452.74	3.0
景德镇市	467.72	2.5
萍乡市	332.30	2.9
九江市	1196.10	3.1
新余市	341.95	2.7
鹰潭市	343.12	3.9
赣州市	1684.48	2.8
吉安市	875.09	3.4
宜春市	909.61	2.7
抚州市	539.26	3.2
上饶市	1229.41	3.5

19-47 全省各设区市固定资产投资（2020年）

(500万元及以上项目)

地 区	比上年增长(%)
全 省	**8.2**
南昌市	8.8
景德镇市	8.4
萍乡市	8.0
九江市	9.0
新余市	7.8
鹰潭市	9.5
赣州市	9.2
吉安市	9.6
宜春市	8.1
抚州市	8.7
上饶市	9.3

19-48　全省各设区市财政收入（2020年）

单位：亿元

地　　区	财政总收入	#地方一般公共预算收入
全　　省	**4048.35**	**2507.53**
南 昌 市	912.01	483.86
景德镇市	140.27	100.05
萍 乡 市	176.20	106.11
九 江 市	545.29	286.44
新 余 市	155.70	80.35
鹰 潭 市	152.05	88.78
赣 州 市	491.03	285.82
吉 安 市	307.24	178.28
宜 春 市	416.32	247.65
抚 州 市	216.59	130.34
上 饶 市	377.35	227.00

19-49　全省各设区市实际利用外资（2020年）

（省口径）

地　　区	实际利用外资（亿美元）	比上年增长（%）
全　　省	**146.02**	**7.5**
南 昌 市	40.60	7.7
景德镇市	2.51	6.2
萍 乡 市	4.53	6.3
九 江 市	25.24	7.6
新 余 市	5.43	6.7
鹰 潭 市	3.65	7.1
赣 州 市	21.66	7.7
吉 安 市	13.62	7.5
宜 春 市	9.75	7.5
抚 州 市	4.41	7.0
上 饶 市	14.61	8.3

19-50 全省各设区市海关进出口总值（2020年）

单位：亿元

地　区	进出口总值	#出口
全　省	**4010.15**	**2920.37**
南昌市	1151.46	713.11
景德镇市	66.46	65.68
萍乡市	147.47	145.00
九江市	448.69	372.51
新余市	164.43	78.99
鹰潭市	324.74	108.31
赣州市	503.03	420.61
吉安市	529.05	392.59
宜春市	244.06	228.47
抚州市	173.87	162.74
上饶市	256.87	232.37

19-51 全省各设区市居民消费价格指数（2020年）

（上年=100）

地　区	居民消费价格指数
全　省	**102.6**
南昌市	102.5
景德镇市	102.1
萍乡市	101.9
九江市	102.6
新余市	102.5
鹰潭市	102.0
赣州市	102.1
吉安市	102.0
宜春市	102.6
抚州市	102.3
上饶市	102.4

19-52 全省各设区市城镇居民人均可支配收入（2020年）

单位：元

地　区	城镇居民人均可支配收入	比上年增长(%)
全　省	**38556**	**5.5**
南 昌 市	46796	6.0
景德镇市	42283	5.3
萍 乡 市	40405	4.9
九 江 市	40337	5.9
新 余 市	42531	4.7
鹰 潭 市	39053	5.1
赣 州 市	37031	6.3
吉 安 市	39608	5.5
宜 春 市	36747	5.5
抚 州 市	36628	6.1
上 饶 市	39647	5.9

19-53 全省各设区市农村居民人均可支配收入（2020年）

单位：元

地　区	农村居民人均可支配收入	比上年增长(%)
全　省	**16981**	**7.5**
南 昌 市	20921	7.3
景德镇市	19297	7.3
萍 乡 市	20831	6.6
九 江 市	17051	8.1
新 余 市	20747	6.5
鹰 潭 市	18873	6.8
赣 州 市	13036	9.2
吉 安 市	16491	8.3
宜 春 市	17588	7.5
抚 州 市	17385	8.1
上 饶 市	15888	8.3

中国统计出版社有限公司最新图书简目

(仅供参考,以实际出版为准)

统计资料

中国统计年鉴　中国统计摘要　中国第三产业统计年鉴
中国第三次全国农业普查综合资料　国际统计年鉴　金砖国家联合统计手册
中国-东盟国家统计手册　中国农村统计年鉴　中国县域统计年鉴
中国农产品价格调查年鉴　中国城市统计年鉴　中国价格统计年鉴
中国贸易外经统计年鉴　中国零售和餐饮连锁企业统计年鉴　中国商品交易市场统计年鉴
大中型批发零售和住宿餐饮企业统计年鉴　中国住户调查年鉴　中国工业统计年鉴
中国环境统计年鉴　中国能源统计年鉴　中国建筑业统计年鉴
中国房地产统计年鉴　中国投资领域统计年鉴　长江经济带发展统计年鉴
中国人口和就业统计年鉴　中国劳动统计年鉴　中国社会统计年鉴
中国科技统计年鉴　中国高技术产业统计年鉴　全国企业创新调查年鉴
中国文化及相关产业统计年鉴　中国妇女儿童状况统计资料　中国青年发展状况统计年鉴
中国基本单位统计年鉴　中国教育统计年鉴　中国教育经费统计年鉴
中国民族统计年鉴　中国残疾人事业统计年鉴　中国电力统计年鉴

省级综合统计年鉴系列

北京 天津 河北 山西 内蒙古 辽宁 吉林 黑龙江 上海 江苏 浙江 安徽 福建 江西 山东 河南 湖北 湖南 广东 广西 海南 重庆 四川 贵州 云南 西藏 陕西 甘肃 青海 宁夏 新疆 新疆生产建设兵团

市(县)级综合统计年鉴系列

滨海新区 石家庄 唐山 邯郸 邢台 保定 承德 沧州 衡水 太原 大同 晋城 晋中 长治 忻州 朔州 临汾 运城 阳泉 吕梁 呼和浩特 包头 鄂尔多斯 赤峰 大连 长春 四平 延吉 延边 哈尔滨 齐齐哈尔 黑龙江垦区 浦东新区 南京 无锡 徐州 常州 苏州 南通 淮安 盐城 扬州 镇江 宿迁 江阴 丹阳 海门 张家港 通州 如东 杭州 宁波 绍兴 台州 温州 金华 嘉兴 湖州 丽水 舟山 合肥 安庆 福州 厦门 漳州 宁德 龙岩 莆田 泉州 三明 南平 思明 南昌 上饶 抚州 赣州 九江 景德镇 宁都 济南 青岛 枣庄 潍坊 聊城 郑州 洛阳 三门峡 南阳 商丘 平顶山 信阳 济源 武汉 宜昌 十堰 荆州 荆门 咸宁 黄冈 长沙 广州 东莞 惠州 深圳 汕尾 珠海 南宁 桂林 柳州 防城港 贵港 梧州 玉林 钦州 海口 三亚 儋州 成都 贵阳 毕节 黔南 昆明 文山 德宏 西安 安康 延安 汉中 渭南 商洛 榆林 银川 兰州 庆阳 乌鲁木齐

调查年鉴系列

天津 内蒙古 上海 河南 湖北 湖南 广西 重庆 四川 云南 甘肃 宁夏 南宁 桂林 贵港 昆明

统计方法应用/实用手册

Python数据分析基础（第二版）　非参数统计（第五版）　现代金融投资统计分析（第四版）
国民经济核算初级教程（第二版）　国民经济核算教程（第五版）　概率统计基础
全国统计专业技术资格考试系列考试用书：统计业务知识（第四版修订版）　统计业务知识学习指导与习题
全国统计专业技术资格考试系列考试用书：统计相关知识（第四版）　统计相关知识学习指导与习题

统计通俗读物/统计科普图书

领导干部统计知识问答（第二版）　统计公文写作及会议办理实用手册　大数据在统计工作中的应用案例汇编
中国国民经济核算知识问答（修订版）　地区生产总值核算国际比较研究　新中国统计制度方法的发展与改革

重点图书

第七次全国人口普查年鉴　第四次全国经济普查地图集　中国经济普查年鉴2018
新编英汉汉英统计大词典　中国国民经济核算体系2016　国民经济行业分类注释
挑大学选专业2020—考研择校指南　挑大学选专业2020—高考志愿填报指南　中华医学统计百科全书

发行部电话：（010）63376907　63376908　63376909　同椙行书店电话：（010）68783171　68783172
地址：北京市丰台区西三环南路甲6号　邮政编码：100073　网址：http://www.zgtjcbs.com